汉译世界文学名著丛书

生活之路

［俄］列夫·托尔斯泰 著

王志耕 译

创于1897　The Commercial Press

另一种《圣经》
——《生活之路》中译本导读

这是托尔斯泰的绝笔之作。

在19世纪的最后一年,托尔斯泰完成了他的最后一部文学巨作《复活》,此后,他晚期的重要作品,如中篇小说《哈泽·穆拉特》(1904年)和《舞会之后》(1911年出版)、剧作《活尸》(1911年出版)等,篇幅都不长。在写作这些文学作品的同时,托尔斯泰却将主要的精力放在了关于生活、社会、宗教、教育和艺术等问题的思考上,在20世纪的最初十年写下了大量的非虚构性文字。而在托尔斯泰晚年的创作中,这部《生活之路》无疑是最为重要的著作之一。

1910年(即托尔斯泰生命的最后一年)1月,托尔斯泰开始写作《生活之路》,10月15日完成。在他去世的前三天,这部书的部分清样递到了他的面前,但他已无法亲手订正清样了,他轻轻地说道:"我做不了了……"然而,托尔斯泰是圆满地"做了",他将自己关于生活的毕生的思索和认识都融在了这部著作中,他以《生活之路》为自己的创作画上了一个重重的句点。

这是一部《圣经》式的著作。这部作品的构成十分独特,它是阅读笔记、警句格言、寓言故事和思想札记等的集成;全书分为三十一章，分别以"论信仰""灵魂""上帝""爱""死"等为题，每章又划分为若干冠有标题的大节，大节下为若干小节。小节中的文字，或是托尔斯泰本人的思想，或是托尔斯泰自前人或同时代人著作中的摘录，或是托尔斯泰对其他来源的传说、观点和格言等等的加工。如此庞杂的内容，在托尔斯泰的梳理下居然丝毫不显凌乱，反倒具有经书般的简洁和纯朴。如此庞杂的来源，却不会使我们对此书为托尔斯泰的个人著作这一点产生丝毫的怀疑，因为，从大处看，不仅书中的大多数文字都为托尔斯泰本人所撰，而且，统领全书的更是托尔斯泰那博大的思想，而其他来源的观点或论断均成了构筑托尔斯泰思想大厦的砖石；从小处看，托尔斯泰对其他作家的文字也做了大胆的"意译"，正如托尔斯泰在《生活之路》的序言中所说的："这些思想的大部分内容，既有直译的，也有经过改编的，它们做了这些改动，使得我不便再注上作者的名字。"

托尔斯泰写作《生活之路》，就是为了总结自己对生活的思考，并将这一思考传达给众人，也许可以说，托尔斯泰是想用《生活之路》来"传教布道"的。他也许觉得，用经书一样的小册子（《生活之路》曾经在俄国以章为单位被分解为三十本单行小册子出版）宣传自己的思想，比起对文学作品的借助来要更便利、更直接一些，因此，他晚年的文字大多是政论性、思想性的。也正因如此，他在《生活之路》等书中采用了通俗、朴实的文体，用他自己的话说，就是"以使它们更加简明，使它们适应于所有的人，适应于每一个人"，"能被农民们、被大人和孩子们口头相传"。从内容看，《生活之路》与《圣经》也是很相近的，在对信仰、灵魂、上帝、爱、罪孽、惩罚、恶、死、不朽等主题的诉求和表述方面，两者大体上是一致的。托尔斯泰虽然在1901年被俄国至圣宗教院革除了教籍，但他一直是一位虔诚的基督徒，而且，就其对信仰的忠诚而言，就其自觉的自我完善而言，他甚至是那一时代最虔诚的基督徒。在这部书中，托尔斯泰承认上帝的存在，强调肉体与灵魂的对立，肯定爱和善的力量，申明了欲望的罪孽和恶的危害——所有这一切，都是我们在《圣经》中曾读到的内容。

与《圣经》相近的内容，经书般简洁的结构和无华的文字，以及托尔斯泰强烈的布道愿望，都使得《生活之路》像是一本真正的《圣经》。然而，这却是另一种《圣经》。首先，《生活之路》中洋溢着强烈的人的精神。一方面，托尔斯泰在承认和信仰上帝的同时，却指出，人应在自己身上认识上帝，上帝就在我们心中，他就是人的灵魂生活法则的本源和起因。托尔斯泰的上帝，与人更接近，更具人性。如果说，《圣经》中有称"上帝造人"，那么，在托尔斯泰这里，上帝却似乎成了人的精神的"创造物"。另一方面，在强调努力自我克制以解救灵魂的同时，却也肯定了现世的幸福。在《生活之路》的最后一章中，他明确而又充满激情地说道："生活即幸福"，"生活是人所能获得的至高之福"，"真正的幸福就在现在，而不在'死后'的生活"。托尔斯泰深厚的人道精神也深深地渗透进了他的著作。其次，《生活之路》中充满着世俗的批判精神和民主意识，也是与《圣经》的神圣理念相区别的。在《生活之路》中，托尔斯泰不仅像一般的宗教经典那样，对罪孽、邪念、迷信、放纵、淫欲、不劳而食、贪、怒、骄、虚荣等人性的恶习做了剖析，而且还对不平等、暴力、国家专制、伪信仰乃至教会本身进行了愤怒的谴责。托尔斯泰认为"国家是建立在暴力之上的","基督徒不应参与国家事务","法律不能使人变好,而只能使人败坏",而"所有的书籍、圣像、神殿——都不过是人工所造之物","真正的信仰不需要教会","教会的信仰就是奴隶制"。正是在这些谴责中,我们看到了作为社会正义力量之化身的托尔斯泰;也正是这些谴责,将《生活之路》与托尔斯泰其他所有的创作结合成了一个整体。最后,托尔斯泰在《生活之路》中还对知识、科学、语言、思想等做了思考和阐述,并得出了许多精辟的论断,比如:"对于真正的知识来说,危害最大的就是使用含糊不清的概念和字眼。""科学的合法目的是认识造福于人类的真理,而其非法的目的是为把恶引入人类生活这样的骗局加以辩解。""要不就沉默不语,要么就讲比沉默更有用的话。""语言是打开心灵的钥匙。如果谈话没有任何意图,那么说一个字也是多余的。""越是真正智慧的人,用来表述思想的语言就越简洁。""人的主要力量就体现在思想的克制上,因为所有的行为都产生于思想。""假如人失去了思想的能力,他就无法理解他为什么生活。"诸如此类的句子不胜枚举。在托尔斯泰的论述中,有两个相悖的倾向是值得注意的:托尔斯泰主要是从信仰、节制等角度来谈论科学、语言、思想等问题的,因此,这里的论述大都带有较强的宗教意味;但是另一方面,这里的论述又几乎处处饱含着强烈的民主意识,作者提倡的又恰恰是克服虚伪的迷信、摆脱他人的强制、击碎虚假的形式的反叛精神。

深厚的人道精神、强烈的批判意识和浓重的文化意味,使得《生活之路》不同于《圣经》,而成了一部真正的思想著作。

阅读《生活之路》，无疑能帮助我们进一步接近托尔斯泰。这本书作为一部宗教哲学著作，也许并不高深，甚至过于通俗了，但是，它却恰能使我们以最直接、最轻易的方式介入托尔斯泰的思想世界。托尔斯泰是一位思想家型的作家，对作为思想家的托尔斯泰的研究，早已是托学研究中的"显学"。但是，比起在托尔斯泰小说的情节脉络和性格发展中揣摩作者的思想倾向，比起从托尔斯泰的散论和书信中寻觅他的精神历程，阅读《生活之路》难道不是一条"捷径"吗？读着《生活之路》中这些精练的短句，慈祥而又庄严的托翁又现身于我们面前，在循循善诱地向我们宣讲着他的生活哲学。

在阅读《生活之路》的时候，我们似乎能感觉到书中存在着一些"矛盾"，比如：在宣传博爱和宽容的同时，托尔斯泰却克制不住他对专制国家、虚伪教会、社会不平等、暴力等等的义愤；在要求人们节制、禁欲、追求死后灵魂升华的同时，他又肯定现世生活，肯定生活的幸福以及人们追求这一幸福的权利；在号召人们过理性的生活的同时，他却对科学和知识的作用及意义流露了较多的怀疑乃至反感。然而，这些"矛盾"和列宁所指出过的那几个"矛盾"一样，不仅没有使我们感觉到托尔斯泰个性及其学说的分裂，反而使我们观察到了一个更完整、更亲切的托尔斯泰，不仅不会让我们意识到托尔斯泰的落后和消极，反而使我们更真切地体会到了托尔斯泰对于自我和对于生活的真诚。也许，托尔斯泰在此书中对科学之作用的否定（第十九章）、关于时间的论断（第二十一章）、对"舍弃自我"的提倡（第二十五章）等，会令今人感到有些好笑（所谓"时代的局限"）；然而，他在这里所表现出的对灵魂生活的深切关注，对生活意义的不懈探究，以及他一贯的严肃真诚的生活态度和一丝不苟的信仰精神，却能让今天的我们深思，甚至汗颜！

托尔斯泰特意将《生活之路》划分为三十一章，是在授意我们用一个月的时间来细细地阅读这本书。然而，面对托尔斯泰这部综合了其全部人生经验和生活理想的著作，面对他在生命的最后时刻遗赠给我们的这部"生活的圣经"，我们也许要用更多更久的时间来阅读。

我们翻译了托尔斯泰那么多的作品，《安娜·卡列尼娜》和《复活》等书被我们重译了那么多次（这一切都无疑是必要的），但是，我们却一直没有翻译《生活之路》，没有将托尔斯泰这部重要的绝笔之作介绍给中国的读者。幸好，有王志耕先生出面为我们译出了此书。志耕先生曾是俄语文学专业的研究生，曾在俄国留学，又进行有关俄语文学与宗教问题的研究，具有扎实的语言功底和广泛的相关知识，由他出译《生活之路》，是合适的。在近一年的翻译时间里，他潜心于译事，往往在吃饭时、睡觉前仍在念叨原文和译句，使得他的妻女竟称他为"托迷"和"托痴"。为了准确地译出书中若干段有关中国典籍的引文，他还通读了"四书"和《道德经》等典籍，由此可见其翻译之认真。感谢志耕先生以虔诚的态度为我们译出了《生活之路》。

刘文飞

1996 年 11 月 24 日于北京劲松

前　言[①]

1. 人要想好好度过自己的一生，就应当懂得，他该做什么和不该做什么。要想懂得这些，就应当明白，他自己是什么，他所生存于其中的这个世界是什么。关于这些问题，所有民族中那些最有智慧、最善良的人在各个时代都曾有过教诲。所有这些教诲在最根本的问题上都是统一的，并与每个人的理性和良知所发出的声音是统一的。这教诲就是：

2. 除了我们所看到、听到、触摸到的和我们从别人那里所得知的事物之外，还存在着这样的事物，即我们所看不到、听不到、触摸不到、谁也不会告诉我们，然而我们对它比对世上的任何事物都知道得更清楚的事物。这就是赋予我们以生命的、我们在谈到它时所说的"我"。

3. 我们承认，这个无形的、赋予我们以生命的本源，存在于所有生命之中，特别是活在与我们一样的生命——他人——之中。

[①] 早在1907年托尔斯泰为写作《每日必读》时就开始草拟一个前言，以概括他所收集和撰写的这些格言的主旨，使读者能提纲挈领地了解他本人对人生的思考。后在1910年又对该前言进行了多次修改，全文于1911年媒介出版社出版本书时发表。

4. 这个无形的、赋予了所有生物以生命的万物之本源，是我们在自身都能感受到的，并承认它存在于与我们一样的生命——他人——之中，我们把它称为灵魂，而这个赋予了所有生物以生命的无形的万物本源，就其本身来说，我们称之为上帝。

5. 人们的灵魂因肉体而彼此分离，并与上帝分离，但它们努力要与那所分离的相聚合，并通过"爱"达到与他人灵魂的结合，通过参悟自身神性达到与上帝的结合。这种通过"爱"与他人灵魂、通过对自身神性的觉悟达到与上帝越来越紧密的结合，就是人生的意义和幸福之所在。

6. 人的灵魂要达到与其他生命和上帝越来越紧密的结合，也就是说，人要获得越来越多的幸福，靠的是使灵魂摆脱阻挠爱他人和对自身神性加以觉悟的东西：罪孽（即放纵肉欲）、邪念（即对幸福的虚假观念）和迷信（即为罪孽和邪念辩护的伪学说）。

7. 阻挠人与其他生命和上帝相结合的罪孽有：饕餮的罪孽，即贪吃、酗酒；

8. 淫荡的罪孽，即性生活的荒淫无度；

9. 游手好闲的罪孽，即远离为满足自身需求所必须的劳动；

10. 贪婪的罪孽，即为享有他人的劳动而索取和占有财富；

11. 在所有罪孽中最严重的是与他人分离的罪孽：嫉妒、恐怖、指责、仇恨、愤怒。总之，是对他人恶意的情感。阻挠人通过"爱"将自己的灵魂与上帝和其他生命相结合的罪孽指的就是这些。

12. 而将人引向罪孽的邪念，即有关人与人之间关系的种种虚假观念是：骄傲的邪念，即认为自己优于他人的虚假观念；

13. 不平等的邪念，即关于人可以分为高等和低等的虚假观念；

14. 支配他人的邪念，即关于某些人可以有权以暴力支配他人生活的虚假观念；

15. 惩罚的邪念，即关于某些人有权以正义和治安为名对他人作恶的虚假观念；

16. 虚荣的邪念，即关于人的行为可以也应该不受理性和良知支配，而是受世俗想法和世俗法规支配的虚假观念。

17. 诱惑人堕入罪孽的邪念就是这样的。而为罪孽与邪念提供辩词的迷信有：国家迷信、教会迷信和科学迷信。

18. 国家迷信，就是相信，少数无所事事的人统治多数劳动人民是必要而有益的。

教会迷信，就是相信，那源源不断向世人展示出来的宗教真理是被一劳永逸地揭示出来的，并相信，只有那些谋取到教给他人正宗信仰的权力的人，才拥有这唯一的、被一劳永逸揭示出来的宗教真理。

19. 科学迷信，就是相信，对于所有人的生活来说，唯一的、真正的、必不可少的知识，是那些从浩瀚无边的知识领域里偶然挑选出来，而大多毫无用处的各种各样的知识片断，这些知识在相当长的时期内成为少数逃脱生活的必要劳动，即那些过着缺少理性的堕落生活的人所热衷的东西。

20. 罪孽、邪念和迷信阻碍着人的灵魂与其他生命和上帝的结合，剥夺着人所固有的幸福，因此，为了使人能够享有这些幸福，必须与罪孽、邪念和迷信进行斗争。在这种斗争中人必须要付出努力。

21. 而努力永远是靠人来掌握的，首先，因为这些努力只是在现在的瞬间完成的，也就是说是在一个非时间的点上完成的，这个点就是过去和未来的交会点，在这个点上人永远是自由的；

22. 其次，这些努力之所以是由人来掌握的，还因为做出努力不是要人去做某些也许无法实现的事，而不过是人随时都可做到的"克制"而已，即：努力克制不做有违爱他人和参悟自身神圣本源的事；

23. 努力克制不说有违爱他人和参悟自身神圣本源的话；

24. 努力克制那些有违爱他人和参悟自身神圣本源的想法。

25. 把人引向所有罪孽的，是对肉欲的放纵，因此，人要想与罪孽进行斗争，必须努力克制放纵肉欲的行为、话语和想法，也就是要努力舍弃肉体。

26. 把人引向所有邪念的是有关某些人优于另一些人的虚假观念，因此，人要想与邪念进行斗争，必须努力克制要凌驾于他人之上的行为、话语和想法，也就是要努力保持谦逊。

27. 把人引向所有迷信的是对谎言的容忍，因此，人要想与迷信进行斗争，必须努力克制自己那些有违真理的行为、话语和想法，也就是要努力保持真诚。

28. 努力做到舍弃自我，保持谦逊和真诚，就会消除阻挠人的灵魂通过"爱"与其他生命和上帝相结合的障碍，赋予人随时都可感受到的幸福，因此，那被人视为恶的东西，只是人错误地理解生活、没有做能给他带来固有幸福的事情的一种标志。恶是不存在的。

29. 同样，被人视为死亡的东西，只是为那些认为自己的生活存在于时间之中的人而设的。而那些从真正意义上理解生活的人，他们把生活看作人在现时中为摆脱一切阻碍他与上帝和其他生命相结合的东西而做的努力，对他们来说，没有也不可能存在死亡。

30. 只从可被理解的方面去理解生活的人，是把自己的生活看作使灵魂通过"爱"与一切生命相结合，通过参悟自身神性与上帝相结合，并只有靠现时的努力去使这种结合越来越紧密。对这样的人来说，不存在灵魂在其肉体死亡之后将会怎样的问题。灵魂既无过去，也无将来，它永远存在于现在之中。而对在肉体死后怎样感受灵魂的问题，人没有被赋予获知这些的能力，而且人也不需要知道这些。

31. 人没有被赋予获知这些的能力，是为了让人把自己的精神力量不是倾注于关心个人的灵魂在一个假想的未来世界中的状况如何，而只集中在现世，在此时，获取与所有生命和上帝相结合的十分明确的、牢不可破的幸福。而人无须知道将来他的灵魂会怎样，因为如果他按照应有的方式去理解自己的生活，即把生活看作使自己的灵魂不断地、越来越紧密地与其他生命的灵魂和上帝相结合，则他的生活无论如何不会成为别的，而只能成为他所追求的样子，成为一种无论如何不会被破坏的幸福。

前　言
《生活之路》分册版[①]

收集在这里的思想属于各种各样的作者，从婆罗门教的、孔子的、佛教的文献，到福音书、使徒行传，以及许许多多古代和现代思想家的著述。这些思想的大部分内容，既有直译的，也有经过改编的，它们做了这些改动，使得我不便再注上作者的名字。在这些未署名的思想中最优秀的部分并不是属于我的，而是属于世界上那些最伟大的哲人。

列夫·托尔斯泰

[①] 在媒介出版社出版《生活之路》单卷本的同年，还出版了一种按章节分册的小开本单册版，共三十册（其中"国家迷信"一章因官方审查的原因当时未同时出版）。本序就是为此单册版写的。

目　录

第一章　论信仰……………………………………1
第二章　灵魂………………………………………19
第三章　人人同一灵魂……………………………39
第四章　上帝………………………………………54
第五章　爱…………………………………………73
第六章　罪孽、邪念、迷信………………………97
第七章　放纵………………………………………114
第八章　淫欲………………………………………132
第九章　不劳而食…………………………………149
第十章　贪…………………………………………168
第十一章　怒………………………………………188
第十二章　骄傲……………………………………206
第十三章　不平等…………………………………218
第十四章　暴力……………………………………238
第十五章　惩罚……………………………………267
第十六章　虚荣……………………………………288
第十七章　国家迷信………………………………304
第十八章　伪信仰…………………………………332

第十九章　伪科学 ………………………………… 356

第二十章　努力 …………………………………… 382

第二十一章　现在的生活 ………………………… 398

第二十二章　无为 ………………………………… 415

第二十三章　语言 ………………………………… 427

第二十四章　思想 ………………………………… 443

第二十五章　舍弃自我 …………………………… 463

第二十六章　谦逊 ………………………………… 487

第二十七章　真 …………………………………… 504

第二十八章　恶 …………………………………… 525

第二十九章　死 …………………………………… 545

第三十章　死后 …………………………………… 568

第三十一章　生活即幸福 ………………………… 588

世俗生活哲学的宗教阐释——译后记 …………………… 611

第一章
论信仰

一个人要生活得好，必须懂得他应当做什么和不应当做什么。为了懂得这些，就必须要有信仰。信仰是有关人是什么和他为了什么活在世上的知识。而这样的信仰始终存在于一切拥有理性的人心中。

一　什么是真正的信仰

1

为了好好度过一生，必须明白，生活是什么以及在这一生之中应当做什么、不应当做什么。历代贤哲都曾教给人们这些道理，在所有民族中都有人教导如何过善的生活。这些哲人的教导在根本上都归结为一种。这种适于所有人的唯一教导就是，人的生活是什么和应当怎样度过一生，而这也就是真正的信仰。

2

这个从所有角度去看都无边无际的世界是什么，无论它的起点还是它的尽头,我都不知道,在这个无边无际的世界中我的生命是什么,我将怎样度过一生?

唯有信仰来回答这些问题。

3

真正的宗教在于让人懂得这样一个法则——它高于人类的所有法则,并且对于世上所有人来说它是唯一法则。

4

形形色色的虚假信仰也许有很多,但真正的信仰只有一个。(康德[①])

5

如果你怀疑自己的信仰,那么这已不是信仰。

信仰,只有在你打消了这样的念头——你所信奉的也许是不正确的——时才是信仰。

6

信仰有两种:一种信仰是相信世人所说的东西,这是对某个人或某些人的信仰,这样的信仰很多并且五花八门;一种是对差我到世上来者的信赖而产生的信仰,这就是对上帝的信仰,这样的信仰对所有人来说都是唯一的。

---

① 康德(1724—1804),德国哲学家、作家,著有《纯粹理性批判》等。

二 真正的信仰的教义总是明确而简单

1

信奉就是说相信昭示给我们的东西，而不去问它是什么、为什么会这样和由此而将要怎样。真正的信仰就是这样的。它指示给我们，我们是什么以及因此我们应当做什么，但它不会告诉我们，我们依照信仰的吩咐所做的事将会产生什么样的结果。

如果我相信上帝，那么我无论如何也不会去问，我听从了上帝而将会怎样，因为我知道，上帝就是爱，而爱的结果除了善不会有别的。

2

生活的真正法则如此简单、明确而易懂，所以，人们不能用他们不懂法则这一理由对自己龌龊的生活加以辩解。如果人们在生活中违背真正的生活的法则，则他们得到的只有一样：背弃理性。他们却正是这样做的。

3

有人说，遵行上帝的法则很难。这不是真的。生活的法则不要求我们别的，除了爱周围的人。而爱并不难，只有喜悦。（据格里高利·斯科沃罗达[①]）

[①] 格里高利·斯科沃罗达（1722—1794），乌克兰哲学家、诗人、反教权主义者。

4

当一个人领悟了真正的信仰,在他身上就会发生变化,如同一个人在黑暗的屋子里点燃灯火。一切都会变得明亮,而心灵就会变得欢乐。

三 真正的信仰就在于一点:爱上帝和周围的人

1

基督说:"我怎样爱你们,你们也要怎样相爱。你们若有彼此相爱的心,众人因此就认出你们是我的门徒了。"[1] 他不是说:如果你们"信奉"这或那,而是说如果你们"相爱"。信仰在不同的人身上和不同的时代也许是不同的,但是"爱"在所有人心中都始终如一。

2

真正的信仰只有一个——对一切有生命者的爱。(科尔多瓦的易卜拉欣[2])

3

爱赋予人以幸福,因为它使人与上帝相结合。

---

[1] 《新约·约翰福音》13:34—35。
[2] 科尔多瓦的易卜拉欣(10世纪),西班牙阿拉伯裔作家。

4

基督向人们昭示,"永恒的"并非"将来的",那永恒的无形之物此时就活在我们的此生之中,当我们将灵魂——一切都生于斯长于斯的灵魂——与上帝相结合时,我们就将归于永恒。

四 信仰引导人们的生活

1

人只有做他认为符合生活法则的事,才真正懂得生活的法则。

2

每一种信仰都不过是一种答案:我在尘世中怎样做才不是为他人,而是为那差我到世上来者而生活。

3

在真正的信仰中重要的不是对上帝、对灵魂、对发生过和将要发生的事做一番宏论,重要的只有一点:深知在此生之中应当做什么和不应当做什么。(据康德)

4

如果一个人生活得不好,那么这仅仅是因为这个人没有信仰。就各民族来说也往往如此。如果一个民族生活得不好,那么仅仅是因为这个民族失去了信仰。

5

人们的生活往往有好有坏,这仅仅取决于他们怎样去理解生活的真正法则。人们对生活的真正法则理解得越明确,他们的生活就越好,而他们对这个法则理解得越含混,他们的生活就越坏。

6

为了使人们走出他们如今身陷其中的罪孽、淫逸和困苦的泥淖,只需要一点,即需要一种信仰,这种信仰可使人们不会像现在这样只为自己活着,而是让所有人都为了同一种生活而活着,让所有人都遵奉一种法则和一个目的。只有这样,人们在念诵对主的祷词"你的国将降临尘世,如在天国"时,才会期盼着上帝的国必将降临尘世。(据马志尼[①])

7

如果一种信仰教给人们说,为了获得永生必须摒弃现世的生活,那么这就是伪信仰。人不能为了永生而摒弃现世的生活,之所以不能是因为在现世生活中已存在永生。(印度《往世书·筏摩那》[②])

8

一个人的信仰越强烈,他的生命越坚强。人的生活没有了信仰就成了动物的生活。

[①] 朱塞佩·马志尼(1805—1872),意大利革命家、民族解放运动领袖。
[②] 《往世书》,印度以记载人物兼及史述的一类文献总称。筏摩那,意为侏儒,为印度教神祇毗湿奴的化身之一。

五　伪信仰

1

爱上帝和爱他人的生活法则简单明了——任何一个人，只要他有理智，就可以在自己心中感受到这种法则。因此，假如没有伪教义，所有的人就都会遵守这个法则，天国也就会降临尘世。

但是那些伪教义随时随地都在教人们把并非上帝的认作上帝，把并非上帝法则的认作上帝的法则。人们相信了伪教义而疏远了真正的生活法则，不去履行这真正的法则，这样一来人们的生活也就变得艰难而不幸。

因此，不应该相信任何教义，如果它与爱上帝及爱他人的法则不相符的话。

2

不要认为，一种信仰之所以符合真理，是因为它存在已久。相反，是人活得越长久，真正的生活法则才在他们心目中变得越明确。如果你认为，我们如今应该相信我们的祖祖辈辈所相信过的，这就如同认为，等你长大了，你穿上孩提时的衣服就正合身了。

3

在所有民族中总是有这样的人，他们暗自说，只有他们才懂得上帝的真正法则。这些人为了证明自己的话，总是煞有介事地讲述那些上帝的奇迹,并说由此可见,他们所教导的那种法则就是真正的上帝的法则。除此之外,这些人还把他们的这种法则写进书里去,让人们相信,这些书里的每一个字都是真理,因为这些书是上帝亲自授意和亲自写成的。

这些都不是真的。上帝的法则并非只昭示给某些人,而是对每个人都不偏不倚,只要你想懂得它。奇迹从不曾有过,如今也不存在,一切有关奇迹的故事都是虚构的。而那些所谓每一个字都是真理并由上帝授意的书也不是真的,所有的书都出自人手,并且在每一本书中都可能存在有益的或有害的、真的或假的东西。

4

我们常常为不能信奉我们的父辈所信奉过的而伤心。我们应该做的不是为此而伤心,而是努力为自己确立一种信仰,我们应该能够坚定地信奉它,就像我们的父辈曾经信奉他们自己的那样。(马蒂诺[①])

5

一个人要想懂得真正的信仰,首先必须暂时放弃他所盲从的那种信仰,并用理智去检验他从儿时起就被教会的那一切。

6

一个住在城里做工的人完工后动身回家。出城的时候他遇到

[①] 哈里特·马蒂诺(1802—1876),英国女作家,社会、经济及历史学家。

一个过路人。那过路人说:"咱们一起走吧,我也去那儿,路我很熟悉。"做工的人信以为真,两个人便一起上了路。

走了一个小时,又一个小时,做工的人觉着这条路不是他进城来时的那一条。于是他说:"记得不是这条路啊。"可那过路人说:"这就是那条最近的路。相信我,我很熟悉。"做工的人听了他的话,跟着走下去。可是越往前走,路就变得越糟糕,行走越艰难。做工的人把他挣来的东西全都用光吃净了,还是没有家的影子。但是他越往前走,就越发相信,并且快到尽头时他已深信不疑,这就是那条路。其实他这样想只是因为他不愿意再走回头路,并一直希望,沿着这条路就会走到家。做工的人在迷途之上越走离家越远,陷入了长久的困顿之中。

那些不听从自己心灵的声音,而只是相信别人嘴里有关上帝及其法则的话的人,其情形也往往如此。

7

人不知上帝,这不好,而最糟的莫过于将并非上帝的认作上帝。

六 论表面上的敬神

1

真正的信仰并不在于相信奇迹、各种宗教仪式和活动,而在于相信适合于世上所有人的那种法则。

2

对于真正的信仰来说，并不需要任何殿堂、装饰、颂诗以及群众聚会。相反，真正的信仰只有在宁静和独处时才会深入人心。

3

如果一个人想用祈祷及仪式来取悦上帝，那这就是说他想欺骗上帝。而上帝是不可欺骗的，你所欺骗的只是自己。

4

真正的信仰并不在于让人懂得哪些日子斋戒，哪些日子去教堂，以及哪些日子聆听或诵读祷词，而在于让人永远在与所有人相爱之中保持善的生活，永远像乐意对待自己那样对待他人。

正确的信仰就在于此。所有真正的哲人始终都在传扬这种信仰，所有民族中都有人教导大家过虔诚的生活。

5

耶稣没有对撒马利亚人①说：放弃你们的信条和传统，换成犹太人的。他没有对犹太人说：你们要归附于撒马利亚人。而是对撒马利亚人和犹太人说：你们的想法都是错的。重要的不是殿堂，也不是在殿堂中献祭，重要的不是基利心山或者耶路撒冷，这样的时候就要到来，或者已经到来，即人们既不是在基利心山，也

---

① 撒马利亚人，以色列人的一支，公元前4世纪在基利心山建圣殿，从此不向耶路撒冷朝拜。

不是在耶路撒冷朝拜天父，真正的朝拜者将在心灵中真诚地朝拜天父，因为天父正为自己寻找这样的朝拜者。

耶稣在耶路撒冷时代曾经寻找过这样的朝拜者。如今他仍在寻找。

6

上帝的国只有当那种宣扬奇迹及各种教仪的教会信仰被理性的、无奇迹无教仪的信仰所替代的时候，才会降临到我们身边。这个时刻正在临近。这种信仰已在萌芽之中。而萌芽并非不能成长壮大。让我们等待着，并为了这个时刻尽快到来而工作。（据康德）

7

一家主人有一个雇工。他与主人住在同一个宅子里，每天都跟主人见面多次。雇工渐渐地干活越来越少，一直懒惰到终日无所事事。主人看到了这种情形，但什么也没说，只是在碰到这雇工时就转过身去不理他。雇工见到主人对他不满意，就想办法，怎样既不干活，又能讨好主人。雇工去找主人的熟人和朋友，求他们劝主人不要生他的气。主人知道了这个情况，把雇工叫来，说道："你为什么请求人们来为你说情呢？其实你天天和我在一起，你要怎么样，可以自己对我说嘛。"雇工无言以对，转身走了。这个雇工又想出另一个法子：他把主人的鸡蛋收拾起来，抓了主人的一只母鸡，把这些东西作为礼品拿去给主人，为的是让主人别生他的气。主人于是说道："上一次你求我的朋友们为你帮忙，那时你本可以直接和我谈。这会儿你又生出法子用礼品来买人情。

可你的这些东西全都是我的呀。就算是你把自己的东西拿来，我也不需要你的礼品。"于是雇工又想了第三个办法：他编了一些为主人歌功颂德的诗，来到主人的窗前大声地吟唱起来，称主人为伟大的、无所不在的、无所不能的父亲、恩主、善人云云。于是主人又把雇工叫来，说道："一会儿你去托人讨好我，一会儿你又拿我的东西给我送礼，这次你想得更妙：别出心裁对我又叫又唱，说我无所不能、大恩大德什么的。你又唱又叫，说我这样那样，但是你不了解我，也不想了解我。我需要的不是让其他人替你说情，不是你的礼物，也不是你对那个你无法了解的人大唱颂歌——我需要于你的只是你的劳动。"

那些对着圣徒祈祷、求他们为自己在上帝跟前说情的人，那些想用神灯和种种祭品、建造殿堂、对上帝大唱颂歌来讨好上帝的人，其做法与那雇工所做的如出一辙。

基督的教义指出，在上帝和人之间不可能存在中介者，生活需要的不是给上帝的献礼，而是我们的善行。

上帝全部的法则都在于此。

七　把善的生活理解为求得奖赏　　有悖于真正的信仰

1

一个人有信仰，若只是用信仰这件事去期待未来各种各样表面的好处，那么这就不是信仰，而是算计，而算计总是不可信的。

算计之所以不可信，是因为真正的信仰只给予人以现时的好处，而不给人，也不可能给人以任何未来的表面的好处。

2

一个人想去给人家做雇工。他遇见了两个工头。这个人便说自己正在找活干。两个工头都想招他去自己的主人家干。其中一个对他说："去我的主人那儿吧。那地方很好。当然了，你要是不让人满意，就会蹲监狱，挨鞭子，可你要是让人满意，那你的日子就再好不过了。到干完活的时候，你就会过上事事不愁的日子，天天摆宴席，酒啊，甜点心啊，游玩啊什么的。只是你要让人满意。将来的日子好得你想也想不到。"这个工头就这样一再邀他跟自己走。

另一个工头也叫他去自己的主人家，但关于他的主人付给雇工什么酬劳却只字未提，他甚至说不出雇工们将来在哪儿生活，生活怎样，活儿累还是不累，而只是说，主人很善良，不会惩罚任何人，主人自己也跟雇工们住在一起。

这个人琢磨了头一个主人："他给了这么多允诺。假如事情真的那样，就用不着这么多允诺。贪图奢华的日子也许是再糟糕不过的事了。这个主人准是气势汹汹的，因为谁不按照他说的去做，他就对谁严加惩处。最好还是去第二个那儿吧，他尽管什么允诺也没给，可人家说他很善良，还跟雇工们一起过日子。"

那些有关信仰的教义也是如此。伪导师们用惩罚的恐吓来导引人们去过善的生活，用去往那个谁也没去过的世界作为奖赏来诱惑人们。真正的导师只是教导人们说，生活的本源和爱就存在于人的心灵之中，谁与这些融为一体，谁就会过上好日子。

3

如果你膜拜上帝只是为了获得永恒的安乐,那你膜拜的不是上帝,而是你自己。(西里西亚的安杰勒斯①)

4

真信仰与伪信仰之间的区别在于:持伪信仰的人希望的是,因为他的贡品和祈祷,上帝要让他得到满足;而持真信仰的人希望的仅仅是一点——学会满足上帝的意愿。

八 用理性检验信仰的形态

1

不要通过磨灭自己的理性来认识真正的信仰,而是相反,使理性保持清醒和紧张,用它来检验信仰导师教给我们的东西。

2

我们不是凭借理性达到信仰。但必须用理性去检验别人教给我们的信仰。

3

不要怕抛弃自己的信仰中所有多余的、肉体的、有形的、可

---

① 西里西亚的安杰勒斯(1624—1677),原名约翰·谢弗勒尔,德国基督教神秘主义者、神学家和诗人。

触摸的东西，同时还有那些模糊不清的东西：你将灵魂的内核清理得越干净，对真正的生活法则理解得就越明白。（西里西亚的安杰勒斯）

4

讲述那些奇迹的故事并不能证明真理。就算不是故事，即使是我亲眼看到一个人从坟墓中复活并飞上天去，并由此说服了我承认 $2×2=5$，我还是不会信任他。

5

一个人若不信奉周围的人所信奉的，这人并不算是无信仰的人。真正无信仰的人，是那种总是在想、总是在说他信奉什么、不信奉什么的人。

九　人的宗教意识在不断完善

1

应当利用古代的先贤圣人有关生活法则的教诲，但我们也必须用自己的理性去检验他们教给我们的东西：与理性相符的——接受，不相符的——放弃。

2

如果一个人不能为了坚守生活的法则而毅然放弃他所偶然认

定的信仰,那么这就有如一个人为了不迷路,而用绳索把自己捆绑在柱子上一样。(露西·马洛丽[①])

3

让人十分惊讶的是,大多数人坚定不移地信奉着某种信仰的极为古老、早已不合时宜的教义,而把所有新的教义视为有害无益的东西加以摈弃。这些人忘了,如果上帝曾将真理昭示给古人,那么他同样也会准确无误地将其昭示给不久前在世和现在仍然在世的人。(据梭罗[②])

4

生活法则本身是不会变化的,但人们可以越来越清楚地去理解它,并学会怎样在生活中遵行它。

5

基督是个伟大的导师。他传布的是爱上帝和爱人类的真正的共同宗教。但是不要以为上帝身边就再也不会有这样的,甚至是更伟大的导师。我们即使持有这样的想法,也并不会有损于基督的伟大,只是说我们承认上帝的伟大。如果我们认为在基督之后

[①] 露西·马洛丽(1843—1920),美国女作家,1886—1918年曾出版杂志《世界先进思想》,与托尔斯泰有书信往来。

[②] 亨利·戴维·梭罗(1817—1862),美国作家、思想家,19世纪超验主义运动代表人物。

上帝再也不会直接对人显现了，那么，一旦新的伟大导师出现，就将遇到与基督同样的情形：活着的先知遭到毒打，以便把已死去的奉为神灵。

假如基督不放弃当初曾被视为真理的那种教义，我们也许就无法结识他的伟大教义。

假如他也像别人那样说："谁也无法再像摩西那样准确地解释上帝的法则了。"那他就会成为一个微不足道的人，圣灵也就会将他的灵魂抛弃。但是他不去附和他人，而是附和上帝，他听命于上帝的声音，而不是自己对他人的畏惧。无论教会还是国家，他都不惧怕，即使彼拉多和希律王[1]携起手来为的就是把他钉上十字架，他也决不退缩。

是的，正如之前上帝在基督身边一样，上帝如今也就在我们身边，并同样准备对我们，对每一个愿意把自己的一生奉献给他的人昭示真理。（帕克[2]）

6

一种宗教成为真理，并不是因为有圣徒们在宣扬它，圣徒们之所以宣扬它，乃是因为它是真理。（莱辛[3]）

---

[1] 本丢·彼拉多（公元前12—公元37），公元26—36年任罗马帝国的犹太总督，主持了对耶稣的审判。希律王（公元前73—公元4），罗马帝国的犹太王。

[2] 蒂奥多尔·帕克（1810—1860），美国上帝一位论派神学家，著有《论基督教义的暂时内容和永恒内容》。

[3] 戈特霍尔德·埃弗拉伊姆·莱辛（1729—1781），德国作家、批评家。

7

当雨水在屋檐斜槽中流下的时候,我们觉得它好像是从槽中流出来的。其实水是从天上落下来的。对于圣徒和贤哲们的训诫也是如此:我们觉得这训诫是他们说出来的,其实却来自于神。(据罗摩克里希纳[①])

---

① 罗摩克里希纳(1836—1886),本名伽达陀尔·查特吉,印度宗教思想家。

第二章
灵　魂

那难以触摸、无形、无实体、赋予每一个生物以生命的，自然而然我们就称之为上帝。那同样难以触摸、无形、无实体、被肉体将其与所有其他东西区别开，而为我们自身所意识到的，我们称之为灵魂。

一　灵魂是什么

1

一个人若活过了漫长的一生，则已经历了许多变化，先是婴儿，而后是儿童，而后成年，而后老年。但一个人无论怎样变化，在谈到自己时他总是说"我"。而这个"我"在他而言总是指同一个事物。在婴儿，在成年，在老年，都是同一个"我"。这个永不变化的"我"就是我们所说的灵魂。

2

如果一个人认为，他所看到的周围的一切，这无边无际的整个世界，一定如他所看到的那样，那他这个想法是十分错误的。人了解所有有实体的东西，只是因为他具有这一种，而非另一种视觉、听觉、触觉。倘使这些感觉换成另外一种，这整个世界也就可能成为另外的样子。就此而言，我们不了解，也不可能了解我们生存于其中的这个有实体的世界是什么样子。只有一种东西是我们确切且全部了解的，这就是我们的灵魂。

二 "我"实指灵魂

1

当我们说"我"的时候，指的并不是我们的肉体，而是指存在于我们肉体之中的那个东西。那这个"我"是什么呢？我们无法用语言表述这个"我"是什么，但我们了解这个"我"胜于我们所了解的一切。我们知道，倘若在我们身上没有这个"我"，我们就一无所知，这个世界在我们看来就空空如也，而我们自己也就不复存在。

2

当我在运用思维的时候，理解我的肉体是什么比理解我的灵魂是什么更难。无论肉体多么亲近，它总是"他人的"，只有灵魂是"自己的"。

3

如果一个人感知不到自己体内的灵魂，这并不是说他体内没有灵魂，而仅仅是他还没有学会感知自身的灵魂。

4

在我们还不了解我们体内的东西时,了解我们身外的东西又有什么用?或者说,可以不了解自身而了解世界吗?有这样的事吗:在家里是瞎子,做客的时候却是明眼人?(斯科沃罗达)

5

正如没有火无法点燃蜡烛一样,没有灵魂的力量,人就无法生存。灵魂生在所有的人身上,但并不是所有的人都了解这一点。

了解这一点的人,其生活是快乐的,而不了解这一点的人,其生活是不幸的。(据罗摩克里希纳)

三 灵魂和物质世界

1

我们测量过地球、太阳、星星、海沟,钻到地下去挖掘黄金,在月球上找到了河流和山脉,还在发现新的星星和了解它们的大小,填平深谷,建造精巧的机器;不论哪一天,总有一些新而又新的东西出现。还有什么我们不会做!有什么我们不能做!但有一种最为重要的东西,却一直是我们所缺少的。这到底是什么,我们自己也不知道。我们就好比一个小孩子:他感到了不舒服,可为什么不舒服他不知道。

我们感到不舒服,是因为我们了解了大量多余的东西,却不了解至关重要的：我们自己。不了解有什么东西生存在我们体内。一旦我们弄清是什么东西生存在我们每个人的体内，那么我们的生活或许会彻底改观。（据斯科沃罗达）

2

对这个世界上一切物质的东西，我们无法了解其真相是什么。我们所能洞悉的，只有我们自身属于灵魂的东西，只有我们自己所能感知，但既不依赖于我们的情感，也不依赖于我们的思想的东西。

3

从所有角度看去，世界都是没有尽头的，也不可能有：无论一个地方多么远，在最远之外仍有更远。时间也是如此：世界既无生，也无止。在千万年之前仍有千万年，千千万万无有止处。因此很明显，人无论如何也无法理解这个物质世界如今什么样，过去和将来什么样。

什么是人所能够理解的呢？这唯一之物就是既无须空间，也无须时间的你的灵魂。

4

人们常常认为，只有他们能够用手触摸到的东西才是存在的。其实恰恰相反，现时存在的只有那无法看到、无法听到、无法触摸到的，我们称之为"自我"的自己的灵魂。

5

孔子说：天地之大，犹有色、形、度。在人的身上有这样一种东西，它思考一切，它存在着，却既无色无形，也无度。因此可以说，倘若整个世界一旦死亡，则人身上存在的这种东西，就是唯一能赋予世界以生命之物。①

6

铁坚于石，石坚于木，木坚于水，水坚于气。那无法触摸者，那无形而无声者，坚于一切。唯有这种事物过去、现在及将来都存在，并且永不消亡。

那么这是什么？

这就是人体内的灵魂。

7

一个人能够思考肉体的他为何物，这是好事。人的肉体看起来很大，如果把它和跳蚤、和极微小的东西相比，如果把它和泥沙相比的话。人继而想，我们的整个地球和太阳相比不过是一颗沙粒，太阳和天狼星相比也不过是一颗沙粒，而天狼星和其他星球相比则微不足道，还有更大的星球，如此比较下去是无限的。——这是很好的思考方式。

---

① 出处不详。意相仿者参见《礼记·礼运》："故人者，其天地之德，阴阳之交，鬼神之会，五行之秀气也。……故人者，天地之心也，五行之端也，食味，别声，被色而生者也。"

很明显，肉体的人和太阳及这些星球相比即是无。如果继而想，我们每一个人都是无迹可寻的，在百年、千年、万年间曾生活在地球上的，像我一样的人，同样地生、长、老、死，在这千百万像如今的我一样的人身后，不仅尸骸，甚至连骨灰也已荡然无存，而在我之后又将有千百万像我一样的人生存于世，由我的骨灰将生出青草，羊将以青草为食，而人又将以羊为食，则在我身后纤尘未留，踪迹全无！我即无，不是很明显的吗？

无虽是无，但只有这个"无"能认识自我及其在世上的位置。而一旦它认识了，则这种认识就不是无，而是某种有，某种重于这整个无尽世界的东西，因为在我和其他类似于我的生命身上没有这种认识，也就没有了我称其为无尽世界的所有东西。

四　人的灵与肉

1

你是谁？人。什么人？你怎么区别于他人？我是某某人的儿子、女儿，我是老人，我是年轻人，我是富人，我是穷人。

我们每一个人都是不同于所有其他人的个别的人：男人，女人，老人，男孩，女孩；在我们每一个个别的人身上都存在着同一的灵魂生命，也就是说，我们每一个人同时既是伊万，也是纳塔利娅，也是那个在所有人身上都一样的灵魂生命。若我们说"我想如何"，则有时这意味着伊万或纳塔利娅想如何，有时则意味着，是那个在所有人身上都同一的灵魂生命想如何。这样一来，也就会有这样的情况，伊万或纳塔利娅在想做某一件事的时候，而那个存在于他们身上的灵魂生命想的却完全是另一件事。

2

一个人前来敲门。我问："是谁呀？"回答是："我。""我是谁？""就是我呀。"来的人又答道。来的是个农夫家的小男孩。他感到很奇怪，怎么可以问这个"我"是谁呢。他感到奇怪，是因为他感受到了在自己身上的那个与所有人都一样的共同的灵魂生命，所以他感到奇怪，怎么竟可以问每个人都应该知道的东西。他回答的是灵魂的"我"，而我问的只是那个窗口，那个透过它能窥见这个"我"的窗口。

3

如果说，我们称呼自我的时候只是指的肉体，而我的理智、我的灵魂、我的爱都是出自肉体，那么这就等于说，我们自称肉体的只是用来喂养肉体的食粮。实际上，这个我的肉体只不过是由肉体加工而成的食粮，而没有食粮则没有肉体，但我的肉体不是食粮。这个食粮对于肉体生活来说是必需的，但它不是肉体。

谈到灵魂也是如此。不错，没有我的肉体也就没有那我称之为灵魂的东西，但无论如何我的灵魂不是肉体。肉体对于灵魂来说是必需的，但肉体不是灵魂。假如没有灵魂，我就不会懂得我的肉体是什么。

生活的本源不在肉体，而在灵魂。

4

当我们说"这个有过,这个将要有或者可能有"的时候,我们指的是肉体生命。然而,除了有过和将要有的肉体生命,我们知道我们还有另一种生命:灵魂生命。而灵魂生命不是有过,不是将要有,而是现在的。这种生命才是真正的生命。

一个人只有靠这种灵魂生命,而不是肉体生命,才能过上好日子。

5

基督教导人们说,在他们身上存在着一种可以使之超乎于尘世浮华、惊恐不安和肉欲生活之上的东西。人懂得了基督的教诲,就可以体验到这样一种感觉:一只鸟最初还不知道它有翅膀,而突然明白后,它便可以展翅飞翔,自由自在,无所畏惧。

五　良知是灵魂的声音

1

在每个人身上都存在着两个人:一个盲眼的、肉体的,一个明眼的、灵魂的。盲眼的那个人吃,喝,劳作,休息,生育,为这一切忙个不停,就像上满发条的钟表一样。而明眼的、灵魂的另一个人——他自己不做什么,只是对那盲眼的、肉体的人的所作所为表示赞同或不赞同。

人身上明眼的、灵魂的部分被称作良知。人的这个灵魂部分——良知,其作用如同指南针的指针。指南针的指针只有当携带它的人偏离了它所指定的路线时才会移动。良知也是如此:在人做他该做的事时,它沉默不语,然而人一旦离开正路,良知就会给人指出,他偏离了什么方向,偏离了多少。

2

当我们听到一个人做了某某坏事的时候,我们说:他昧了良心。什么是良心?
良心就是那个存在于所有人身上的共同的灵魂生命。

3

良知就是对那个存在于所有人身上的灵魂生命的觉悟。只有当良知成为这种觉悟时,它才是人们生活的可靠引导者。然而人们往往并不把良知理解为对这个灵魂生命的觉悟,而理解为被他们周围的人所评头品足的那些东西。

4

欲望的声音或许高于良知的声音,但欲望的声音与良知所发出的镇定而顽强的声音相比却截然不同。无论欲望如何大声叫喊,相对于良知平静、镇定而顽强的声音,它总会现出怯意。良知的声音在人的身上是永恒、虔诚而富有生命力的。(钱宁[①])

[①] 威廉·钱宁(1780—1842),美国新教牧师、宗教伦理学家。

5

哲学家康德说过，有两种东西令他惊讶：一种是天上的星星，另一种是人的灵魂中善的法则。

6

真正的善就在你自身，在你灵魂之中。那不在自身寻找善的人，正如同牧羊人怀抱着羊羔而去羊群里寻找它一样。（印度《往世书·筏摩那》）

六　灵魂的上帝属性

1

在人的身上最先觉醒的是对自己有别于所有其他事物的属性，即对自己肉体的觉悟。其次是对那个被分派来的事物，即自己灵魂的觉悟。再其次，是对将这生命的精神基础分派来的本源的觉悟，即对全能上帝的觉悟。

这个能觉悟到自己乃是全能上帝的派生物的东西，就是存在于每个人身上的共同的灵魂生命。

2

意识到自己是被分派来的生命，就意味着你已认识到将你分派来的那个事物的存在，即认识到全能上帝的存在。

3

"我实实在在地告诉你们：那听我话又信差我来那位的，就有永生，不至于被定罪，而是已经出死入生了。我实实在在地告诉你们：时候将到，现在就是了，死人要听见神儿子的声音，听见的人就要活了。因为父怎样自己里面有生命，也照样赐给他儿子自己里面有生命。"(《新约·约翰福音》5：24—26）

4

滴水落入大海，即成为大海。灵魂与上帝融合，即成为上帝。（西里西亚的安杰勒斯）

5

真理被人所讲述，并不意味着这真理源于人。任何真理都源于上帝。它只是通过人而已。如果它通过这人，而不通过那人，则只是由于这人善于将自己保持得足够透明，以使真理能够从他通过。（帕斯卡[①]）

6

神说："我曾是不被知晓的宝藏。我希望被知晓。于是我就创造了人。"（穆罕默德[②]）

[①] 布莱士·帕斯卡（1623—1662），法国宗教哲学家、作家、数理学家，著有《思想录》等。

[②] 穆罕默德（约570—632），伊斯兰教创始人。

7

对上帝无论如何不能用智力去理解。我们知道他是存在的，这只是因为我们不是用智力去认识他，而是我们在自身意识到他。

一个人要想成为真正的人，必须要意识到上帝即在你自身。

如果要问上帝是否存在，这就等于问：我是否存在？我赖以生存的，就是上帝的存在。

8

肉体就是灵魂的食粮，是建造真正的生活所需的木材。

人所能感受到的最大的快乐，便是在觉悟到自身存在自由的、理智的、充满爱的因而是欣悦的生命时的快乐，也就是觉悟到上帝即在我心中的快乐。

9

如果一个人不懂得自己，那就无须建议他去努力了解上帝。可以用此理相喻的只有那懂得自己的人。在了解上帝之前，人必须先了解自己。

10

如果我在上帝之火中燃烧，上帝会在我身上印出他的影子。
（西里西亚的安杰勒斯）

11

灵魂是玻璃。上帝就是透过玻璃的光。

12

不要以为是我在活着。活着的不是我,活着的是那个存在于我身上的灵魂生命。我只是一个孔,那生命透过它而显现。

13

存在的只有我和"你"。如果没有我们两个,这世界上便一无所有。(西里西亚的安杰勒斯)

14

我即等同于神,只不过他是他,我是我。(穆罕默德)

15

我之所以知道上帝,不是因为我相信了人们告诉我的有关上帝的话,而是因为我像感悟到自己的灵魂一样感悟到了他。

16

人好像总是听到背后有一个声音,但是他转回头去却看不到那讲话者。这个声音用所有的语言讲话,支配着所有的人,但是从来没有任何人看到过那讲话者。人只要一丝不苟地听从于这个声音,并在自己的思想中不加区别地接受它,就会感觉到,这个声音与他是同为一体的。人越是明确地认识到这个声音就是自我,他的日子就越美好。这个声音将为他展示安乐祥和的生活,因为

这个声音就是人身上上帝的声音。(据爱默生[①])

17

上帝希望所有人幸福,因此,如果你也希望所有人幸福,就是说你富有爱心,则上帝就在你心中。

18

人,不要只保持为人,要努力成为上帝。——只有这样,做起事来才会为所当为。(西里西亚的安杰勒斯)

19

人们常说:"拯救灵魂。"其实,可以拯救的只有那些会死去的事物。灵魂是不会死去的,因为它始终如一地存在。对于灵魂,不是拯救,而是清除那遮暗它、玷污它的东西,使它保持明亮,以便让上帝越来越多地从它经过。

20

人们常说:"你是不是把上帝忘了?"这是一句好话。忘了上帝——这就意味着忘了谁内在于你,以及你以谁为生。

21

如同我需要上帝,上帝也需要我。(西里西亚的安杰勒斯)

[①] 拉尔夫·沃尔多·爱默生(1803—1882),美国思想家、哲学家。

22

当你体力衰弱、渐渐行动艰难的时候,要记住,你有一颗灵魂,你可以以它为生。然而,我们却常常认为,像我们一样的那些人可以搀扶我们。(爱默生)

23

你可以摆脱任何困境,只要你记住,你不是以肉体,而是以灵魂为生,只要你记住,这世上的最强者就存在于你。

24

谁与上帝合为一体,谁就不会怕上帝。上帝不可能以恶对待自我。

25

人每时每刻都会问自己:我是什么,我在做什么、想什么、感受什么。而回答往往会是:我在做什么什么,想什么什么,感受什么什么。但如果人问自己:那个在我身上意识到我做什么、想什么、感受什么的是什么?则他的答案不会是别的,只能是"自我意识"。而这个自我意识,就是我们所说的灵魂。

26

有一次一群鱼在河里听到人们说,似乎鱼只能生活在水里。鱼们觉得很惊奇,便彼此询问:有谁知道,水是什么?这时一条聪明的鱼说:"我听说,在海里住着一条智慧老鱼,它什么都知道;

咱们游去找它问问，水是什么。"于是鱼们游到大海里，去到智慧老鱼住的地方，问它什么是水。智慧老鱼说道："水就是我们以之为生并且生在其中的东西。正因为如此，你们才不知道你们生在其中并且以之为生的水啊。"

同样，人们有时感到，他们不知道神是什么，而他们就生活在神之中。（苏非派①哲理）

七　人的生活不在肉体，而在灵魂，也不在肉体和灵魂，只是在灵魂

1

"那差我来者是真的，我在他那里所听见的，我就传给世人。"他们不明白耶稣是指着父说的。

所以耶稣对他们说："你们举起人子以后，必知道我是基督，并且知道我没有一件事是凭着自己做的。我说这些话，乃是照着父所教训我的。"（《约翰福音》8：26—28）

"举起人子"就是说认识自身那存在于我们的灵魂，高举它以超于肉体。

2

灵与肉——人总认为这是属于自己的，并为之不断地操心。

---

① 苏非派，伊斯兰神秘主义教派。

其实应该知道，真正的"你"不是你的肉体，而是你的灵魂。要记住这一点，将自己的灵魂高举于肉体之上，保护它不染上任何世俗的污秽，不要让肉体压倒它，这样你就会过上美好的生活。
（马可·奥勒留[①]）

3

人们常说，不要爱自己。但没有对自己的爱，就不会有生活。问题仅仅在于：是爱自己的灵魂还是肉体。

4

没有从不生病、永远强健的肉体；没有耗不尽的财富；没有永不完结的政权。所有这些都是不坚固的。如果人把自己的生活寄托于做一个健康而富有的大人物，则即使他肯定会得到他所企求的东西，他仍旧会焦虑、恐慌、忧戚，因为他将看到，他生活中所寄托的这一切都在离他而去，他将看到，他自己也在一天天衰老，走近死亡。

怎样做才不至于忧虑和恐慌呢？

只有一个办法：不要把生活寄托于那些如过眼烟云的东西，而要寄托于那不会死去也不可能死去的东西，寄托于人体内的灵魂。

[①] 马可·奥勒留（又译奥勒利乌斯，121—180），古罗马皇帝，晚期斯多葛派哲学家。

5

做你的肉体替你期望的事——猎取名誉、声望、财富,你的生活就将如地狱一般。做存在于你身上的灵魂为你所期望的事——力求谦逊、仁慈、爱,则你将不需要任何天堂。天堂就将出现在你的灵魂之中。

6

每个人都负有对他人的责任,也负有对自己的责任,以及对那存在于你身上的灵魂的责任:这种责任就是不要玷污、磨灭和闭塞这颗灵魂,而要不断地使它生长壮大。

7

在世俗事务中,你无法得到确切的答案,你做的这件事该不该做,你做的事会不会有期望的结果。但是当你为灵魂而生的时候,就不是这样。为灵魂而生,你将会确切地知道,灵魂要求你做的就是应该做的,你将确切地知道,你做的事只会有好的结果。

8

一旦你感受到奢望、肉欲、恐惧、仇恨,你要记住你是谁:要记住,你不是肉体,而是灵魂,那令你激动不安的情感会立刻消弭。

9

我们所有的不幸都是由于我们忘掉了那存在于我们身上的东西,而为了微不足道的些许肉体欢乐出卖灵魂。

10

为了看到光明的真正本相,自己必须成为真正的光明。(西里西亚的安杰勒斯)

八 只有灵魂的幸福才是人真正的幸福

1

人以灵魂为生,而不是以肉体为生。如果人知道这一点,并且把自己的生活不是寄托在肉体上,而是寄托在灵魂上,那么即使把他用铁链绑住,用枷锁拴住,他仍旧是自由的。

2

每个人都知道自己身上有两种生命:肉体的和灵魂的。肉体的生命一旦达到顶峰,衰老也就开始了,越来越衰弱,走向死亡。而灵魂的生命正相反,由生到死一直都在成长壮大。

人只为肉体而生,他的一生就是那注定要死亡的人的一生。而人为了灵魂而生,则那寄托着他幸福的东西,在他的生活中就会日复一日地发扬光大,死亡对他来说也就并不可怕。

3

为了过善的生活,没必要知道你从何而来,以及世界的未来是怎样的。要考虑的不是你的肉体期望什么,而是你的灵魂期望什么，你既没必要知道你从何而来，也没必要知道你死后如何。没必要知道这些，因为你将体会到一种完满的幸福，对这种幸福来说，不存在什么过去和未来的问题。

4

当世界存在之初，以智性为其母。凡意识到其生命基础是灵魂的人，也就知道他身处于一切危难之外。当他在生命尽头闭上嘴，关上感情之门，他便再不会体验到任何焦虑不安。[①]（老子）

5

为了不朽的灵魂，必须要做与之相应同样不朽的事。这件事——无限地完善自我和世界——也是灵魂的天性。

[①] 原文参见老子《道德经》第五十二章："天下有始，以为天下之母。既得其母，以知其子，既知其子，复守其母，没身不殆。塞其兑，闭其门，终身不勤。"托氏所据译文与之略有出入。

第三章
人人同一灵魂

所有的生命都以其肉体相区别,但那赋予他们生命的——在人人身上都是同一的。

一 对灵魂之神性的觉悟将人们结合在一起

1

基督的教义向人们昭示,在所有人身上存在着同一的灵魂本源,他们都是兄弟,因此他们才为了共同的快乐生活而结合在一起。(拉梅内[①])

2

这样的话讲得太少了:人人都有着同一的灵魂,如我一样;人人身上都存在着与我同样的东西。人都以其肉体相区别,但大家都因那赋予人以生命的同一灵魂本源相结合。

[①] 费利西泰·罗贝尔·德·拉梅内(1782—1854),法国政论家、宗教哲学家,基督教社会主义创始人之一。

3

与人们相结合，这是巨大的幸福，但怎样做才能与所有的人相结合呢？比如，我与自己家里人是相结合的，而与其他人呢？比如，我与自己的朋友，与所有俄罗斯人，与所有同信仰的人是相结合的，可是，与那些我不认识的人，与异族异教的人呢？人是如此众多，他们又是那样的各自不同，这又应该如何去做呢？

办法只有一个：忘掉他人，不去考虑是否与他们相结合，而只考虑与那个存在于我，也存在于所有人的同一的灵魂生命相结合。

4

当你想到与你过着一样的日子、远在万里之外的亿万人众的时候，想到那些无论怎样我也无法结识的人们，以及那些对我同样一无所知的人们，这时你会不由得问自己：难道我们之间没有任何联系吗？我们就这样互不相识地死去吗？这绝不可能！

不错，这绝不可能。无论这有多么奇怪，我还是感觉到，意识到，在我和世上所有的人——无论死去的还是活着的——之间，是存在联系的。

这种联系是什么，我无从理解，也无法说出，但我知道，它是存在的。

5

有人曾对我说，每个人身上都有许多好的、兄弟情谊的、爱的东西，也有许多坏的、残忍的、有违兄弟情谊、有违爱的东西；因此，据他所推断的，同一个人往往有时是善良的，有如天使，有时是恶的，有如魔鬼。这话千真万确。

别人痛苦时的样子在一些人心里会引起怜悯，而在另一些人心里引起的是苦恼。甚至同一个人在看到别人痛苦的时候，有时感到怜悯，有时却好像感到高兴。

我在自己身上也注意到了这一点。有时你不只是对人，甚至对各种动物的生命也感到怜悯，但不同的时候别人的痛苦不仅不能打动你，反而在看着他们的时候好像还带有满意的神情。

这种情形的产生是因为我们认识世间万物时用的是两种不同的方式。一种方式是，我们把自己视为有别于其他所有生物的生命。这样我们对所有那些有异于我们的生命，除了冷漠、嫉妒、憎恨、仇视之外，就别无其他情感。另一种认识方式是，我们把所有其他生命都看作与我们有联系的，把我们与之一视同仁。在这种认识方式下，所有的生命在我们看来，都是我们所说的"我"，正因为如此，如果它们有痛苦，我们就会与之患难与共，就会去爱它们。

一种认识方式把我们用一堵坚固的墙隔断开来，另一种则打破这堵墙，使我们融为一体。一种方式教我们不要把其他生命视为"我"，而另一种则教给我们，所有的生命都是那个我们在自身所感受到的"我"。（叔本华[①]）

[①] 阿图尔·叔本华（1788—1860），德国非理性主义哲学家，唯意志论代表人物。

6

人越是为灵魂而生活，就会感到所有的生命离自己越近。为肉体而生活，则你与他人相处而茕茕孑立；为灵魂而生活，你会觉得四海一家。

7

河流和池塘不一样，池塘和木桶不一样，木桶又和水罐不一样。然而在河流中，在池塘中，在木桶中和在水罐中装的同样都是水。同样，所有人都是不同的，但活在他们身上的灵魂都是同一的。

8

人只有当他在每个人身上都看到自我的时候，他才会明白自己的生活。

9

当你看一个人的时候，仔细看一下他的眼睛，你就会感到，他是你的亲人，你仿佛很久以前就已认识他。这是为什么呢？因为，你的生命所依赖的东西，在你和他的身上都是同一的。

10

每个人身上都存在着一个世间至高无上的灵魂，因此，无论什么样的人——沙皇还是苦役犯，大主教还是乞丐——大家都是平等的，因为人人身上都存在着那世间至高无上的东西。如果敬重沙皇或大主教多于敬重乞丐或苦役犯，这就如同你敬重一个金币多于敬重另一个同样的金币，因为一个用白纸包着，另一个用黑纸包着。应该永远记住，人人身上的灵魂与我是同一的，因此对待众人应当一视同仁，谨慎而谦恭。

11

基督的教义主要在于，他把所有人都视为兄弟。他把人看作兄弟，因此他爱每一个人，无论那人是谁，是个什么样的人。他不看人的外表，只看人的内心。他不看人的肉体，只从富人的锦衣绣服和穷人的破衣烂衫透视他们不朽的灵魂。在极度放荡的人身上他也能看到，可以使这个最为堕落的人变成一个最为伟大而神圣的人，就像基督自己那样的伟大而神圣。（据钱宁）

12

孩子比成年人更睿智。小孩不会分辨人们的称谓，而是由衷去感受人人身上存在的、对他和所有人来说都是同一的东西。

13

如果一个人看不到这一点，即在他周围的每个人身上都存在着将他与所有世人结合在一起的灵魂，那么这个人就如同活在梦中。只有在周围每个人身上都看到自我和上帝的人，才会从梦中醒来并拥有真正的生活。

二 同一的灵魂本源不仅存在于所有人，也存在于一切有生命者

1

我们的心灵能够感受到，我们的生命所依赖的、我们称之为"自我"的、万众同一的东西，不仅存在于人，也存在于狗、马、鼠、鸡、麻雀、蜜蜂，甚至也存在于植物。

2

如果能说鸟、马、狗、猴子与我们完全相异，那有什么不能说那些未开化民族、黑种人和黄种人也与我们相异呢？如果把这些人视为异类，则黑种人和黄种人也有同样的权利称白种人为异类。那谁是同类呢？对此回答只能是这样：不要问谁是同类的，只需对一切有生命者去做你想要别人为你做的事。

3

一切生命都怕痛苦，一切生命都怕死亡；不仅要从人，而且要从一切生命之中去认识自我，不要伤害生命，不要强加给他们痛苦和死亡。

一切生命都是想你所想，要在每一个生命中去认识自我。（佛教哲理）

4

人高于动物,并非因其能给动物施加痛苦,而是因为他能够怜悯它们。人怜悯动物,因为他感受到,在动物身上存在着与他同一的东西。

5

怜悯一切生命,比做几件善事更为必要。谁富有怜悯心,谁就不会受屈,不会受辱,就会被谅解。善良的人不会没有怜悯心。而如果人是非正义的,是邪恶的,这人一定没有怜悯心。没有对一切有生命者的怜悯,就不可能有善德。(叔本华)

6

人所固有的对动物的怜悯心是会丧失的。在狩猎中这一点看得尤其清楚。善良的人一旦习惯于狩猎,就会折磨并杀害动物,而注意不到自己的残忍。

7

"不杀生"不仅指的是对人,而是对一切生命而言。这个戒条不仅是写在戒碑上,它首先是写在人的心里。

8

人并不把以动物为食看作坏事,这是因为那些伪导师使人们相信,上帝允许人以动物为食。这不是真的。不管什么书上写着,杀害动物并以之为食并非罪孽,但在每个人的心中,比在任何书上写得都清楚：应当怜悯动物，不可像杀人一样杀害它们。这一点我们都知道，如果良知尚未泯灭的话。

9

如果让所有以动物为食的人亲自动手去宰杀动物，则大多数人都会戒除肉食。

10

令我们吃惊的是，过去，甚至现在还有人把人杀死，来吃他的肉。但不久的将来，我们的子孙将会感到吃惊的是，他们的祖先虽然用不着屠杀动物，只以土地上的果实为食也能获得美味并保持健康，然而却每天杀死成千上万的动物，并将其吃掉。

11

人既可以丧失上至对人的怜悯，也可以学会下至对昆虫的怜悯。

人的怜悯心越多，越有益于他的灵魂。

12

对存在于我们所有人身上的同一之物，我们都能有切身的感受；但对这个同一之物也存在于动物身上，我们却已没有那么切身的感受；而对也存在于昆虫身上的，则感受更模糊。一旦对生命加以深思，你就会感到，在这些不起眼的生物身上，都存在着与人类同一之物。

13

"那么连苍蝇、跳蚤都不能打吗?我们的一举手一投足都会不由自主地杀死那些肉眼看不到的生命啊。"人们常常这么说,是想用这个说法来为人对动物的残忍加以辩解。说这些话的人忘了一点,人无论在哪一方面都注定不能达到完善的地步。人的行为只能是接近完善。在同情动物这件事上也是如此。我们在生活中无法避免导致其他动物死亡的事,但我们可以或多或少地拥有同情之心。我们对所有动物越加同情,越将有益于我们的灵魂。

三 人生活得越好,就越清楚地感受到存在于他们身上的神圣本源的同一性

1

人们感觉到,他们彼此都是不同的。而与此同时,如果每个人都过着与众不同的生活,那么人的生命就将无法延续下去。人的生命之所以成为可能,是因为在所有人身上都存在着同一的上帝之灵,并且他们都知道这一点。

2

有些人想,只有他们自己拥有真正的生命,而他们就是一切,至于所有其他生命都微不足道。这样想的人很多。但也有一些智慧而善良的人,他们明白,其他人甚至动物的生命就其自身来说,也像他们一样是重要的。这样想的人不只是生活在单一的"自我"

之中，也生活在其他人甚至动物之中。这样的人活得轻松，死得也轻松。当他们死去的时候，在他们身上死去的只是他们生在自身的部分；他们那生在其他生命中的部分仍将保存。而那只是生活在自我中的人，则往往活得艰难，死得痛苦，因为这些人死的时候在想，他们赖以保持生命的一切都要死去了。（据叔本华）

3

记住，在每个人身上都存在着与你身上同一的灵魂，因此，要像对待圣器一样敬重自己的灵魂和每个人的灵魂。

4

为什么我们在做了每一个表示爱的举动之后都会在心灵中感到美好呢？这是因为每一件这样的事都让我们坚信，真正的"我"不仅存在于我们自身，而是存在于一切有生命者。

如果只为自己而生，那么你活的只是那个真正"自我"的一小部分。如果为他人而生，那么你会感受到，你的"自我"得到了延伸。

只为自己而生，你就会感到自己生活在敌人之中，你就会感到每个人的幸福都妨碍了你的幸福。为他人而生，你就会感到自己生活在朋友之中，而每个人的幸福都会成为你自己的幸福。（据叔本华）

5

人只有在为他人服务中才会找到自己的幸福。而他之所以能在为他人服务中找到幸福，是由于在为他人服务时，他就与那存在于他们身上的上帝之灵结合在一起。

6

只有当我们爱他人的时候，我们才会彻底明白那存在于我们身上的神圣的灵魂。

7

当一个人忘记自我而只顾他人所需，这时任何一件真正的善举，如果在我们看来不是自然而然、习以为常的事，那它就是令人惊诧和匪夷所思的事了。的确如此，为什么有人要舍弃自己的东西，不为自己，而为了众多他所不认识的人而忧虑、操心呢？对此只有一种解释，那行善不为自己而只为他人的人懂得，他为之行善的人不是与他相异的生命，而是与他身上的内在之物相同的生命，只不过外表不同而已。（据叔本华）

8

我们在认知世间万物时，要么是用我们的五种感官，也就是去看，去听，去感觉，要么是站到其他生命的位置上，去体验他们的生活。如果我们认知万物只凭借五种感官，世界对我们来说就是完全不可了解的。我们能了解有关世界的东西，只是因为我们能利用爱的方式站在其他生命的位置上，去体验他们的生活。人以其肉体互有所别，并且无法相互理解。但是爱将所有人结合在一起，而伟大的幸福也在于此。

9

如果人以灵魂生命为生，任何一个脱离他人的举动都会使他感到灵魂的痛苦。这种痛苦是怎样产生的呢？这是因为，正如肉体的痛苦表明肉体生命面临危险一样，这种灵魂的痛苦也表明人的灵魂生命面临危险。

10

一个印度哲人说："在你，在我，在所有的生命中存在着同一的生命灵魂，而你却对我生气，不爱我。要记住，我与你是同一的。不论你是谁，你与我都是同一的。"

11

一个人不论有多坏、多不义、多蠢、多讨厌，要记住，如果你放弃对他的尊重，你不仅会因此断绝与他一个人的关系，而且会断绝与整个灵魂世界的关系。

12

为了与每个人轻松地共同生活，应当想到的是将你与他结合在一起的东西，而不是将你与之分离的东西。

13

亵渎圣像、圣书、神殿，被认为是不可饶恕的莫大罪孽，而亵渎人的行为却不被当作罪孽来看。实际上，在人的身上，在最为堕落的人身上，也存在着高于一切人工之物的东西。所有的书籍、圣像、神殿——都不过是人工所造之物。

14

当痛苦不是由他人所带来，而是由于疾病、火灾、洪水、地震的原因时，就容易忍受。但由于别人、由于兄弟的原因给一个人造成痛苦，他就会感到格外痛心。他知道，人们本应爱他，现在反过来却折磨他。"人们，所有的人，本来与我都是一样的，"这人想到，"可为什么他们却来折磨我呢？"正是因为这个，人由于疾病、火灾、干旱比由于人的恶行带来的痛苦要容易忍受。

四 对所有人的灵魂同一性觉悟的效果

1

我们理解我们灵魂间的手足之情吗？我们理解在所有人的灵魂中，同样也在我的灵魂中存在的那同一的神圣本源吗？不，我们还不理解这一点。而实际上，只有这神圣的本源才会赋予我们以真正的自由和幸福。在人还不明白他们的同一性时，就不会，也不可能有自由和幸福。与此同时，人只要承认了这个基督教的基本真理——人类灵魂本源的同一性，他们的全部生活都会改变，人与人之间也会建立起目前我们还难以想象的关系。到那时，我们现在不知不觉地对同胞兄弟们施加的这些欺侮、痛苦、压迫，比起如今的滔天大罪来，更令我们怒火填膺。是的，我们需要新的启示，不是关于天堂和地狱，而是关于存在于我们自身灵魂的启示。（钱宁）

2

一个人若想追求高过他人的财富、名望、官职，那么无论他成为一个什么样的大人物，他将永远不会获得满足，他也将永远不会获得安宁与喜悦。一旦他明白，在他身上存在着在所有人身上共存的神圣本源，那么无论他的生活状况怎样，他立刻就会变成安宁而快乐的人，因为他明白了，在他身上存在着的，乃是世间至高无上的东西。

3

人生活得越久，就会越来越明确，只有当他们认清自己与存在于所有人身上的同一灵魂的同一性时，他们的生活才会成为真正的、幸福的生活。

4

爱会唤起爱。这一点绝不会改变，因为上帝在你的身上醒来之后，也会在另外的人身上唤醒自己。

5

与每一个人相逢都是好事，尽管那个人在你看来十分讨厌并怀有敌意，要记住，通过这个人你便获得了与那个存在于他、你以及整个世界的灵魂本源沟通的可能，因此，不要把这种沟通视为累赘，而要感谢你拥有了这种幸福。

6

枝丫从粗干上断裂,同时也就与整棵大树分离开来。同样,一个人与另一个人有隙,也就断绝了他与整个人类的联系。但枝丫是被他人之手所割断的,而人是用内心的仇恨将自己与他人隔断,并且想不到他因此也将自己与整个人类隔离开来。(马可·奥勒留)

7

为一件坏事而受惩罚的只是肇事者,事情没有这样简单。我们不可能离群索居,从而使我们自身的灾祸不影响到别人。我们的所作所为,无论善良还是邪恶,都像我们的孩子那样:不以我们的意志去生活和行事,而是我行我素。(乔治·艾略特[①])

8

人的肉体只谋取一己之利,人们往往沉湎于这种错觉之中。人一旦只为自己的肉体,而不是为灵魂而生,他就会与他人和上帝分离,并且得不到他所谋求的福利。

---

① 乔治·艾略特(1819—1880),原名玛丽·安·伊万斯,英国女作家。

第四章
上　帝

除了我们自身的肉体和整个世界的物质部分以外，我们知道还有某种非物质的、赋予我们肉体以生命并与之相联的东西。这个非物质的、与我们的肉体相联的东西，我们称之为灵魂。而那个非物质的、与任何事物都不相联但赋予万物以生命的事物，我们称之为上帝。

一　人应在自身认识上帝

1

任何一种信仰的基础都在于，除了我们在自己的肉体和其他生命的肉体中看到、感受到的东西之外，还存在着无形的、非物质的事物，是它赋予我们及一切有形、有肉体者以生命。

2

我知道，在我的身上存在着一种事物，没有它就没有一切。这就是我所说的上帝。（据西里西亚的安杰勒斯）

3

任何一个人在思索他是什么的时候，不会看不到，他并不是全部，而只是"某物"的一个特殊的、分离的部分。明白了这一点，人会常常想，那个他从中分离出来的"某物"，就是这个他所看到的物质的世界，就是这个他和他的祖先生活于斯的大地，就是这个天空，这些星辰，这个太阳，这一切他所看到的。

然而一旦对这个问题加以深究，或参详世上哲人的相关见解之后，他就会懂得，这个他感觉自己从中分离出来的"某物"，并不是这个在地域上无边无际、在时间上无休无止的物质世界，而是某种别的事物。如果人对此加以深究，并参详世上哲人的相关见解之后，他就会明白，这个无始无终的、四下延伸以至没有也不可能有边界的物质世界，并非实际的存在，而只是我们的幻想，因此，那我们感觉自己从中分离出来的"某物"，也是一种无论从时间还是从地域上来说都无始无终的事物，而且是一种非物质的、精神的物体。

这个精神的物体，人承认其为自己的本源，就是所有哲人过去和现在都指称的上帝。

4

只有在自身才能认识上帝。在自身找不到上帝，那你就无处可寻。

对于认识不到上帝即在自身的人来说，不存在上帝。

5

不要在神殿里寻找上帝。他就在你身边，在你体内。他存在于你。只有献身于他，你才会超乎幸福与不幸之上。

6

我知道我身上存在着独立于一切的灵魂生命。凭借这独立于一切之物我知道同样的灵魂生命也存在于其他人。但如果我知道这灵魂生命存在于我，也知道它存在于其他生命，那它就不可能不存在于其自身。这个自我存在的生命，我们称之为上帝。

7

活着的不是你：被你称之为自我的，乃是死寂的。那赋予你生机的，就是上帝。（西里西亚的安杰勒斯）

8

不要想着做事来报答上帝：所有的事在上帝面前都是子虚乌有。需要的不是报答上帝，而是成为上帝。（西里西亚的安杰勒斯）

9

如果我们不是用眼看，用耳听，用手触摸，我们对周围的一切就什么也认识不到。如果我们觉悟不到上帝存在于我，我们也就不会认识自我，不会认识存在于我的，能看、能听、能触摸周围世界的那个事物。

10

那不能够成为上帝之子的人,将一辈子与牲畜一起留在畜栏里。(西里西亚的安杰勒斯)

11

如果我过的是世俗的日子,没有上帝我也能对付。但当我开始思索,降生时我从何而来,死去时我将归于何处,我就不能不承认,存在着一个我所从来、所归去的事物。我不能不承认,我是出自某个我所不理解的事物而来到世上,我所归去的也是同样的那个我所不理解的事物。

这个不被理解的,我所从来和所归去的事物,我称之为上帝。

12

你更多地走出自我,上帝就更多地进入于你。(西里西亚的安杰勒斯)

13

人们说,上帝就是爱,或者爱就是上帝。人们也说,上帝就是智慧,或者智慧就是上帝。这些说法都不完全可信。爱和智慧,都是我们在自身感受到的上帝的属性,但是他本身是什么,我们无从得知。

14

畏惧上帝是好事,但更好的是去爱他。而最好的是让他在自己心中复活。(西里西亚的安杰勒斯)

15

人要有爱心，而真正可爱的只是那完美无瑕之物。因此一定存在着这种完美无瑕之物。这种完美无瑕之物的确存在，它只有一个：上帝。

16

如果上帝不爱存在于你身上的他的本体，那么你永远不会去爱自己、上帝和他人。（西里西亚的安杰勒斯）

17

尽管人们在谈到上帝是什么的时候时有不同，但那坚信上帝的人，在领会上帝想要他们做什么时，都是始终如一的。

18

上帝喜欢独处。一旦你心中只有他、你脑子里想到的只有他时，他就会进入你的心中。（据西里西亚的安杰勒斯）

19

有这样一个传说故事，大意是：摩西在荒原上游荡，听到一个牧羊人在祈祷上帝。牧羊人是这样祈祷的："啊，主啊，我怎样才能碰到你，做你的奴隶啊！我多么愿意为你穿鞋，为你洗脚并亲吻它们，为你梳头，为你穿衣，打扫你的住处，为你端上从我的牛羊身上挤出的奶！我真心地祝福你。"听到这些话，摩西大怒，对着牧羊人说道："你这个亵渎神灵的家伙。上帝没有肉体，他不需要什么衣服、什么住处、什么仆人。简直是大放厥词。"牧羊人感到很伤心。他无法想象，上帝会没有肉体，没有肉体的需要，他无法再为上帝祈祷和祭祀下去了，心中感到大失所望。这时，上帝对摩西说："你为什么把我的忠实奴仆从我身边赶走？任何一个人都有自己的思想和自己的话语。在一个人看来是不好的，在另一个人看来就是好的；对你来说是毒药，而对另一个人来说则是甘甜的蜂蜜。话怎样说无所谓。我看的是那找我来的人的心。"

20

人们谈论上帝的方式各种各样，但对他的感受和领会彼此相同。

21

人不能不信上帝，正如不能不用两条腿走路一样；这种信仰在人们那里可以发生变化，也可以完全沉寂，但没有这种信仰，人就无法理解自我。（据利希滕贝格[①]）

22

一个人即使不知道他呼吸的是空气，当他在感到窒息的时候，他也明白，他所缺少的是那种一旦离开便无法活下去的东西。当一个人失去上帝的时候，感觉也是这样，尽管他不知道为什么而痛苦。

---

① 格奥尔格·克里斯托夫·利希滕贝格（1742—1799），德国启蒙时期思想家、作家、批评家。

二 有理性的人不能不承认上帝

1

人们在谈到上帝时,说他住在天上。同样也有人说,他活在人身上。这两种说法都是对的。上帝既在天上,也在这无边的世界上,也在人的灵魂中。

由此可见,上帝就是一种生活的本质,人在自身觉悟到他,并在整个世界中把他理解为幸福的希望和希望的实现。

2

人一旦在自己独立的肉体中觉悟到灵魂的、不可分离的生命——上帝,并看到上帝存在于所有生命之中,就会问自己:上帝,这灵魂的、同一而不可分离的生命,为什么会把自己置于整体生命分离的肉体中去,置于我和众多分离的生命的肉体中去呢?为什么这灵魂的、同一的生命就像是把自己分割开来呢?为什么这灵魂的、不可分离的却成为分离的和肉体的呢?为什么这不死的把自己与必死的联系起来呢?

只有那完成了差他来世者的意志的人,才能够回答这些问题。

"这一切都是为了我的幸福而设,"这样的人说,"为此我感激不尽,而无须多问。"

3

那我们称之为上帝的,我们在天上,在每个人身上,都可看到。

冬天的夜晚你仰望天空,会看到星星、星星,星连星,无穷无尽。当你想到,这些星星中的每一颗都比我们所生活的地球大上许多许多倍,而在我们所看到的这些星星之外,还有成千上万,甚至千百万颗同样大的星球,星星无限,天空无限,这时你就会明白,有些东西是我们所不能理解的。

当我们窥视自己,并看到我们称之为自我和自己灵魂的东西时,当我们在自己身上看到那个我们同样无法理解,但比其他东西知道得更确切,并通过它而认识万物的那个事物时,我们就会在自己的灵魂中看到某种比起我们在天上看到的更难理解、更伟大的事物。

这个我们既在天上看到,又在自己身上——自己灵魂中觉悟到的事物,我们称之为上帝。

4

在各时代,在各民族中,都有对某种控制世界的无形力量的信仰。

古人曾把这种力量称为天下之道、自然力、生命、永恒;在基督教中这种力量被称作灵魂、父、主、智慧、真理。

世界是有形的、变化的,如同这种力量的影子。

就像上帝是永恒的一样,这有形的世界,他的影子,也是永恒的。但有形的世界毕竟只是影子。真正存在的只是那无形的力量——上帝。(斯科沃罗达)

5

存在着一种生命,没有它则没有天和地。这种生命宁静而没有实体,其性质被称为爱、智慧,但此生命本身却无名。它至远而至近。①(老子)

6

有人问别人,你怎么知道有上帝。后者回答说:"难道为了看到霞光还要点上蜡烛吗?"

7

如果一个人把随便什么都视为伟大的,这就是说,他没有从上帝的高度去看待事物。(西里西亚的安杰勒斯)

8

可以不去考虑这个横无际涯的世界是什么,可以不去考虑那个能够自我体认的我的灵魂是什么;但对这些问题只要稍加思索,就不能不承认那个我们称之为上帝的事物。

9

在美国有一个生来就盲、聋、哑的女孩。她学会了用手摸索

---

① 原文参见《道德经》第二十五章:"有物混成,先天地生。寂兮寥兮,独立而不改,周行而不殆,可以为天地母。吾不知其名,强字之曰道,强为之名曰大。大曰逝,逝曰远,远曰反。"托氏所据译文与之略有出入。

着读书和写字。当女教师对她解释说有一个上帝时,女孩说她早就知道,只是不知道他怎样称呼。

三 上帝的意志

1

与其说我们是用理智去认识上帝,不如说,我们感觉到自己处在他的支配之下,如同吃奶的婴孩在母亲怀中所感受到的一样。

婴孩不知道是谁抱着他,谁给他温暖,谁喂养他,但知道是有这样一个人的,对这个支配着他的人,婴孩知道得很少,但却爱着他。人对上帝也是如此。

2

人对上帝意志执行得越多,他对上帝的了解就越多。

如果一个人完全不执行上帝的意志,他就完全不了解上帝,尽管他会说,他了解上帝,并且对他做过祈祷。

3

对任何一件事物,只有接近它才可以了解,同样,只有当你走近上帝时,才会了解他。而走近上帝只有用行善的方式。一个人越习惯于善的生活,就会越深入地了解上帝。更多地了解上帝,就会更多地去爱他人。彼此相辅相成。

4

我们不可能认识上帝。我们认识他的只有一点，如福音书上所说的，就是他的法则，他的意志。由于我们认识了他的法则，我们就会得出结论，这法则的制定者是存在的，但对其本身我们无法认识。我们能确切知道的是，我们在生活中应该遵行上帝给我们的法则，我们生活得越好，执行他的法则就越加严格。

5

人不会感觉不到，他的生命是由某物加工而成的，他只是某种工具。如果他是某种工具，则存在着一个工具的使用者。这个工具的使用者，就是上帝。

6

奇怪的是，以前我怎么没有发现这个简单的真理：在这个世界和我的生命背后，仍存在着某种生命、某种事物，它知道这个世界为什么存在，为什么我们生在其中，就像开水中的气泡一样，鼓起，胀破，消失。

是的，是某种东西出现在世界中，化成所有的生命，化成我和我的生命。不然的话，为什么会有这太阳，这春天、冬天，为什么会有这些痛苦、生、死、暴行，为什么会有这些各自分离、看上去与我并不相关的事物，同时还有那些拼尽全力捍卫自己的生命（其实生命早已牢牢地嵌入其体内）的生物。这些生物的生命使我确信，这一切都是某种事业所需要的，这事业是智慧的、善良的，然而是我所不能理解的。

7

我的灵魂之"我"与我的肉体并非同类，由此可见，它进入肉体不是凭自己的意志，而凭借的是某种至高无上的意志。

这种意志就是我们所理解并指称的上帝。

8

对上帝既无须崇敬，也无须赞美。对上帝只需默默地供他驱使。（西里西亚的安杰勒斯）

9

当一个人在咏唱、高呼、言必称"啊，主啊，主啊！"的时候，你就知道，他还没有找到主。那找到主的人，沉默不语。（罗摩克里希纳）

10

在背弃道德的时刻，你就感受不到上帝，你就会怀疑他。拯救的方法永远只有一个，并且十分可靠：放弃关于上帝的念头，而只去想他的法则，去执行这法则，爱所有的人，你的疑虑会立刻打消，并会重新找到上帝。

四　上帝不可凭理智去认识

1

从自身感受上帝是可能的，并不困难。而认识上帝，想知道他是什么，既不可能，也不必要。

2

上帝存在以及人的灵魂存在，是无法凭理智去理解的；同样无法理解的是，怎么可能不存在上帝和人的灵魂。（帕斯卡）

3

是什么原因使我分离于所有其他事物，我怎样才能理解那个我从中分离出来的"整体"，又为何我却不能理解这个"整体"是什么？为何我的"自我"在不断变化？对这一切我丝毫也不明白。但我不能不去思考，在这个"整体"中存在着某种意义，我不能不去思考，存在着这样一种生命，对于他来说，这一切都简单明了，他知道这一切都是为什么。

4

每个人都能够感受到上帝，但没有一个人能够认识他。因此，不要努力去认识上帝，而是要努力去实现他的意志，这样，你就会越来越生动地在自己身上感受到上帝。

5

被我们所认识了的神,已经不是神:被认识了的神就会渐渐成为有限的,像我们一样。不要去认识神。他永远不可认识。(辩喜①)

6

如果你的眼睛被太阳光刺瞎,你就不会说太阳不存在。当你想弄清一切事物的本源和起因,你也不会说,上帝因你的理智发生混乱和迷失而不存在。(据西里西亚的安杰勒斯)

7

"为什么你要问我的名?"上帝对摩西说,"如果你在运动的物体之后,可以看到自始至终曾经发生、正在发生和将要发生的东西,你就会知道我。我的名正如我的本质一样。我就是存在。我,就是那存在着的。"

"谁想要知道我的名,他就无法知道我。"(斯科沃罗达)

8

可以理解的智慧,不是永恒的智慧;可以称呼的生命,不是高级的生命。②(老子)

---

① 辩喜(音译"斯哇密·维韦卡南达",1863—1902),印度哲学家、宗教改革家。
② 原文参见《道德经》第一章:"道可道,非常道;名可名,非常名。"

9

上帝对我来说，就是我所追求的对象，这种追求就构成了我的生活，他也因此对我来说是存在的，但却必然是这样的"存在"，即我对他既不能意会，也不能言传。如果我理解了他，我也就走近了他，而追求也就无从谈起，生活也就不复存在了。但尽管我对他不能意会，不能言传，我却知道他，知道向什么方向去找他，甚至凭我所有的知识断定，这是绝对可靠的。

奇怪的是，在我不知道他的时候，没有他我会常常感到害怕，而只有与他在一起才不会害怕。更奇怪的是，在我的生活中，我不需要对他有比现在更多、更深的认识。接近他是可能的，我也想这样做，我的生活也在于此，但是这种接近却丝毫没有，也不可能增加我的认识。任何一种想象我已认识了他的尝试（比如说，他是个创造者或者慈善家，或者某种类似的人）都会使我与他疏远，都会中止我对他的接近。甚至用来称谓上帝的代词"他"，在我看来，在一定程度上也已破坏了他的完整意义。"他"这个字对他已是某种亵渎。

10

所有可以用来指称上帝的，与他都不相像。上帝不可言传。
（西里西亚的安杰勒斯）

五　论不信上帝

1

有理性的人可以在自我中寻求对自己的灵魂、对自我以及万物的灵魂——上帝——的理解，一旦他意识到，要使这种理解达到大彻大悟的地步是不可能的，他就会在这种理解面前恭顺地停下来，而不去触及它的保护层。

但过去和现在总有一些聪明透顶而学识渊博的人，想要用语言来解释对上帝的理解。我不是指责这些人。但他们要说上帝是不存在的，那他们就错了。我承认，可能有这样的情况，有人用一些狡猾的把戏可以暂时地说服别人，说上帝并不存在，但这种不信上帝的论调是无法长久的。无论怎样，人总是需要上帝的。即使神灵以比现在更为清晰的面貌出现在我们面前，我相信，那些反对上帝的人也会想出新的计策来否定上帝。理智永远服从于心灵的需要。（卢梭[①]）

2

如果有人认为上帝是不存在的，按照老子的学说，这就等于相信：假如风箱吹风，那风是从风箱中来，而不是从空气中来，风箱可以在没有空气的地方吹风。

[①] 让·雅克·卢梭（1712—1778），法国启蒙作家、哲学家。

3

人们一旦生活得很糟糕,就会说,不存在上帝。他们是对的:上帝只是为那些注视着他的方向并走近他的人而存在的。对于那些背过身去远离他的人来说,上帝不存在,也不可能存在。

4

有两种人懂得上帝:抱有谦恭之心的人——不管他们聪明还是愚蠢都一样,以及真正有智慧的人。只有那些既高傲又智力平庸的人不懂得上帝。(帕斯卡)

5

可以不称呼上帝,不说这个词,但不能不承认他。如果没有上帝,就没有一切。

6

只有对不去寻找上帝的人来说,上帝不存在。只要寻找他,他就会向你显示。

7

摩西对上帝说:"在哪里我能找到你,主啊?"上帝回答道:"你找我的时候,已经找到我了。"

8

如果你头脑中出现这样的念头,即认为你关于上帝的一切思考都是不对的,上帝是不存在的,那你也不要因此而难为情,要知道,这种情形在所有人身上都可能发生。但你却不要有这样的念头:假如你不再相信你曾经信仰过的上帝,出现这种结果是因为上帝不存在。其实,假如你不再相信你曾经信仰过的上帝,这只是因为,在你的信仰中出现了某种不正确的东西。

如果一个蛮族人不再信仰他的木头做的神,这并不意味着神不存在,只意味着神不是木头的。我们无法理解上帝,但我们可以越来越多地觉悟到他。因此,如果我们抛开有关上帝的轻率的想法,这对我们是有益的。这样做是为了让我们更好、更高地去觉悟那个我们称之为上帝的事物。

9

上帝是存在的——这要加以证明!要证明上帝——还有比这更愚蠢的想法吗?证明上帝——这就等同于要证明自己的生命。证明给谁?怎么证明?为什么证明?如果没有上帝,就没有一切。你如何去证明他?

10

上帝是存在的。我们不需要证明这一点。证明上帝就是亵渎,否定上帝就是疯狂。上帝存在于我们的良知中,存在于全人类的意识中,存在于包容我们的宇宙之中。只有那些可怜虫或荒淫无耻之徒,才会在星光灿烂的苍穹之下,在亲爱的人的墓前,或者当受刑的殉难者欣然赴死之时,还去否认上帝。(马志尼)

六　爱上帝

1

"我不明白，什么叫爱上帝。难道说可以爱一个无法理解和人所不知的事物吗？可以爱身边的人，这容易理解，也是好事，但爱上帝——这只是一句空话。"说这种话以及有这种想法的人很多。但这样说以及这样想的人犯了一个草率的错误，他们没有明白，什么叫作爱身边的人——不是说只爱那些对我们友好而有利的人，而是说要无一例外地爱每一个人，即使是对我们极不友好、充满仇恨的人也是一样。只有那爱上帝、爱那个在所有人身上的同一上帝的人，才能够这样去爱他人。由此看来，难以理解的不是爱上帝，难以理解的是，没有对上帝的爱怎么可能爱他人。

第五章
爱

人的灵魂一旦因肉体而与上帝和其他生命的灵魂相分离,便热切地要与那分离的相结合。灵魂与上帝的结合凭借的是愈发明确的"上帝在我心中"的意识,而与其他生命的灵魂相结合凭借的是愈发强烈的爱的激情。

一 爱将人与上帝和其他生命相结合

1

"用你全部的心灵、全部的灵魂和全部的理性去爱主你的上帝。这是第一个最要紧的戒条。第二个,与此相类:像爱自己一样去爱你周围的人。"律法师对基督说。对此耶稣说道:"你回答得很对,那么去做吧",就是说去爱上帝和周围的人,"你必得永生"[①]。

[①] 原文参见《新约·路加福音》10:27—28:"他(律法师)回答说:'你要尽心、尽性、尽力、尽意爱主你的神;又要爱邻舍如同自己。'耶稣说:'你回答的是。你这样行,就必得永生。'"

2

你们真不幸,尘世的人们啊!在你们的头顶脚下,身左身右,满是忧伤和焦虑,你们自己对自己都是谜。若不像孩子那样做快乐而有爱心的人,这样的谜你们将永难破解。只有快乐而有爱心,你们才会认识我,认识了我,才会认识自我,进而你们才会掌握自我。

只有以自己的灵魂来看世界,你们无论在世上,还是在内心,才会同样感受到幸福。(佛教《经集》①)

3

爱的对象只能是完美。因此为了去爱,只有两种选择:要么把不完美视为完美,要么去爱完美,即上帝。如果把不完美视为完美,则迟早会发现这是一个谬误,爱也将终结。而对上帝的爱,即对完美的爱,是不会终结的。

4

上帝就是爱;住在爱里面的,就是住在上帝里面,上帝也住在他里面。不管是谁,不管在哪里,都见不到上帝;但如果我们彼此相爱,他就住在我们心中,他的爱也就在我们心中实现。如果谁说,我爱上帝,但恨我的兄弟,那么他就是撒谎,一个人不爱他所看见的兄弟,怎么会去爱他所见不到的上帝呢?弟兄们啊,

---

① 《经集》,最古老的佛教三藏经典之一,辑有偈颂、故事、谚语等。

我们应当彼此相爱。爱是从上帝来的,凡有爱心的都是由上帝而生,并且认识上帝。没有爱心的,就不认识上帝。因为上帝就是爱。(据《约翰一书》①)

5

人与人真正的相聚只能在上帝那里。人们若要相聚,不必彼此相逢,只要一起走向上帝。

倘若有一个偌大的殿堂,光线只从殿堂正中向下射进,那么人们要在此殿堂中相聚,他们应该做的只能是一齐走向中间这光线。人们在世上也是如此。大家一起走向上帝,便可相聚一堂。

6

"弟兄啊,我们应当彼此相爱,因为爱是从上帝来的。凡有爱心的,都是由上帝而生,并且认识上帝。没有爱心的,就不认识上帝。因为上帝就是爱。"使徒约翰说。

爱所有的人看起来是件难事。但在你没有学会做事的时候,每一件事看起来都是困难的。所有的事人都在学:缝纫、纺织、耕地、收割、锻造、读书、写字。同样地,也应该学习怎样去爱所有的人。

学会这一点并不难,因为人类彼此间的爱已被植入我们的灵魂之中。

"不管是谁,不管在哪里,都见不到上帝,我们若彼此相爱,上帝就住在我们里面。"

---

① 原文参见《新约·约翰一书》4:7—8、12。

如果上帝，即爱，就住在我们里面，那么学会爱并不困难。应该做的只是尽可能远离那妨碍爱的东西，远离那阻挠爱出现的东西。只要开始这样去做，很快就会掌握世上最重要和最必要的学问——爱他人。

7

没有比当我们知道我们被人爱时更高兴的事了。但更令人惊异的是：我们若想被人爱，无须去迎合他人，只需去接近上帝。那么就去接近上帝吧，而不要去忖度他人，人们会爱你的。

8

不要去请求上帝，让他把你们结合在一起。他已经把自己同一的灵魂植入所有人心中，从而把你们结合起来。只要抛开那分离你们的东西，你们就将合为一体。

9

人觉得，他渴望幸福只是自己的事。但这只是感觉而已：那希望人幸福的乃是生在人心中的上帝。上帝所希望的是所有人的幸福。

10

那说自己爱上帝而不爱他人的人，是在欺骗别人。那说自己爱他人而不爱上帝的人，是在欺骗自己。

11

有人说,要怕上帝。这不对。对上帝要爱,而不是怕。你无法去爱你所怕的。此外,不怕上帝,是由于上帝就是爱。怎么能怕爱呢?不应该怕上帝,而要在自己心中领悟他的存在。一旦领悟到上帝在自己心中,你将对世上的一切无所畏惧。

12

有人说,当末日来临时将举行最后的审判,善良的神将会震怒。但从仁慈的神身上不会生出任何别的,除了善。

无论世上有什么样的信仰,真正的信仰只有一个,就是神即爱。而由爱不会生出任何别的,除了善。

不要怕:在生前和身后,此时和将来,不会有任何别的,除了善。(引自波斯文献)

13

照上帝的样子生活,即做像上帝的人。而为了成为像上帝的人,必须无所畏惧并且无所企求,需要的只有爱。

14

一些人说:走进自我,你就会找到安宁。——这还不是全部真理。

另一些人则相反,说:走出自我;努力忘却,在逸乐中即可找到幸福。——这也不对。不对的原因是,逸乐并不能使你免除病痛。安宁与幸福不在我们心中，也不在我们身外，它们在上帝之中。而上帝既在我们心中，亦在我们身外。

要爱上帝——在上帝之中你将找到你所找的。（帕斯卡）

二 人的肉体需要食粮，没有食粮便会痛苦，同样，人的灵魂需要爱，没有爱也会痛苦

1

世间万物都眷恋大地，也相互眷恋。与此完全相同的是，所有的灵魂都眷恋上帝，并相互眷恋。

2

所有人的生存并不有赖于他们的自我谋划，而有赖于彼此间存在着爱。

为了不让人们的生活各行其道，而让所有人同心同德，上帝没有昭示给人们说必须人人为我，只是昭示给人们说必须我为人人。

同样，为了让人们知道大家都是互相依存的，上帝便进入他们的灵魂，并在他们的灵魂之中显示爱。

3

人们一切不幸的根源，不是饥荒，不是火灾，不是那些作恶者，而只在于他们各自为生。他们各自为生的原因，是不相信那存在于他们中间并将他们引向统一的爱的声音。

4

当一个人还过着动物般生活的时候,他就会觉得,如果他是与他人分离的,那么这是必然的,别无选择。而当他一旦学会过灵魂的生活,他就会渐渐感到惊讶、不解,甚至痛心,他怎么竟会与他人分离,他就会努力与人们相结合。而把人们结合在一起的只有爱。

5

每个人都知道,他需要的不是与众人分离,而是与众人结合在一起,人知道这一点,不是因为某个人对他吩咐过,而是因为他与众人结合得越紧密,他就生活得越好,反过来说:他与众人分离得越远,他就生活得越糟糕。

6

每个人的生活都是为了逐年、逐月、逐日地好上加好。人的日子变得越好,他们互相之间就结合得越紧密。而人们结合得越紧密,他们的日子就越好。

7

对一个人爱得越多,你对他的距离感就越小。由此可见,他就是你,而你就是他。

8

只要我们坚定地抱着一个念头,即我们与他人能在彼此相同之处结合起来，而不要求他人改变与我们不相同的地方，我们就会比起那些自称为基督徒、打着基督的名义远离异教徒，并要求其赞同他们所认定的真理的人来，离基督要亲近得多。

9

爱你们的仇敌，你们将没有仇敌。(《十二使徒遗训》[①])

10

要认清通往统一的道路是如此简单，就像认清架设在泥塘上的板桥一样。一旦你从板桥上歪倒下来，你就会陷入世俗的操劳、纷争和仇恨的泥塘中去。

三 只有对所有人的爱，才是真正的爱

1

上帝想要我们成为幸福的，为此在我们身上设置了对幸福的渴求，但他想的是要让我们所有人，而不只是某些人，成为幸福的，为此他又在我们身上设置了对爱的渴求。因此，只有当所有人都彼此相爱时，他们才会成为幸福的。

[①] 《十二使徒遗训》，现存最早的基督教会法规，大约成书于2世纪。

2

罗马哲人塞内加①说过,我们所看到的一切生命物体是一个统一的肌体:我们所有人,就像手臂、腿、胃、骨头一样,是这个肌体的组成部分。我们都同样地降生,我们都同样地希望自己获得利益,我们都懂得,互相帮助胜于互相残杀,在我们所有人身上都被置入了同一个互相的爱。我们就像一堆砌在同一个拱顶上的石头,如果我们不互相支撑,立刻就会同遭厄运。

3

每个人都尽可能多地为自己争取利益,而世上最大的利益就是置身于爱,并与所有人相处和谐。当你感到你只爱一部分人,而其他人并不可爱时,怎样才能获得这种利益呢?人会去学习最为复杂的技术,学习读书、写字、各种科学、手艺。人一旦像学习科学和手艺那样勤奋地去学习爱,他很快就会轻易地学会爱所有的人,包括他所厌恶的人。

4

如果你明白,生活中最重要的事就是爱,那么当你遇到一个人的时候,你想的就不会是这个人可能对你有什么好处,而是你怎么样才能给这个人以好处。只有这样,比起你只关心自己的时候来说,你将会在所有方面获得更大的成就。

---

① 卢修斯·安内乌斯·塞内加(约公元前4—公元65),古罗马政治家、作家,斯多葛学派哲学家。

5

如果我们爱那些我们喜欢的人、那些赞扬我们的人、那些带给我们好处的人，那我们这样去爱只是为了自己，为了我们获得更多的好处。而真正的爱是这样的：当我们去爱他人的时候不是为自己，不是为自己求得好处，我们爱他人，不是因为那些人对我们友好、有利可图，而是因为我们在每一个人身上都认出了那存在于我们之中的同一的灵魂。

我们只有这样去爱，才会像基督教导的那样，不是只去爱那些爱我们的人，还要爱那些憎恨我们的人和我们的仇敌。

6

应当敬重每一个人，无论他是可怜的还是可笑的。应当记住，在每一个人身上都存在着与我们同一的灵魂。即使一个人在灵魂和肉体上都是令人憎厌的，也应当这样想："是的，世界上有这样畸形的人是不可避免的，应当容忍他们。"如果我们对这些人表示出我们的憎厌，这首先是说，我们不公正，其次，我们是在把这些人引入一场你死我活的战斗。

这时无论怎样，这些人都不可能改变自己的做法。如果我们对一个人表现出敌意，他除了像与不共戴天的仇敌一样与我们斗争，还能怎么做呢。其实，如果他能改变其固有的样子，我们是愿意与其友善相处的。但要他改变是不可能的。因此，应当对每个人都以善相待，不管他是什么样的人，而不去要求他做力所不及的事，即不要求一个人改变其自我面貌。（据叔本华）

7

要尽力去爱你所不爱的人、你认为有罪的人和凌辱你的人。如果你能够做到这一点,你就将体验到一种新的、喜悦的情感。有如黑暗之后闪烁起明亮的光芒,当你从憎恨中解放出来的时候,爱就会在你心中放射出更加强烈、更加欢乐的光芒。

8

最好的人,是爱所有人的人,和不加选择地对所有人(不管他是好人还是坏人)都行善的人。(穆罕默德)

9

为什么与他人的不睦会让我们感到沉重,而对他人的憎恨会令人感到更加沉重呢?因为大家都感受到了我们身上将我们造就成人、在所有人身上都同一的东西。由此可见,不爱他人,我们就会与那人人同一的东西失散,我们就会与自我失散。

10

"我很苦恼、寂寞、孤独。"然而是谁让你离开所有的人,把自己禁闭在孤独寂寞而又毫无意义的"我"的牢狱中的呢?

11

你要做到能够对每个人说:像我这样去做。(据康德)

12

在我没有看到一个人奉行基督最重要的法则——爱仇敌——之前,我不会相信那些自称为基督徒的人真的是基督徒。(莱辛)

四 真正应该去爱的只有灵魂

1

人是爱自己的。但如果他爱的是自己的肉体,那他就错了,这种爱将使他一无所得,除了痛苦。人只有爱自己的灵魂时,这种对自己的爱才是好的。灵魂在所有人身上都是同一的。因此,如果一个人爱自己的灵魂,他也会爱他人的灵魂。

2

所有人希望并为之而操劳的只是一件事:过好日子。因此,从远古以来,世界各地的圣徒和贤哲一直在思索并教导人们应当怎样生活,才能不过坏日子,而过好日子。所有这些圣徒和贤哲身处不同的地区和不同的时代,但教导给人们的却是同样的道理。

这个道理简单明了。

它全部的内容就在于,所有人都应以同一的灵魂为生,所有的人都是同一的,但在生活中所有的人都以其肉体而相区别,因此,如果他们明白,他们是以所有人共有的同一灵魂为生,那么他们必须以相互的爱结合在一起。如果人们不明白这一点，以为他们只是靠自己单独的肉体为生，那就会彼此仇视，并一起陷入不幸。

因此这个道理全部的内容就在于，要做团结众人的事，而不做离散众人的事。这个道理很容易让人信服，因为这个道理就在每个人的心里。

3

如果人只过着肉体的生活，这就形同于自我监禁。只有为灵魂的生活才能打开监牢的门，并把人领向欢乐而自由的、与万众同享的生活。

4

肉体只想为自己谋求幸福，尽管这有害于灵魂；而灵魂也为自己谋求幸福，尽管这有害于肉体。只有当人一旦明白，他的生活不在肉体，而在灵魂，肉体不过是他的灵魂所要加工改造的东西，灵与肉的斗争才会终止。

5

如果两个人从莫斯科去基辅，无论两个人彼此前后离得多远——哪怕一个快要到达基辅，而另一个刚从莫斯科出发——他们最终都要到达一个地点，或早或迟都要相聚。但如果一个人去基辅，另一个去莫斯科，则不管他们开始时离得多近，两个人将永远背道而驰。

生活中的人也是如此。一个是圣人，他为自己的灵魂而生，而另一个是卑微的罪人，只要他也是为灵魂而生，他们过的就是同一种生活，并且早晚都会相聚在一起。如果两个人在一起生活，但一个是为肉体而生，另一个是为灵魂而生，则他们不可避免地要各奔东西，越离越远。

6

当人们不知道为什么而生的时候，生活是艰难的，而有这样一些人，他们确信，为什么而生的问题无论如何都无法弄懂，他们甚至还以此自我炫耀。

但弄懂这个问题十分必要，也很容易。生活的含义就在于一点：把灵魂越来越多地从肉体中解放出来，使之与其他生命、与万物的本源——上帝相结合。

人们心里想，或嘴里说，他们无法弄懂这一点，这只是因为他们没有按照世上的先贤所教导的那样生活，不仅如此，他们也没有按照他们自身的理性和良知所教导的那样生活。

五 爱是人的天性

1

人富有爱心，这是自然而然的，正如水往低处流是自然而然的一样。（东方哲理）

2

为了按照自己的规律生活,蜜蜂就要飞,蛇就要爬,鱼就要游,而人就要爱。因此,如果一个人不去爱他人,对他人待之以恶,则他的行为就像鸟在水里游、鱼在空中飞一样不可思议。

3

马为了摆脱敌人要靠自己快速的奔跑。它的不幸不在于它不会像公鸡一样打鸣,而在于失去它快速奔跑的天性。

狗最宝贵的是嗅觉;一旦它失去嗅觉,就会遭逢不幸,至于它会不会飞,那倒无所谓。

人也是如此,他的不幸不在于难以打败熊,或者狮子,或者凶恶的敌人,而在于失去他天生最宝贵的东西——灵魂的天性和爱的能力。

值得惋惜的不是人的死亡,或者丢了钱,没有房子,没有财产——这一切本不是属于人的。真正可怜的是,人失去自己真正的财富和最高的幸福——爱的能力。(据爱比克泰德[①])

4

一个又聋又哑又失明的女孩,她学会了触摸着读书和写字,当女教师对她解释什么是爱时,她说道:是的,我明白,这就是那所有人都互相感受到的东西。

---

① 爱比克泰德(约55—约135),古罗马斯多葛学派哲学家,主张人的内在自由。

5

有人问一个中国哲人：什么是学术？他说：知人。
又问他：那什么是德？他说：爱人。①

6

所有生命只有一个可靠的导师。这个导师就是万物的灵魂，它使每个生命都做其应该做的事：这个灵魂在树木里就让它向着太阳生长，在花朵里就让它结出种子，在种子里就让它落入大地生根发芽。在人的身上，这个灵魂就让他用爱与其他生命结合在一起。

7

一个印度哲人说："就像母亲疼爱自己的独子，照料他、保护他、教育他一样，你们每一个人，都要在自己身上种植、培养和珍惜那世上最宝贵的东西：对他人和对一切有生命者的爱。"所有的信仰都是这样教导的：婆罗门教、佛教、犹太教、中国的宗教、基督教、穆罕默德的宗教。因此，世界上最为必要的东西就是学会爱。

8

中国有哲人孔子、老子，还有一个不太出名的哲人墨翟②。墨翟

---

① 原文参见《论语·颜渊》："樊迟问仁。子曰：爱人。问知。子曰：知人。"
② 原文注音为"米提"，想应为墨翟（墨子），其兼爱思想与此段论述相似。但后面说孟子与其发生争论，则是附会，因二人基本不是同时代的人，另墨孟有关仁爱的思想也不像托氏所说的如此相左。孟子曾与墨子的信徒夷之争论过"爱无差等"的问题，参见《孟子·滕文公上》。

教导说，应当启发人们的，不是对强力、财富、权势和蛮勇的敬重，而是对爱的遵奉。他说：人们受到的教育是，他们最可贵的是财富和荣耀，他们关心的只是怎样尽可能多地去获取荣耀和财富，但应当教育人们的是，要让他们把爱视为最高尚的东西，在生活中注意自己是否习惯于爱他人，要让他们把全部的精力都用于学会爱。

人们没有听从墨翟。孔子的学生孟子与墨翟发生争论，他说，不能只以爱为生。中国人听从了孟子。五百年之后，基督把墨翟的学说同样教导给人们，但他的教导比墨翟更有益、有力而简明。但如今，尽管没有人来反驳爱的学说，基督的门徒们仍未实现他的教导。不过这个时代就要到来了——它正在走近，人们将义无反顾地去完成这个教导，因为这个教导已植入所有人的心中，不完成这个教导已使人们感受到越来越大的痛苦。

9

总有一天人们会终止争斗、厮杀和死刑，他们将彼此相爱。这个时代不可阻挡地即将到来，因为所有人灵魂中被植入的不是憎恨，而是互爱。让我们尽其所能，使这个时代尽快到来。

六　只有爱赋予人真正的幸福

1

你想获得善吗？你的想法一定会实现，只要你想获得的对所有人而言都是善。而只有爱能赋予人这样的善。

2

"谁想保住自己的生命,谁就将失去它;而谁想把自己的生命献给善,谁就将保住它。一个人即使获得了整个世界,而灵魂受到损坏,这也毫无益处。"[①] 基督这样说。一个异教徒,罗马的皇帝马可·奥勒留也这样说过。"我的灵魂啊,"他对自己说,"什么时候你才能成为肉体的主宰?什么时候你才能从世俗的欲望和忧虑中解脱出来,并且不再要人们用生命或死亡来为你服务?什么时候你才能明白,真正的幸福始终都在你的支配之下,而它只在于一点:对所有人的爱?"

3

人若说自己在光明中,却恨他的弟兄,他到如今还是在黑暗里。爱弟兄的,就是住在光明中,不受恶的引诱。那恨弟兄的,是处在黑暗里的,且在黑暗里行,也不知道往哪里去,因为黑暗叫他眼睛瞎了。……我们相爱,不要只在言语和舌头上,而要在行为和诚实上。从此,就知道我们是属真理的,并且我们的心可以安稳。(引自《约翰一书》)

4

那些形形色色的传教士们是否正确,我不知道,也无法清楚

[①] 原文参见《新约·马太福音》16:25—26:"凡要救自己生命的,必丧掉生命;凡为我丧掉生命的,必得着生命。人若赚得全世界,赔上自己的生命,有什么益处呢?"托氏的引文并未严格按照《圣经》原文。

地知道，但我所能做的更有益的事，就是发扬我心中的爱，这一点我知道得清清楚楚，无论如何不会对此产生怀疑。我不可能怀疑，因为爱的发扬立刻就会滋养我的幸福。

5

如果所有人融为一体，则我们赖以区别于他人的个体生活将不复存在，因为我们的生活就在于使分离者越来越紧密地结合。真正的生活，以及人类生活唯一真正的幸福就在于此，即让分离者越来越紧密地结合。

6

我们一切都可找到，只是不善于找到自我。这真是咄咄怪事！人在世上生活许多年，当他感觉自己至高无上的时候，便无从发现自我。人只要注意到这一点，他立刻就会明白，真正的幸福是什么；他立刻就会明白，只有当他的灵魂中有对他人的爱时，才会生活得好。

显然，我们很少独立地思考问题，并且至今还没有察觉这一点。

我们败坏了自己的头脑，不去努力认识我们急需的唯一的东西。

让我们哪怕暂时地抛开世俗的奔忙，审视一下自己的内心，就会明白，我们的幸福是什么。

我们的肉体是虚弱的、不洁净的、死寂的，但其中蕴藏着一座宝藏——不朽的上帝之灵。一旦我们在自身觉悟到这个灵魂，我们就会对他人待之以爱，而如果我们爱他人，我们就会得到我们的心灵渴望的一切：获得幸福。（斯科沃罗达）

7

人只有明白了肉体生活的脆弱和不幸，才会明白爱所赋予他的全部幸福。

8

肉体的幸福和各种各样的满足我们都可以得到，只要从他人身上去抢夺。灵魂的幸福和爱的幸福我们也可以得到，不同之处在于，前提是只有增加他人的幸福。

9

我们生活的所有改善：铁路、电报，形形色色的机器都有利于人们的结合，因此也有利于走近天国。但不幸的是，人们被这些改善设施所迷恋，他们以为只要建造大量的各种各样的机器，就会使他们接近天国。这种谬误就如同一个人不停地在一块土地上耕耘，但却不撒一粒种子一样。为了让所有这些机器发挥作用，应当使所有人完善自己的灵魂，在心中培养爱的情感。没有爱，则那些电话、电报、飞行器都不会使人们相结合，相反却会使人们分隔得越来越远。

10

当一个人寻找就背在他身上的东西时，他是可怜而可笑的。同样，当一个人寻找善，而不知道它就在已植入他心中的爱里面时，他也是可怜而可笑的。

不要去观望外界和他人所做的事，而要审视自己的灵魂，你就会在其中找到你曾在本没有幸福的地方去寻找的那种幸福，你也会找到爱。而找到了爱，你就会知道，这种幸福是如此伟大，谁一旦拥有它，谁就将不再企盼任何其他的东西。（克里希纳①）

11

当你感到苦恼，当你害怕他人，当你的生活变得糟糕的时候，你要对自己说：不去再想那些与我相关的事了，我要爱所有与我相遇的人，别的都不想，随它去吧。只要尝试一下这样生活，你会看到，突然之间一切都变得有条有理，你将无所畏惧，也无所欲求。

12

对朋友行善，以让他们更加爱你；对仇人行善，以让他们成为你的朋友。（克莱俄布卢②）

13

桶里装满水，即使桶底只有一个小孔，水也会流光，同样，人的心中即使只对一个人抱有敌意，那他灵魂中所有爱的喜悦都难以保持。

---

① 克里希纳，印度教神祇毗湿奴的化身之一，被认为是印度教宗教哲学思想家。
② 克莱俄布卢（公元前6世纪），古希腊哲人，罗得岛林都斯城邦僭主。

14

有人说:"如果一个人以怨报德,而你却对他行善,图的是什么呢?"我们说,如果你爱那个你为之行善的人,你就已经在对他的爱中得到了奖赏,而如果你能以爱来对待他加之于你的恶,那你还会在自己的灵魂中得到更大的奖赏。

15

如果做善事是出于某种目的,那么它已不是善事。真正的爱只发生在你不知其然,也不知其所以然的时候。

16

人们常常想,如果他们爱他人,他们就是以此来侍奉上帝。事情恰恰相反。如果你爱他人,那不是你侍奉上帝,而是上帝赋予了你所不曾得到的东西,赋予了你生活中最大的幸福——爱。

17

我们因为爱自己的弟兄,就知道,我们已是出死入生了。凡不爱自己弟兄的,没有永生存在他身上。(据《约翰一书》3:15[①])

18

如果能够激发起他人和自己对想象中的圣物——圣餐、干尸、圣书——的尊崇,则更为必要的是,去激发孩子和缺乏思考的人

---

① 应是据《新约·约翰一书》3:14—15 改编。

们对人与人之间博爱情感的尊崇，而不是对某些想象物的尊崇，爱的情感是真实存在的，是大家都明白而令人喜悦的。那个时代就将来临，基督所说的那个时代很快就将来临，他正在焦急地等待着——那时人们骄傲的不是他们用强力去征服他人，占有他们的劳动成果，人们高兴的不是给他人带来恐惧和嫉妒；那时人们骄傲的是他们爱所有的人，高兴的是尽管别人给他们带来了各种悲伤，他们却体验到了将众人从整个恶劣生活中解放出来的情感。

19

有这样一个关于爱的寓言。

从前有一个人，从不考虑自己，从不关心自己，他考虑和关心的只有别人。

这个人的生活是这样令人惊奇，以至于一群无形的精灵对他善的生活大加叹赏，为之欢欣鼓舞。

一次，其中一个精灵对另一个说："这是个圣人，奇怪的是，他还不知道这一点。世上这样的人太少了。我看咱们去问问他，我们能为他做点什么，他希望我们送给他点什么礼物。""好吧。"其他所有的精灵都说。于是一个精灵就无声而无形地，但却清楚而明白地对那个善人说："我们看到了你的生活、你的神圣，我们想知道，我们可以送给你点什么呢？说吧，你想要什么？是希望能解除你看到的所有人的贫困，还是为某个人祝福？这我们能做到。或者希望我们赋予你一种力量，使你能让人们摆脱疾病和痛苦，同样，使你为之祝福的那个人不会早亡？这些也都在我们的掌握之中。或者你希望世上所有的人——男人、女人、孩子——

都爱你？这我们也能做到。说吧，你希望什么？"

这圣人说："这些我都不希望，因为上帝会不失时机地使人们摆脱他给予他们的东西：摆脱贫困和痛苦，摆脱疾病，避免夭亡。我也害怕人们的爱。我怕的是，人们的爱会诱惑我，会妨碍我唯一重要的事，即在自身滋养对上帝和对他人的爱。"

所有的精灵都说："这个人是以真正的神性而成为圣人的，是真正爱上帝的人。"

爱只是付出，而无所需求。

第六章
罪孽、邪念、迷信

人的生活本可以获得无限的幸福，如果不是迷信、邪念和罪孽剥夺了这种他们可能得到的幸福的话。罪孽就是对肉欲的纵容；邪念就是人对自己与世界的关系的虚假观念；迷信就是人习以为常的对信仰的伪教义。

一 真正的生活不在肉体，而在灵魂

1

在耕地的时候，我们把下述情况称为罪孽：耕地的人把握不住犁头，偏出垄沟，而没有完成本该完成的事。对于生活来说也是如此。罪孽就是一个人把握不住肉体，让它脱离开正路，做了本不该做的事。

2

人们年轻时不懂得生活的真正目的——以爱达到统一，却把满足肉体的种种欲望作为自己的生活目的。如果这种谬误只是停留在想法的谬误上还好；但问题在于，满足肉欲会玷污灵魂，这样一来，那用肉欲生活玷污了灵魂的人，就已失去了在爱中找到自己幸福的能力。这就类似于，一个人想要取用纯净的饮用水，但却弄脏了他必须用来舀水的罐子。

3

你想得到尽可能多的肉体的满足。但你的肉体能否长久存在呢？关心肉体的幸福就等于为自己在冰上建屋。住在这样的屋子里有什么快乐，有什么安宁可言呢？你不免时时担心冰迟早会融化，同样，你迟早都要抛开你这必然死去的肉体。

把你的屋子建到坚实的基础上去——为了那不会死去的东西而劳作：完善自己的灵魂，从罪孽、邪念和迷信中解放出来。幸福即在于此。（据斯科沃罗达）

4

婴孩还感觉不到自己的灵魂，因为他们还没有经历过在成人身上常常发生的那种体验，即在内心同时有两个不和谐的声音在讲话。一个说：自己吃；而另一个说：送给讨要的人。一个说：要报答；而另一个说：要索取。一个说：相信别人的话；而另一个说：要自己思考。

人年龄越大，就越常听到这两种不和谐的声音：一个是肉体的声音，而另一个是灵魂的声音。那习惯于倾听灵魂的声音而非肉体的声音的人，将过上好日子。

5

一些人认为生活就是满足口腹之欲,另一些人认为是满足性欲,第三种人认为是追求权力,第四种人认为是追求名誉,他们在这些事上耗费着自己的精力,而对所有人来说,自始至终应该做的只有一件事:培育灵魂。只有这件事才能赋予人以真正的幸福,这种幸福是任何人也抢夺不走的。

6

一个人不能事奉两个主。不是恶这个爱那个,就是重这个轻那个。你们不能又事奉神,又事奉玛门①。(《马太福音》6:24)

7

人不能同时既关心自己的灵魂,又关心世俗的幸福。如果想要世俗的幸福,就要放弃灵魂;如果想要保护自己的灵魂,就要舍弃世俗的幸福。否则你只能被割裂开来,既得不到这,也得不到那。

8

人们认为,要想获得自由,靠的是保护自己,保护自己的肉体,远离可能束缚肉体并妨碍它为所欲为的一切东西。这是个大错误。其实,人们用来保护其肉体不受各种约束的手段——财富、高官显爵、美好的名誉——并不能给人带来所向往的自由,正好

---

① 玛门,指财利。

相反，它只能带来更多的束缚。为了获得更大的自由，人们用自己的罪孽、邪念和迷信，为自己建造起一座牢狱，并将自己禁闭于此。

9

在我们现世的生活中应当做两件事。一件是在自我中养育自己的灵魂，另一件是在尘世建立天国。做这两件事我们靠的只有一点：让那已植入我们灵魂中的神圣之光放出异彩。

10

真理的道路是笔直而开阔的，你走在上面不会跌绊。一旦你感到你的腿脚在世俗生活的操劳之中已是踉跄不支，那就是你已偏离了真理的道路。

二　什么是罪孽

1

按照佛教徒们的教导，有五种主要的诫命：一是不故意杀死任何生命；二是不将他人的私有之物据为己有；三是保持童贞；四是不打诳语；五是不以致醉的饮品和烟草迷乱心智。因此，在佛教徒看来，杀生、偷窃、淫乱、说谎、酗酒即是罪孽。

2

按照福音书的教导,"爱"只有两个诫命。当时,"一个律法师要试探耶稣,就问他:夫子!律法上的诫命,哪一条是最大的呢?耶稣对他说:你要尽心、尽性、尽意去爱主你的神。这是第一且是最大的诫命;其次也相仿,就是要爱人如己"(《马太福音》22:35—39)。

因此,按照基督教的教义,一切与这两个诫命不符的,都是罪孽。

3

人不是因为罪孽而受惩罚,而是罪孽本身会给你惩罚。这乃是最重的、最实在的惩罚。

有的人身为骗子、恶霸,却在富贵荣华之中度过一生,一直到死,但这并不意味着,他已逃脱为所犯罪孽应受的惩罚。这惩罚不是在那些人所不至的别处,惩罚就在此时此地。这人此时此地已经受到惩罚,因为他已随着每一个新的罪孽越来越远离了真正的幸福——爱,他所得到的快乐也越来越少。这就像一个酒鬼,不管他是否会因自己纵饮无度而受到别人的惩罚,他一直经受着显而易见的惩罚,除了头痛和醉后的折磨之外,还有他酒饮得越多,肉体和灵魂就变得越来越糟。

4

人们若以为,可以从现世生活的罪孽中解脱出来,那他们就大错特错了。一个人所犯的罪孽只能是有多有少，但绝不可能完全无罪。一个活着的人不可能是完全无罪的，因为人的全部生活都包含在从罪孽之中解脱出来的过程里，生活的真正幸福也包含在这种解脱之中。

三　邪念和迷信

1

人在现世生活中的事业就在于完成上帝的意志。而上帝的意志就在于让人在自身发扬爱，并将其彰显在世界中。为了让自身的爱彰显出来，人能够做些什么呢？只有一点：排除一切妨碍彰显爱的因素。这些因素是什么呢？这妨碍着爱彰显出来的就是罪孽。

由此可见，为了完成上帝的意志，人应该做的就是一点：不断地解脱罪孽。

2

造孽是人的事，为罪孽辩解是魔鬼的事。

3

人在不具备理性的时候，就像牲畜一样地生活，无论好坏，这不是他的错。但这样的时代正在到来，届时，人们能够运用理性来判断，他们应该做什么和不应该做什么。但对此人们常常不去这样理解，即他们被赋予理性是为了认清他们应该和不应该做什么，而是把这种理性用于为他们所习以为常的劣行加以辩白。

正是这种习性将人们引向邪念和迷信，而邪念和迷信正是造成世人苦难的首要原因。

4

如果一个人认为他没有罪孽，因而没必要改造自己——这是很糟糕的事。同样糟糕的是，一个人认为他全部生于罪孽而死于罪孽，并因此也无须改造自己。这两种谬误同样都是极为有害的。

5

当一个人生活在一群有罪孽的人中，既看不到自己的罪孽，也看不到别人的罪孽时——这是件糟糕的事，而更为糟糕的情况是，这个人看到了他所生活于其中的人们的罪孽，却唯独看不到自己的罪孽。

6

人生的最初阶段，在他身上生长的只是肉体，人此时只把肉体视为自我。甚至当人对自我灵魂的意识已经觉醒的时候，他所做的仍是去满足那有悖于灵魂希望的肉体欲望，因此给自己造成损害，不断犯下过失和罪孽。但人生活得越久，灵魂的声音便越来越大，肉体的欲望和灵魂的希望便相隔越来越远。而肉体衰老的时刻终将到来，它的需求越来越少，那个灵魂的"我"也越来越成长壮大。那时，已习惯于侍奉自己肉体的人，为了不放弃即将逝去的生活，便生出邪念和迷信，使他们有可能在罪孽中继续生活。但不论人们如何竭力要保住肉体不被灵魂的"我"取代，这灵魂的"我"终将获得胜利，即使是到生命的最后时刻。

7

不管什么样的错误，什么样的罪孽，在你初犯的时候就已把你束缚住。但在开始的时候，它对你的束缚很松，就像蜘蛛网。如果你重犯这个罪孽，那这个蛛网就会变成丝线，再变成麻绳。如果你一而再再而三地犯这罪孽，它就会缠紧你，开始是缰索，而后是铁链。

罪孽最初在你的灵魂中是陌生的，此后就会成为客人，而当你对这罪孽习以为常的时候，它在你的灵魂之中已然有如主人在家中。

8

一个人意识不到自己所做的恶——这样的一种灵魂状态往往发生在他不希望用理性来检验其行为的时候，或者更糟，他要利用自己的理性来为他在堕入邪念以及相关迷信时的所作所为加以辩解。

9

那初次犯下罪孽的人总是会有歉疚感；而那多次重犯这罪孽的人——尤其是当他周围的人们都处在这罪孽之中的时候，就会堕入邪念，而丧失对自己罪孽的感觉。

10

当刚刚开始生活的年轻人走上还不熟识的新路时,他们会发现左右都有些不曾相识的小路——平坦、诱人、令人兴奋。一旦走上这些小路,最初觉得是那么的高兴,行走便捷,以至于渐行渐远,而当你想起要从这些小路上返回当初的主干道时,已经不知道怎样返回了,便继续走下去,越走越远,直到毁灭。

11

一个人犯了罪孽而知道自己有罪,他有两条路可走:一条是承认罪孽,考虑怎样避免重犯;另一条是不相信自己的良知,而去打听人们是怎样看待他所犯的罪孽,如果人们不表示谴责,他便继续犯罪,从而放弃对自己罪孽的觉悟。

"人人都这样,凭什么我不能做这人人都做的事呢。"

一旦人沿着这第二条被踩平的小路走下去的时候,就注意不到,他已游离善的生活有多么远。

12

邪念和迷信从四面八方将人包围。

在这些危险中生活,有如走在泥潭之中,不停地陷进去,又不停地挣扎出来。

13

"邪念终将降临人世。"耶稣说。我想,这句格言的含义在于,人们对真理的认识不足以使他们背弃恶而趋向善。为了让大多数人认清真理，必须借助于罪孽、邪念和迷信，将他们引导到最大限度的谬误以及由谬误招致的极度痛苦。

14

由肉体生出罪孽，由人的思想生出邪念，由对自己理性的不信任生出迷信。

15

人刚穿上新鞋时会小心翼翼地绕过泥泞，但只要一失足弄脏鞋子，他就不再那么珍惜了；而当他看到鞋子完全弄脏时，他就会放开胆子踏进泥泞，将鞋子弄得越来越脏。

同样，一个年轻人，当他对那些恶劣而放荡的事还一尘不染的时候，他会小心地远离所有坏事，一旦有一两次他做了错事，就会想，不管小心不小心，总免不了的，于是一切恶习都会沾染上身。不要这样。弄脏了就清洗干净，再加倍小心；犯了罪孽就忏悔，对罪孽加倍防范。

16

肉体的罪孽会逐年减少，但邪念和迷信不仅不会减少，相反，还会逐年增加。

四　人生的主要事业就在于解脱罪孽、邪念和迷信

1

人的肉体从被俘虏、被监禁的状态下解脱出来，他会感到高兴。那么，当他从拘禁他灵魂的罪孽、邪念和迷信中解脱出来的时候，他为什么不该高兴呢？

2

想象一下，人们只过着牲畜般的生活，而不与自己的贪欲斗争——这是多么可怕的生活呀，所有人都彼此憎恨，到处都是淫乱，到处都是残忍！人只有懂得了自己的弱点和贪欲，同自己的罪孽、邪念和迷信做斗争，他们才会过上共同的生活。

3

人的肉体束缚了存在于其中的灵魂。但灵魂会从肉体中挣脱出来，获得越来越多的自由。生活就在于此。

一个人的生活，不管他愿意不愿意，都趋向于越来越多地从罪孽中解脱出来。懂得这一点的人，会努力去协助其生活的创造者，那么这种人的生活就是轻松的，因为这种生活与其生活的创造者相和谐。

4

儿童对罪孽还不熟悉，任何罪孽都会遭到他们反对。成年人已经堕入邪念之中，犯了罪孽而无从察觉。

5

如果人不承认自己的罪孽，那么他就好像一个紧紧封死的瓶子，无法接受那从罪孽中解脱出来的东西。谦逊、忏悔——这就意味着打开瓶口，使自己能够从罪孽中解脱出来。

6

忏悔就是说意识到了自己的罪孽，准备好与之进行斗争，因此，趁着还有力量的时候进行忏悔是件好事。

应当在灯还没有熄灭的时候添油。

7

有两个女人去找长老听取教诲。一个认为自己犯了极大的罪孽，她在年轻的时候曾对丈夫不忠，为此痛苦不已。另一个女人循规蹈矩过了一辈子，没有任何特别的罪孽要自我谴责，因此对自己很满意。

长老仔细询问了两个女人的生活。第一个痛哭流涕地对长老坦白了自己深重的罪孽，她把自己的罪孽看得如此之大，以至于不指望为此得到宽恕；另一个则说，她不知道自己有什么特别的罪孽。长老对第一个女人说：

"上帝的奴仆啊,你去围墙外面给我找一块大石头——尽你所能搬得动的,拿来……你呢,"他又对那不知自己有何大罪的女人说,"也去给我拿些石头来,尽你所能,只是全要小块的。"

两个女人出去按照长老吩咐的做了。第一个搬来了一块大石头,另一个拿来了满满一袋小石子。

长老看过了石头,说:

"现在你们这么办:把石头放回去,从哪儿拿的,还把它放回原来的地方,放好了,再到我这儿来。"

两个女人又出去按照长老吩咐的去做。第一个很容易就找到了她拿石头的地方,照原样放好;但另一个却怎么也记不起哪块石头是从哪儿拿的,她没有完成长老的吩咐,又拿着袋子回来见长老。

"你们瞧,"长老说,"人的罪孽也是这样。你很轻易地就把那块又大又重的石头放回了原地,因为你记得它是从哪儿拿的。"

"而你却做不到,因为你不记得这些石子是从哪儿拿的了。

"那些罪孽也是这样。

"你记得自己的罪孽,为它承受着内心良知和别人的谴责,变得恭顺,所以就摆脱了罪孽的后果。"

"而你呢,"长老转向那拿回石子的女人,"你犯了那些小的罪孽,又不记得它们,不为它们忏悔,习惯了在罪孽中生活,一边指责别人的罪孽,却在自己的罪孽中越陷越深。"

8

人生在罪孽之中。一切罪孽都出自肉体,但灵魂也在人的身上,并与肉体进行斗争。人的一生就是灵与肉的斗争。人要生活得好，在这斗争中就不要站在肉体一方——这肉体是注定要失败的，而要站在灵魂一方——这灵魂是注定要胜利的，哪怕是到生命的最后时刻。

9

这样想是一个大错误：可以靠信仰和人们的宽恕从罪孽中解放出来。无论如何人都不能从罪孽中解放出来。他们能够做的只是意识到自己的罪孽，并努力不去重犯。

10

无论什么时候面对罪孽都不要胆怯，不要对自己说：我无法不犯罪孽，我已习惯了，我是软弱的。其实只要还活着，你随时都能与罪孽做斗争，并能战胜它。今天不行，明天一定行，明天不行，后天一定行，后天不行，直到死一定能战胜它。如果你早早就放弃斗争，那你也就放弃了生命中最主要的事业。

11

不可强迫自己去爱他人。但如果你不爱他人，并不是说在你的身上没有爱，只不过在你的身上存在着某种妨碍爱的东西。就好比一只堵着塞子的瓶子，不管你怎样颠来倒去，不管你怎样晃动，如果不拿掉瓶塞，水就流不出来。爱也是如此。你的灵魂充满了爱，但这爱是不会显现的，因为你的罪孽堵住了它的通路。将你的灵魂从堵塞住它的东西中解放出来，你就会爱所有的人，甚至包括被你称作仇敌和被你憎恨的人。

12

当一个人对自己说,他已从罪孽之中解放出来,这个人就是可悲的。

13

意识不到在自身存在着与上帝及所有生命共有的灵魂,才会无罪。动物、植物便是这样,它们无罪。

人能意识到自己与动物和上帝同时归于一体,所以他不可能是无罪的。我们说儿童是无罪的——这个说法不对。孩子也并非无罪。在他们身上的罪孽比成年人少而已,但他们已有肉体罪孽。过着纯粹神圣生活的人同样也并非无罪。在圣人身上罪孽较少,但罪孽还是有的——没有罪孽,就没有生活。

14

为了让自己习惯于和罪孽做斗争,有时停止做一些你已习惯做的事,以明白是你控制肉体,而不是肉体控制你,这样做是有好处的。

五 罪孽、邪念和迷信对于显现灵魂生活的意义

1

那些相信上帝创世的人常常会问:为什么上帝创造了人,却叫他们注定去犯下罪孽,他们不能不去犯罪吗?问这样的问题,就等于问:为什么上帝创造了母亲,为了让她们有孩子,而一定

要让她们受苦，要分娩、哺乳、教养孩子呢？如果上帝一下把完好的孩子送给母亲们，无须分娩，无须哺乳，无须劳作、操心、担惊受怕，那不是更省事吗？没有一个母亲会这样问，因为孩子之所以对她们是宝贵的，是因为有了痛苦的分娩、哺乳、培养，对孩子们的操劳是她生活中最大的快乐。

人的生活也是如此：与罪孽、邪念和迷信斗争并战胜它们，这就是人类生活的意义和快乐所在。

2

知道自己的罪孽对人来说是痛苦的，然而，最大的快乐也在于，你感受到你正在脱离罪孽。没有黑夜，我们也就没有见到阳光的喜悦。没有罪孽，人也就不懂得道德的生活。

3

假如人没有灵魂，他就不知道肉体的罪孽，而假如没有肉体的罪孽，他也就不知道他有灵魂。

4

自从有了人，有了智慧生命，他们就能辨别善恶，并能利用前人在这个分辨过程中所做出的成就——他们与恶做斗争，寻找真理的最佳道路，缓慢而坚定地沿着这条道路前进。而那形形色色的邪念、迷信，还有喋喋不休的伪教义，时时都会出现在人们面前，并包围着这条道路，告诉人们不必这样做，什么也不需要寻找，按部就班地生活本来就很好。

5

罪孽、邪念和迷信——这就是一片土壤，上面必会撒满爱的种子，以让它们生根发芽。

第七章
放　纵

人唯一真正的幸福在于爱。人如果不发扬心中的爱，而是滋长肉体的需求，并一味放纵，他就会被剥夺这种幸福。

一　肉体的一切过分需求都有害于肉体和灵魂

1

侍奉肉体，只应在它有所需求的时候。利用自己的智慧想方设法让肉体获得快感——这是背道而驰的生活：不去让肉体侍奉灵魂，反而让灵魂侍奉肉体。

2

需求越少，生活越幸福——这是一条古老却远未被所有人认清的真理。

3

你越习惯于奢华的生活，你就越发陷入被奴役的地位：因为

你的需求越多,你的自由受到的限制就越多。彻底的自由乃是一无所求,等而次之的是所求甚微。(金口约翰①)

4

有针对他人的罪孽,有针对自己的罪孽。针对他人的罪孽源于不尊重他人身上的上帝之灵,针对自己的罪孽则源于不尊重自身的上帝之灵。

5

要想生活得平静而自由,就要舍弃那失去它也过得去的东西。

6

肉体所必需的一切都容易得到。难以得到的只有那并非必需的东西。

7

拥有你渴求的东西是好事,但更好的是一无所求,除了你所拥有的。(墨涅德摩斯②)

8

如果你身体健康,劳动累了的时候,你就会觉得,面包加

---

① 金口约翰(约350—407),即约翰·克里索斯托,君士坦丁堡牧首。
② 墨涅德摩斯(约公元前340—约公元前265),古希腊哲学家,厄立特里亚学派创始人。

水比富人吃起珍馐美味来更香甜，睡在稻草上比起形形色色的弹簧床更绵软，一件劳动的长衫比所有丝绒和裘皮的衣服穿起来更舒服。

9

让肉体得到过多的满足，就会使它变得衰弱；让肉体过多地劳作，也会使它衰弱。如果在这两者之间选择的话，最好是劳其筋骨，胜于过分娇纵，这是因为：如果不过量饮食，不过多睡眠，而增加劳动，则肉体会立刻显示出你的失误。如果你对肉体过分娇惯，那么就不是立刻，而是等到衰老多病的时候才会显示出你的失误，那时就太晚了。

10

苏格拉底[①]自己拒绝吃所有不是为了果腹而仅仅为了饱口福的东西，并说服弟子们也这样做。他说，多余的饮食不仅对肉体，而且对灵魂都有很大的危害，他建议在吃饱之前就离开餐桌。他让弟子们想想智人尤利西斯[②]的故事：为什么女巫喀耳刻的魔法没能迷住他，就是因为他不贪吃，而他的同伴们一旦扑向女巫的美味食品，就都变成了猪。

[①] 苏格拉底（约公元前470—前399），古希腊哲学家，西方哲学的奠基者。
[②] 尤利西斯，即希腊神话中的奥德修斯，以智慧著称；特洛伊战争后回国途中经埃埃厄岛，女巫喀耳刻施魔法将其同伴变为猪，而尤利西斯靠智慧和神的帮助幸免。

11

那些看上去有学问、富有、自称为文明人的人,应该明白,在暴饮暴食、酗酒无度和锦衣绣服方面无善可陈;而恰恰是这些人,想方设法做出些珍馐美味、各种酒品和华美的服饰,这些东西不仅败坏了他们自己,而且还用他们的榜样使劳动者也变得堕落。

"如果有学问的人都认为生活奢华才快乐,那就是说,应当这么做。"劳动者会这样说,并且模仿着富人开始败坏自己的生活。

12

如今大多数人都认为,生活的幸福就在于让肉体得到满足。这显然是起因于如今最为流行的一种学说——这就是那些社会党人的学说。按照这种学说,所求甚微的生活是牲畜的生活,需求的增加是文明人的首要标志,是人对自己的优越性觉悟的标志。如今的人只相信这种伪学说,而对那些把减少需求视为人生幸福的哲人却加以嘲讽。

13

请看一下,一个奴隶希望怎样生活。首先他想的是,要获得自由。他想,做不到这一点,就无法成为自由而幸福的人。他这样说:如果我获得自由,我马上就可以成为一个完全幸福的人,我就不必被迫去讨好和侍奉我的主人,我就能以平等的身份随意和别人说话,就能去我想去的地方,而不必请求任何人。

而当他刚一获得自由,就立刻去寻找并讨好别人,以便能吃得更好一点。为此他愿意做任何下贱无耻的事。而当他又依附于某个富人时,他就再次落入他曾想逃脱的奴隶地位。

如果这个人有了钱,他就会为自己找一个情妇,投入她的怀抱,也就投入了更次一等的奴隶地位。如果他发了大财,那么他的自由也就日益减少。于是他就开始痛哭流涕。而当他感到难以忍受的时候,便会怀念起昔日的奴隶生活,说:

"其实那时候在我的主人那儿日子不错啊!我不用为自己操心,有人给我衣服穿,给我鞋穿,给我饭吃;我病了的时候,还有人关心我。是啊,侍候人的日子并不难啊。可现在有多麻烦哪!过去我只有一个主人,可现在我有多少个主人哪!我得去讨好多少人哪!"(爱比克泰德)

二 贪得无厌的肉欲

1

为了维持肉体生命所需并不多,但肉体却是贪得无厌的。

2

如果只是肉体的需求,是容易满足的。除非遇上特别的灾祸,人不会到衣不蔽体、食不果腹的地步。但是,任何力量都无法弄到人所希望得到的一切。

3

当婴儿得不到他肉体所需的东西时,他会又哭又叫。但只要一得到肉体所需要的,他就会安静下来,再不讨要什么东西。但对于成年人来说,当他们认为生活不在于灵魂,而在于肉体时,情形就不是这样。这些人不断地要这要那,永无餍足。

4

放纵肉体,把大量超出于它所必需的东西都给予它,这是一个大错误,因为奢华的生活非但无益,而且只能减少饮食、休息、睡眠、衣服和居所给人带来的愉悦。在没有饥饿感的时候吃下大量的美食,就会搞坏胃口,丧失掉对进食和获得满足感的兴致。本可以步行的路却要乘车,习惯于睡绵软的床榻,吃精致的美食,住豪华的房子,习惯于支使别人去做自己本可以做的事,失去了劳动后的休息、寒冷后的温暖所带来的快乐,失去了香甜的睡梦,身体一天天衰弱下去,安宁和自由带来的快乐不仅没有增加,反而日益减少。

5

人应该向动物学习怎样恰当地对待自己的肉体。动物一旦得到了它肉体所需的东西,就会安静下来;而人不仅要解除饥饿,躲避雨雪天,保持温暖,而且还挖空心思弄出些甜美的饮料和食物,建造宫殿,置下过多的衣服,以及种种并不需要的奢侈品,然而这些东西没能使人生活得更美好,而是更糟糕。

三　贪食罪

1

如果人只是在饥饿时进餐，并以简单、洁净而有益健康的东西为食，那么他们将不知病痛，也就能更方便地与贪欲做斗争。

2

有哲人说：我感谢上帝，他让一切必需的东西容易得到，而让一切不必要的东西难于得到。这句话尤其适用于食物。那些为了保持健康和劳动能力而必不可少的食物，都简单而便宜：面包、水果、蔬菜、水。这些东西随处都有。难以弄到的只是那些别出心裁的食品，像夏天的冰淇淋之类。

所有这些别出心裁的食品不仅难搞，而且有害。由此可见，以面包加粥水为食的健康的人不应当去羡慕那些以珍馐美味为食的病恹恹的富人；反过来，富人们应当羡慕穷苦人，并学习他们的饮食。

3

饿死的事很少有。但由于饱食终日、无所事事而得病、死亡的事却屡见不鲜。

4

吃，应是为了活着，而活着不是为了吃。

5

"菜汤一瓦盆，自会长成人。"——这是条好谚语，应当照着去做。

6

如果不是贪欲，没有一只鸟会落入罗网，猎人一只鸟也就逮不到。在这个钓饵上被逮到的还有人。肚子就是手铐和脚镣。肚子的奴隶永远是奴隶。你要想自由，首先就要把自己从肚子里解放出来。要与它斗争。吃是为了果腹，而不是为得到快感。（据萨迪[①]）

7

下面的哪一种方式更有益呢：每周用 4 个小时烤制面包，此后一周就以这些面包和水为食，还是每周用 21 个小时来烹调精致的美味佳肴？哪一个更宝贵：是多出的 17 个小时呢，还是美味佳肴？

四 荤食罪

1

希腊哲人毕达哥拉斯[②]不吃肉。当有人问撰写过毕达哥拉斯生

[①] 萨迪（约 1210—1292），古代波斯诗人、思想家。
[②] 毕达哥拉斯（约公元前 580—约前 500），古希腊哲学家、数学家。

平事迹的希腊作家普鲁塔克①，为什么毕达哥拉斯不吃肉时，普鲁塔克回答说，令他感到惊讶的不是毕达哥拉斯不吃肉，令他惊讶的是，如今还有人，本来可以靠粮食和蔬菜吃饱肚子，但却去捕猎有生命的动物，杀死它们来供食用。

2

远古以来就有哲人教导说，不应当食动物的肉，而应以植物为食，但人们不信这些哲人的话，都去食肉。而如今年复一年，越来越多的人已把食肉视为罪孽，而不吃荤。

让我们惊讶的是，曾经有把人打死而食其肉的事，并且今天在非洲还有这样的事发生。但新的时代正在到来，人们将为之惊讶的是，竟有人会杀死动物以供食用。

3

奶牛喂养了你和你的孩子十年，羊用它的毛供你衣穿，使你得到温暖。可它们为此得到的奖赏是什么呢？割断喉咙，被人吃掉。

4

"不杀生"并不是只针对杀人所说的，而是指所有的生命。这个戒条首先不是写在西奈山②上，而是写在人的心里。

---

① 普鲁塔克（约45—120），希腊哲学家、传记作家。
② 西奈山，《圣经》载上帝在此向摩西显灵，赐给他十诫。

5

怜悯动物与善良的品性紧密相关，可以确信，凡对动物残忍的人，绝非善良之辈。（叔本华）

6

不要举起手与你的兄弟作对，不要让居住在地球上的任何生命流血，无论是人，还是家畜、野兽、飞鸟；在你灵魂的深处，有一个先知的声音在禁止你制造流血，因为血就是生命，而生命，你无法偿还。（拉马丁[①]）

7

对动物惋惜和怜悯的情感带给人的喜悦，将百倍地抵偿他因放弃肉食的欲望和快感而失掉的快乐。

五 沉迷于酒、烟草、鸦片等的罪孽

1

为了能过上好日子，人们最需要的是理性，所以他们最珍惜的也应该是理性，然而实际情况是，人们恰恰是在用烟草、葡萄酒、伏特加和鸦片来窒息理性的过程中找到快感。这是为什么？

[①] 阿尔封斯·德·拉马丁（1790—1869），法国诗人、政治活动家。

因为人们总想过卑劣的日子，而理性如果不被窒息的话，它就会指出人们生活的卑劣。

2

假如酒、烟草、鸦片在窒息理性方面不起作用，那么那些不道德的愿望也就不会恣意横生，也就没有人去喝那些苦涩的饮料或者吸食那些烟雾。

3

为什么不同的人有着不同的习惯，而吸烟和酗酒的习惯却在所有人——不管富人还是穷人——身上都一样存在呢？这是因为，大部分人对自己的生活都不满意。而人们不满意自己生活的原因是，他们所寻找的都是肉体的满足。而肉体是永不满足的，由于这种不满足，不管是富人还是穷人，都极力在吸烟和酗酒中沉迷于忘却。

4

一个人打着灯笼在黑夜里行走，艰难地辨认着道路，迷失了，又走回来。后来这人厌烦了总是分辨道路，吹灭了灯笼，干脆走到哪儿算哪儿。

当一个人用烟草、酒和鸦片麻醉自己的时候，不也是这样吗？生活中的道路很难辨认，为了防止迷失，每当走偏了，就再尽力挣扎到正路上来。但后来人们为了免去辨认道路的麻烦，便用吸烟和酗酒熄灭自己心中唯一的光亮——理性。

5

如果一个人饫甘餍肥，食量过多，那么他就难免要成为一个懒汉。而如果再贪杯饮酒，那么他就很难成为一个纯洁的人。

6

无论是酒、鸦片，还是烟草，在人的生活中都不是必需的。所有人都知道，酒、鸦片和烟草对肉体和灵魂都是有害的。然而，为了生产这些毒品，却耗费了千百万人的劳动。人们为什么要这么做呢？人们这么做的原因是，在陷入侍奉肉体的罪孽中之后，他们看到，肉体从不会得到满足，于是想出了这些花样——酒、鸦片、烟草，他们用这些东西麻醉自己，从而忘却他们的愿望难以得到满足的现实。

7

如果人把自己的生活置于肉体的享乐之中，而又无法得到他所渴望的一切，这时，他就会极力地欺骗自己，使自己处于一种仿佛已拥有了渴望得到的一切的状态之中——这就是用烟草、酒和鸦片来麻醉自己。

8

不管在什么时候，谁也不会喝醉酒、抽足烟，以便去做好事：如工作，思考问题，看望病人，向上帝祷告。大多数邪恶的事都是在醉醺醺的状态下干出来的。

9

无论用什么手段来麻醉自己,都还不算犯罪,但是这已是走向各种犯罪的准备阶段。

10

这种三位一体是应诅咒的:酗酒、食肉和吸烟。

很难想象,如果人们对伏特加、葡萄酒、烟草、鸦片不再迷恋,而是戒掉它们,那在我们的生活中将会发生一个多么幸福的转变啊。

六　侍奉肉体有害于灵魂

1

一人财富过剩,则多人所需不足。

2

让服装与良心相配,胜于只让它与身材相称。

3

让肉体娇嫩,就得让灵魂粗劣。

4

有两种人:一是自食其力,只求温饱而已,有衣穿以不裸为宜，自营房舍以避风雨严寒为止；二是或求乞，或献媚，更常以欺诈或强权求得锦衣玉食、雕梁画栋。这两种人哪一种好呢？

5

惯于奢华对自己并无益处，因为你为自己的肉体需求越多，那么为了使这肉体吃、穿、住得更好，它所受的苦累也就越多。注意不到这个谬误的，只是那些善于用种种欺骗手段安排生活的人，他们让别人不为自己而必须为他们劳动，由此可见，对这些人，对这些富人来说，奢华已不仅是于己无益，而且也是一种败坏道德的事。

6

假如不是有人千方百计地弄出那些奢华的住宅、服饰、饮食，那么如今所有贫苦的人就不必过贫苦的日子，而富人们也就没必要为自己和自己的财富担惊受怕。

7

明智的首要原则就是有自知之明，只有自知才能知人，同样，仁慈的首要原则是安于贫贱，只有安于贫贱者才会以仁慈待人。（约翰·罗斯金[①]）

8

只为自己的肉体而生，这就好比一个雇工，拿了主人的钱，

[①] 约翰·罗斯金（1819—1900），英国作家、评论家。

不去照主人吩咐的去买这雇工自己所需的东西，而把钱挥霍在自己的逸乐之中。

上帝把自己的灵赐给我们，为的是让我们完成上帝的事业，为的是让我们过上好日子。可我们却把这上帝之灵耗费在对自己肉体的侍奉上。上帝的事业没有完成，把自己的日子也搞糟了。

9

对于有理性的生命，对于人来说，沉湎于色欲不是出于本性，人的本性所固有的是与色欲斗争，任何一个人凭体验都可得知，人对肉体需求满足得越多，他灵魂的力量就越弱。与此相反的是，伟大的哲人和圣徒都自我节制，保持纯贞。

10

如同浓烟会将蜜蜂驱赶出巢，贪食和酗酒会驱赶走全部高尚的灵魂力量。（大巴西勒[①]）

11

肉体因灵魂的工作而痛苦，这不是坏事，不幸的是，人最宝贵的东西——灵魂——因肉体的贪欲而痛苦。

12

勿以过量的饮食戕害你们的心灵。（穆罕默德）

[①] 大巴西勒（约329—379），古代基督教希腊教父，教父学代表人物。

13

福音书上说:"你们的财宝在哪里,你们的心也在那里。"①如果人把肉体视为自己的宝藏,他就会把自己的精力用于为肉体经营美味的食物、安逸的住所、华丽的服饰以及各式各样的享乐。而人在肉体上投入的精力越多,他用于灵魂生活的精力就越少。

七 自由只意味着对肉欲的克制

1

如果人不是为灵魂而生,而是为肉体而生,那么这就有如一只鸟,它在迁徙的时候只用自己孱弱的脚爪行走,而不是用自己的翅膀飞向目的地。

2

美味的食物、豪华的服饰、种种的奢侈——你们把这叫作幸福。可我认为,一无所求——这才是最大的享受,为了接近这最高的幸福,应当保持不做奢求的习惯。

3

对肉体在饮食、服饰、住所和玩乐方面越少放纵,生活就越

---

① 《新约·路加福音》12:34。

多自由。反之，如果你不加节制地去改善饮食、服饰、住所及玩乐，你的操劳将无休无止。

4

做穷人胜于做富人，因为富人比穷人在罪孽中陷得更深。此外，富人的罪孽繁杂而混乱，难以辨认清楚。穷人的罪孽则不难分辨，更容易从中解脱。

5

从未有人后悔曾经生活得过于简朴。

6

富人已习惯于侍奉肉体的罪孽，所以他们对此视而不见，并认为，让儿女从小就对锦衣玉食、奢侈享乐等习以为常，这么做是为他们的幸福所必需的——而这也就等于，从小就把他们引入堕落，为他们准备了沉重的苦难。

7

那种过量饮食后胃里的感觉，也时常出现在娱乐方面。人越是极力要获得进食的快感，想出些花样翻新的食物，就越是减弱胃的消化力，减少进食的愉悦。同样，人越是极力要用那些精巧别致的玩法来获得更多娱乐的享受，他就越多地丧失掉从事真正娱乐的能力。

8

痛苦只能因肉体而起,灵魂没有痛苦。灵魂生命愈弱,痛苦愈烈。因此,如果你不想痛苦,便要多靠灵魂生活,少靠肉体生活。

第八章
淫　欲

一　对童贞的追求必不可少

1

在忠诚的婚姻中生活是好的，但最好是一生不结婚。很少有人能做到这一点。但那能做到的，便生活得好。

2

如果人可以不结婚却结了婚，这就好比一个人没有磕绊而跌倒一样。走路磕绊而跌倒，这是正常的，但如果没有磕绊，那为什么要故意跌倒呢？如果可以不犯罪孽而过贞洁的生活，那么最好是不结婚。

3

说童贞有违人的天性，这是不对的。童贞可以赋予人以莫大的幸福，甚至幸福的婚姻与之也无法相比。

4

放纵饮食对善的生活是有害的,同样,放纵性生活对善的生活更为有害。因此,人越少耽于这两种行为,对他真正的灵魂生活越有益。不过,这两种行为之间的差别是很大的。彻底放弃饮食,人就会毁掉自己的生命;而放弃性的生活,人既不会断送自己的生命,也不会断送种族的生命,后者并不仅依赖于某一个人。

5

没有娶妻的,是为主的事挂虑,想怎样叫主喜悦;娶了妻的,是为世上的事挂虑,想怎样叫妻子喜悦。妇人和处女也有分别。没有出嫁的,是为主的事挂虑,要身体、灵魂都圣洁;已经出嫁的,是为世上的事挂虑,想怎样叫丈夫喜悦。(《哥林多前书》7:32—34)

6

如果结婚的人认为,他们是用自己的婚姻为上帝和人类服务,是在延续人种——他们这就是在自我欺骗。对这些人来说,用不着为了增加儿孙的数量去结婚,只要去保护和挽救千百万因贫困和遗弃而濒临死亡的孩子就可以了,相比之下这要简单得多。

7

虽然只有少数人能保持完全的童贞,但也要让每一个人都明白并记住,他随时都可以做到比从前更为贞洁,并能恢复已被破坏的童贞，人越接近完全的童贞，他由此而获得的真正的幸福就越多，他也就有能力更多地给他人带来幸福。

8

有人说，如果所有人都来保持童贞，那么人种就将灭绝。可是大家知道，按照教会的信条，世界的末日终将来临；而科学也坚信，地球上的生命和地球本身终将消亡；那为什么因为道德的善的生活导致人种完结，却如此令人愤愤不平呢？

主要的问题是，人种是否灭绝并不是我们的事。我们每个人的事只有一样：过好的生活。而就性欲方面来说，好的生活就是指尽可能保持童贞。

9

有位学者做过一个统计，如果人口每50年翻一番的话，那么从现在开始，7000年之后，由一对夫妇所繁殖的人口有这么多：如果他们在地球表面肩并肩紧紧站好，则整个地球只能放下这些人口的二十七分之一。

为了避免这种事发生，我们需要的只有一样，即在世上所有哲人身上所彰显出、已植入所有人灵魂中的东西——童贞和对最大限度的童贞的追求。

10

"你们听见有话说，"基督想起摩西律法中的话，说道，"不可奸淫。只是我告诉你们：凡看见妇女就动淫念的，这人心里已经

与她犯奸淫了。"(《马太福音》5:27—28)

这些话没有别的意思,就是说,按照基督的教义,人总是要致力于完全的童贞。

"这怎么可能做到呢?"人们会说,"人们要是保持完全的童贞,人种就要灭绝了。"可是,他们说这话的时候忘记了一点,所谓人必须要追求完美的谕示,并不是说人必须要达到完美无瑕的地步。人在任何方面都不具备达到完美的能力。人努力的目标是接近完美。

二 淫乱罪

1

未堕落的人总是厌恶和羞于去想或谈论有关性交的事。要珍视这种情感。它被置于人的灵魂之中并不是徒劳无益的。这种情感有助于戒绝淫乱罪和保持贞洁。

2

人们用同一个词来称呼灵魂之爱——对上帝及他人的爱——与男人对女人或女人对男人的肉欲之爱。这是一个大错误。这两种感情之间没有任何共同之处。前者——对上帝及他人的灵魂之爱——是上帝的声音,后者——男女之间的性爱——是动物的声音。

3

在所有的人——女人和男人身上都存在着上帝之灵。而把上帝之灵的载体视为获得快感的工具，这是何等的罪孽啊！任何一个女人对一个男人来说首先是姐妹，而任何一个男人对一个女人来说首先是兄弟。

4

上帝的法则就是爱上帝及他人，就是无差别地爱所有人。在性爱中，一个男人最爱的是某一个女人，而一个女人爱的是某一个男人，这就是说，性爱是诱使人违背上帝法则的最常见的因素。

三 由淫乱导致的灾难

1

在你尚未根绝对女色的迷恋之心时，你的灵魂也便迷恋于凡尘，正如吃奶的牛犊迷恋于它的母亲。

被淫欲所纠缠的人有如脱兔奔向罗网。一旦被淫欲的绊索套住，他将长久地无从挣脱苦难。（佛教哲理）

2

夜晚的飞蛾扑向火中，因为它不知道火会烧着翅膀；鱼吞吃钓钩上的蚯蚓，因为它不知道这会害了它。而我们明明知道，淫欲一定会纠缠住并毁掉我们，可仍旧沉湎于此。

3

正像沼地上的萤火虫把人引入泥潭,而自己却飞走一样,淫欲的美妙也是这样欺骗人的。人们深陷于其中,败坏了自己的生活。当他们醒悟过来,回首观望时,已看不到他们为之葬送自己生活的那个东西的迹象了。(据叔本华)

四 引导人们生活的政府对淫乱罪的罪恶态度

1

为了清楚地理解基督教徒生活中的全部淫秽和反基督行为,只要想一下这种随处可见的现象就足够了:那些靠淫乱为生的女人是由各级政府所纵容,并加以妥善安置的。

2

在富人们中间流行着一种由伪科学所认证的观念,即性关系对于健康是必不可少的,而由于婚姻并不是在任何情况下都可以实现,所以那种不必把男人束缚于某种责任、超出夫妻关系的性关系,除了金钱交易的,都是完全自然而然的事。这种观念是如此地普遍和坚定,使得父母们照着医生的建议去为孩子安排淫乱的活动;而那专事关心国民福利的政府呢,就去组织淫乱活动,即允许这样一类女人存在,她们为了满足男人的淫欲而担负起在肉体和灵魂上都葬送自己的责任。

3

男人与不会与他结为夫妻的女人之间的性关系,对他的健康是有益还是有害——谈论这个问题,与谈论饮他人的血对健康是有益还是有害的问题如出一辙。

五　与淫乱罪做斗争

1

人,如果作为动物,就需要与其他生命进行争斗,需要繁殖,以扩大种类的数目;而作为有理性、有爱心的生命,人需要的不是与其他生命争斗,而是去爱一切生命,需要的不是繁殖,扩大自己的种类,而是保持贞洁。致力于争斗和淫欲,与致力于爱和贞洁——这两种截然相反的追求组合,就构成了人本应如此的生活。

2

当那些纯洁的少男少女身上性的感情觉醒的时候,他们该怎么做呢?有什么好方法可以照着做呢?

让自己保持纯洁,在思想和欲望方面追求最大限度的童贞。

而那些已堕入邪念、已被盲目的爱和对熟人的爱所吞没的少男少女们又应该怎样做呢?

还是如此:不要放纵自己堕落。要知道,这种放纵并不能使自己摆脱邪念,而只能陷得更深,所以还是要追求最大限度的童贞。

那些无力克制自己而堕落的人又该怎么做呢?

不要把自己的堕落看作合法的享受，像如今的人们那样，拿婚礼来作为挡箭牌；也不要把它看作一时的享乐，可以与他人再次发生。同样，当这种事是与不般配的人发生的，或是未经婚礼仪式的，也不要把它看作一种不幸，而要把它看作进入稳定婚姻的前奏。

那些已婚的男人和女人该怎么做呢？

还是如此：共同致力于把自己从性欲之中解放出来。

3

与淫欲斗争的主要手段就是对自己精神性的觉悟。一旦人想起了他是谁，那么情欲在他眼中就恢复了其本来面目：动物的低级的本性。

4

同淫欲做斗争是必要的。但要预先了解敌人的全部实力，不要用速战速决的虚假期望夸大自己：同这个敌人的战斗是艰难的。但不要在灵魂上被打败。即使被打败了也不要灰心丧气。婴孩初学走路时，会跌倒上百次，摔疼了，哭了，再爬起来，又摔倒，但不管怎样，最终他是能学会走路的。失败并不可怕，可怕的是为失败而辩解，可怕的是那些谎话，把这种失败要么说成是命中注定、不可避免，要么说成是美好而高尚的行为。当我们在从卑污之中走向解放，走向完善的路上，即使由于软弱一时偏离方向，我们终将竭尽全力在这条路上走下去。不要说，堕入泥淖就是我们的命运，不要用"哲理的"或"诗意的"谎话为自己辩解。我

们会牢牢记住，恶即是恶，我们不愿作恶。(纳日文①)

5

同淫欲做斗争——无论对谁而言，都是一种极为艰苦的斗争。无论他地位高低、年龄大小，除了初生婴儿和耄耋老人，只要是想从淫欲中解脱出来的人，都是如此。因此，尚未老朽的成年人，不论男女，都应该随时警惕这个敌人，因为只要有合适的时机，它便会发动进攻。

6

所有欲望都由意念而生，并由意念得到强化。但任何一种欲望都不像淫欲那样更强烈地受到意念的支配和强化。不要执着于淫欲的意念，而要将它驱赶出去。

7

在饮食方面人需要学习动物的克制——只有当饥饿时才进食，吃饱后不过量进食。同样，人在性的交往中也要向动物学习：像动物那样，在性成熟之前一直保持克制，只有当那种吸引力不可克制的时候才发生性关系，而一旦导致怀胎，便停止性的活动。

---

① 伊万·费奥多罗维奇·纳日文（1874—1940），俄国作家，托氏学说的支持者，十月革命后移居国外。

8

人真心想要过善的生活的一个最可靠的标志是严格控制自己的性生活。

六　婚姻

1

男不近女倒好。但要免淫乱的事，男子当各有自己的妻子，女子也当各有自己的丈夫。(《哥林多前书》7：1—2)

2

在基督的教义中没有对所有人都制定同样的律条；总的来说它只是指明人应当追求的完善；在性的问题上也是如此：完善即纯粹的童贞。而人们没有理解基督的精神，只是想要一种对所有人都通用的律条。于是，这些人就发明了教堂婚礼的方式。教堂婚礼根本不是基督教的组织活动，因为在众所周知的条件下允许的性行为，有悖于基督的要求——追求最大限度的贞洁。

3

婚姻是男女这两类人之间的一种允诺，互为对象以拥有孩子。两个人中那没有履行允诺、犯下罪孽的一方，其本人就会因此而永远过着糟糕的日子。

4

为了达到目的，应该向更高的目标努力。同样，为了使婚姻牢不可破和夫妇双方保持忠贞，应当共同致力于保持童贞。

5

如果有人以为，为他们举行的成婚仪式，会将他们从节制性活动的必要性中解放出来，并无须在婚姻的结合中追求最大限度的贞洁，这种人就大错特错了。

6

像我们常常遇到的情况那样，如果一个人在性的关系，即使是在婚姻中，看到的只是享乐，那他就不可避免地要堕入淫荡。

7

那种可以引向生育的同居，乃是真正的有实际意义的婚姻；而所有的仪式、声明、条约，并不是为了婚姻，而主要是为了在多种同居方式中只承认婚姻这一种方式。

8

因为在真正的基督教义中并没有任何有关建立婚姻的根据，而我们基督教世界中的人又不相信教会的婚姻观，他们已感觉到基督教义中没有关于婚姻结合的根据，与此同时，由于教会学说的掩盖，他们也认不清基督的最高标准——纯粹的童贞，因此，在婚姻问题上，他们就处在没有任何指导思想的状态。由此也就产生了一种初看起来令人奇怪的现象：那些遵循着远逊于基督教的某些宗教教义而又具有明确的婚姻外在形式的民族，却有着家庭的基本准则，维持着比那些自称为基督徒的人更为牢固、无比忠诚的婚姻关系。那些保持着远逊于基督教的其他信仰的民族，却有着固定的、由公开的律条所限制的同居关系、一夫多妻制或一妻多夫制，但在这些同居关系、一夫多妻或一妻多夫制中，却没有出现放荡的淫乱行为，可这种东西在基督教世界中却普遍流行，并被掩盖在想象出来的一夫一妻制之下。

9

如果饮食的目的是为了身体的营养，那么一个人一下子吃下两份食物，也许他会获得很大的满足，但却达不到营养的目的，因为两份食物是胃所难以消化的。如果婚姻的目的是为了家庭，那么一个人试图得到更多的妻子或丈夫，这也许会使其得到许多满足，但却无论如何不会带来婚姻的主要快乐和婚姻的证明——家庭。合乎目的的最佳营养方式是不去过量吃下他的胃难以消化的食物。同样如此，合乎目的的最佳婚姻就是丈夫不多娶妻，而妻子不多嫁夫，以不超出合理地抚养孩子的需要，而这种需要就是：一个丈夫只有一个妻子，一个妻子只有一个丈夫。

10

有人问基督：人可以抛弃妻子，而找另一个女人吗？对此基督说，不可以这样做，人与妻子结合，必须要与她共同结合成一个身体。上帝的律法就是这样，上帝让结合在一起的，人不可分开。

于是门徒们说,可是与妻子过日子太难了。耶稣就对他们说,人可以不结婚,但如果人不结婚,他就必须过纯洁的日子。

11

为了让婚姻成为一件合乎理性与道德的事,必须要做到:

首先,不要像如今人们想的那样,每一个人——男人和女人——都必须进入婚姻,相反,要这样想,每一个人——男人和女人——最好是保持纯洁,以便不让任何东西妨碍将全部精力献给侍奉上帝的行为。

其次,无论是什么人,无论与什么人,凡进入性关系的,都应把这视为进入稳定的婚姻。(参见《马太福音》19:4—7)

再次,不要像如今的人们那样,把婚姻看作对淫欲快乐的一种应允,而要把它看作一种罪孽,要用履行家庭的责任来赎这罪孽。

12

允许两个不同性别的人在婚姻中过性的生活,不仅不符合基督有关贞洁的教义,而且恰恰相反。

贞洁,按照基督的教义,就是过着基督徒生活的人本应追求的完善。因此,所有妨碍追求这种完善的东西,包括对婚姻中性交的允许,都是违背基督教生活准则的。

13

人们认为,婚礼一旦举行,就意味着解除了对贞洁的追求。

于是婚姻不但没有成为对淫欲的限制，反而怂恿了淫欲。遗憾的是，大多数人正是这样看待婚姻的。

14

在结婚之前，要好好考虑10次、20次、100次。用性的关系把自己和另外一个人维系起来——这是一件极为重大的事。

七 儿女是对性罪孽的补偿

1

假如人臻于完善，从而保持了童贞，人种可能就会停止繁衍，他们也就没有必要生活在地球上，因为他们成了天使一样的人，不娶妻也不出嫁，就像福音书上所说的。然而人还没有臻于完善，他们必须要繁衍后代，以让他们的后代去继续这个过程，去达到他们本应达到的完善。

2

婚姻，作为生育和培养孩子的真正的婚姻，乃是对上帝的间接的侍奉——通过孩子侍奉上帝。"如果我没做到我本该做到的，那么代替我的是我的孩子，他们会做的。"

由于这个原因，那些以生育为目的而缔结婚姻的人，总是会体验到某种平静和轻松的感觉。人们感觉到，他们把自己的一部分责任转交给了未来的孩子们。但是，这种感觉具有合理性的唯一前提是,由婚姻结合在一起的夫妻努力去培养孩子,以使他们不是成为上帝事业的障碍,而是成为上帝的帮手。"如果我自己不能完全献身于对上帝的侍奉,则我将尽一切可能让我的孩子们去做到这一点。"——这种觉悟将赋予婚姻和生儿育女以精神的意义。

3

充满幸福的童年,给这尘世的残酷带来了少许天堂的色彩。统计学表明,每天有八万个婴儿降生,他们的降生仿佛增添了纯真和活力,不仅避免了人种的灭绝,而且抵制着人类的败坏和罪孽的广泛蔓延。在摇篮边,由童真所引发的一切善良情感,都是伟大天意的秘密;如果你们毁灭了这颗新鲜的露珠,那么个人私欲的旋风就会像烈火一样烧干人类社会。

让我们假设一下,如果人类是由十亿个不朽的生命组成的,这个数目既不会增,也不会减,那我们将生活在一个什么样的地方,我们将怎样生活,伟大的上帝啊!毫无疑问,我们会上千倍地提高学识,但生活也会上千倍地恶化。

童年是极其幸福的,因为它会自生幸福,因为它会产生善,它不懂也不向往这些,却使得别人不能不去爱它。只有借着童年,我们才能在地球上看到天堂的部分面目。死亡也是幸福的。天使的生活中既无须生,也无须死;但对于人来说,这两者必不可少,也是不可避免的。(阿米尔[①])

[①] 亨利·弗雷德里克·阿米尔(1821—1881),瑞士作家、诗人,以充满哲理的《私人日记》而闻名。

4

使婚姻得到证明和赋予其圣洁意义的只有孩子,同时,如果我们自己不能完成上帝想要我们做的,则我们在把孩子养育成人之后,就可以通过孩子来继续侍奉上帝。因此,夫妇不想要孩子的婚姻,比起通奸和种种淫荡行为来更加恶劣。

5

在那些富人中间,孩子要么被看作享乐的障碍,要么被看成一个不幸的偶然事件,要么把预计生育一定数量的孩子当成一种特殊的享乐,对这些孩子的教育不是为了让他们肩负起作为有理性有爱心的生命所面临的生活任务,而只是为了他们能带给父母满足。这些父母教育孩子的大部分情形是这样:他们关心的主要不是让孩子具备人所应有的活动能力,而是(父母们出于对被称为医学的伪科学的信赖)尽可能地多让他们进食,增加他们的身高,让他们长得干净、白皙、肥胖、漂亮,因而也就娇嫩无比、情欲强烈。华丽的服饰、读书、游艺、音乐、舞蹈、美味佳肴,以及从包装盒上的画面到小说诗歌中所描绘的所有生活情景,更激发了这种情欲,而其后果就是最为龌龊的性恶习和性疾病成为富贵阶层这些不幸的孩子成长的一般条件。

6

对于那些把肉欲之爱视为快乐的人来说,生儿育女已经失去意义,生育不被作为夫妻关系的目的和证明,而被看作使那种快乐持久下去的障碍，因此，无论婚外婚内都普遍采用了剥夺女子生育能力的手段。这些人不仅剥夺了自己由孩子所带来的唯一快乐和赎罪的机会，同时也剥夺了自己作为人的美好品质和形象。

7

在所有动物的生活中，尤其是在生育后代方面，人应该做得比牲畜高尚，而无论如何不能比牲畜更卑下。然而正是在这一点上，人在大多数情况下比动物更卑下。动物之间的雌雄相配只是在能够产仔的时候才发生。而人呢，男女相交只是为了获得快感，而不去考虑是否会因此生儿育女。

8

讨论生儿育女是幸福还是不幸福，不是我们的事。我们的事只是履行对孩子的责任，他们因我们而生，也就把责任加在了我们身上。

第九章
不劳而食

索取别人的劳动成果超过你的付出，这是不公平的。但因为你付出的多还是索取的多又无法衡量，此外你随时都可能丧失劳动能力或病卧不起，那时就只能索取而不能付出，所以，趁着你还有力气，要尽力去多为别人劳动，而尽可能少索取别人的劳动成果。

一 只享用他人的劳动而自己不劳动者，犯的是大罪孽

1

不劳动者不得食。（使徒保罗）

2

无论享用什么东西，都要记住，这些都是人类的劳动成果，消费、毁弃、损坏这些东西就是在耗损人的劳动，甚至是人的生命。

3

谁不靠自己的劳动为生，而迫使他人养活自己，他便是食人者。（东方哲理）

4

基督教的全部道德观在实际运用中可以概括为一点：把所有人当作兄弟，与所有人平等相处。而为了实现这一目标，首要的是禁止强迫他人为自己劳动，而在当今世界的体制之下，就是尽可能少地享用你拿钱可以买到的他人劳动成果，尽可能少耗费金钱，尽可能过简朴的生活。

5

自己能做的事，不要让别人去做。自家的门前自家扫。如果人人这样做，整条大街都会干干净净。

6

什么是最好的食物？就是你们亲手做出来的。（穆罕默德）

7

对富人们来说，哪怕偶尔抛开一下自己奢华的生活，稍稍去体验一下劳动者的日子，亲手为自己去做一做你的雇工所做的一切，这也是非常有益的。富人只有这样做，才会看清自己从前犯下的大罪孽。只有这样生活，他才会明白富人生活的全部欺骗性。

8

人们习惯认为，做饭、洗衣服、看孩子都是女人的事，男人做这些事是可耻的。然而恰恰相反，男人应该感到羞耻的是：悠闲自在，为一些琐事消磨时光。更有甚者，往往体弱而多劳、带着身孕的女人在费力地做饭、洗衣物、照看孩子的时候，他们却无所事事。

9

在奢华中生活的人，不可能去爱他人。他们缺少爱的原因是，所有他们使用的东西，都是那些出于贫困被迫为他们服务的人，常常一边诅咒着，一边不情愿地创造出来的。为了使他们能去爱他人，首先必须让他们停止折磨那些穷人。

10

一个教士到荒野中去拯救自己的灵魂。他不停地做着祈祷，每天夜里还要起来两次祈祷上帝。每天有一个农夫来给他送食物。他脑子里出现了一个疑问：他这样的生活是好还是不好？于是他就去找一个长老寻求解答。他来到长老这里，讲述了自己的生活：他如何祈祷，话是怎样说的，如何夜里起来，如何靠施舍吃饱肚子。然后问：他这样做好不好？"你做的都好，"长老说，"但你去看一下，那个给你送食物的农夫是怎样生活的。也许，你在他那儿会学到一些东西。"

教士就去到农夫那里，在他那儿过了一天一夜。农夫早晨起得很早，只是说一声"主啊"，就去干活，耕一整天地。晚上回到家里，当他上床睡觉时，第二次说一声"主啊"。

教士就这样看到了农夫的生活。"在这儿我没什么可学的。"他一边想，一边奇怪长老为什么让他到农夫这儿来。

教士回到长老那儿，把情况全说了：他怎样在农夫那儿过的，但没发现任何可学的东西。"他心里没有上帝，一天只有两次提到主。"

这时长老对他说："你拿上这只盛满油的碗，绕着村子走一圈再回来，但是要看着点，别让一滴油洒到地上。"

教士按照吩咐去做了。回来以后，长老问他：

"告诉我，当你端着油的时候，你有几次想到上帝？"

教士承认，他一次也没想到。"我，"他说，"光是想怎样不让油洒出来了。"

于是长老说道："这就是说，一碗油就把你占住了，一次也没想到上帝。而农夫呢，他要不停地操劳来养活自己，养活一家人和你，尽管这样，他还是一天两次想到上帝。"

二 遵守劳动的律条不是难事而是乐事

1

"你必汗流满面才可拿走你的面包。"[①] 这是肉体不可更易的律法。就像律法规定女人要受生育的磨难一样，劳动的律法是给男人规定的。女人不能从给她的律法中解脱出来。如果她收养的不

---

① 参见《旧约·创世记》3∶19："你必汗流满面才得糊口。"

是她所生的孩子，那这孩子总归是人家的，她也就丧失了做母亲的快乐。男人之于劳动也是如此。如果男人吃的不是自己挣来的面包，他也就剥夺了自己劳动的快乐。（邦达列夫①）

2

人惧怕死亡，并屈服于它。那不懂得善恶的人，看上去更幸福些，但他还是止不住地极力想懂得这些。人喜欢闲散和不经痛苦地满足淫欲，然而却只有劳动和痛苦才能给他和他的家族以生命。

3

有人认为，当他们的肉体过着闲散而奢华的生活时，他们的灵魂会保持一种高尚的生活。——这个谬误简直骇人听闻！肉体永远是灵魂的第一个弟子。（梭罗）

4

如果一个人自己养活自己，而又让自己背离劳动的律条，他立刻就会追悔莫及，因为他的肉体因此而委顿、衰朽。如果一个人让自己背离劳动的律条，靠的是强迫他人来替他劳动，他同样立刻会追悔莫及，因为他的灵魂因此而黯淡、萎缩。

---

① 季莫费依·米哈伊洛维奇·邦达列夫（1820—1898），俄国哲学家、农民，著有《热爱劳动与不劳而食，或庄稼人的庆典》一书，引文即出自该书。

5

人过着肉体和灵魂的生活。也存在着肉体生活的律条和灵魂生活的律条。肉体生活的律条就是劳动。灵魂生活的律条就是爱。如果人破坏了肉体生活的律条——劳动的律条，他就不可避免地要破坏灵魂的律条——爱的律条。

6

皇帝赏赐的衣服无论多漂亮，还是自家做的最好，富人家的饭菜无论多可口，还是自家桌上的面包最好吃。（萨迪）

7

如果你为别人付出了许多劳动，不要把这劳动看成累赘，也不要希望为此而得到赞扬，而是要懂得，如果你喜欢这劳动，并且是为了他人而做，那么受益最大的是你本人和你的灵魂。

8

上帝的力量使人人平等，夺取那占有多的，给予那占有少的。富人的东西多，但这些东西带来的乐趣少。穷人的东西少，但乐趣多。一捧泉水、一片面包干，对于以体力劳动为生的穷人来说，比无所事事的富人吃的最昂贵的饮食还要香甜可口。富人对一切都吃腻了，一切都索然无味，无论什么都引不起兴趣。而对劳动者来说，每一次进食、每一次饮水、每一次休息，都会带来新鲜的乐趣。

9

地狱就隐藏在享乐之后,而天堂就在劳动和苦难之中。(穆罕默德)

10

不从事体力劳动就没有健康的身体,头脑中也就没有健全的思维。

11

要想永远保持善的灵魂就要劳动,直至疲劳,但也不要过于劳累。由于闲散,人往往不满而易怒。而过于劳累也会如此。

12

最好而纯粹的乐趣之一是劳动之后的休息。(康德)

三 土地上最好的劳动是农活

1

所有人都在逐渐认清一个早已被各民族有识之士所领悟的真理,这个真理就是:人类主要的善德在于遵奉高级生命的法则。"你本是尘土,也将归于尘土。"——这是我们所要认识的有关自我生命的第一条法则;第二条法则是:要耕种这块我们从之来,也将归之去的土地。在土地耕种的活动中,在与此同时必须具备的

对动植物的爱中，人可以最清楚地理解自己的生命和更好地度过一生。（约翰·罗斯金）

2

农活不是人所特有的事务之一，而是一种所有人特有的事务；这种劳动赋予人以最大的自由和最大的幸福。

3

那不去耕种土地的人，土地就会对他说：因为你不用你的左手和右手耕种我，你将永远与所有乞丐一起站在别人家的门口，你将永远吃富人们的残羹剩饭。（琐罗亚斯德[①]）

4

当今世界上人们的生活竟成了这个样子：最大的奖赏给予那些最为有害的工作——警察局、军队、法庭、银行等部门的职位，报业和印刷业的工作，军需库、糖果厂、烟厂、药房、银行的工作，商业活动，写作，音乐，等等；而把最小的奖赏给予农事劳动。如果判断工作的重要性要看金钱的奖赏，这是非常不公平的。而如果更重视劳动的乐趣以及它对身体健康、美好天性的影响，这才是最为公平的。

---

① 琐罗亚斯德（约公元前628—约前551），又译"查拉图斯特拉"，古代伊朗宗教改革家、先知，琐罗亚斯德教的创始人。

5

体力劳动，特别是农活，不仅有益于肉体，也有益于灵魂。不从事体力劳动的人，往往难以用健全的头脑去理解事物。这些人在不停地思考、说话、听讲或者阅读。头脑不得休息，激愤而繁乱。而农活对人是有益的，它除了能使人得到休息之外，还可以帮助人简捷、明快而富有理性地去理解人在生活中的位置。

6

我喜欢农夫：他们没有足够的学问去歪曲事物。（孟德斯鸠[①]）

四 所谓劳动分工只是为不劳而食做辩解

1

近来许多人都在谈论，人类在物质生产上取得成就的原因之一就是劳动的分工。我们总是提劳动分工，但这种说法是不正确的。在我们的社会中，不是劳动被划分了，而是人被划分成许多部分，割裂成许多零星的碎片：在工厂里，一个人只做产品的某一小部分，这样，人所得到的这一点点能力，就不足以去制造一个完整的别针或一个完整的钉子，而把精力都耗费在制作别针头或钉帽上。不错，在一天之内制造大量别针是好的，人们都希望如此；但如果我们一旦看见，我们是用什么样的砂粉去清洗它们

[①] 孟德斯鸠（1689—1755），法国启蒙思想家。

时，我们就会想到，这是得不偿失的。得不偿失的原因就在于，我们清洗这些产品耗掉的是人类灵魂的砂粉。

可以把人绑缚起来，折磨他们，像对牲畜那样给他们套上重轭，像对苍蝇那样打死他们，但从众所周知的意义和从最好的意义上讲，这些人还是能够保持自由的。而压抑他们不朽的灵魂，窒息并把人变成机器的动力，就是这种真正的奴隶制度。只有这种侮辱，这种把人变为机器的行为，才会迫使工人发狂地、破坏性地且徒劳地为了某种不明就里的自由而斗争。对财富和老爷们的仇恨，并不是由饥饿的逼迫和欺凌侮慢的刺激所引起的（这两个因素始终都在发生着各自的作用，而社会的基础也从未像现在这样动荡不稳）。问题不在于人们饮食恶劣，而在于他们不能从为养家糊口而从事的工作中体验到快乐，因此，他们把财富视为获得快乐的唯一手段。

问题不在于人们因高等阶级对他们的蔑视而痛苦，而在于他们无法承受自我的蔑视，因为他们感到，那指派给他们的劳动是有伤自尊的，会使他们蜕化变质，使他们成为某种更少人性的东西。

高等阶级从未像现在这样对低等阶级表示出如此多的爱和好感，与此同时，他们也从未像现在这样被低等阶级所憎恨。（约翰·罗斯金）

2

人像每一种动物一样，都需要劳动，用手和脚去工作。人可以迫使别人为他做事，但人总是需要在某些方面使用自己的体力。

如果他不去从事必需的、理智的工作，就会去从事无谓的、愚蠢的工作。这种事常常发生在富有的阶级中间。

3

富裕阶层的人一面享用着别人的劳动，把民众束缚在不间断的沉重劳动之中，一面在为自己的不劳而食进行辩解，说他们为人民创造了他们所需的宗教、科学和艺术。他们搞出了这些东西，交给劳动大众，然而遗憾的是，他们送给民众的这些东西，在宗教、科学和艺术的外衣下，掩盖的往往是伪宗教、伪科学和伪艺术。由此看来，他们不是去报答人民的劳动，而是用他们送给民众的那些东西去欺骗和败坏他们。

4

一个欧洲人向一个中国人炫耀机器生产的优越性："它把人从劳动中解放出来。"欧洲人说。"从劳动中解放出来也许是个巨大的灾难，"中国人说，"没有劳动就不可能有幸福。"

5

人只有用三种方式可以获得财富：劳动、乞讨或者偷窃。劳动者得到的如此之少，这是因为乞丐和窃贼所得到的份额太多的缘故。（亨利·乔治[①]）

[①] 亨利·乔治（1839—1897），美国经济学家，著有《进步与贫穷》等。

6

所有自己不劳动而靠他人劳动为生的富人,无论他们怎样称呼自己,只要他们自己不工作,而是攫取他人的劳动,那所有这样的人都是强盗。这些强盗一般有三种类型:一种人看不到,也不想看到他们是强盗这一事实,而心安理得地去抢劫自己的兄弟。另一种人看到了自身的行为是不正当的,却认为能够为自己的抢劫开脱罪名,理由就是:他们是在军中服役的,或者是政府官员,或者是教书的、写作的或印书的。有了这些理由,他们便继续抢劫。还有第三种人,感谢上帝,这类人越来越多了,他们懂得了自己的罪孽,因而尽力避免再犯。

五 放弃了劳动的律条,人的活动永远是徒劳无益的

1

游手好闲的人所干的事大部分是这样:这些事不仅不能减轻劳动者的劳动负担,相反,却把更多的劳动加到他们身上。

2

像套在磨盘上的马不能停步,必须一直走下去一样,人也不能无所事事。因此,人在劳动中取得的成就,就像马在拉磨时移动脚步所取得的成就一样。重要的不是人在做什么,重要的是他在做。

3

人的优越性以及人的神圣义务和责任就在于，把天赐的手脚用于本来应做的事，把消耗的食物用于创造这些食物的劳动，而不是让手脚萎缩退化，不是只为了把它们洗得干干净净，用来往自己嘴里填食物、水和烟卷。

4

摆脱了体力劳动的人往往是聪明的，但很少有充满智慧的。如果我们所写的、所发表的和在学府里所讲授的都是那些琐碎的蠢事，如果我们所有的书刊、音乐、绘画都如此曲高和寡，让所有人费解，那么造成这种现象的原因是，所有从事这些活动的人都已脱离了体力劳动，过着委顿而悠闲的日子。（据爱默生）

5

体力劳动之所以特别重要，是因为它可以打乱头脑的闲逸状态——对琐事的思虑。

6

游手好闲者的大脑是魔鬼喜爱的存身之处。

7

人们东奔西跑，到处去寻找快乐，这仅是因为他们感受到了自己生活的空虚，但还没有感受到那引诱他们的新乐趣的空虚。（帕斯卡）

8

还不曾有人统计过当今世界耗费在建造娱乐设施上的数以百万计沉重而紧张的工作日，以及成千上万的生命。由此可见，当今世界的娱乐并不可乐。

9

像每一种动物一样，人被创造出来，就必须为避免饥寒致死而劳动。这种劳动对人来说，就像对每一种动物一样，不是痛苦，而是快乐，如果没有人来干扰这种劳动的话。

但人们却是这样安排自己的生活：一些人自己无所事事，却迫使别人为自己工作，他们为此而感到寂寞，便千方百计想出种种愚蠢和卑劣的活动，以便让自己有事可做；另一些人却疲于奔命地工作，他们因这工作而感到寂寞，主要是因为他们是迫不得已为了别人，而不是为自己去工作。

这两种情况都不好。第一种不劳动的人日子不好，是因为他们过于闲散而戕害了自己的灵魂；第二种人的日子也不好，是因为他们拼命工作而损耗了肉体。

但无论如何劳动者比不劳动者还是要好一些。灵魂比肉体更宝贵。

六 不劳动的害处

1

为了某种工作，哪怕是最不干净的工作，不会也不应该让人感到羞耻，可耻的只有一样：无所事事的生活。

2

尊敬一个人，不应根据他的身份和财富，而应根据他所从事的工作。他的工作越有益，他就越值得尊敬。但世上的事往往背道而驰：那些无所事事的、富有的人受到尊敬，而那些从事最有益工作的人——庄稼汉、工人——却受不到尊敬。

3

无所事事的富人所操心的是，要大肆炫耀他们的奢侈。他们觉得，不这样做大家都会蔑视他们，因为他们本应受到蔑视。

4

当一个人被劝告去效仿蚂蚁的勤劳时，他应该感到羞耻。而如果他并不听从这种劝告，则应加倍感到羞耻。(《塔木德》[①])

5

最令人惊异的谬误是认为人的幸福就是无所事事。

6

应当把长久的闲逸列为地狱的磨难，然而相反的是，它被当作了天堂的快乐。(孟德斯鸠)

[①] 《塔木德》，犹太教教义、伦理与律法集，形成于公元前4世纪至公元5世纪。

7

无所事事的人总是有许多帮手。

8

"劳动分工"在很大意义上是某些人的一种借口,他们无所事事,或者只干些无谓的琐事,而把他们应做的事都推到别人的身上。那些操纵这种分工的人,总是把他们觉得最惬意的工作据为己有,而把他们觉得沉重的工作分派给别人。可事情很怪:这些人总是会搞错,以致被他们认为惬意的工作到头来却是最沉重的,而他们所逃避的工作,却是最惬意的。

9

无论何时也不要用你自己能做的事去麻烦别人。

10

怀疑、悲伤、沮丧、愤怒、绝望,所有这些魔鬼都在窥伺着,一旦有人过起游手好闲的日子,它们立刻就会向他发起进攻。逃避所有这些魔鬼的最可靠方法就是坚持不懈的体力劳动。人从事这种劳动,所有的魔鬼都不敢靠近他,只会远远地对着他吼叫。(卡莱尔[①])

[①] 托马斯·卡莱尔(1795—1881),苏格兰作家、历史学家。

11

魔鬼在引诱人上钩的时候,会安放各种各样的诱饵。但对于游手好闲的人来说,不需要任何诱饵,光秃秃的钓钩他也会去咬的。

12

有两个谚语,一个是:"干活累得背驼腰弯,却挣不来万贯家产。"另一个是:"虔诚的劳动攒不出一座宅子。"这两条谚语说得都没有道理,因为背驼腰弯的人,好于用不道德手段致富的人,虔诚的劳动更大大优于豪华的宅邸。

13

从前有两个兄弟:一个侍奉皇帝,另一个靠自己的劳动养家糊口。有一次富兄弟对穷兄弟说:

"你为什么不也来侍候皇帝呢,那你就不用干重活了。"

对此穷兄弟说:

"可为什么你不去干活呢,那你就用不着受侮辱和奴役了。"

哲人们说过,安安稳稳地吃自己劳动挣来的面包,胜过系着金腰带做别人的奴才。用双手去拌和灰泥,胜于把双手合胸以示俯首。(萨迪)

14

拿起绳子到树林里捡柴,捆好去卖了换食品,胜于乞求别人给你们吃的。如果别人不给你们,你们就会感到懊丧;而如果给了你们,则更糟:你们会感到羞耻。(穆罕默德)

15

不在富人门前站,不说低声下气话——这是最好的生活。而为了保持它,必须要不怕劳动。(《嘉言集》[①])

16

如果你不想劳动,则要么卑躬屈节,要么强取豪夺。

17

施舍时只有拿自己劳动挣得的东西给人,这才是善举。

谚语说:干净的手手紧,汗污的手手松。《十二使徒遗训》里也是这样说的:拿你流过汗的东西去施舍。

18

一个穷寡妇微薄的布施不仅与最丰厚的捐赠价值相等,而且只有这种布施才是真正的慈善。

只有贫穷的劳动者才能拥有行善的幸福。富有的、无所事事的人们已被剥夺了这种幸福。

19

从前有个财主,他所希望有的都有了:百万钱财,陈设豪华的宅邸,美貌的妻子,成百上千的仆人,丰盛的饮食,各式各样的美酒佳肴,马厩里满是名贵的马匹。但所有这一切都使他感到

---

① 《嘉言集》,古印度故事集,作者署名为那罗衍,成书于10世纪前后。

厌倦，他整天待在自己富丽堂皇的房间里，不停地叹息，抱怨生活没意思。他唯一可做的事和乐趣就是吃。睡觉醒来就等着早餐，早餐完了就等着午餐，午餐完了再等晚餐。但是这点乐子也很快就失掉了。他吃得太多、太甜腻，把胃口搞坏了，吃东西的欲望再也没有了。他叫了许多大夫来。大夫们给了他药，并让他每天散步两个小时。

有一天，他按照规定的两个小时去散步，脑子里却一直想着自己没有食欲这件伤心事。有个乞丐走到他跟前。

"看在基督分上，"乞丐说，"给可怜人一点吃的吧。"

财主一直惦着自己不想吃东西的伤心事，没有听到乞丐的话。

"可怜可怜吧，老爷，我整整一天没吃东西啦。"

财主听到吃东西，停住了脚。

"怎么了，想吃东西吗？"

"怎么不想吃啊，老爷，想得要死！"

"这才是幸福的人啊。"财主想，心里对这个穷人十分羡慕。

穷人们羡慕富人，而富人们羡慕穷人。

事情都是平均的。穷人好在他们并不常常为自己的贫穷而愧疚，而富人却总是为自己的财富而懊悔。

第十章
贪

贪这种罪孽指的是无餍足地攫取他人所需的钱物,把这些钱物置于自己的控制之下,以便按照自己的愿望去利用他人的劳动。

一 什么是财富的罪孽

1

在我们的社会中,一个人如果不为他所睡觉的地方付钱,他是不能睡觉的。空气、水、阳光,只有他走在一条大路上时才属于他。由法律所承认的他的唯一权利,就是在这条大路上不停地走下去,直到筋疲力尽、踉跄不支为止,因为他不可能停下来,而必须走下去。(格兰特·艾伦[①])

2

十个善良的人挤在一条毡子上睡觉,也会友好相处,睡得踏

---

① 格兰特·艾伦(1848—1899),英裔加拿大小说家,达尔文主义者。

实,而两个富人住十个房间,也不能和睦相处。如果一个善良的人得到一片面包,他也会分一半给饿肚子的人。但如果一个皇帝占有了半壁江山,他不把另一半据为己有,是不会高枕无忧的。

3

三个富人占着十五所房子,也不会放一个穷苦人进来暖暖身子,过一夜。

一个农家的七尺小屋,住上七个农奴,他也愿意收留过路人,并说:上帝吩咐要有福同享。

4

富人和穷人是互补的。如果有富人,那么必有穷人。如果有人奢侈无度,那么不可能没有人穷困不堪,而穷困就迫使贫无长物的人去为奢侈无度的人服务。

富人即强盗,穷人即被掠夺者。正因为如此,基督爱穷人远胜富人。按照他的教诲,做被掠夺者胜于做强盗。在他所传道的真理王国中,富人和穷人同样都是不应存在的。(亨利·乔治)

5

流浪汉是对百万富翁不可或缺的补充。(亨利·乔治)

6

富人的欢乐是用穷人的眼泪换来的。

7

当富人谈论社会幸福的时候，我知道，这不是什么别的，这只是在共同幸福的名义和借口之下获取自我利益的一个阴谋。(托马斯·莫尔[①])

8

真诚的人不富有。富有的人不真诚。[②]（老子）

9

所罗门[③]说："不要做抢劫穷人的强盗，因为他是穷人。"而实际上，"就是要去抢劫穷人，因为他是穷人"。这已是最为见怪不怪的事了：富人始终在利用穷人的贫困而迫使他们为富人劳动，或者去收购穷人出售的东西，然而是以最低的价格。

一个富人因为富有而在光天化日之下被抢劫，这样的事极为罕见，因为抢劫富人是危险的，而抢劫穷人是可以的，丝毫不会冒险。(据约翰·罗斯金)

10

过富人的日子越来越可耻，而过穷人的日子越来越苦恼。

[①] 托马斯·莫尔（1478—1535），英国空想社会主义思想家，著有《乌托邦》。
[②] 《道德经》第八十一章有句为"圣人无积"，但没有与此译文相对应的原文。
[③] 所罗门（公元前1010—前931），古代以色列联合王国的第三任国王，以智慧著称。

11

劳动阶层的人常常竭尽全力要进入富裕的、靠他人劳动为生的阶层。他们把这称为过上好人的日子。然而正好相反,应把这称为放弃好人的日子而去过坏人的日子。

12

财富在上帝面前是大罪孽,而贫穷在人的面前是大罪孽。(谚语)

二 土地所有罪

1

无论什么样的财富都是有罪的和卑劣的。但没有哪一种财富像建立在土地所有权基础上的财富罪孽更大,卑劣更甚。所谓的土地所有权剥夺了地球上一半人口的法定的、自然继承的遗产。

2

男人和女人的肉体,以及他们的灵魂,是不应该买卖的。既然如此,那么尤其不应该买卖的是土地,因为这种东西对维持人的肉体和灵魂来说是不可或缺的。(约翰·罗斯金)

3

那占有土地大大超出维持个人和家庭生计范畴的人,对于造成劳动人民痛苦的贫穷、灾难和堕落来说,他们不仅是参与者,而且是罪恶的根源。

4

掌有土地所有权的人,常常在交谈时,以及在法庭上,对侵占他人财产的行为大加指责。

难道他们不明白吗,他们无休止地攫取民众最难割舍的财产,当人们只是提到"盗窃"这个词,而不去谴责和惩罚他们这种无休止的勾当时,他们难道不应该为此感到羞耻和无地自容吗?

5

所有人自出生时起,无须任何法令就已拥有土地,即拥有居住在出生或随机安置的地方的权利。(康德)

6

因为我是为土地而生,所以我被赋予了土地,为了从中获取我的生活所需,为了去耕作、去种植,我有权索取我应得的一份土地。

那么告诉我,我的那一份在哪儿?(爱默生)

7

大地是我们共同的母亲;她哺育我们,给我们栖身之所,带给我们欢乐,带给我们爱的温暖;从降生的那一刻起,直至永恒的安息,我们都处在她母爱的怀抱中,她始终以自己充满温情的拥抱给我们以抚慰。

然而尽管如此，人们却在谈论着出售她，的确，如今出售大地的时代已经到来，市场上已在为她估价，已在进行交易。但是，出售上天的造物主所创造的大地，乃是一种荒唐的野蛮行径。大地只能属于全能的上帝和一切正在以及将在大地上劳动的人类的子孙。

她不是某一代人的财产，而是所有过去、现在和未来在她怀抱中劳动的世代人民的财产。（卡莱尔）

8

我们占据着一个岛屿，在上面靠自己的双手劳动为生。一个因船只失事而受伤的船员被抛到我们的岸上来。他是否像我们一样，出于同样的理由，也自然而然拥有在岛上占据一小块土地而靠自己的劳动谋生的权利呢？看来，这种权利是不容置疑的。但实际上有多少人降生在我们这个星球——地球上的人，却被同样生活在这里的人剥夺了这种权利。（拉维勒耶①）

9

让我们设想一下，如果地球上全部可居住的地方都是富有的地主的财产，他们对地球表面拥有占有权，那么所有不是地主的人就没有这种占有权。这样一来，不是地主的人可以在地球上存

---

① 艾米尔·路易·维克多·拉维勒耶（1822—1892），比利时历史学家、经济学家。

在的前提条件只能是地主们的同意。除此之外，他们如想得到占据其立足之地的权利也只有经过富有的地主们的同意。由此可见，假如地主们不希望给他们以休憩之地，则他们只有从地球上被抛下去了。（赫伯特·斯宾塞[①]）

10

土地财产，像奴隶财产一样，就其本质来说，有别于劳动所创造的物质财富。

你们去掠夺个人或者人民的钱、财、牲畜吧，你们的暴虐和劫掠将随着你们的消亡而告终。显然，时光的流逝不会使你们的罪行变成善举，时光将湮灭这罪行的影响。被掠夺的人们将会再次获得他们被抢走的一切。

但你们去掠夺人民的土地吧，你们的劫掠将会永久持续下去。每值一代新人的更替，每当新的一年、新的一天到来，对土地的劫掠都会演变为新的劫掠。（亨利·乔治）

三 财富的恶劣后果

1

人们总是抱怨贫困，千方百计去获取财富，但实际上，贫困与不幸赋予人以坚强的力量，与此相应，放纵与奢侈引导人走向

[①] 赫伯特·斯宾塞（1820—1903），英国哲学家、社会学家。

衰败和毁灭。

贫困的人想要把有益于肉体和灵魂的贫困转变为有害于肉体和灵魂的财富,这是徒劳无益的。

2

贫穷给人以营养、磨难和教益。而财富使人朽败。(谚语)

3

穷人苦恼,而富人加倍苦恼。

4

富人的日子不好过,因为他不得安宁,终日为自己的财富担心,也因为他的财富越多,他的操劳也越多。而富人的日子不好过的主要原因是,他所能交好的只是少数与他相同的富人。而与其他的人,与穷人,他却无法交好。如果他与穷人交好,他的罪孽就将真相大白。他也就不能不感到羞耻。

5

财富带来金银,而贫穷带来欢欣。(谚语)

6

财富使人对高傲、残忍、自以为是的无知和荒淫无耻习以为常。(皮西厄[①])

[①] 玛德莱娜·皮西厄(1720—1798),法国女作家。

7

对他人的悲哀无动于衷的,往往是富有的人。(《塔木德》)

8

富人们的生活,放弃了人生必需的劳动,所以无法不成为疯狂无度的生活。人如果不劳动,也就是说不奉行所有人的这条生活法则,他就无法不意乱神迷。他们这时的样子就像那些喂得过饱的家畜:马、狗、猪。他们又跳又闹,东奔西窜,而自己却不知这是为什么。

9

贫穷使人聪明,财富使人愚蠢。狗吃得太多了也会乱咬。(谚语)

10

有怜悯心的人大多没钱。有钱的没一个有怜悯心。(满洲俗语)

11

人们总是寻求财富,而一旦他们明白了,人积累起财富并以此为生,将会失去多少善德,这时,他们就会以如今人们极力追求财富的热忱,去极力远离财富。

12

一个新的时代很快就将到来,那时,人们将不再相信财富会带来幸福，人们终将领悟这个朴素的真理，即积累和占有财富并不能改善，相反却会败坏他人以及自己的生活。

四 不必艳羡财富，而应为之感到羞耻

1

不应尊敬富人，不应艳羡他们，而应远离富人的生活，怜悯他们。富人不应为自己的财富而骄傲，而应为之感到羞耻。

2

富人能看到自己财富的罪孽，不因穷人的嫉妒和仇视而指责他们，这是好事；但如果他们因穷人的仇视而对穷人大加指责，却又看不到自己的罪孽，则是坏事。同样，穷人能认识到自己嫉妒和仇视富人也是罪孽，所以不去指责而是可怜他们的话，这就是好事；但如果他们只是指责富人，而看不到自己罪孽的话，则是坏事。

3

如果穷人嫉羡财富，那么他并不比富人好。

4

富人沾沾自喜并不好。但穷人嫉羡富人也是坏事。有许多这样的穷人：他们对比他们更穷的人所做的，正是他们所指责富人的。

五· 为财富的辩白

1

如果你获得了收益,却不是你劳动挣来的,那么一定是有人劳动了却没有获得收益。(迈蒙尼德①)

2

只有相信自己不是凡人而是优于所有人的人,才会身处穷人中间而去占有财富并心安理得。只有自认为优于所有人的人,才会为自己在穷人中占有财富而自我辩白。而最令人惊讶的是,这种对财富的占有,即本应令人感到羞耻的事,却成为他比别人更为优越的主要证据。"我享有财富,是因为我优于他人。而我优于他人,是因为我享有财富。"这种人是这样说的。

3

没有什么能比这种现象更清楚地表明我们所持信仰的虚伪:那些自认为基督徒的人,身处于贫困的人们中间,不仅能占有财富,而且为之自豪。

4

人能够养活自己只有靠三种手段:抢劫、施舍或者劳动。靠

---

① 摩西·迈蒙尼德(1135—1204),犹太哲学家、神学家,著有《迷途指津》。

劳动为生的人很容易与其他人区别开来；同样，靠施舍的人也很容易瞧出来。只有抢劫者无法让人一下子认清，因为靠抢劫为生的人有两种：一种是一般的抢劫者，他们要么强行夺取他人的钱财，要么暗中偷窃。这种人大家都知道，他们自己也承认是抢劫者和盗贼，于是这种人就被逮起来处以刑罚。另一种抢劫者是这样的：他们自己不承认是抢劫者，也不会被逮起来处以刑罚，他们用政府所允许的手段去抢劫劳动大众，攫取他们用劳动创造的产品。

5

人们在判断事物时最常犯的一个重大错误是，把他们所喜欢的就看作是好的。人们喜欢财富，所以，尽管财富的罪恶显而易见，他们还是极力让自己相信财富是好的。

6

一个在光天化日之下抢劫而被逮住的人，他无论如何也不能让大家相信，他当时并不知道那被抢的人不愿意把钱包给他。如同这个人一样，当今世上的富人看来也无法让自己和别人相信，他们并不知道，那些被迫在地矿里、在水中、在高温下每天工作10—14个小时，那些每天夜晚在各个工厂里上班的劳动大众之所以从事这类难堪的工作，只是因为富有的人们通过这类工作给了他们生存的可能性。看来，如此明显的事实是无可否认的。但实际上富人们并没有看到这一点，就像儿童有时眯起眼睛，为的是不去看那令他们感到恐怖的事。

7

难道上帝会把某样东西只给这个人,而不给另一个人吗?难道我们共同的父会把某个人排除在自己的孩子之外吗?你们这些索求特殊权利,要独享上帝所赐之物的人啊,请告诉我,那上帝据以剥夺其他兄弟继承权的约言在哪里?(拉梅内)

8

不错,财富是劳动的积累;但常常是一个人从事劳动,而另一个人负责积累。这就是那些学问家们所谓的"劳动分工"。(引自英文文献)

9

对异教徒来说,财富就是善与荣耀,而对基督徒来说,财富就是恶与卑鄙。

如果说"富有的基督徒",这就等于说"液体的冰"一样。

10

看来,一旦知道了因贫困和过度劳累而死的劳动者的全部苦难(不知道这些是不可能的),那些享用着他人以生命为代价的劳动成果的富人,如果他们不是野兽的话,就不可能保持片刻的安宁。但实际上,这些富人,这些自由主义者和人道主义者,这些十分善于感受人甚至是动物痛苦的人,却从未停止享用他人以生命为代价的劳动,极力获取越来越多的财富,也就是说,他们享用着越来越多的这种劳动,同时却保持着完全泰然自若的心态。

产生这种现象的原因是，当人们做坏事的时候，总是在内心做出这样的推断，并由此得出结论：坏事并不是坏事，而是一种不可更易的、不受人左右的法则作用的结果。在古代，这样的推断指的是，那不可思议且不可更易的上帝意志把低贱的地位和劳动指定给一些人，而给另一些人的是高贵的地位和享有生活的幸福。

最初出现奴隶的时候，有人说这证明上帝确定了人的地位——奴隶和主人，这两者都必须满足于自己的地位，因为奴隶在世上将过着更好的日子，主人对奴隶必须待以仁慈之心。此后，当奴隶获得解放的时候，又有人说这证明上帝将财富授予一些人是要让他们用这财富的一部分去做善事。

这些解释曾使穷人和富人，尤其是富人感到满意，并且长久以来都是如此。然而，一个新的时期已经到来了，这些解释已让人感到是不完满的。于是出现了基于科学的新政治经济学的解释，它揭示了某些规律，由此得出结论：劳动的分工和对劳动的利用取决于供求关系，取决于资本、地租、劳动报酬、价值、利润等等。

这个论题在短时期内就出现在许多书籍和小册子中，出现在许多演讲报告中，其数量之多不亚于就前面那些解释所写成的论著、所做的神学布道演说，并且如今这个论题还在不停地被写成如山的书籍及小册子，不停地被到处演说。

这种科学所得出的结论是：如果社会中滋生大量劫掠劳动者劳动产品的强盗和窃贼，那么造成这种现象的原因不是强盗和窃贼行为恶劣，而是不可改变的经济规律使然。这种规律即使可以改变也是缓慢的，由科学、进化所决定的，因此，按照科学的学说，强盗、窃贼或者窝赃者这类人，利用劫掠和偷窃的手段，可以继续坦然享用偷窃和劫掠来的财物。

当今世上的大多数人,尽管并不知道这种使人宽慰的科学解释的细节——像过去许多人不知道证明他们地位的神学解释的细节一样——但是他们毕竟知道,这种解释乃是那些有学问的聪明人借以继续证明,如今事物的秩序就是如此,它也本当如此,因此,在这种事物的秩序之下是可以坦然生活下去的,而不必努力去改变它。

这些理由只能说明一种令人惊异的蚕食现象:我们社会中的那些善人,一边真诚地为动物们祈求幸福,一边心安理得地吞噬着自己兄弟们的生命。

六 人为了自己的幸福需要关心的不是增加自己的财产,而是增加心中的爱

1

"不要为自己积攒财宝在地上,地上有虫子咬,能锈坏,也有贼来偷:只要积攒财宝在天上。天上的财宝没有虫子咬,不能锈坏,也没有贼来偷。你的财宝在哪里,你的心也在那里。"[①]

积攒天上的财宝,就是说要增加自己心中的爱。而爱与财宝不仅是不相容的,简直就是势不两立。以爱为生的人不会积攒财宝,即使他有财宝,也不会保留。

---

① 原文参见《新约·马太福音》6:19—21。

2

要为自己积攒这样一种财富：任何人也不会把它从你身边抢走，在你死后它也会保留下来，并且不会减少，不会朽烂。这种财富就是你的灵魂。(印度俗语)

3

人们为增加自己的财富付出的辛劳，比为增加自己的智慧付出的辛劳多上千倍。其实，每个人都可以明白，对于人的幸福来说，他的内心之物比身外之物重要得多。(据叔本华)

4

(耶稣)就用比喻对他们说："有一个财主田产丰盛，自己心里思想说：'我的出产没有地方收藏，怎么办呢？'又说：'我要这么办：要把我的仓房拆了，另盖更大的，在那里好收藏我一切的粮食和财物，然后要对我的灵魂说：灵魂哪，你有许多财物积存，可作多年的费用，只管安安逸逸地吃喝快乐吧！'神却对他说：'无知的人哪，今夜必要你的灵魂，你所预备的要归谁呢？'"(《路加福音》12:16—20)

5

为什么人总是想成为富人呢？为什么他需要名贵的马匹、好的服饰、漂亮的房子和出入各种公共娱乐场合的权利呢？原因仅是其精神生活不足。

一旦赋予这种人以内心的精神生活，上述一切他就都不需要了。（爱默生）

6

像过重的衣服妨碍肉体的行动一样，财富妨碍灵魂的行动。（德摩梯尔①）

七　与贪罪做斗争

1

如果你想得到上帝的厚爱，就要拿出你的行动来。但是，现在的某些人也许就像那个富有的年轻人一样，会说："这一切我都遵守了：没有偷盗，没有杀人，没有奸淫。"但耶稣说，需要的不仅是这些，还需做另外的事。到底是什么事呢？他说："去变卖你所有的，分给穷人；还要来跟从我。"（《马太福音》19∶21）跟从他即是说效仿他的行为。什么行为？就是爱他人；而这年轻人生活在那样富裕的生活中，不可能把自己所有的东西分给穷人，那又怎么能说他会爱他人呢？如果爱是强烈的，不要只在话语上，而应把它表现在行动上。而富人表现在行动上的爱，就是放弃财富。（据金口约翰）

---

① 德摩梯尔，古希腊毕达哥拉斯学派哲学家。

2

谁拥有的比需求的少,便应该明白,他拥有的比应得的多。(利希滕贝格)

3

有两种方法可以避免贫困:一种是增加自己的财富,另一种是养成知足常乐的习惯。增加财富并不是随时都可做到的,并且几乎始终伴随着欺诈;而节制自己的奢望则一直由我们自己掌握,并且永远有益于灵魂。

4

最坏的窃贼不是那盗取其所需物品的,而是把他并不需要但别人不可或缺的东西据为己有、拒不归还的窃贼。富人们的所作所为正是这样。

5

"凡有世上财物的,看见弟兄穷乏,却塞住怜恤的心,爱神的心怎能存在他心里面呢?小子们哪,我们相爱,不要只在言语和舌头上,总要在行动和诚实上。"(《约翰一书》3:17—18)

6

中国的哲人们说:"穷人嫉羡富人虽不好,但可以原谅,而富人增加其财富,不与穷人分享,却不可原谅。"

7

慈善，只有当你施舍的是从你身上取下的，才是真正的慈善。只有这样，对方收到的是物质馈赠，得到的却是精神的馈赠。

如果施舍并不是牺牲，而不过是拿出多余的，则这只会激怒那受助者。

8

富有的行善者看不到，他们施舍给一个穷人的东西，往往又从更多的穷人手里把它夺回来。

9

"一个人不能侍奉两个主。一个满意了，另一个便得罪了。不能既侍奉上帝，又侍奉肉体。要么为尘世的生活劳作，要么为上帝劳作。所以不要忧虑吃什么，喝什么，穿什么。要知道生命胜于吃穿，而上帝把这生命给了你。

"你们看上帝所造的飞鸟。它们既不种，也不收，也不积蓄，而上帝却养活它们。人并不次于飞鸟。如果上帝给人以生命，就会养活他。而你们自己也知道，无论你们怎样操劳，也不能为自己做什么。你们不能使自己的寿数多加一刻。何必为穿衣忧虑呢。田野里的花不劳作，也不纺线，而它却打扮得那么漂亮，就是所罗门极荣华的时候，他所穿戴的也从不如这花一朵呢。像这些野草，今天还长着，明天就被割掉了，可上帝还给它们如此的装饰，更何况你们呢，上帝会不给你们衣穿吗？

"不要忧虑,不要操劳,不要说:必须考虑我们得吃什么,穿什么。这些是所有人都需要的,上帝也知道你们的需要。所以不要为明天忧虑。今天的日子就今天过。你们要关心的是听从上帝的意志。你们只要盼着那唯一重要的,其他的自会来到。你们要努力去做的只是听从父的意志。这样就不必为明天忧虑。明天到来时自有明天的忧虑。"①

耶稣就是这样说的,这些话的正确性每个人都可在自己的生活中去加以检验。

10

人们是以怎样的心力和罪孽去聚敛和保护财富啊!然而从聚敛的财富中我们只能得到一种快乐。这种快乐就是,明白了财富的所有罪恶之后而摈弃它。

---

① 原文参见《新约·马太福音》6:24—34。

第十一章
怒

一 什么是仇视罪?

1

你们听见有吩咐古人的话,说:"不可杀人;凡杀人的,难免受审判。"(《出埃及记》20:13)只是我告诉你们:凡向兄弟动怒的,难免受审判。(《马太福音》5:21—22)

2

如果你感觉到肉体的疼痛,你就明白,这是有些地方不对劲了:要么是你做了不该做的事,要么是你没有去做你应当做的事。在灵魂生活上也是如此。如果你感到苦闷、愤怒,你要明白,这是有些地方不对劲了:要么是你所爱的是本不该爱的,要么是你没有爱那本该爱的。

3

贪食、怠惰及淫逸的罪孽本身就是不好的。但这些罪孽最不好的地方在于，由此而生出最为恶劣的罪孽——对他人的敌意和厌烦。

4

可怕的不是抢劫，不是杀戮，不是死刑。抢劫是什么呢？就是把财物从一些人手中转移到另一些人手中。这种事过去有，将来也总会有，没什么可怕的。那么死刑和杀戮是什么呢？就是把人从生转变为死。这种转变过去、现在、将来都永远存在，同样也没什么可怕的。可怕的不是抢劫和杀戮，而是人与人之间相互憎恨的情感，可怕的是人的仇恨心理。

二　怒的荒谬

1

佛教徒说，任何一种罪孽都源于愚蠢。这话适于所有的罪孽，尤其是仇视罪。渔夫或捕鸟人对鱼或鸟发怒，是因为他没有捕到它，而我对人发怒，是因为他做的是他需要的事，而不是我想让他做的事。这种愚蠢不是如出一辙吗？

2

人得罪了你，你便对他报以大怒。事情过去了。但你心里却埋下了对这个人的仇恨，只要你想到他，便怒气横生。这就好比魔鬼一直站在你心灵的门前，伺机而动，一旦你心中生出对人的仇恨，他就会打开这扇门，窜入你的心灵之中，并成为你心灵的主宰。把他赶出去吧。往后要小心谨慎，不要打开这扇魔鬼可能进入的门。

3

从前有个傻丫头，她得病瞎了眼睛，但她根本没意识到，她的眼睛是瞎的。不管她走到哪儿，路上的东西都碍着她，磕碰她，她便对这些东西发怒。她想的不是她碰到了这些东西，而是这些东西碰到了她。

当人们在灵魂生活中瞎了眼睛的时候，情形也是如此。他们会觉得，他们遇到的一切都跟他们过不去，便对别人发怒，但他们不明白，他们就像那个傻丫头一样，不顺心不是因为别人的缘故，而是因为，他们在灵魂的生活中瞎了眼睛，只为了肉体而生活。

4

一个人自视越高，就越容易对他人抱有恶意。一个人越谦逊，他就越善良，而少怒气。

5

不要以为美德在于勇武和膂力，如果你能超越愤怒，宽恕并爱那得罪你的人，你将比你为他人所能做到的做得更好。（波斯《德尔别洛特》[①]）

[①] 《德尔别洛特》，古代波斯文献。

6

不错,你也许忍无可忍而对那侮辱、得罪你的人发怒。但是你随时都能够在这一点上克制自己,即无论是言还是行,都把自己的心事隐而不露。

7

愤恨永远出于无能。

8

人咒骂你,欺侮你,不要反过来同样对待他,不要走上他想引你走上的路,不要做他所做的。(马可·奥勒留)

三 对兄弟的愤怒是没有理性的,因为所有人身上存在着同一个上帝

1

"小心,当你想痛打人身上的魔鬼时,千万不要碰到他身上的上帝。"这就是说,责备一个人时,不要忘了,他身上有上帝之灵。

2

早晨起来就应该关照自己,对自己说:今天也许会碰到不愉快的事,也许不得不跟粗暴无礼、不知羞耻、口蜜腹剑、令人厌

烦、心狠手辣的人打交道。这些人都是不知好歹的人。但如果我自己非常清楚什么是善和恶，如果我明白，对我来说，恶只有当我自己去促成它的时候它才会出现。——如果我懂得了这些，那么任何恶人都不能伤害我。因为任何人都不可能强迫我去作恶。如果我能进一步记住，每一个人都不是在肉体和血缘上，而是在灵魂上与我亲近，我们每个人身上都存在着同一的上帝之灵，我就不会去对那与我亲近的生命发怒。我知道，我们被创造是为彼此而生，我们的使命是互相扶助，有如手足相依、唇亡齿寒，彼此相帮，而共同维持整个躯体。这样的话，如果一个人即使违背其真正的天性，而对我以恶相待，我又怎么能背弃他呢？（马可·奥勒留）

3

如果你对一个人发怒，这就是说你过的不是上帝的生活，而是肉体的生活。如果你过的是上帝的生活，那么谁也不能伤害你，因为上帝是不能被伤害的，这个存在于你身上的上帝，是不会发怒的。

4

为了与大家好好地一起生活，当你与他们交往时，应当明白，重要的不是我需要如何，也不是你所交往的这个人需要如何，而是我们双方都需要那个存在于我们双方身上的上帝。

5

对任何人都既不必格外地蔑视，也不必格外地敬重。你要蔑视一个人，就不会看重他身上的善德；你要过于敬重一个人，就会对他有过多的要求。为了不犯错误，应当蔑视的——对自己也是一样——是肉体的生命，应当敬重的是灵魂的生命，因为在这生命中存在着上帝之灵。

四 人越是自视卑微，往往越是善良

1

人们说，好人不能不对坏人发怒。如果真是这样，那就是说一个人越好，他就应当越暴躁，但事实上恰恰相反：一个人越好，他对别人就越温和、越善良。这是因为，好人明白他自己也常常犯下罪孽，如果他对坏人发怒，那么他首先应当对自己发怒。（塞内加）

2

有理性的人不应当对恶人和失去理性的人发怒。

"为什么不能发怒，如果他们是窃贼和骗子呢？"你会说。

可什么是窃贼和骗子？不过就是误入迷途的人。对这样的人应当怜悯，而不是发怒。如果你有能力，就应该让他明白，他那种生活对他本人来说是不好的，那他就会停止作恶。即使他还是不明白这一点，那对他所过的坏的生活你也不必感到奇怪。

但你又会说，这样的人应当惩罚。

如果一个人害眼病，成了瞎子，你肯定不会说应当为此惩罚他。同样,你为什么却要惩罚一个失去了比眼睛更宝贵的东西,失去了最大的幸福——靠理性生活的能力的人呢?对这样的人不应当发怒,而应当怜悯。

要怜悯这些不幸的人,尽力不让他们的谬误激怒你。要记住,你自己也常常误入迷途,犯下罪孽,最好是为你的灵魂中有那么多不洁的恶意而对自己发怒。(爱比克泰德)

3

你说在你周围都是些坏人。如果你这么认为的话,那这就是你本人不好的一个明显标志。

4

人们常常想用发现别人的缺点来表现自己。但他们用这种方式表现的只是他们的无能。

一个人越聪明,越善良,他看到别人身上的善德越多;而人越愚蠢,越恶毒,他看到别人身上的缺点也越多。

5

的确,与品质恶劣的人、好说谎的人相处,很难做一个善良的人,特别是如果他还欺侮我们的话;但是,与这种人,恰恰是与这种人相处,无论对自己,还是对他,都应该保持善良的情感。

6

当你对别人发怒的时候,往往是在为自己的心灵寻求辩护,只是极力去发现你对之发怒的那个人的坏处。而这只会增加你的仇恨。我们应当做的恰恰相反：你越是发怒，越要多用心寻找你对之发怒的那个人身上所有好的地方，如果你在他身上成功地找到了好的地方，并以爱心待他，那么这不仅会使你的心灵轻松起来，而且你将体验到一种特殊的快乐。

7

一个人衣不蔽体，饥寒交迫，是值得可怜的，但如果一个人成为骗子、酒鬼、窃贼、强盗、杀人犯，那他更加倍地值得可怜！前者只是在肉体上受到折磨，而后者受到折磨的，是世上最宝贵的东西——灵魂。

可怜一个穷人并帮助他是好的，但更好的是对一个淫荡堕落的人不加谴责，而是可怜并帮助他。

8

如果你想指责一个人行为不端，不要说他的行为和话语都是愚蠢的，不要说，也不要以为，他的行为和话语毫无意义。相反，你时时都要设想，他愿意在行动和话语中表现出理性来，并且努力去寻找这一点。应当努力找出那些骗人的假象，并指给他看，以便让他自己用理性去判断，自己是错的。要知道能够说服人的只有他的理性。同样，要说服一个有不道德行为的人，只能用他自己的道德情感。不要先入为主地以为，最不道德的人不能做出合乎道德的事来，要知道，任何一个人都永远不会放弃成为一种道德的、自由的生命的可能性。（据康德）

9

如果因一个人做了你认为不好的事而对他发怒,那你要设法弄清楚,为什么他会做那种你认为不好的事。而一旦明白了原委,你就不会对他发怒,这就像你不能因石头只往下落不往上飞而发怒一样。

五 在与人交往时爱是必不可少的

1

为了在与人交往时不会发生令你和他人痛苦的事,那么当你感觉不到对他人的爱时,就不要与他人交往。

2

没有爱时只能与物打交道:没有爱,可以伐树、烧砖、炼铁;但和人打交道不能没有爱,就像同蜜蜂打交道不能不小心一样。蜜蜂的本性是这样的,如果跟它们打交道不小心,就会伤害到它们,也会伤害你自己。与人交往也是如此。

感觉不到对他人的爱,就心平气和地坐下来,自己做点想做的事,只要不是有关他人的事。一旦你在没有爱的时候放任自己与人交往,那你就无暇顾及你是如何失去人性而变为兽的,你就会伤害他人,同时也折磨你自己。

3

如果你受了别人的欺侮,你会对这欺侮做出反应,就像狗、牛、马一样:如果欺侮你的人比你强壮,你就会逃走,否则就会吠叫,用头去抵,或尥蹶子去踢。而作为一个有理性的人,你会对别人的欺侮做出这样的反应——对自己说:这个人欺侮了我,这是他的事;而我的事就是做我心目中的好事:己之所欲,施与他人。

4

当你看到那些总是对所有人都不满、一直在责备所有人的人时,很想对他们说:"要知道你们生在世上,并不只是为了弄明白生活的荒谬并去指责它,发泄一通怒气然后死去。事情不可能是这样。你们要想一想:你们不应该发怒和指责,而应该劳动,进而去矫正你所看到的坏事。"

要消灭你所看到的坏事,用激愤的方式无论如何是不行的,而只能用对待所有人的那种善良情感。这种情感始终存在于我们身上,只要你们不再窒息它,你们立刻就会感受到它。

5

应当养成这样的习惯:只有当你对自己不满的时候,才可以对他人表示不满。对自己不满只应对自己的行为,而不是对自己的灵魂不满。对他人也同样应当如此:责备他的行为,但同时去爱他。

6

为了不对自己周围的人做坏事，而是爱他们，就应当养成不对他们说坏话和不说他们坏话的习惯。而为了习惯于这样做，就必须习惯于不把人往坏处想，不允许仇恨的情感进入自己的灵魂，哪怕是这样的念头也不行。

7

你能对一个伤口淌着脓血的人发怒吗？他伤口的样子让你不快，这不是他的过错。在对他人不良习性的态度方面，也是如此。

但你会说，人是有理性的，因此他能够意识到并纠正自己的恶习。这话完全正确。情况是这样，你也有理性，因此你能去这样考虑问题：你不应当因一个人的恶习而对其发怒；相反，应当努力以理性的、善良的态度去唤醒他内心的良知，应当避免愤怒、暴躁和傲慢。（马可·奥勒留）

8

有这样一些人，他们喜欢保持暴躁的习性。他们总是忙这忙那，遇到有人跟他们打交道，他们便很高兴有机会把这人骂一个狗血喷头了。这样的人非常令人厌烦。但是应当记住，他们也非常不幸，因为他们从不曾体验过灵魂中充盈着善良情感时的喜悦，因此，对他们不应当发怒，而应当怜悯。

9

提醒一个朝人发怒的人多想想对方："你知道，他是个不幸的人哪！"没有什么能比这更迅速地消除他的愤怒了，即使这种愤怒是正义的。同情之于愤怒，正像雨之于火。

渴望对仇人作恶的人，一旦在脑子里设身处地地想象：当他把心中的恶欲付诸实现，他的仇人因创伤、疾病、屈辱或贫困而在肉体或灵魂上遭受痛苦。一旦他想象出这些，并明白这是他亲手所为，那么即使最恶毒的人也会怒气顿消，只要他真切地想象到仇人遭受痛苦的样子。（叔本华）

10

当你心中没有爱心和怜悯时，千万别装成你有爱心和怜悯的样子。这比仇恨还要坏。但是，当上帝把他对仇敌的怜悯和爱的火种撒在你心中时，也千万要记住去捕捉到它，并让它熊熊燃烧起来。要知道最宝贵的东西莫过于它。

六 与仇恨的罪孽斗争

1

人们指责我，我感到不快和痛苦。如何摆脱这种不快的情绪呢？首先是恭顺：你知道了自己的弱点，就不会因别人指出它而发怒。别人这样做虽说是不够客气，但他们是正确的。其次是深思：最终你还是保持老样子，即使你过于自尊，也只是不得不改一改自己对自己的想法而已。最主要的是宽恕：只有一个办法能使你不恨那些对我们作恶、侮辱我们的人——这就是以德报怨；

即使你不能使他们转变,总会使自己驯服。(阿米尔)

2

如果你心中有些怒气,在你动手和动口之前,先数十个数。如果你怒气大盛,就先数一百个数。

当你发怒的时候,只要想起这个,那也就不必数了。

3

世上最好的饮料就是,当人已是恶语在喉的时候,他不是一吐为快,而是吞咽下去。(穆罕默德)

4

人越是为灵魂而生,他在所有事情上遇到的阻碍就越少,因此他也就越少怒气。

5

要认真理解并好好记住,任何一个人总是以自认为对自己有利的方式行事。

如果你能牢牢记住这一点,那么你对任何人也不会发怒,对任何人也不会指责、咒骂。因为,如果一个人做了令你不快而确实对他自己有利的事,那么他就是对的,也不可能不这样做。如果他做了错事,做了对他不利而有害的事,那么他就会不好受,这时应当怜悯他,而不能对他发怒。(爱比克泰德)

6

深水大河不会因投入一块石头便怒涛汹涌,人也是如此。如果一个人受到欺侮便勃然大怒,那么他就不是大河,而是小水洼。

7

让我们记住,我们都将归于尘土,我们都将平和而温顺。(据萨迪)

七 仇恨的情感对体验到它的人最为有害

1

无论愤怒对他人多么有害,危害最大的是那发怒的人。愤怒永远比你发怒的原因更为有害。

2

有这样一些人,他们喜欢发怒,他们往往无缘无故地发怒并危害别人。大家都可以理解,为什么吝啬的人会去欺侮别人:他想要占有财富,自己发财;损害别人是为了自己的利益。而作恶的人损害别人,对自己却丝毫无益。这是何等的疯狂啊!(据苏格拉底)

3

哪怕是对仇人也不作恶——这就是伟大的美德。

那盘算着要别人死的,自己已死到临头。

不要作恶。贫穷不可成为作恶的理由。如果你作恶,你将更加贫穷。

人能够逃脱敌人仇恨的追逐,但无论何时都不能逃脱自己罪孽的追逐。这些罪孽的影子将一直寸步不离地跟踪着你,直到它们被消灭。

谁不想生活在悲哀和苦难之中,就不要对他人作恶。

人如果自爱,就不要作恶,无论恶有多小,也不要作。(印度《古拉尔》[①])

4

保持美德即是保持自由的灵魂。那总是对人发怒、心中常怀恐惧且沉湎于贪欲的人,不可能保持自由的灵魂。谁不能保持自由的灵魂,谁就会视而不见,听而不闻,食而不辨其味。[②](孔子)

5

你以为,你发怒的对象就是你的敌人;其实你主要的敌人是

---

① 《古拉尔》,又名《蒂鲁古拉尔》,古代印度泰米尔语格言诗集,作者为蒂鲁瓦尔卢瓦尔。

② 原文参见《礼记·大学》第八章:"所谓修身在正其心者,身有所忿懥,则不得其正;有所恐惧,则不得其正;有所好乐,则不得其正;有所忧患,则不得其正。心不在焉,视而不见,听而不闻,食而不知其味。此谓修身在正其心。"托氏所据译文应是1893年《哲学与心理学问题》杂志上的《孔夫子的〈大学〉》,译者为德·科尼西。

深嵌在你心中的愤怒。因此，要尽快与你的敌人和解，熄灭你心中这种痛苦不安的情感。

6

滴水可以注满大桶；人亦如此，如果他任凭自己对他人发怒，即使是一点一点蓄积，仇恨也可以充满心田。恶会返回那作恶者，正如迎风抛出的灰尘。

无论在空中、海里，还是深谷，人在世界上没有任何地方可以逃脱自己心中的恶。

谨记勿忘。(《法句经》①)

7

印度的律法中这样说：冬冷夏热是确信无疑的，同样确信无疑的是，恶人生活得坏，善人生活得好。不要让任何人发生争吵，尽管他可能受到委屈而痛苦；无论一言一行一念，都不要欺侮任何人。争吵和欺侮会剥夺人真正的幸福。

8

如果我明白，愤怒会剥夺我真正的幸福，那我就不会故意与他人为仇，也不会像我过去所做的那样为自己的愤怒而兴奋，而骄傲，将怒火烧得更旺，并为它辩解，自视高贵而聪明，却把别人视为堕落而愚妄的低贱之辈。而当我一想到自己正屈服于愤怒

---

① 《法句经》，印度巴利文佛经，宣传基本教义的箴言集。

的时候，我就不能不承认，错的只是我一个，也就不能不去和那与我为仇的人寻求和解。

但这还不够。如果现在我明白，我的愤怒就是我灵魂的恶，那我还将认清引我趋向这恶的是什么原因。引我趋向这恶的原因就是，我忘记了，在我身上存在的东西，也存在于所有人。现在我看到，把自己与他人分离并自视高于他人，乃是我与他人为敌的主要原因之一。想到自己过去的生活，我发现，我从不曾对那些我认为地位更高的人燃起仇恨的怒火，从不曾欺侮过这样的人；但是，对那些我认为地位更低的人，即使他们有微小的举动令我不快，也会引起我对他们的愤怒和侮辱。我越是认为自己比他们高贵，就越是轻易地去侮辱他们；甚至有时当我猜想一个人地位低贱时，这也会引起我对他的侮辱。

9

一年冬天，方济各和他的一个兄弟利奥[①]从佩鲁萨前往波齐昂库尔[②]；天气寒冷，他们冻得浑身直发抖。方济各叫住走在前面的利奥，对他说："利奥兄弟啊，上帝保佑，让我们兄弟在这大地上做一个圣洁生活的榜样；但是要记住，这并不是完美的快乐。"

走了一会儿，方济各又叫住利奥说：

"还要记住，利奥兄弟，如果我们兄弟能使病人痊愈，驱走魔

[①] 阿西西的方济各（1181/1182—1226），意大利人，天主教方济各会创始人。利奥是方济各的门徒。

[②] 佩鲁萨和波齐昂库尔均为意大利地名。

鬼,能使盲人变成明眼人,能使死去四天的人复活,要记住,这也不是完美的快乐。"

又走了一会儿,方济各又对利奥说:"还要记住,利奥兄弟,如果我们兄弟懂得了所有的语言、所有的学问,读过所有的书,如果咱们不仅能预知未来,还知道了良知和灵魂的全部奥秘,要记住,这也不是完美的快乐。"

又走了一会儿,方济各又叫住利奥说:"利奥兄弟,上帝的羔羊啊,还要记住,如果我们学会了用天使的语言说话,如果得知了星辰运行的规律,如果大地向我们打开了所有的宝藏,我们了解了鸟、鱼、一切动物、人、树木、石头和水的全部奥秘,要记住,这也不算是完美的快乐。"

走了没几步,方济各又叫住利奥兄弟,对他说:"还要记住,如果我们成为这样的传教士——能够让所有的异教徒都信奉基督的信仰,要记住,这也不算是完美的快乐。"

于是利奥兄弟就对方济各说:"那么,方济各兄弟,什么是完美的快乐呢?"

方济各回答道:"听我说。是这样,当我们到达波齐昂库尔时,脏兮兮的,湿漉漉的,浑身冻僵,饥肠辘辘,我们请求看门人让我们进去,可是他却对我们说:'瞧你们这些流浪汉,满世界乱逛,蛊惑人心,偷穷人们靠施舍得来的东西,从这儿滚开吧!'他这样对待我们,不给我们开门。而那时我们不感到委屈,而是谦逊地以爱心去想,看门人是对的,于是,我们在雪地上、在泥水里待到天亮,而对看门人并无丝毫抱怨,这时,利奥兄弟,只有这种时候,才是完美的快乐啊。"

第十二章
骄　傲

摆脱罪孽一般很难做到，主要的原因是某些邪念在维持这些罪孽。骄傲的邪念就是如此。

一　骄傲的荒谬和愚蠢

1

骄傲的人总是忙于去教训他人，以至于没时间考虑自己，当然也不必考虑：他们已经足够好了。正因如此，他们教训他人越多，自己就跌得越低。

2

正如人不能自己举起自己一样，他也不能自己抬高自己的名声。

3

骄傲是可鄙的，因为人们为之骄傲的是本应为之羞愧的东西：财富、荣誉、名望。

4

如果你们比别人强大、富有、学识渊博，你们就要用你们比别人多出来的东西去为别人服务。如果你们强大，就去帮助弱者；如果聪明，就去帮助不聪明的；如果学识渊博，就去帮助没学识的；如果富有，就去帮助穷人。但骄傲的人并不这样想。他们想的是，如果他们拥有他人所没有的，他们不应去与他人分享，而只是用来在他人面前夸耀。

5

人如果不爱兄弟，而对他们发怒，这不好。但更坏的是，人使自己确信，他不是像大家一样的普通人，而是优于他人的人，因此，与人相处时，他就会放弃对待他人应有的方式。

6

人为自己的脸蛋、为自己的身体而骄傲是愚蠢的，但更愚蠢的是为自己的父母、祖先，自己的朋友，自己的阶级，自己的民族而骄傲。

7

任何人也不能认为自己比他人聪明、善良、美好，原因只有一个：任何人也无法知道自己的智慧和美德的价值，而更无法知道他人的智慧和美德的真正价值。

8

一些骄傲的人认为只有他们比别人都优秀、高贵。而另一些骄傲的人认为他们不对,只有自己才是最优秀的。但这些骄傲的人并不为此而感到尴尬,他们坚信,所有自认为高于他人的人都错了,只有他们自己是对的。

9

两个骄傲的人走到一起,都自认为高于世上所有的人,这种情景是可笑的。从旁观者来看是可笑的,但这两个骄傲者自己不会感到可笑:他们互相仇视,并因此而受到折磨。

10

愚蠢可以不伴随着骄傲,但骄傲不能不伴随着愚蠢。

11

应当从水流向大海和深谷悟到一些道理:小河流水哗哗作响,而无边的大海默默无声,只是微微摇荡。(佛教《经集》)

12

物体越轻、越松,占的地方越大。骄傲也是如此。

13

坏车轮吱吱响,空稻穗挺得高。坏而空的人也是如此。

14

人对自己越满足,他身上值得满足的东西就越少。

15

骄傲的人就像浑身长了一层冰壳。这层冰壳没有为任何善良的情感留下出口。

16

最愚笨的人也比骄傲的人更容易启迪智慧。

17

一旦骄傲的人懂得,他们的骄傲正在被某些人所利用以获益,他们就不再骄傲了。

18

一个人越骄傲,那些把他作为蠢人看待并利用他的人就越多,这些利用他的人想法是对的,因为他们用最明显的手段去欺骗他,而他却视而不见。骄傲无疑就是愚蠢。

二 民族骄傲

1

谁如果自认为比所有人都好——这是糟糕而愚蠢的事。这我们都知道。把自己的家庭看得比所有家庭都好——这更糟，也更蠢，但我们往往不仅不知道这一点，还把这看作特殊的优点。认为自己的民族优于所有其他民族则是一切所能有的蠢事中最愚蠢的事。但人们不仅不把这当成坏事，反而当成伟大的美德。

2

只爱自己一个人，这就是骄傲的根源。骄傲即是无法自制的自私自利。

3

人们相互仇视，他们知道这不好，于是，为了欺骗自己，便昧起良心，为自己的仇恨心理想出辩解的理由。这些理由之一是我优于其他人，其他人却不明白这一点，因此我跟他们无法合得来；另一个理由是我的家庭比其他家庭都好；第三个理由是我的阶级比其他阶级都好；第四个是我的民族优于其他民族。

没有任何东西像个人的、家庭的、阶级的和民族的骄傲这样，把人们搞得四分五裂。

4

每一个骄傲的人都认为只有自己高于所有其他人，不仅如此，他们认为自己的民族也是这样。德国人对德国民族，俄罗斯人对俄罗斯民族，波兰人对波兰民族，犹太人对犹太民族，他们都自认为优于所有其他民族。无论某些个人的骄傲多么有害，这种民族骄傲的危害更是数倍于前者。过去和现在已有千百万人因此而丧生。

三 一个人对另一个人的高傲是没有理性根据的，因为所有人身上存在着同一的上帝之灵

1

只有以肉体为生的人，才会自认为高于所有其他人。一个人的肉体也许比别人的更强大、更优越，但是如果人以灵魂为生，他就不会自认为高于他人，因为所有人都有着同一的灵魂。

2

人们的称呼有阁下、大人、陛下、足下、老爷、先生等，但只有一个称呼适用于所有的人，谁也不会感到委屈。这个称呼就是：兄弟姐妹。

这个称呼还有一个好处，它使我们想到了我们的父，我们因他而成为兄弟和姐妹。

3

人们总是认为有些人比他们高贵，有些人比他们低贱。然而一旦想到在所有人身上都存在着同一的灵魂，他们就会发现，那种想法是多么地没道理。

4

如果一个人相信，世上没有任何人比他高贵，那么他是对的；但如果他想，世上总会有个别人比他低贱，那他就大错特错了。

5

一个人为他身上存在着上帝之灵而感到自尊,这是好事;但一个人为了他的某些世俗的东西——他的才智、学问、广博的见识、财富、善行——而骄傲,那这就是坏事了。

6

那推崇自己神圣的灵魂之我的人是好的;但如果他想把自己动物的、空幻的、虚荣的、个别的我置于他人之上,那这个人就是极为恶劣的。

7

如果一个人因自己外在的特点而骄傲,这只能表明,他没有明白自己内在的优点,与之比较起来,所有外在的特点就像阳光下的蜡烛一样。

8

一个人不能在别人面前感到高傲。因为人最宝贵的是灵魂,人类灵魂的价值除了上帝之外,谁也不知道。

9

骄傲和人的优越感完全不同。骄傲因别人对你虚伪的恭敬和赞美而膨胀;人的优越感正相反,它因你对别人虚妄的侮辱和责难而提升。

四 骄傲的邪念的后果

1

骄傲所保护的不仅是自己,还有人的所有其他罪孽。人赞美自己的时候,他已看不到自己的罪孽,于是这些罪孽便与他相伴而生。

2

莠草在麦田里生长,从土地里吸收水分和养分,并把麦苗遮住,使其照不到阳光。同样,骄傲把人的所有力量都集拢于自身,并把人遮住,使他照不到真理之光。

3

觉悟到自身罪孽对人来说往往比做善事更有益:对罪孽的觉悟使人谦恭,而行善往往使人的骄傲之心得以膨胀。(巴克斯特[①])

4

骄傲的人会受到许多惩罚,其中最主要且最重的惩罚是:无论他有多少优点,无论他对此多么在意,人们并不爱他。

---

① 理查德·巴克斯特(1615—1691),英国清教派神学家。

5

人只要沾沾自喜地说：瞧我有多好呀。——这就是堕入泥淖的开始。

6

一个人如果骄傲自大，他就会与别人疏远开来，并因此剥夺了生活中最大的快乐——与所有人自由而愉快地来往。

7

骄傲的人害怕任何批评。他之所以害怕，是因为感到自己的伟大并不牢固，只要在他自己吹起来的泡上哪怕出现一个小洞，这种伟大也就维持不下去了。

8

如果骄傲的品性令人喜欢，能把所有人吸引过来，那它还是可以被人所理解的。然而没有任何一种品性像骄傲这样更具排他性。

但人们仍一如既往地骄傲自大。

9

自负的人最初会令人迷惑。一开始的时候，人们确实把自负者自封的重要性看成是自负者固有的。但这种迷惑很快就会过去。人们很快就会大失所望，并为他们受到的欺骗而对自负者报以蔑视。

10

一个人知道他生活得不好,但是他不是去改善自己的生活,而是极力让自己相信,他不是像大家一样的普通人,而是高于他人,所以,他就应该像现在这样生活。由此可见,那生活得不好的人,往往是骄傲的人。

五 与骄傲的邪念做斗争

1

假如没有骄傲,世上的恶或许会大大减少。怎么样消除这种恶的诱因呢?消除它的方法只有一个——每个人都进行自我改造。人们常常以为,政府的法律会起作用的,但这是不可能的,因为制定这法律的最高统治者也正是受着骄傲的邪念折磨的人。因此,寄希望于法律和政府是不行的。也不能寄希望于骄傲的邪念会在其主人心中自行消亡。只有那些受制于邪恶的人起而从自己身上拔除这条深深的恶根,骄傲的邪念才会消亡。只要这条根还长在我们心中,我们还怎能寄希望于它在别人的心中死去呢?因此,为了我们自己的幸福,为了所有人的幸福,我们要做的只有一点,这就是在自己心中消除这令人痛苦的恶的根源。如果不是每一个人都开始进行自我完善,则任何其他完善都是不可能的。

(据拉梅内)

2

人们的骄傲之心很难消灭,你刚刚补上一个洞,转眼间它又从另一个洞里探头,再堵住这一个,它又从第三个洞里冒出来了,依此类推。(利希滕贝格)

3

要消灭骄傲的罪孽,只有认清存在于所有人身上的灵魂的同一性。明白了这一点,就不会把自己、自己的亲人或自己的民族看得比其他人更高贵,更完美。

4

只有既不认为自己优于他人,也不认为他人优于自己的时候,人们才会相处得轻松愉快。

5

生活中最主要的事就是完善自己的灵魂。而骄傲的人始终都认为自己是十全十美的。正因如此,骄傲极为有害。它妨碍人去完成人生的主要事业,妨碍人改善自己的生活。

6

灵魂的生活区别于世俗生活的原因是:为了灵魂而生的人不管做了多少好事,都不会自我满足;他认为自己只是做了应该做的事,并且还远远不够,因此他只会责备自己而不会骄傲,不会成为自我满足的人。

7

"你们中间谁为大,谁就要作你们的用人。凡自高的,必降为卑;自卑的,必升为高。"(《马太福音》23:11—12)

那在人们心目中抬高自己的,必将降为卑贱的,因为被人们视为好的、聪明的、善良的人,就不再努力去做得更好,更聪明,更善良。

那自视卑贱的将成为高贵的,因为那认为自己不好的,就会努力去做得更好,更善良,更有智慧。

骄傲者的行为,正如走路的人不迈开自己的双脚,而要踩到高跷上去一样。在高跷上站得高,沾不到泥污,步子也大些,但不幸的是,踩着高跷你无法走远路,而且说不定还会摔倒在泥污中,遭到人们的讥笑,最终落在别人的后面。

骄傲的人就是如此。他们远远地落后于那些并不拔高自己的人,不仅如此,他们还常常从高跷上摔下来,成为人们的笑柄。

第十三章
不平等

人生命的基础是他身上的上帝之灵。上帝之灵在所有人身上都是同一的。因此，人们彼此之间不可能是不平等的。

一 不平等之邪念的实质

1

以前人们相信，人从出生起就分为不同的种类，从骨子里就分为黑的和白的，分为雅弗的和含的族群①，一些人应当做主人，另一些人应当做奴隶。人们之所以承认这种把人分成主人和奴隶的做法，是因为他们相信，这种划分是上帝决定的。这是一种极为有害的野蛮的迷信，它至今仍以其他形式被人所承认。

2

我们都是兄弟，然而每天早晨是我的兄弟或姐妹给我端出便

---

① 《圣经·创世记》载，雅弗和含都是挪亚的儿子，挪亚死后，他的儿子们各成宗裔，其后代各立邦国，成为不同的族群。

盆。我们都是兄弟，但早晨起来，雪茄、糖、镜子等东西是我必不可少的，而为了生产这些东西，那些与我平等的兄弟姐妹，却曾付出并且仍在付出健康的代价。我们都是兄弟，可我是靠着在银行或商行及店铺里的工作为生，而这些工作就是为了把我的兄弟们所需商品的价格抬得更高。我们都是兄弟，可我却是靠着检举、审判并且惩罚小偷和妓女以获取酬劳来维生，而他们的存在本是由我们的生活方式所决定的，我也知道，他们本不该受到惩罚，只需纠正。我们都是兄弟，可我却靠着向人们宣扬伪基督教信仰以获取酬劳，而正是这种伪信仰剥夺了他们认识真正信仰的可能性。我们都是兄弟，但是我把自己那些教育的、医学的、文学的著作拿出来给穷人，却只是为了赚钱。我们都是兄弟，可我却靠着准备去杀人、学习怎样杀人，或者靠制造武器弹药、建造军事堡垒来获取酬劳。

3

应当看一下这些基督徒的生活：他们中的一类人一生都在令人眩晕的、疲于奔命的，而自己又不需要的劳动中度过，另一类人却过着极度悠闲和百般享乐的日子。只要看到这些，你就会感到震惊，在那些信奉基督教法规的人们之中的不平等已达到骇人听闻的地步，尤其令人震惊的是，有人一面操纵残酷至极和显而易见的不平等生活，一面却宣扬平等的谎话。

4

印度教，就信仰的本义来说是最古老和最深奥的一种信仰。

但是它却没有成为世界性的信仰，并且没有给人们的生活带来它所能带来的成果，其原因就是它的导师们承认人是不平等的，并把他们按种性分类。对于承认自己不平等的人们来说，不可能有真正的信仰。

5

有这样一些人，他们认为自己和他人不是像实际上那样的，即普通人那样，而是其中某某是贵族，某某是商人，某某是省长，某某是法官，某某是士官，某某是皇帝，某某是大臣，某某是军人。这些人认为自己的主要职责不是为每个人做事，而是必须为那个贵族、商人、省长、法官、士官、皇帝、大臣、军人做事。

6

人之所以认为他们是不平等的，是因为其中总有人要么在身体上比别人更高大强壮，要么比别人更聪明、更灵活、更广闻博见、更善良。——这种认识本来是可以理解的。但通常不会把人这样去划分，而是把一些人视为高贵的，把另一些人视为低贱的。他们之所以认为人是不平等的，是因为一个人被称为公爵、将军，而另一个人被称作农夫、工人，一个人披金戴银，另一个却穿着树皮做的鞋子。

7

如今人们逐渐明白了，所谓人的不平等只是一种迷信，并在灵魂深处对之加以谴责。但是那些从不平等中得到好处的人是下不了决心与这种现象诀别的,而那些因不平等而受害的人却不知道如何消灭这种现象。

8

人们习惯于在思想上把人分为出身名门的和出身卑微的、高贵的和低贱的、有教养的和没教养的,人们习惯了这样来划分人,并且真的以为,一些人能够过上比别人更好的日子,一些人能够比别人得到更多的尊敬,这只是因为一些人被归入一类,而另一些人被归入另一类。

9

富人们普遍接受的一个习惯是:对一些人说"你",对另一些人说"您";对一些人伸手,对另一些人不伸手;将一些人请到客厅里,对另一些人只在门廊上接待。这表明,人们距离承认人与人的平等还有多么远啊。

10

如果没有宣扬有关不平等的迷信,人们或许在任何时候也不会去实施那些过去有过、今天仍在不断发生着的暴行,这些暴行的发生只是因为他们没有认清所有人都是平等的。

二　当今的社会生活是建立在人类的不平等之上

1

你会听从或者尊重那些过着富足而奢华的生活、受过良好教育的人们的话，这些人都承认所有人都是平等的，并且对种种压制、迫害和阻挠劳动阶级自由的行为表示愤懑。可是你也会看到他们的生活是怎样的：这些人不仅靠着压制、迫害和阻挠劳动阶级的自由为生，并且只要有可能就会起而制止劳动阶级尝试摆脱被压迫、不自由的处境的意图。

2

一个人接受了遗产，从而掌有上百万家财或者上万亩土地，拥有了高宅大院、马匹、汽车、仆人，因此他便认为自己成了一个特殊的人物。包围着他的所有奢华令他如此陶醉，他实际上已不可能会想到，那些在他的工厂里筹划罢工的工人，或者在他的森林里伐树的穷农夫过的是什么日子，而且如果可能，他还会丝毫不受良心谴责地去惩罚这些工人和农民。

3

古代的奴隶知道的是，他身为奴隶是天生的，而如今的工人在感觉到自身奴隶地位的同时，还知道他不应做奴隶，因此，他永远在期待着，但是却得不到那能够得到也本应得到的东西，他经受的只是无比巨大的痛苦。

三　为不平等的辩解

1

没有什么比合起伙来更能给做坏事的人壮胆助威了，所谓合伙，就是某些脱离了人民大众的人只在自己的圈子里紧密结合。

2

所有受国家体制约束的人都在为他们所做的事互相推脱责任：被征去当兵的农夫推给做了军官的贵族或商人，军官又推给担任省长职位的贵族，省长又推给担任大臣职位的官宦或贵族子弟，大臣又推给位居皇位的皇室成员，而皇帝再把责任推给所有这些官员、贵族、商人和农民……人们通过这样的方式来诿拒对他们所做事情的责任感，除此之外，他们也失去了对自己所负责任的道德感，造成这种现象的原因是，为了适应国家体制，他们锲而不舍地极力说服自己和他人都相信，他们大家并不是一样的人，而是"像两颗星球"那样不同的人，于是他们就开始真诚地信奉这一点。

看不到现存生活秩序的荒谬，看不到它的残酷和罪恶，看不到一些人在行骗而另一些人在受骗——人们的这种品性，就是建立在这种以某些人为尊、以另一些人为卑的不平等基础之上的。

3

在人的不平等现象中，其过错主要不在于那些在别人面前自恃为尊的人，而在于那些在自恃为尊的人面前自认为卑贱的人。

4

令我们惊讶的是，如今被称为基督教的学说，却离耶稣所宣扬的相差如此之远，同样，我们的生活也远不是基督徒的生活。然而，如果在那些信奉上帝把人分成主人和奴隶、正确的和不正确的、富人和穷人的人们中间，有一种学说宣扬真正的人人平等，告诉大家所有人都是上帝的子民，所有人都是兄弟，所有人的生活都是同样圣洁的，那么，我们的生活还会像今天这样吗？接受过基督的学说的人只有两种选择：要么打破原有的生活秩序，要么歪曲他的学说。他们选择了后一种。

5

基督教的教义告诉人们说，上帝是所有人的父，所有人都是兄弟。因此，在基督徒中不可能有奴隶，不可能存在如此惊人的欺骗行为，即一小撮人可以靠着穷苦劳动者的劳动过着奢靡的生活。正因为这样，富有的人们才去迫害最初的基督徒，也正因为这样，才会发生这样的事：当真理无法隐藏、大白于天下的时候，富人们便去歪曲基督教的学说，以至于这种学说不再是真正的基督教学说，却成了为富人们服务的工具。（亨利·乔治）

四　爱国主义的迷信

1

一个人认为自己优于他人，这是愚蠢的；而更为愚蠢的是，整个民族都认为他们优于其他的民族。而每一个民族,每一个民族的大多数人,都生活在这种可怕的、愚蠢的和极为有害的迷信之中。

2

在当今世界各民族频繁交往的时代,宣扬只爱自己的民族,鼓吹做好进攻另一个民族或以战争来保护自己不被进攻的准备,这种论调出现在今天,就如同对一个村子里的居民宣扬只爱自己的村子,号召各个村子都要组织军队、修建堡垒一样。过去对自己民族的爱使人们团结了起来,而在今天,当人们已经通过通信、贸易、工业、科学、艺术,而主要是道德意识紧密结合起来的时候,这种对自己民族的特殊的爱所起的作用就不是结合,而是离间人民了。

3

如果在古代,当各个民族都臣服于被奉为神灵的统治者的无限权力时,当他们感到自己就好像一个随时会被肆虐的海洋所淹没的小岛时,如果那个时候爱国主义具有其真正的含义,并被视为一种好事,那么在今天,当这种许多民族都曾体验过的情感要求人们与他们的理性、道德情感和宗教,即承认人人平等、大家都是兄弟的宗教直接对立,在这种时候爱国主义就不能不变味了,只能成为一种最为愚蠢的迷信。

4

当年犹太人、希腊人、罗马人不仅靠着杀戮捍卫了民族的独立,也靠着杀戮使别的民族屈服,这对他们来说是好事,因为当时他们坚信,他们的民族是唯一真正的、优秀的、善良的、独享上帝之爱的民族,而所有其他民族都是非利士人①,都是野蛮人。直到中世纪,甚至在不久前,上一个世纪末和本世纪初,人们还对此深信不疑。但不管我们受到怎样的刺激,我们也不会再去相信这一点,这种迷信对当今的人们来说是如此荒诞,不摆脱它是无法生活的。

5

人不明白生活的意义和使命,就无法觉悟到与他人——不只是自己的民族,而是所有民族——的平等和兄弟情谊。

在塞瓦斯托波尔②城外,每当休战的时候,我不止一次看到俄国和法国的士兵走到一起,他们彼此语言不通,但却打着手势,互相拍打着肩膀和肚子,露出兄弟般友好的微笑。这些人比那些操纵战争的人不知要高尚多少,当休战结束,那些操纵者便向这些善良的人们灌输,说他们不是兄弟,而是不同民族中相互仇视的成员,于是再一次迫使他们去相互残杀。

---

① 非利士人,又称腓力斯丁人,居住在地中海东南沿岸的古老民族,公元前12世纪先于以色列人到达迦南南部地区,后被以色列人战败。

② 塞瓦斯托波尔为克里米亚半岛上的城市,克里米亚战争期间俄军在此抗击了土耳其与英法联军的进攻。托尔斯泰当时参加了塞瓦斯托波尔保卫战。

6

每一个人，不管他们是奥地利人、塞尔维亚人、土耳其人，还是中国人，他们首先是人，即有理性、有爱心的生物，他们的称呼并不是用来去保护或者破坏塞尔维亚人、土耳其人、中国人或俄国人的国家，而只是为了在他被赋予的短暂的尘世生命期间去完成作为一个人的使命。这个使命只有一个，且非常明确：爱所有的人。

7

当一个孩子遇到另一个孩子，不管他是哪个阶级、哪种信仰、哪个民族，他们都会发出善意的、满含喜悦的微笑。而成年人呢，他们肯定比孩子更有理性，但当他们与别人交往时，先要在脑子里思考一下，那个人是哪个阶级、哪种信仰、哪个民族，并视其阶级、信仰、民族而决定与之交往的方式。无怪乎基督说：你们要像小孩子那样。

8

基督昭示给人们，在本民族和其他民族之间搞分裂是一种欺骗和恶。理解了这一点，一个基督徒就不会产生对其他民族的恶感，也不会去像他们过去所做的那样，用别的民族劣于本民族的理由，来为自己对其他民族所犯下的暴行辩护。一个基督徒不会不知道，在他和其他民族之间搞分裂是一种恶，分裂是一种邪念，因此，知道了这一点，他就不会再像从前所做的那样，去有意识地委身于这种邪念。

一个基督徒不能不知道，他的幸福不仅与自己同民族的人，而且与世上所有人的幸福都是紧密相关的；他知道，他与世上所有人的统一不会被国界、被政府对他民族身份的界定所破坏。他知道，所到之处人人都是兄弟，所以他们都是平等的。

理解了这一点，一个基督徒就不能不改变自己对其他民族、对政府的全部态度。那从前被认为好的和高尚的——出于对祖国、对本民族、对自己国家的爱而投身于损害其他民族幸福的活动、战争的功绩等——现在已不被基督徒视为高尚而美好的，相反，却被视为卑鄙而恶劣的东西。那从前被认为坏的和卑劣的——放弃祖国，反对与所谓的敌人进行斗争——反而被认为是好的和高尚的。如果一个基督徒在痴迷的时候更希望自己的国家或民族获胜，那么他在清醒的时刻是不会沉醉于这种迷信的，也不会去参与任何类似建立在国家分歧之上的活动——设立海关或收取关税，制造武器弹药，或者进行某些与军备相关的活动，服兵役，更不用说去参加与其他民族进行的战争了。

五　所有人都是平等的

1

平等就是承认世界上人人都拥有分享世上固有幸福的同等权利，人人都拥有分享由共同生活而带来的幸福的同等权利，和尊重他人个性的同等权利。

2

人人平等的法则包括了所有的道德法则；这就好比一个顶点，这些法则不可能达到它，但是都在不停地接近它。(爱·卡彭特[1])

3

人真正的"我"是属于灵魂的。这个"我"在所有人身上是同一的。所以说，人在其自身能是不平等的吗？

4

"一次耶稣的母亲和他的弟兄来找他，却怎么也无法与他相见，因为耶稣身边有许多人围着。这时有个人看到了他们，就靠近耶稣说：'你的家里人，母亲和弟兄，就站在外边，想和你见面呢。'

"耶稣说道：'我的母亲和我的弟兄就是这些明白了神的旨意并遵行它的人。'"[2]

耶稣的话的意思就是，对于理解了自己使命的有理性的人来说，他们彼此之间是没有区别的，一些人相对于另一些人没有任何优越性可言。

5

西庇太的儿子们[3]想成为耶稣那样的人，那样的哲人。他便对

---

[1] 爱德华·卡彭特（1844—1929），英国作家、政论家。
[2] 原文参见《新约·路加福音》8：19—21。
[3] 西庇太的儿子们，即耶稣的两个门徒——雅各和约翰。

他们说：你们为什么这么想？你们能像我一样靠灵魂生活并再生吗？一定是这样，你们要成为我这样的人，是为了显得比别人更重要、更显赫。按照我的教义，没有大和小、重要和不重要之分。国王为了掌管人民，他们需要比别人更显赫、更重要，但你们不需要这样，因为按照我的教义，一个人比别人低微些，胜于比别人高贵些。按照我的教义，那低微的，便是高贵的。按照我的教义，必要做所有人的仆人。[①]

6

没有人像孩子那样在生活中实现着真正的平等。而成年人却犯了何等的罪孽啊，他们破坏了孩子们这种神圣情感，教给他们说，世上有国王、富人、名人，对这些人必须要恭敬相待，世上还有仆人、劳动者、乞丐，对这些人却只能用居高临下的态度！"谁引诱了这唯一信我的小子……"[②]

7

上帝希望他的仆人们组成一个整体，用爱的纽带联结在一起；所以，那规定把人划分为许多种类（阶级）的法则，都是人类的凭空捏造。（彼得·赫尔齐茨基[③]）

---

① 原文参见《新约·马可福音》10：35—45。
② 原文参见《新约·马太福音》18：6："凡使这信我的一个小子跌倒的，倒不如把大磨石拴在这人的颈项上，沉在深海里。"
③ 彼得·赫尔齐茨基（1390—1460），捷克宗教作家，著有《信仰之网》。

8

我们往往对生活不满，是因为我们不是在应有的地方寻找幸福。所有邪念的根源都在于此。

我们被赋予了无与伦比的生活幸福及其全部的快乐。但我们还是说：快乐太少。我们被赋予了莫大的生活快乐——与世人的来往，但我们还是说：我想要自己独特的幸福，我想要自己的家庭、自己的民族。

9

今天，一个人无论怎样，不管他是顶有学问的人，还是普通的劳动者，不管他是哲学家、学者，还是白丁，不管他是富人，还是乞丐，不管他是哪种宗教的神职人员，还是军人——当今的每一个人都知道，所有人都拥有分享世上生活和幸福的同等权利，不是一些人优于或者劣于另一些人，所有人都是平等的。然而每个人在生活中都好像不知道这一点似的。在人们中间依然存在着认为人与人并不平等这样巨大的谬误。

六　为什么所有人都是平等的

1

不论是什么样的人，不论他的父亲和祖辈怎样，所有人都像同样的两滴水一样平等，因为所有人身上存在着同一的上帝之灵。

2

只有那不知道上帝就在他心中的人,才会认为一些人优于另一些人。

3

当一个人爱某些人胜过爱另一些人时,他的爱就是俗人的爱。在上帝之爱面前,人人都是平等的。

4

当我们看到一个人类的生命刚刚诞生或死亡时,无论他属于哪一个阶级,我们那时都会受到同样的感动,这说明,人人平等的意识是与生俱来的。

5

"小心,当你想痛打人身上的魔鬼时,千万不要碰到他身上的上帝。"这就是说,责备一个人时,不要忘了,他身上有上帝的灵魂。

6

认为所有人都与自己同样平等,这并不是说,你像别人一样强壮、灵活、聪明、有学问、善良,而是说在你的身上有着世上最重要,而在所有人身上都是同一的——上帝之灵。

7

如果说人与人是不平等的,就等于说炉子里的火和火灾中的火、蜡烛的火不是同样的事物一样。在每一个人身上都存在着上帝之灵。那么我们为什么要造成携带同一上帝之灵的人们之间的差别呢？

一堆火已经烧旺，另一堆火刚刚点燃，但火都是同样的，对任何火我们都把它当火来看待。

七 承认人人平等是可以做到的，人类正在接近这种认识

1

人们所关心的是在自己既有的法则之下建立的平等，而不是被永恒的法则所确立的平等，他们正是用自己的法则破坏着这种平等。

2

我们不应该去努力寻求这样一种生活秩序吗？在社会的阶梯上攀爬不是令人迷恋，而是令人恐惧，因为这种攀爬剥夺了人们生活中最主要的幸福之一——平等地对待所有人。（据约翰·罗斯金）

3

有人说："工人错在他们想要坐到资本家的位子上，穷人则错在想要坐到富人的位子上。"这种说法是错误的。如果在这个世界上都信奉并遵行基督有关爱他人和人人平等的教义，则工人和穷人这么想或许是不对的；但在这个世界上信奉和遵行的却是这样

的教义——生活的法则就是人与人互相争斗的法则，因此，他们才这样想，才希望坐到富人的位子上去，穷人所效仿的只是富人为他们做出来的榜样。

4

有人说，平等是不可能实现的。应该反过来说：在信奉基督的人们中间不平等是不可能的。

无法让高个子和矮个子、强壮的和弱小的、敏捷的和迟钝的、热情的和冷静的都做到一模一样，但能够做到也应该做到的是，对小的和大的、强的和弱的、聪明的和愚笨的都同样去敬重和爱。

5

有人说，永远是有些人强，有些人弱，有些人聪明，有些人愚笨。利希滕贝格说，正因为如此，即一些人比另一些人强壮、聪明，所以特别需要人人权利平等。除了智力和体力的不平等，若是还有权利的不平等，那么强者压迫弱者的现象也许还会更多。

6

不要相信无法做到人人平等，或者它只能在遥远的将来才能实现的说法。要向孩子学习。就在此刻，每个人都可以做到平等待人，为此不需要任何法律条文。你在自己的生活中可以做到与你遇到的所有人建立平等关系。不要对那些你认为位高权重的人表示过分的尊敬，最主要的是，要把对你认为地位低下的小人物的尊敬同样地用于所有的人。

八　对于以灵魂生命为生的人来说，
　　所有人都是平等的

1

只有那些只以肉体生命为生的人，才会认为某些人高贵，某些人低贱，人与人不平等。如果人以灵魂生命为生，则对他来说，不平等是不可能的。

2

基督昭示给人们，他们每时每刻都知道，人与人之间都是平等的，因为在他们所有人身上存在着同一的灵魂。但自古以来人们就把自己分成皇帝、权贵、财主和劳动者、穷人，尽管他们知道，他们都是平等的，但还是仿佛对此一无所知一样地生活，并且扬言人人平等是不可能的。不要相信这些话。要向孩子学习。一个小孩尊敬皇帝，与他尊敬一个普通人别无二致。就应该像他们一样去做人。对所有人都要待之以爱和亲情，对所有人都平等相待。如果有人要抬高自己，对他们就不要比对别人表示更多的尊敬。如果有人要贬低别人，对这被贬低的人就要努力表示格外的尊敬，因为他与其他所有人都是平等的。要记住，在所有人身上都同样存在着上帝之灵，除此之外，我们不知道还有什么更高贵的东西。

3

对于基督徒来说，爱是一种希望所有人都得到幸福的情感。但在许多人看来，"爱"这个词却意味着与此完全相反的情感。在那些认为生活就在于人的动物性的人们心中，爱常常就是这样一种情感：一个母亲出于爱，为了自己的婴儿的幸福，用雇用奶娘的方式从另一个婴儿那里抢来他母亲的乳汁；或者爱就是这样一种情感：一个父亲出于爱，从饥肠辘辘的人们手里抢来最后一块面包，为的是给自己的孩子吃；或者爱就是这样一种情感：一个人爱上了一个女子，并且因这种爱而痛苦，于是他也迫使她去痛苦，引诱她，或者出于忌妒杀死她或自杀；或者爱就是这样一种情感：出于这种爱，一些彼此情投意合的人，合起伙来去加害于他人或与他们这伙人有仇怨的人；或者爱就是这样一种情感：出于这种情感，一个人为一件"十分喜爱的"事业而经受着痛苦，并且用这种事业带给周围人同样的悲伤与痛苦；或者爱就是这样一种情感：出于这种情感，人们不能忍受自己所爱的祖国遭受凌辱，而将自己和他人的尸骸或伤残之躯铺满疆场。这些情感不是爱，因为那些体验着这种情感的人，不承认所有人都是平等的。而不承认人人平等，就不可能有真正的对他人的爱。

4

不能把不平等和爱联系在一起。爱，只有当她像阳光一样，平等地照射到一切置于其照射范围之内的物体时，爱才是爱。而当她只能照到一部分却排除了另一部分时，那只能表明，这已不是爱，而仅仅是某种类似于爱的东西。

5

同样地爱所有人,这很难做到,但不要因为难以做到就说不必努力去做。所有好事都是难以做到的。

6

对那些身份越是不平等的人,就越需要努力去以平等的态度对待他们。

7

在你,在我,在每一个朋友身上,都存在着生命之神。你对我发怒是徒劳的,你不会改变我的到来:你要知道,我们人人都是平等的。(印度《马哈穆德之歌》[①])

---

① 《马哈穆德之歌》,印度伊斯兰教文集。

第十四章
暴　力

人类不幸的一个主要原因在于一种虚假的观念，即认为某些人可以用暴力改善和操纵其他人的生活。

一　有一种谬误是：某些人可以用暴力操纵与自己同类人的生活

1

认为某些人可以强迫其他人按照他的意志去生活，这种谬误之所以产生，不是因为某个人杜撰出了这种骗局，而是因为某些人被贪欲所迷醉，所以便用暴力去压制别人，而后再极力为自己的暴行加以辩解。

2

人们看到，在他们的生活中有些不好的东西，需要加以改善。人所能改善的只是由他所支配的，即他的自身。但为了改善自身，首先需要承认我是不好的，可我并不想这样。于是，他全部的注意力不是转向那一直由他所支配的他的自身,而是转向那些不由他支配的外部条件(改变这些条件对改善人的处境很少起作用,就像把酒搅匀再倒到另一个瓶子里并不能改变其性质一样)。接下来便出现了,首先是耽于逸乐,其次就是进行有害的、高傲的(由我们来改造他人)和恶的(可以杀死那些妨碍公众幸福的人),以及骄奢淫逸的活动。

3

统治者总是想用暴力迫使人们过善的生活。但他们首先用这种暴力本身给人们做了一个坏生活的榜样。正如陷在泥淖中的人,不是自己想法从泥淖中挣扎出来,而是教给别人怎样才不会弄脏。

4

认为用暴力可以在人们中间建立秩序,这种谬误极为有害,因为它是代代相传的。从暴力体制中成长起来的人已不再扪心自问,用权力压迫人是否需要,是否合适,而是坚信,没有暴力人就无法生活。

5

在一个国家内人们常常谈论自由。但实际上国家的全部制度都是建立在暴力之上的,而暴力与任何形式的自由都水火不相容。

6

安排别人如何生活很容易,因为如果你安排得不好,受害的不是你,而是别人。

7

人们以为安排别人如何生活只能用暴力,但暴力并不能安排别人的生活,只能起破坏作用。

8

只有不信上帝的人才会相信,那些像他自己一样的人能够为他把生活安排好。

9

认为有人可以为别人安排生活,这种谬误是非常可怕的。在这种信仰之下,那越被看重的人,越是缺少道德的人。

10

那些握有权力的人总是相信,只有用暴力才能管理人民,因此为了维护现存秩序,他们便无所顾忌地使用暴力。然而能够维护现存秩序的不是暴力,而是共同的社会观念;但共同的社会观念却又是被暴力所破坏的。因此,暴力行为所削弱、破坏的,正是它试图要维护的。

11

有些人一边说所有人都应当和睦相处、互不伤害,但他自己却不是用和睦的方式,而是用权力去强迫别人按照他的意志去生活。这种行为就如同说:要照我们所说的去做,而不要照我们所做的去做。对这种人可以有所畏惧,但不可相信。

12

所有革命的残酷性都是统治者的残酷行为所导致的。革命者都是悟性很强的学生。如果不是所有权力在握的人、所有统治者教会了人民，则那些未曾涉世的人绝不会产生这样的想法：某些人可以强行安排他人的生活，并且他们也拥有这样的权力。

13

为什么会发生革命和革命中的残酷行为？因为当权者的暴力行为教会了人们迷信于用暴力建立新制度。

14

在人们还没有学会抵制恐惧、昏聩、贪婪、追求功名以及虚荣等让某些人痴迷、让另一些人堕落的邪念时，他们将永远处在一个由压迫者、欺骗者和被压迫者、被欺骗者组成的社会中。为了避免这种现象，每个人都应该对自己尽力加以道德约束。人在灵魂深处能够意识到这一点，但他们总是希望不通过个人的努力而达到那必须通过这种努力才能够达到的目标。

通过努力来表达自己对和平的态度并努力去维护和平，把自己对他人的态度确立在这样一种永恒的法则之上，即：对待他人，就像你希望别人对待你的那样，要克制自己内心那些会让我们屈服于他人权力的劣根性，不做任何人的主人，也不做任何人的奴隶，不伪善，不妄言，不因恐惧，也不为获益而背弃良知的最高准则要求。——所有这些都需要努力。相反，只是想象那些众所周知的规章制度会通过宗教仪式的途径把所有人，其中也包括我自己，引向种种正义和美德，为达到这个目的，不做思想上的努力，或者只是重复某个团体的人所说过的话，四处奔忙，争吵，撒谎，伪善，辱骂，打斗。——所有这些都会自然而然地发生，不需要任何努力。

现在出现了一种通过改变外在秩序来改善社会生活的学说。根据这种学说所得出的结论是：人们可以不经努力而获得只有通过努力才能获得的成果。这种学说与教会的那种学说如出一辙，即只要祈祷自我完善，只要相信用基督的血即可赎罪，或者相信圣礼可以不断地带来上帝的赏赐，人们就能够不经个人努力而过上合乎道德的生活。这种学说曾经带来、现在仍在给人们带来灾难，它已成为人类达到真正完善的最大障碍。

二 以暴力手段与恶斗争是行不通的，因为人与人对恶的理解是不同的

1

本来这个道理之明显是毫无疑问的：因为每个人对恶都有自己的理解，所以，用恶的手段来对抗由不同的人所认定的恶，不仅不能减少恶，反而只能增加恶。就是说，如果彼得做的事，伊万认为是恶，他也就认为自己有权对彼得作恶，出于同样的理由，彼得也可以对伊万作恶，因此，恶便只能增加。

但奇怪的是，人们可以弄明白星际之间的关系，却不能理解这个道理。为什么会这样呢？因为人们相信，暴力可以发挥好的作用。

2

如果我可以强迫别人去做我认为有益的事,那么同样,别人也可以强迫我去做他认为有益的事。尽管我和他,我们各自认为有益的事,原本是完全对立的两码事。

3

不管统治者也好,革命者也好,都认为杀死某些人是正当而有益的。他们都有一种共同的推理,他们认为,根据这种推理可以弄明白,为了共同的幸福哪些人是可杀的。

而对于那些不属于这两者的人来说,这种推理不能不令人感到惊异:根据完全相同的一种推理,统治者坚信,即使不是全部,杀死大多数革命者也是有益的;而革命者坚信,即使不是全部,杀死大多数统治者也是有益的。

4

一个人在任何时候都不能够也不应该为了他认为善的事而行使暴力。——这种学说是合理的,其原因只有一个:所有人对于善与恶的理解并不是统一的。被某个人所认定的恶,乃是含有疑义的恶(其他人认为它是善),他为了消灭这种恶所行使的暴力——殴打、致残、剥夺自由、致死——这才是确凿无疑的恶。

5

如何解决人们关于什么是善、什么是恶的无休止的争吵?针对这个问题,基督教义的回答是:因为一个人无法确切地断定什么是恶，那么他也就不必极力用暴力之恶去征服他所认定的恶。

6

可以用暴力安排他人的生活——这种迷信的主要危害是：人只要接受了这种观点，即为了多数人的幸福可以对某些人行使暴力，那么从这种假设出发而产生的恶就会无限度地膨胀。过去年代里的严刑拷打、宗教裁判所、奴隶制，今天的法庭、监狱、死刑、战争等，都是建立在这种假设的基础之上的，有千百万人正是因此而葬送了生命。

三 暴力的无效性

1

用强制的方式迫使人们停止做坏事——这就如同筑坝截流，你会一时高兴，河水的水位在堤坝之下变低了。然而过不了多久，时机一到，河水就会漫过堤坝流淌如前。同样，那些做坏事的人是不会善罢甘休的，他们只不过是在等待时机而已。

2

谁用威势强迫我们，便是剥夺了我们的种种权利，我们因此而憎恨他。我们敬重那以理服人的人，就像对待我们的恩人一样。只有粗野的、没教养的人才会诉诸暴力，而哲人不会。若要以势压人，需要许多胁从者；而若要以理服人，无须任何帮手。那感觉自身有足够的力量去掌握智慧的人，不会去诉诸暴力。国家之所以使用暴力，是因为它意识到它无力在必要的时候以理服人。（据苏格拉底）

3

强迫他人去做我认为有益的事，这是让人对我认为有益的事加以厌弃的最好办法。

4

每个人自己都知道，要改变自己的生活并使它成为理想中的样子是何等困难。然而一旦说到别人的生活，我们就觉得，只要下个命令或吓唬一下，人们就会变成我们所希望的那个样子。

5

权力就是这样一种工具，无知可以利用它驱使其追随者去做他们本不情愿的事；（如同尝试让水往高处流一样）当这种工具不再发挥作用的时候，它过去产生的效果也就消失了。若想引导人的行为只有两种手段：一种是掌握人的意愿，以理服人；另一种是强迫人违背自己的意愿和观点去行事。一种方法是被经验所证明的，并且总会取得最后的成功；另一种是被无知所利用的，其后果就是一无所获。婴孩发出叫嚷是要别人给他一个玩具，他想用强迫的方式来得到它。家长打孩子是想强迫他们保持良好的操行。醉酒的丈夫打老婆是出于用强制的方式改变她的目的才这么做。罪犯受到惩罚，这是为了用强制的方式使世界变得更美好。

一个人与别人去打官司，这是为了通过强制手段来获得公道。一个教士谈论在地狱受难的恐怖景象，其目的是以强制的方式开导他的听众奔向天国。一个民族与别的民族进行战争，其目的是以强制的方式取得理想的地位。然而奇怪的是，无知曾经引导人类，并且至今仍在引导人类走这条暴力之路，而它永远将人类引向失望。(库姆[①])

6

每个人都知道，任何一种暴力都是恶。但为了使人们放弃暴力，我们却想不出任何好的办法，比如我们这些要求获得最高尊重的人，为了达到这个目的却行使最为残酷的暴力：监狱、死刑。

7

虽然用暴力可以使人服从正义，但并不能由此证明，用暴力使人服从是正义的。(帕斯卡)

8

人很少是为了压迫别人而被创造的，正如他也不是为了受人驱使而被创造一样。人们因这两种习性而彼此伤害。这里是昏庸愚昧，那里是厚颜无耻——人类真正的优点却无处可寻。(孔西德朗[②])

[①] 亚伯拉姆·库姆（1785—1827），英国空想社会主义者。
[②] 维克多·孔西德朗（1808—1893），法国社会主义者，著有《社会的命运》，为傅立叶学派的代表著作。

四　国家是建立在暴力之上的

1

一些人可以迫使别人去做其认为对后者有益的事，而不是去做别人自认为于己有益的事——这种谬误是何等令人惊诧！然而所有的生活制度——家庭的、社会的、国家的甚至教会的——却都是建立在这种令人惊诧的谬误之上的。一些人一边迫使另一些人假装心甘情愿去做那些被勒令去做的事，一边用各种形式的暴力威胁要禁止假装的行为。他们坚信，他们做的是某种有益的事，甚至值得所有人，其中也包括那些受他们强暴之苦的人，为之大唱赞歌。

2

认为一些人可以用暴力安排其他人的生活——由这种迷信生出并且巩固了另一种更坏的迷信，即认为人如果不为自己设立一个事事服从于它的权力，人就无法生活。

3

人们对暴力已经习以为常，他们总是以为，他们生活得安宁，只是因为有了法庭、警察、军队。

这种想法不仅是错误的，而且恰恰相反，所有这些法庭、警察、军队再糟糕不过地打乱了人们生活的友爱与和谐。当人们把自己的期望都寄托在这一切制度上时，他们就不再去考虑要靠自己的力量为自己建立一种和平的生活。

4

无论采取何种手段，都无法终止残杀行为对上帝法则（它体现在所有的宗教教义和人类的良知中）不加掩饰的野蛮破坏。因为在任何一种国家制度之下，残杀——如死刑和战争——都被认为是合法的事。

5

人们承认靠暴力进行统治的政权并服从于它，因为他们害怕，如果没有了这样的政权，那么作恶的人就将侵害和欺压善良的人。现在人们应该明白了，这没有什么可害怕的，因为他们所害怕的已经存在了。就是在今天，在现有的政权之下，作恶的人并没有停止侵害和欺压善良的人，他们的所作所为令人很难想象，没有了如今的政权，这些欺压行为还能坏到哪里去。

6

统治者教导人们说，政权所行使的暴力可以保护大家不受坏人的暴力欺压，一旦政权暴力不存在了，那么那些作恶的人立刻就会开始残杀和折磨善良的人。很少有人能明白这些论调的明显而无耻的虚伪性。群众已经习惯于对暴力顶礼膜拜，他们对以刀剑、监狱、绞架等形式出现的暴力进行祈祷，他们对以圣职、军队、炮舰、民团、要塞、军备、法庭、教养所等形式出现的暴力

致以崇高的敬意。当建议他们把这些该死的东西抛到一边去,而去相信他们所称谓的上帝的话时,我们听到的是可怕的惊叫:

"离开这儿,不要蛊惑人心;你们的行为是有害的;你们说教的用意是破坏人类世世代代用血汗换来的全部幸福。如果取缔负责关押和处死那些我们所认定的罪犯的政权,那一切都将完蛋。"

而众人都随声附和,更可怕的是,他们是在真诚地随声附和:"如果战争和死刑突然被取消了,那么人类将成个什么样子呢?!"

在暴力之神的圣坛上曾有过多少牺牲品,这些牺牲品足以住满二十个像地球这样的星球,但暴力所要达到的目的,哪怕是一小部分,是否达到了呢?

丝毫也没有,除了人民的处境越来越糟。然而暴力仍旧是群氓的上帝。在它被斑斑血迹所玷污的圣坛之前,人类仿佛已约定将永世在战鼓声中,在枪炮的轰鸣声中,在鲜血淋漓的人类的呻吟声中屈身跪拜。(阿丁·巴卢[①])

7

"自我保护是大自然的第一法则。"那些否定不对抗法则的人说。

"同意,可由此说明了什么呢?"我问。

"这说明,大自然的法则将是自卫,抵御那些以毁灭相威胁的因素。由此而得出的结论是:斗争,以及作为每一种斗争结局的弱者的毁灭。这就是大自然的法则,而这种法则无疑是由战争、

[①] 阿丁·巴卢(1803—1890),美国作家、政论家。

暴力和法律惩罚所证明的；由此可见，自我保护法则的直接结论和后果就是：自卫是合法的。因此，不使用暴力的学说是不对的，因为它违背自然，不适于地球上的生存条件。"

我同意，自我保护是大自然的第一法则，并且是它导致了自卫行为的发生。我同意，人们在一般情况下是效仿低等生物的榜样，彼此争斗，打着自卫或复仇的幌子，互相欺凌，甚至残杀。但是我看到，令人遗憾的是，大多数人无视由他们所揭示的崇高人性法则，仍旧继续按照动物性法则去生活，并因此而剥夺了自己进行自卫的最有效的手段：以善报恶。如果他们遵循的不是动物的暴力法则，而是人类爱的法则的话，他们是本可以利用这种手段的。（阿丁·巴卢）

8

可以理解，当暴力和残杀引起一个人愤怒的时候，自然而然他的第一个意愿就是用暴力和残杀去对付暴力和残杀。这种行为尽管颇近于动物性，缺少理性，但并非毫无意义，也没有任何自相矛盾之处。然而这也并不能证明这种行为是正确的。当政府或者革命者们想以理性的理由来为这种行为辩解时，就必然会发现，这种尝试是毫无意义的，这不过是一堆狡猾而复杂的臆想。

其主要的辩解手段，就是有个想象中的强盗当着我们的面在折磨和残杀无辜。

"你们甚至可以为了坚持暴力非法的信念而自我牺牲，可现在你们正牺牲着他人的生命。"暴力的捍卫者们说。

但首先，这样的强盗是绝无仅有的，多少世纪来许多人从未亲眼目睹过当众残杀无辜的强盗。那么我为什么要把自己生活的准则建立在这种臆想之上呢？认真思索一下实际的而非臆想的生活，我们就将看到迥然不同的情形。我们会看到，有很多人，甚至包括我们自己在内，都做过极为残忍的事，首先这些人不是单枪匹马，像那个想象中的强盗一样，而是始终与其他人密切合作的，也不是因为我们像这个强盗一样也是恶魔，而是因为我们处在暴力合法的迷信影响之下。其次，我们会看到，这些最为残忍的事，如人们的血战、绞架、断头台、单人牢房、私有权、法庭——这一切并不是因某个想象中的强盗而产生的，而是由于，有些人把自己的生活准则建立在了假设有个想象的强盗之上。这样看来，对生活加以思索的人不会看不到，人类恶的根源绝不是某个想象的强盗，而是人们认识的谬误，出于这种谬误他们所做的最残酷的事之一，就是为了想象的恶而作下实际的恶。因此，理解了这一点的人，当他把自己的行动转向根除恶的本源，即自身和他人的种种谬误时，他就会看到，有一件重大而富有成果的事业在等待着他去完成，他甚至无论如何也不明白，为了这个事业，那个有关强盗的臆想对他还有什么意义。

五 迷信暴力的灾难性后果

1

当人们面对一种恶而试图以暴力自卫的时候，这种恶将绝对轻于人们自卫时所做下的暴行。

2

不仅是基督,世上的一切哲人——婆罗门、佛教徒、道家以及古希腊哲人——都曾教导说,有理性的人不应以恶报恶,而应以善报恶。但那些以暴力为生的人却说,这样是不行的,这样做生活不会变好,只能变坏。他们的话对其自身来说是对的,但对于那些遭受暴力侵害的人来说却不然。对他们的尘世生活来说的确是会变坏,但就全体人民而言则会变好。

3

基督的全部教义都在于爱他人。爱他人,即是说对待他人像你希望他人对待你一样。而因为谁也不愿意受到暴力侵害,所以,你对待他人就要像你希望自己所受到的对待一样,在任何情况下也不能用暴力侵害他人。因此如果说,我们信奉并遵行基督的教义,同时认为,不管怎样基督徒都可以对他人施以暴力,这就如同我们有钥匙,却没有把它插进锁里直到能转动的位置,却说我们把这钥匙物尽其用了。人在任何情况下都不可对他人施以暴力,不承认这一点,那么基督的全部教义都只是一句空话。

如果人们能这样去理解基督的教义,那么他们仍然可能去折磨人,抢劫人,对人处以死刑,在战争中杀死成千上万的人,像现在那些自称为基督徒的人们所做的,但是,却不可能同时承认自己是基督徒。

4

奉行不对抗学说很难,然而奉行斗争和复仇的学说就容易吗?

如想得到这个问题的答案，就请翻开随便哪一个民族的历史，了解一下人们为适应斗争法则而发动的成千上万次战役，读一读有关其中一次战役的记载。在这些战争中杀死了数以亿计的人，在每一次这样的战役中死亡的生命和造成的痛苦，都比在若干个世纪中因不抗恶而累计造成的类似后果要严重得多。（阿丁·巴卢）

5

使用暴力会引起人们的仇恨，而那为自卫而使用暴力的人，大部分不仅不能自我保全，相反却会遭受到更大的危险，因此，为自我保全而使用暴力——这既不得体，也不合算。

6

任何暴力都不能使人驯服，而只能激怒人。因此很显然，暴力并不能使人的生活得到改善。

7

如果提出这样一个问题：如何做到使人彻底摆脱道德责任，并且做了最坏的事也不感到有罪？那么除了一种迷信之外，你就想不出更为有效的手段来了，这种迷信就是，暴力有助于使人获得幸福。

8

认为一些人可以用暴力来安排他人的生活，这种谬误是极为有害的，因为堕入这种谬误中的人便不再去区分善恶。如果为了某种好的制度，便可以征召人们入伍，命令他们去杀死自己的弟兄，那么就没有什么不可以的了，一切都能做。

9

暴力只能产生某种类似公正的东西，但却使人们远离没有暴力而公正生活的可能。

10

为什么基督教遭受如此的歪曲，为什么道德如此堕落？原因只有一个：信奉暴力体制会给人带来益处。

11

我们看不到暴力的全部罪恶，只是因为我们屈服于他。

暴力就其实质来说不可避免地导致残杀。

如果一个人对另一个人说：去做什么什么，你要是不做，我就要强迫你去完成我的命令。那么这只表明一点：如果你不完全照我希望的去做，最终我就要杀死你。

每一个施暴者都是杀人凶手。

12

在今天很难找到这样的人：为了获得极大的好处，比如金钱，或者为了逃避一个极大的灾难，便去杀死某个无力自卫的人。然而在谈起死刑的时候，即使最温顺、最和善的人也承认，杀死某些人是必不可少的，并以编制法律条文、组织审判、服兵役等形式参与这种活动。为什么会这样？因为这些人堕入了一种迷信之中，即相信一些人可以对另一些人如何生活发号施令。

13

人们想用背离天国的行为——暴力——来建立天国，没有什么比这更有碍于在尘世实现天国的了。

六 只有不以暴力抗恶才会引导人类以爱的法则代替暴力的法则

1

"你们听见有话说：'以眼还眼，以牙还牙。'只是我告诉你们：不要与恶人作对。有人打你……"① 这些话的意思非常明白，不需要任何注解和说明。不会不明白，这些话就是说，基督推翻了以往的暴力法则——"以眼还眼，以牙还牙"，进而以此推翻了建立在这种法则之上的全部世俗体制，并且创建了新的有爱无类的法则，也就以此创建了新的世俗体制，它不是建立在暴力之上，而是建立在这种有爱无类的法则之上的。有些人理解了这种教义的全部真正含义，因而预见到，将这种教义纳入生活之后，将会使他们曾利用和正在利用的东西丧失其全部效用和优势，于是便把

---

① 原文参见《马太福音》5：38—39。最后一句为："有人打你的右脸，连左脸也转过来由他打。"

基督钉死在十字架上，然后又把他的门徒钉死，并且至今仍在把他们钉上十字架。而另一些人，同样理解了这教义的真正含义，却走上了且至今仍在走上十字架，以此推动建立在爱的法则之上的世界新秩序时代日益临近。

2

不以暴力抗恶的学说不是什么新的法则，它只不过指出了人们肆意放弃爱的法则的现象，它只不过指出，种种纵容以暴力对付他人的行为，尽管打着惩恶扬善和使自己或他人摆脱恶的旗号，但与爱却是格格不入的。

3

人们想以暴力行为来改善自己的生活，没有什么比这更有碍于生活的改善了。人们唯一能改善生活的途径，就是自己努力以使生活变得更好，而诱使人们放弃这一途径的，莫过于人与人之间所发生的暴力行为。

4

只有那些通过统治他人而获益的人，才会相信暴力可以改善人们的生活。而没有堕入这种迷信的人一定会看得很清楚，人们的生活由坏变好只能依靠他们内在灵魂的转变，而丝毫也不取决于在他们中间所发生的暴力行为。

5

人越是对自己和自己的内心生活不满,就越是要在外在的、公众的生活中显示自己。

为了不犯这样的错误,人必须要明白并记住,他既无权也没有使命去为他人安排生活,正如他人既无权也没有使命为他安排生活一样,他和所有人被赋予的使命唯有内在的自我完善,只有在这种情况下,他才永远有权以这唯一的使命去影响他人的生活。

6

人们常常生活得不好,仅仅因为他们所关心的只是如何安排别人的生活,而不是他本人的生活。他们觉得自己的生活只是一小部分,所以安排它并不重要,重要的是安排更多的,所有人的生活。但这时他们却忘了,安排自己的生活是他们权限以内的事,而安排别人的生活却不是他们所能做到的。

7

假如每个人都把他们现在耗费在安排他人生活上的时间和精力,用在与自己的罪孽做斗争上,那么他们所渴望达到的目的——完美地安排生活——很快就会达到。

8

人被赋予的权力只是管好自己。人只能按照他自认为好的和必要的方式来安排自己的生活。但几乎所有人都忙于安排他人的生活,正是由于为他人安排生活而奔忙,他们自己却听命于别人为他所做的安排。

9

靠以暴力维持的法律,放弃内在的完善,而要安排人们的共同生活,这就如同不用石灰,而用不曾打磨的石头把一栋倒塌的建筑再重新建造起来一样。无论你怎么垒都毫无成效,倒塌的建筑还是倒塌着。

10

为了维护国家制度借助于外在的暴力,这需要费许多事,而为了消灭国家暴力借助于内在的理性,则无须费事。它需要的只有一点——要认清迷信就是迷信。

11

人们问哲人苏格拉底,他是在哪儿出生的,他说:在大地上。人们问他是哪个国家的,他说:全世界。

这些话是伟大的。人不得不去憎恨别人,去对别人作恶,这只是因为他们与我们生活在地球上被划定的不同地区,并且承认某些人对他们有管辖权,而另一些人没有。为了避免这样,每个人都应当记住,地域的界线和不同的政权都是人为的,而在上帝面前,我们都是同一片土地上的居民,我们都服从于一种最高权力——不是俗人的权力,而是上帝的法则。

12

当人的法则要求人们违背上帝的法则时，人不可能也不应该去听命于它。

13

人的法则之所以不能像上帝的法则那样去执行，是因为上帝的法则对所有人来说都是无处不在的和永恒不变的。而人的法则却在一个地方是这样，换一个地方就完全是另一样，非但如此，甚至在同一个国家今天是这样，到了明天就完全换成另一个样子了。

14

无论任何人，他都既不是手段，也不是目的。人的优越性正在于此。正如他不能以任何价钱来估价自己（这是有悖于其优越性的）一样，他也无权摆布其他人的生活，也就是说他有责任承认每一个人身上符合于人的称号的优越性，因此也必须对每一个人保持同样的尊敬。（康德）

15

对暴力制度的迷信在我们的社会中已达到根深蒂固的地步，你经常会从人们那儿听到，他们想为他人、为人民服务，想以自己的劳动造福于人民，有的给人民以教育，有的对人民加以训导启迪，而更多的，是对人民加以控制。所有这些人做的事，没有任何人求他们去做。无论是为他们的幸福，还是为人民的幸福，可以请求他们做的只有一点：就是让他们关心自己，关心自己的灵魂，他们想以如此的勤勉为人民服务，然而还是不要去打扰人民为好。

16

如果对人能够产生影响的只有暴力，那么人拥有理性还有什么用？

17

人是有理性的生命，因此他们可以靠理性的引导来生活，并且必然要以自由的和谐来代替暴力。任何一种暴力行为都会拖延这个时刻的到来。

18

真是咄咄怪事！人对于外来的、出自他人的恶，对于他所无力消灭的东西，总会义愤填膺，但却不与自身的恶做斗争，尽管这种恶始终都在他的掌握之中。（马可·奥勒留）

19

只能这样去教导人们：对他们揭示真理，为他们指出善的楷模；而无论如何不能强迫他们去做我们所愿意的事。

20

什么时候人们想起来：要放弃拯救世界，而来拯救自己；放弃解放人类，而来解放自己。——那时他们才会为拯救世界和解

放人类做出更多的贡献！（赫尔岑[①]）

21

人只要完成自己内心的使命，为灵魂而生，这自然而然就是以他最为切实有效的方式为改善共同的生活而做贡献。

22

人在年轻的时候总是相信，人类的使命就在于不断地趋于完善，相信能够做到甚至能很轻易地对人类加以改造，并消灭所有的恶行和不幸。这些幻想并不可笑，相反，比起那些陷入邪念的成年人的想法，这些幻想中所包含的真理要多得多，如果这些年老的人并没有像人所应有的那样度过其一生，便会劝告人们什么也不要期望，什么也不要寻找，而只是像动物一样生活。

年轻人如此幻想的错误仅在于，他们把对自身、对自己灵魂的完善推到别人的身上。

去做自己生活中的事吧，改造并完善自己的灵魂。要坚信，只有通过这种途径，你才可以用最为有效的方式促进人类共同生活的改善。

23

如果你发现社会制度是坏的，想要改造它，那么你要知道为此只有一种方法：这就是让所有人都好起来；而为了让所有人都好起来，你力所能及的只有一件事：使自己做得更好。

[①] 亚历山大·伊万诺维奇·赫尔岑（1812—1870），俄国作家、哲学家。

24

在所有诉诸暴力的场合下，只要用理性去说服人，在世俗生活方面你将很少吃亏，而在精神上你将永远立于不败之地。

25

无政府主义并不是说不要组织机构，而只是不要那些强迫人们屈服于暴力的机构。否则的话，就不可能，也不必要为天赋理性的生命建立一个社会机制。

26

只要能发现那些破坏我们幸福的东西，我们的生活就会变得十分美好。而破坏我们幸福的，莫过于迷信暴力能带来幸福。

27

保障社会安全与幸福靠的只是其成员的道德观念，而道德观念是建立在与暴力格格不入的爱之上的。

28

在我们的基督教世界中，人们面临的生活制度的改变就是以爱来代替暴力，并且承认，正常、轻松、幸福的生活不是建立在暴力和畏惧暴力的基础上，而是建立在爱之上的。因此，导致这种改变的绝不会是政权暴力。

29

可以像基督那样生活,也可以像撒旦那样生活。像基督那样生活,就是以人的方式生活,爱他人,做善事,以善报恶。像撒旦那样生活,就是以野兽的方式生活,只爱自己,以恶报恶。我们越是努力多像基督那样生活,人们中间的爱和幸福就越多。我们越是多像撒旦那样生活,我们生活中的灾难就越多。

有关爱的戒条给人们指出了两条道路:一条是真理之路,善与基督之路,即生活之路,另一条是欺骗之路,伪善之路,即死亡之路。尽管放弃以暴力自卫的任何手段都是可怕的,但我们知道,这却是一条拯救之路。

放弃暴力并不是说必须要放弃捍卫自己和他人的生活与劳动成果,它只是说在捍卫这一切时,必须要让这种行为不背离理性和爱。捍卫他人和自己的生活与劳动成果的手段,应当是努力在来犯的恶魔心中唤醒其善的情感。而为了做到这一点,自己必须是善良而有理性的。比如,当我看到一个人起意要杀死另一个人,那么这时我能采取的最佳方式是,把自己置于被害者的地位,挺身去掩护和保卫他,而如果可能的话,就把他救出并掩藏起来。这就像我一定会去搭救遭火灾或溺水的人一样:要么牺牲自己,要么救出他人。如果我做不到这一点的话,那是因为我自己也是一个堕落的罪人,并不是说我一定要去做一个野兽,以作恶的方式来证明自己。[据阿尔汉格尔斯基(布卡)[①]]

[①] 亚历山大·伊万诺维奇·阿尔汉格尔斯基(笔名布卡,1857—1906),俄国作家、兽医,托尔斯泰学说的追随者,著有《为谁服务?》。

七 教会学说是对基督有关不以暴力抗恶的诫命的歪曲

1

异教徒国家社会体制的基础是惩罚和暴力。这是必然的。我们基督教社会的基础,本来顺理成章地应当是爱以及对暴力的否定。然而暴力仍旧占据着统治地位。为什么会这样呢?因为那些打着基督教义旗号的人们,信奉的却不是基督的教义。

2

值得注意的是,在基督的教义中,尤其令那些不理解这教义的人感到厌恶的,是不以暴力抗恶的言论。这种言论格外令他们不快,因为它直接要求打破他们所习惯的全部生活秩序。所以,那些不希望改变习以为常的生活秩序的人,就把这关于爱的唯一必要条件的言论,称作特殊的、独立于爱的法则之外的一个戒条,并千方百计地篡改它,或者干脆对它加以否定。

3

对基督关于爱仇敌、排除一切暴力的话,是按照其原话和原义来理解,即把它们看作一种宣扬温良、谦逊和爱的学说,还是把它们理解成别的什么呢?如果是理解成了别的什么,那就应该明确地讲出来。但是却没有任何人这样做。教会的导师们对此一言不发。这说明了什么呢？这说明，所有那些号称基督徒的人，想要对自己和他人掩盖基督教义的实质，因为，如果它一旦被大家所理解了，它就会改变他们生活的整个体制。而现有体制对他们来说是有利可图的。

4

教会的导师们拒不承认不抗恶的诫命是必须遵守的，他们教给人们说，这个诫命是不必要的，并且在某些情况下应当拒绝它。但与此同时他们却不敢说，他们不承认这个简单明了的诫命与基督的全部教义，即宣扬温良、谦逊、默默忍受苦难、自我牺牲和爱仇敌的教义是密不可分的。没有了这个诫命，基督的全部教义都将成为空话。

正是因为这种原因，而不是别的，才会产生这种令人诧异的现象：那些基督教的导师们一千九百年以来一直在宣扬基督教，而世界仍旧继续过着异教的生活。

5

任何一个凡俗之人在读福音书的时候，在灵魂深处都会懂得，按照这种教义，无论在什么借口之下，无论是为了惩戒，还是为了防卫，或者为了拯救某个人，都不可对他人作恶，因此，如果他想坚持做一个基督徒，就要在以下两者之中做出选择：要么改变自己依赖于暴力，即依赖于对他人作恶的全部生活；要么想方设法掩盖起基督教义所要求的，使自己避而不见。正是这样，人们轻易地接受了以形形色色的教条代替基督教实质的教会学说。

6

令人奇怪的是，那些承认基督教义的人们，对在一切场合下排除暴力的原则却表示愤慨。

一个承认爱的思想和行为的人，如果别人给他指明一条爱的正确无疑的道路，指出那些会引诱他偏离真理之路的极其危险的错误，他却对此表示愤慨。这就如同一个航海者，当有人给他在浅滩和暗礁中指出一条正确的航路时，他却对此表示愤慨一样。"何必要这么缩手缩脚的呢？也许我还需要让船搁浅呢。"当某些人对在任何情况下不得使用暴力、不得以恶报恶的原则表示激愤的时候，也正是这样说的。

第十五章
惩　罚

在动物中，恶会唤起恶，动物不具备任何能力去克制它们被挑起的恶，只会去奋力以恶报恶，丝毫也不顾恶必然会酿成更大的恶。而人是有理性的，他们不会看不到恶只能引发更大的恶，因此他们本应克制，避免以恶报恶的行为，但是人的动物本性往往战胜其理性的本性，于是人便把本应用于防止以恶报恶的理性，却用于为他们所做的恶加以辩解，并把这称之为报应、惩罚。

一　为了某种目的而施加惩罚，则这个目的　　　永远也达不到

1

人们说，可以以恶报恶，为的是对人加以改造。这是错误的。他们是在自欺欺人。以恶还恶不是为了改造人，而是为了施加报复。不能采用作恶的方式来改造恶。

2

惩罚在俄语中的意思是教训一下。教训只能用善的言语和善的榜样。以恶报恶不是教训,而是诲淫诲盗。

3

在疼痛和激怒的情况下,动物所做出的反应,小孩子、傻瓜和有时成年人也会做出的反应是,对那个造成他痛苦的对象恶声恶气,并同样给对方施加痛苦,这类行为被认为是自称统治者的那些人的合法权利。有理性的人不会不明白,任何一种恶都是被与之对立的善所消灭的,正如火之于水,但是在一瞬间他所做的却是与理性告诉他应做的正好相反。法律(真的是人们智慧的结晶?)告诉他,这样做是应该的。

4

迷信于惩罚可以消灭恶是极为有害的,其原因在于,当人们按照这种说法去做的时候,他们认为这不仅是被允许的,而且是一种善行。

5

惩罚和以惩罚来威胁可以让人生畏,可以使他暂时克制恶欲,但却无法使他得到改造。

6

惩罚对人来说永远是残酷而痛苦的。假如它不是残酷而痛苦的，它也就没有存在的必要了。监禁，在今天的人们看来，是如此的残酷而痛苦，正如一百年前存在过的笞刑一样。

7

走入迷途的人想方设法为自己的复仇情感和防卫欲望加以辩解，并把这种情感归因于上帝，让人们相信，上帝会为人们所做的坏事而施加惩罚。

8

人们的不幸大多是因为那些陷于罪孽的人认为自己有惩罚的权力。"伸冤在我，我必报应。"①

9

在谈到"学问"这个词时，人们往往指的不仅是些毫无意义的事，还包括那些最为龌龊的东西，对此最为明确的证据就是，存在着一门有关惩罚的学问，即有关如何进行最为无知的活动的学问，而这种活动只是人在最低等的阶段——在孩子和野人阶段——才有的。

---

① 《新约·罗马书》12∶19载："亲爱的弟兄，不要自己伸冤，宁可让步，听凭主怒。因为经上记着：'主说："伸冤在我，我必报应。"'"意思是上帝会去惩罚恶的，而无须个人去对他人实施惩罚。

二 政府的法律，即所谓的刑法，是强化民众对复仇合理性的迷信的主要因素

1

正如存在对假上帝、假神启、迎合上帝及拯救灵魂的假仪式的迷信一样，也存在着一种普遍的迷信，即认为某些人可以使用暴力迫使另一些人过善的生活。对假的上帝、神启和拯救灵魂的神秘仪式的迷信已开始被破除，并且差不多已被破除；而那种惩罚坏人以保障其他人幸福的国家迷信却被所有人承认，并以这种名义滥施暴行。

2

只有那些彻头彻尾的权欲熏心的人，才会煞有介事地相信，用惩罚的手段可以改善人们的生活。一旦抛开对惩罚可以改造人的迷信，你就会清楚地看到，人的生活只能因个人内心灵魂的改变而改变，而绝不因一些人对另一些人作恶而改变。

3

在阻碍社会制度改善的因素中，莫此为甚的是这样一种观念，即认为只有国家法律才能够保证社会制度的改善，而这些法律的执行靠的是惩罚。这样的活动——无论是制定法律还是对违法者的惩罚——在很大程度上诱使人们丢弃了可以真正促进生活改善的东西，即道德完善。

4

如果容许一种本不可忍的事,即让一个人拥有惩罚的权力,那么有谁会去为自己攫取这种权力呢?只有那些堕落得如此之深,以至不记得也不知道自己罪孽的人。

5

"这时几个文士和法利赛人带着一个行淫时被拿的妇人来,叫她站在当中。就对耶稣说:'夫子,这妇人是正行淫时被拿的;而摩西在律法上吩咐我们,把这样的妇人用石头打死。你说怎么办?'他们说这话,乃试探耶稣,要得着告他的把柄。耶稣却弯着腰用指头在地上画字,并不理睬他们。他们还是不住地问他,耶稣就直起腰来,对他们说:'你们中间谁是没有罪的,谁就可以先拿石头打她。'于是又弯着腰在地上画字。他们听见这话,良知被发现,就从老到少一个一个地都出去了,只剩下耶稣一人,还有那妇人仍然站在当中。耶稣就直起腰来,见人们都走了只有这妇人,对她说:'妇人!那些控告你的人在哪里呢?没有人定你的罪吗?'她说:'没有,主啊!'耶稣说:'我也不定你的罪;去吧,从此不要再犯罪了。'"(《约翰福音》8:3—11)

6

人们不断想出巧妙的理由,来论辩他们根据什么和为了什么目的要实行惩罚。但实际上他们实行惩罚几乎总是出于同一种原因,即他们认为惩罚他人对自己有利。

7

人出于恶意，出于复仇的欲望，出于保护自己的观念，而去作恶，然后，又为了自我辩白，便极力使人相信，他们这样做为的是要改造那些对他们作恶的人。

8

这种情况是可以理解的：掌握政权的人会相信，对那些干扰由他们建立起来的秩序的人加以惩罚，这是有益的。而让人不解的是，那些被统治的人也相信这一点，并对相互惩罚的行为推波助澜，在他们自己也遭到惩罚的同时，却认为惩罚对于他们来说是有益的，是善行。

9

对复仇合法性的迷信在极大程度上有赖于这一点，即对惩罚的一时畏惧会使人们有所节制，而不去从事违禁的活动。但是这种禁令不会遏制，相反却会激发人的恶欲，正如堤坝不会减少河流的压力，而只能助长它一样。

10

在我们的社会中保持着某种秩序，这不是因为那些审判和处罚人的法官、检察官、刑侦人员、狱吏、刽子手、士兵的存在，而是因为，尽管在所有这些政府机关人员中间充斥着腐败现象，但人们仍旧满怀希望，彼此相爱。

11

由某些人去改善另一些人的生活,这是做不到的。每个人都能做到的只有改善自己的生活。

12

惩罚是有害的,这不仅是因为它会激起受惩罚者的恶念,还因为它也使实施惩罚的人堕落。

三 私人关系中的报复行为

1

为一个人所做的坏事去惩罚他,这就如同火上浇油。任何一个做了坏事的人,他已经因失去了安宁、因良心的折磨而受到了惩罚。而如果他感受不到良心的折磨,那么人们把所有惩罚都加到他头上也不能改变他,只能激起他的恶欲。

2

对每一件坏事来说,实际的惩罚乃是罪犯灵魂深处受到的惩罚,同时还有他丧失了享有更多的生活幸福的可能。

3

一个人作了恶。而另一个或一群人为了抗击这种恶,却找不到任何更好的办法,只有以另一种形式的恶来对付,这就是他们所说的惩罚。

4

当小孩子跌倒在地板上时,他会去打那地板——这是完全没必要的,但是可以理解,正如可以理解一个人在碰疼了时会跳脚一样。同样可以理解的是,如果一个人挨了打,那么他第一个念头是怒目相向,或者去还击打他的人。但对他人作恶却是一种经过深思熟虑的行为,因为一个人在作恶之前,总要使自己相信,他这样做是应该的,就是说他首先要放弃理性。

5

人们是用这样的方法猎杀熊的:在一个蜜槽的上方用绳子挂起一截重木。熊为了吃到蜂蜜,就去撞开那截重木。重木荡回来的时候就会打到熊。熊生了气,就更起劲地撞木头,木头也就更重地打到它。这样直到把熊打死为止。当人们彼此之间以恶还恶的时候,其做法与此如出一辙。难道人的聪明才智还不如熊吗?

6

人是有理性的生物,因此,他们应当看到,复仇不会消灭恶,他们应当看到,消除恶的唯一手段是与恶相对立的事物,也就是爱,而绝不是复仇,无论它打着什么名号。但是人们却看不到这些,他们相信的只是报复。

7

只要我们不是从童年起就惯于认为,可以以恶还恶,可以用暴力强迫别人做我们想做的事,则我们就会对此感到莫名其妙:

某些人好像故意要让人败坏似的，他们竟可以让人们惯于认为，惩罚和各种暴力都是有益的。我们惩罚孩子，为的是让他不敢再做坏事，但我们却用这惩罚本身教给了他，惩罚是有益而公正的。

我们为了孩子的某些坏习气而惩罚他，而对他来说，在这些坏习气中，未必有哪一种比我们以惩罚本身教给他的这种坏习气更为有害。"我受了惩罚，惩罚一定是件好事。"孩子会在心里这样说，而此后一遇到机会他就会如法炮制。

四 社会关系中的报复行为

1

有关惩罚合理的学说，不仅过去和现在都无助于对孩子的良好教育，而且也无助于建立良好的社会制度，无助于在所有相信来世惩罚的人们心里树立道德观。在过去和现在，这种学说只能造成不计其数的不幸：使儿童变得心肠冷酷，使人们的社会关系变得疏远，使之失去其赖以存在的美德基础，并以地狱的威胁使人堕落。

2

以善报恶，而不是以恶报恶——人们不信奉这一原则，主要是因为他们从小受到的教育就是：如果不以恶还恶，他们整个的生活就会陷于混乱。

3

所有善良的人都希望消除暴行、劫掠，消除富人的财富、穷人的贫困，消除所有那些使人类生活蒙污的残杀和犯罪。如果说，人们的这些愿望是正当的，那么他们应当明白，要做到这些，靠的绝不是互相争斗和报复。所有事物都是同类相生的，但目前我们还没有以完全不同的方式去对抗作恶者的欺凌和暴力，相反，我们却要做他们所做的事，这只能会唤醒、鼓励和滋长他们的全部恶欲，而这恶欲本是我们设法要连根除掉的。我们所做的只不过是要把恶换一个面目而已，实质上没有任何不同。（据巴卢）

4

对惩罚的畏惧从不曾使哪个杀人凶手有所收敛。那出于报复或者贪财而杀死邻居的人，并不去更多地考虑后果如何。杀人凶手总是相信自己会逃脱追究的。假如事先声明，对杀人犯不会施加任何惩罚，凶杀事件也未必会有所增加，相反，完全有可能减少，因为那也就不会出现在监狱中堕落的罪犯了。

5

再过数十年，也许数百年，这个时代终将到来，那时，我们的子孙将会对我们的法庭、监狱和死刑感到不解，正如今天我们对把人烧死和严刑拷打感到不解一样。我们的后代将会说："他们的全部所作所为都毫无意义，残忍而恶毒，这一切他们怎能视而不见呢？"

五 私人关系中的报复行为必然会被兄弟之爱和不以暴力抗恶的原则所代替

1

福音书中这样说:"如果有人打你的右脸,连左脸也转过来由他打。"对于基督徒来说,上帝的法则就是如此。无论是谁行使暴力,无论为了什么而行使暴力,都是一样——暴力即恶,这种恶与凶杀和淫乱的恶毫无区别。同样,无论为了什么而作恶,无论是谁作恶,一个人也好,千百万人也好,恶就是恶,因为在上帝面前人人是平等的。人的法律有的时候需要遵守,有的时候可以不遵守,某些可以遵守,另一些却不必遵守。上帝的诫命却不同,所有人都必须始终不渝地恪守它。因此,爱的诫命永远是所有基督徒必须遵守的。无论任何时候,遭受暴力都胜于自己去行使暴力。对于基督徒来说,即使发生不测,宁可被杀死,也胜于做杀人凶手。如果我受到欺侮,作为一个基督徒,我也必须要这样想:我也曾欺侮过别人,所以上帝为了让我头脑清醒,为了洗清我的罪孽,来让我经受考验,这是好事。如果人们欺侮了我,他们是无辜的,而我获益更大,因为在这种情况下我体验到了所有圣徒曾经体验过的东西,而如果我能像这些圣徒那样去做,那么我也将与之为伍。不可用恶拯救灵魂,不可从恶的路上走向善,正如不可朝着相反的方向走回家一样。撒旦不能逐走撒旦,恶不能战胜恶,否则只能恶上加恶,使恶更加根深蒂固。能够战胜恶的只有正义和善。只有以善,以善加忍耐再加苦痛,才能将恶熄灭。
(据阿尔汉格尔斯基)

2

应当懂得并记住,希望惩罚他人的想法,即复仇的欲望,不是作为理性生命的人本性中所固有的。这种欲望只是人的一种动物本能。因此,人应当努力摆脱这种情感,而绝不能为此加以辩解。

3

当有人对你发怒或对你作恶的时候,应该怎么办?可以采取的方式很多,但有一点是不可取的:不应该作恶,即像那人对你所做的那样去做。

4

你们不要说:如果别人对你们行善,你们也将对别人行善,如果别人让你们受苦,你们也让别人受苦;你们应当这样去做:如果别人对你们行善,你们也对别人行善,而如果他们让你们受苦,你们却不可让他们受苦。(穆罕默德)

5

爱的学说不能容忍暴力。这种学说的重要性不仅在于,促进人去完善自我及自我的灵魂,容忍恶和以善报恶,还在于,主张唯有善才能制止恶,扑灭恶,使它无法存在下去。真正的爱的学说是强大的,因为它可以扑灭恶,而不使其形成燎原之势。

6

早在许多年前人们就开始明白，惩罚与人类灵魂的崇高本质是不和谐的，他们便想出种种学说，试图利用它们达到为这种低级的动物欲望加以辩解的目的。一些人说，惩罚是必要的，因为它能够起到威慑作用；另一些人说，它在改造人的方面是必要的；第三种人说，它是必要的，因为它能够彰显正义的力量，如果没有法官即使上帝也无法在世上维护正义。但所有这些学说都是空话，因为从本质上来说，它们不过是一些恶劣的情感：报复、恐怖、自私、憎恨。他们有很多臆想，但必要的事却一件也不能解决，也就是说，对那些犯了罪孽的人忏悔不忏悔、改正不改正，他们一概不管。臆想出这些学说以及推行这些学说的人们，他们丢开别人不顾，只是自己去过善的生活了。

7

以善来报答恶——你就在这恶人心中扼杀了他在恶中所看到的快乐。

8

如果你觉得有人对不住你，那就忘掉这些，并原谅他。为此你将会体验到宽恕的幸福。

9

让人高兴的事莫过于别人宽恕了他做的恶，并以善来还报他的恶，而这样去做的人所感受到的喜悦也莫过于此。

10

善可以战胜一切，而它自身却不可战胜。

对一切都可抗拒，唯有对善却不可。（据卢梭）

11

以善报恶，宽恕一切。只有大家都来这样做的时候，恶才会从世上消失。也许你没有足够的力量这样做。但要知道，我们的希望只在于此，我们必须要做的也只在于此，因为这是把我们从为之而痛苦的恶中拯救出来的唯一途径。

12

谁宽恕欺侮者对他的欺侮，特别是当这欺侮者已受制于他的时候，谁就是最敬奉神的人。（穆罕默德）

13

"那时，彼得进前来，对耶稣说：'主啊！我弟兄得罪我，我当饶恕他几次呢？到七次可以吗？'耶稣说：'我对你说：不是到七次，乃是到七十个七次。'"（《马太福音》18：21—22）

宽恕——就是说不施加报复，不以恶还恶，就是说要爱。人如果信奉这一点，那么问题不在于弟兄对你做了什么，而在于我应该怎么做。如果你想纠正他人的错误，只要对他说上一句他做错了。如果他不听你的，不要怪罪他，而只能怪罪自己，因为你不懂得怎样对他说才合适。

问应当饶恕弟兄几次，这就等于问一个知道饮酒不好并且决定再不饮酒的人，当别人请他饮酒时，他应当拒绝几次才好。如果我决定不饮酒了，那不管别人请我多少次，我也不会再饮。在饶恕的问题上也是如此。

14

宽恕并不意味着说一句"我宽恕你"就完了，而是要从心中排除懊恼以及对欺侮者的不良情感。为了做到这一点，应当记住你自己也是有罪的；而你要是记住这个，那么一定会在自己身上找到比惹你生气的事更坏的东西。

15

不以暴力抗恶的学说不是什么新的法则，它只不过指出了人们肆意放弃爱的法则的现象，它只不过指出，任何纵容以暴力对付他人的行为，尽管打着惩恶和使自己或他人摆脱恶的旗号，但与爱却是格格不入的。

16

如果你是有爱心的，你就不会去施加报复。——这种学说是如此通俗易懂，因为它的含义是不言自明的。

所以说，即使在基督教的教义中没有讲明，每一个基督徒都必须以善报恶和爱仇敌，那么每一个懂得了这教义的人，自己对自己也会提出这种爱的要求。

17

为了明白基督有关以善报恶的教义，必须按照其本来面目去加以理解，而不是照教会对它断章取义、添油加醋的解释去理解。基督的全部教义都在于，人不是为自己的肉体而生，而是为灵魂、为完成上帝的旨意而生。而上帝的旨意就在于，人要彼此相爱，爱所有的人。人怎么可能既爱所有的人又对他人作恶呢？对信奉基督教义的人来说，无论别人怎样对待他，他都不会做出有违爱的举动，不会对他人作恶。

18

如果没有禁止以恶还恶的戒条，全部基督教义就是一派空话。

19

那时，彼得进前来，对耶稣说："主啊！我弟兄得罪我，我当饶恕他几次呢？到七次可以吗？"耶稣说："我对你说：不是到七次，乃是到七十个七次。

"因此，天国就好像一个王要和他的仆人们算账。他开始算的时候，有人带了一个欠一万银子的来；但因为这人没有什么偿还之物，主人就吩咐把他和他的妻子儿女，并一切所有的都卖了偿还。那仆人就俯伏拜他，说：'主啊！宽容我，将来我都要还清。'主人对仆人就动了慈心，把他放了，并且免了他的债。那仆人出来，遇见他的一个欠他一百小钱的同伴，便揪着他，掐住他的喉咙，说：'你把所欠的还我。'他的同伴就俯伏央求他说：'宽容我吧，将来我都还给你。'但这人不肯，竟去把他下在监里，等他还了所欠的债。他的同伴们看见他所做的事，非常伤心，去把这事都告诉了主人。于是主人叫了他来，说：'你这恶奴才！你央求我，我就把你所欠的都免了。你不应当怜恤你的同伴，像我怜恤你吗？'主人就大怒，把他交给掌刑的，等他还清了所欠的债。

"你们各人若不从心里饶恕得罪你的弟兄，我天父也要这样对待你们了。"（《马太福音》18：21—35）

六 不以暴力抗恶应用于社会与应用于个人生活同样重要

1

人们想一直像以前那样做坏人，同时又想让整个生活变得好起来。

2

我们不知道也不可能知道，什么是共同的幸福，但我们确切地知道，要想获得这种共同的幸福，必须要求每个人做到：他所遵守的不是由人所制定的法则，而是那在每个人的智慧和心灵中所显现的善的永恒法则。

3

人们不赞同基督教义的真正含义，不赞同以善报恶，他们常常说，如果接受了这种教义，就会破坏所有沿袭已久的生活秩序，因此不能接受这种教义。实际上基督的教义也正是这样一种教义，它一定要破坏我们生活中恶劣的制度。它之所以在世上广为传布，为的就是摧毁旧的坏秩序，而在其原地建立起新的好秩序。

4

有人说，不可不以恶报恶，因为如果不这样做，作恶的就会压倒行善的。我想恰恰相反：只有当人们认为以恶报恶是被允许的，像如今在所有基督教民族中存在的那样，只有这时，作恶的才会压倒行善的。作恶的如今已经压倒行善的，正是因为所有人都被告知，对人作恶不仅是被允许的，而且是有益的。

5

人们说：停止以惩罚来威慑作恶者，就会破坏现存秩序，一切都会完蛋。说这种话就等于说：如果河流解冻，一切都会完蛋。不是的，河流解冻，航船就会开来，真正的生活就将开始。

6

在谈到基督教义的时候，那些学识渊博的作家们常常装腔作势地说：基督教从其真正的含义上来说是不切实际的，这个问题早就已成定论。

"无须抱任何幻想，应该脚踏实地地做些事。应当改变劳资关系，合理安排劳动和土地资产，开放市场，为安置人口建立移民区，应当确立教会和国家的关系，应当成立同盟以保障国家安全，建造船舰，修筑堡垒，招募并训练军队，为了保卫自己和人民的生命财产完善各种防卫措施，等等。

"应当解决民众所关注的重大问题，而不是幻想在世界上建立这样的体制：当有人打你的脸时，把另一边也送上去挨打，当别人剥你的衬衣时，把长衫也送给他，过什么天堂之鸟的日子——这一切都是痴人说梦。"人们说这些话的时候并没有看到，他们遇到的所有问题，无论哪一种，其根源正在于他们所谓痴人说梦的东西。

而这一切问题之所以应当从所谓痴人说梦的东西中去寻找根源，是因为所有这些问题，从劳资斗争到民族性以及教会和国家的关系问题，都可以归结为下述问题：一个人可以而且必须对他人作恶。——这种情况要么存在，要么不存在，或对于有理性的人来说不可能存在。

因此从实质上看，所有这些被认为十分重要的问题都归结为一点：要理性还是不要理性。进一步说，以恶报恶是需要还是不需要？在过去的一个时期里，人们可以不明白，也真的不明白这个问题的意义，但如今人类经历了一系列可怕的痛苦事件之后，他们已经意识到在实际中解决这个问题的必要性。而这个问题在一千九百年前早已由基督的教义明确地解决了。因此在当今时代不必再装腔作势地说，我们不知道这个问题，也不知道它已得到解决。

七 对暴力必要学说后果的真正认识已开始贯彻到当代人的意识之中

1

如果曾经有过这样一个时期：英雄和哲人们在道德上高于人

们的普遍水平，因此大部分人都自然而然地情愿听从他们的所有要求，哪怕这要求有悖于听从者的利益，而且这大部分人自己承认加在他们头上的暴力是一种美德。如果说有过这样的时期，那么这个时期也早已过去了。在今天已很难见到有人不明白：统治者不仅不比他们道德高尚，而且几乎总是比大多数人更卑劣；也很少有人不去议论统治者们的行径和命令，对大部分并不表示赞赏，但却下不了决心与之对抗，也意识不到他们之间在观念上的共同之处。在今天，不管统治者是专制君主还是民选领袖，人民对统治者的这种臣服关系只是靠习惯在维持着，但人们早已感觉到，这种关系已经不合时宜了。

2

惩罚是一种观念，人类就是从这种观念开始成长的。

3

当今世上那些强权人物极力要居高临下地扼杀耶稣的精神，尽管如此，耶稣的精神还是无所不在地鲜明显现。难道福音的精神没有贯彻到大众之中去吗？难道他们还没有看到光明吗？有关权利和义务的概念难道没有在每个人心中确立吗？对那些来自四面八方的呼唤——呼唤更为公正的法律，呼唤建立在正义与平等之上的保护弱者的机构——人们还没有听到吗？难道昔日被强制分离的人们之间的仇恨之火还不能熄灭吗？难道人民大众还没有意识到他们都是兄弟吗？压迫者们已在颤抖，仿佛有一个隐隐的声音在预言他们的迅速灭亡。他们被可怕的幽灵搞得惊恐不安，慌忙抓紧他们用来绑缚人民的锁链,而基督已经来临,这锁链很快就要被打碎了。地下滚滚的轰鸣已在惊扰着他们的美梦。在社会每一个隐秘的角落都在完成着同一个事业,统治者们拼尽全力也无法阻止它,这个事业将以其连续不断的胜利把他们推入难以言状的惊恐之中。这个处在萌芽之中的、已顺利成长壮大的事业,即爱的事业,正在将罪恶从世界上消除,使衰弱的生命复活,给苦难者带来欣悦,打碎囚徒们身上的枷锁,为人民指明一条新的生活之路,这种新生活的内在法则将不再是暴力,而是人与人彼此相爱。(拉梅内)

第十六章
虚　荣

没有什么比这样一种习惯更严重地扭曲着人们的生活，并不可避免地剥夺他们真正的幸福，这种习惯就是，不按照世上哲人的教导和自己的良知去生活，而是按照他们周围那些人所认可和赞许的方式去生活。

一　虚荣的邪念表现在哪些方面

1

人在做一件事时，不是为了自己的肉体，也不是为了自己的灵魂，而只为了博得人们的赞许。——这是人们生活恶劣的主要原因之一。

2

对荣誉，对获得人们的赞许、尊敬和夸奖而操心，没有哪一种邪念会像这一种一样，能把人们久久地陷于其掌握之中，并使他们疏于去理解人类生活及其真正幸福的意义。

人摆脱邪念只有靠顽强的自我斗争,并坚持不懈地提醒自己去领悟自己与上帝是一体的,因而褒奖只能从上帝那里得到。

3

真正的内心生活对我们来说太少了——我们总是想按别人的想法过另一种想象中的生活,为此我们总是迫使自己做出与实际生活中不同的样子。我们不断地对这种想象的生命形态极力加以粉饰,而对我们真实的生命形态和生活现实却漠不关心。如果我们在灵魂上是安宁的,如果我们有信心、有爱心,我们总是会迫不及待地把这些讲给大家听,使这些美德不仅是我们既有的美德,也成为那个按别人的想法想象出来的生命的美德。

为了让人们认为我们是有美德的,我们竟然情愿放弃这些美德。我们情愿去做胆小鬼,只要人们以为我们是勇敢者就行。(帕斯卡)

4

最危险和有害的口头语之一是"大家都这样"。

5

许多情况下人作恶是出于自己的肉欲,而更多情况下人作恶是为了得到赞赏,为了世俗的荣誉。

6

当你很难或者几乎无法弄明白,一个人为什么要做他正做的事时,那么请你相信,他行为的动机就是希望获得世俗的荣誉。

7

大人摇晃婴儿,不是为了防备外界因素引起他哭闹,而是为了使他无法哭闹。我们面对良知的时候也是如此,我们压抑良知的声音,乃是为了讨好他人。我们无法使良知平静下来,而是力求达到我们所需要的一种效果:对它听而不闻。

8

应该注意的不是你的崇拜者人数多少,而是他们的品质如何:不被好人喜爱令人不快,但不被坏人喜爱永远是好事。

9

我们把更多的精力都耗费在仿效别人上,却不能把这么多的精力用在智慧和心灵上。(爱默生)

10

每一个好的举动都隐含着想博得人们赞许的成分。但如果你所做的事只是为了获得世俗的荣耀,这便是不幸。

11

一个人问另一个人,他为什么要做他不喜欢的事。

"因为所有人都这么做。"后者回答说。

"不见得所有人都这样吧,我就不这么做,还有别的人也不这么做。"

"不是所有人,但很多,大部分人。"

"但是请告诉我,什么样的人更多些:是聪明人,还是蠢人?"

"当然,蠢人更多些。"

"既然如此,那么就是说,你这样做是在步蠢人的后尘。"

12

只要周围所有人都过着恶劣的生活,那么一个人就很容易适应最坏的生活。

二 许多人想法相同并不能证明这种想法是正确的

1

坏的东西之所以总是无法改善,是因为有太多的人在做坏事,更坏的是这种行为往往受到赞赏。

2

对同一种信仰信奉的人越多,就越需要谨慎看待这种信仰,越需要对它仔细地加以审视。

3

当人们说应该像别人那样做事时,这几乎总是意味着,应该做坏事。(拉布吕耶尔[①])

[①] 让·德·拉布吕耶尔(1645—1696),法国作家,著有《品格论》。

4

一旦你习惯于按"所有人"的要求去做事,你就顾不上考虑你要做的是坏事,你也就会把这坏事看作好事。

5

只要我们明白,人们是出于什么原因赞扬或者侮骂我们的,我们就不再那么看重人们的赞扬,也不再惧怕他们的指责了。

6

人心中都有一个自己的法官——良知。只有它的评价才值得重视。

7

要在受世人指责的那些人中去寻找好人。

8

如果众人憎恨一个人,则应该在下结论之前好好考虑一下,为什么会这样。如果众人迷恋一个人,同样也应该在下结论之前好好考虑一下,为什么会这样。[1](孔子)

9

即使那能够诱使我们堕落的坏人同样能够败坏我们的生活,

---

[1] 原文参见《论语·卫灵公》:"子曰:众恶之,必察焉;众好之,必察焉。"

但也比不上那些没有头脑的群众,他们能像洪水一样把我们随身卷走。

三 虚荣的致命后果

1

社会对人说:"要按照我们所想的去想;要信奉我们所信奉的;要按照我们吃喝的样子去吃喝;要按照我们穿衣的样子去穿衣。"而如果有人不听从这些要求,社会就将以嘲讽、诽谤和谩骂来对他加以折磨。对此你很难不俯首听命,然而一旦你听命于它,你的处境将更加糟糕,因为你俯首听命于它时,你已不是自由人,而是奴隶。(据露西·马洛丽)

2

人们为了自己的灵魂,为了成为更聪明善良的人而努力学习,这是好的。这种学习对他们是有益的。而当人们学习是为了世俗的荣誉,为了显得有学问时,这种学问不仅无益,反而有害,使人变得比他们过去未学习时更不聪明、更不善良。(引自中国文献)

3

不仅不要自我夸奖,也不要让别人夸奖你。夸奖会葬送灵魂,因为它使人放弃对灵魂的关心,转而关心世俗的荣誉。

4

人们总会看到这样的事：一个善良、聪明、诚实的人，尽管他知道，战争、食荤、土地私有、法庭等类似的事都是不好的，但他还是泰然自若地继续做这些事。这是为什么呢？这是因为，这种人重视他人的看法胜于重视自己良知的评判。

5

总是担心别人的看法如何——只有用这个原因才能解释人的一种最普遍同时也是最奇怪的举动——撒谎。人懂得的是一套，说的是另一套。为什么？对此没有别的解释，只能说他想的是，如果他说了真话，人们不会夸奖他，而如果撒了谎，人们就会来夸奖他了。

6

不尊重传统是一种恶，但它远不及对旧的习俗、法律和体制保持尊重所带来的恶的千分之一。

人们早已不再信奉旧的习俗、法律和体制，但仍旧听命于它们，因为人人都在想，如果他拒绝服从，大多数人就会来指责他。而实际上大多数人早已不再信奉那些旧的东西，只是人人都怕做第一个。

四　与虚荣这种邪念做斗争

1

人在生命之初，在童年时代，更多的是为了肉体而生活：吃、喝、玩、乐。这是第一个阶段。随着人的长大，他就开始越来越多地关心起周围人的意见来，并且为了这种意见而渐渐忘掉了吃、喝、玩、乐等肉体的要求。这是第二个阶段。第三个阶段，即最后一个阶段，这时人已主要听命于灵魂的要求，并且为了灵魂而对肉体的享乐和世俗的荣誉持藐视态度。

虚荣是对付动物性肉欲的首要的也是最拙劣的手段。用了这种药后还必须来医治这种"药"。医治的方法只有一个：为灵魂而生。

2

你一个人很难放弃传统的习俗，而与此同时，在改善生活的路途上每走一步，你就不得不与传统习俗发生冲突并遭到别人的指责。凡认为生活在于自我完善的人，对此都必须做好准备。

3

因不遵守人们固有的习惯而惹恼他们，这固然不好，但更坏的是，不遵守良知和理性的要求，而姑息人们的习惯。

4

无论现在还是以前，人们既嘲笑那些沉默不语的人，也嘲笑那些夸夸其谈和少言寡语的人。——世界上没有哪个人是没受过指责的。过去不曾，将来也不会有哪个人总是在所有事上受到指责，同样也不会有人总是在所有事上都受到赞扬。因此，无论是别人的赞扬，还是指责，都不值得多虑。

5

对于你来说最重要的是如何看待自我，因为你将来是否幸福就取决于这一点，而绝不取决于别人如何看待你。因此，不要考虑世人的议论，需要考虑的只有：怎样加强自己的精神生活，而不是削弱它。

6

你担心人们会因你的温顺而看不起你，但正直的人不会因此看不起你，况且你怎么做与别人并不相干。不要去关注别人的议论。一个好的木匠不会因为一个对木匠活一窍不通的人不夸奖他的工作而伤心。

因为你的温顺而看不起你的人，根本不明白对于人来说什么是善。由此可见，你怎么做与他们的议论又有什么相干呢？（据爱比克泰德）

7

该是人来认识自己价值的时候了。难道他真的是某种非法生命吗？该是人不再小心翼翼左顾右盼的时候了，不要去管你是否让别人满意。是的，要坚定地高昂起我们肩上的头颅。生命赋予我不是为了装样子，而是为了保持这生命。我已意识到为自己灵魂而生的责任。我将关心的不是人们如何看我，而是我是否为那赋予我生命者完成了使命。（爱默生）

8

每一个从年轻时起便被最粗野的动物性动机所左右的人，将会不断地屈服于这种动机，尽管他的良知提出的是另一种要求。他之所以这样做，是因为别的人也都像他这样做。而别的人这样做，与他这样做，都是出于这同一个原因。而摆脱它的出路只有一个：每一个人都使自己从对他人看法的顾虑中解放出来。

9

一个长老曾经看到过幻影。他看到有个天使从天而降，手里拿着一个光环，四面张望着在找一个人，要把这光环赐给他。这长老的心开始燃烧起来了。他对那天使说："怎么做才配得上这顶光环呢？为了得到这个奖赏，我什么都肯做。"

于是天使说："往那儿看。"天使转过身，用手指着北方。长老也回头一望，看到了一大片乌云。这片乌云遮住了半边天，并向地面降下来。一时间乌云散了开来，眼看着变成了一大群黑黑的人，向着长老拥过来；在这些人后面，站着一个极为高大而恐怖的黑人，他巨大的双脚站立在地面上，而毛发蓬乱的头却顶在天上，上面长着可怕的眼睛和红红的嘴唇。

"去跟他们战斗，战胜他们，我就把这光环赐给你。"

长老吓坏了，说：

"我可以跟所有的人战斗,但对这个顶天立地的黑人,我却力所不及。我不能跟他战斗。"

"糊涂的人哪,"天使说道,"你因为害怕这个黑色的巨人,也就不想跟这些小黑人战斗,而这些小黑人就是人的所有恶欲,他们是可以打败的,而这黑色的巨人就是世俗的荣耀,有罪的人就是为它而生活的。与这个黑色巨人不必斗争,他只是个空壳。只要打败了那些恶欲,他自然而然就会在世界上消失不见了。"

五 要关心自己的灵魂而不是自己的荣誉

1

要赢得美德之士的名声,最快捷可靠的方法,不是在人们面前做出有美德的样子,而是在自己身上下功夫,真正做一个有美德的人。(苏格拉底对话录)

2

让别人认为我们是好人很难,不如去做一个好人,即我们想要别人认可的那样的人。(利希滕贝格)

3

谁不按自己的方式去思考问题,谁就会服从于别人的思想。而使自己的思想服从于别人,比起使自己的肉体服从于别人来,是一种更为卑劣的奴性。要用自己的头脑去思考问题,而不要关心人们会怎样谈论你。

4

如果你总是关心别人是否赞成,那你无论何时何地都会优柔寡断,因为事情总是某些人赞成这一点,另一些人则赞成另一点。凡事应当自己决定。这个做起来很简单。

5

为了在别人面前表现自己,你会当着别人的面不是自吹自擂,就是自我责骂。但如果你自吹自擂,人们不会相信;如果你说自己的坏话,他们会认为,你比你说的更坏。因此,最好的办法是什么也不说,只关心自己良心的评判,而不去理睬别人的评判。

6

在对敬重美德和为之献身方面,没有人比宁可失去好人名声的人做得更好,他们只是在自己的灵魂中坚守好人的准则。(塞内加)

7

当人习惯了只为世俗名望而生的时候,他就会觉得做人很难,如果不照所有人的行事方式去做,他就会落个愚蠢无知的名声,甚至被人视为彻头彻尾的坏人。但所有困难的事都应该去做。而对于这些事应当从两个方面去做:一个方面是学会藐视人们的议论,另一个方面是学会把生活看作是为了做这样的事,即这些事尽管会受到人们的指责,但做了总是好的。

8

我必须要按照我所想的,而不是按照别人所想的去做。这个原则无论是对日常生活还是精神生活来说,同样都是必不可少的。这个原则很难坚持,因为你总是会遇到这样的人,他们认为他们比你自己更懂得你的责任是什么。在世俗生活中你很容易附和世俗的观念,而在独处的时候,你就很容易坚持个人的观点;谁生活在众人之间,也像他离群索居时一样,坚持按照人所当为的那样去做,谁就是幸福的。(爱默生)

9

所有人都是按照自己的思想和别人的思想来生活和行事的。在多大程度上按自己的思想生活,在多大程度上按别人的思想生活——人与人之间最主要的区别就在于此。

10

有些人看上去很奇怪,他们既不为自己的幸福,也不为别人的幸福,而只是为得到人们赞扬而生活。而与此同时,那些不看重别人对他的行为是否赞同,而更看重自己和他人幸福的人又太少了。

11

一个人永远不会受到所有人的夸奖。如果他是个好人,则坏人会把他看成坏人,不是嘲笑他,就是指责他。如果他是个坏人,则好人就不会赞扬他。一个人要想得到所有人的夸奖,他就必须在好人面前装成好人，在坏人面前装成坏人。但当这两类人都识破他的伪装时，则这两类人都会瞧不起他。好的方法只有一个：做一个好人，不去关心别人的看法，不去在世人的心目中，而在自己的心灵中为自己的生活寻求奖赏。

12

"没有人把新布补在旧衣服上，因为所补上的反带坏了那衣服，破的就更大了。"

"也没有人把新酒装在旧皮袋里，若是这样皮袋就裂开，酒漏出来，连皮袋也坏了；但是把新酒装在新皮袋里，两样就都保全了。"（《马太福音》9：16—17）

这话的意思就是，为了使生活变得更好（不断地改善自己的生活——人的全部生活都在于此），不可局限在过去的习俗里，而应当开始新的习俗。不可顺从那被人按老规矩认定为好的习惯，而应当为自己树立新的习惯，不要去关心被人们评头品足的东西。

13

你为别人服务是为了灵魂，还是为了上帝，还是为了得到他们的奖赏，这很难区分。检测的方法只有一个：在做一件你所认可的善事时，问自己如果明知此后无论何时都不会有人知道你做了善事，那么还做不做这件事。如果你对自己的回答是，无论如何都要做，那么你就会确切地知道：你所做的事是为了灵魂，为了上帝而做的。

六　过着真正生活的人不需要别人的夸奖

1

一个哲人说，要独自生活。这话的意思就是，对生活中的问题，要由你自己和存在于你身上的上帝来决定，而不要由别人的劝告和议论来决定。

2

对于侍奉者来说，侍奉上帝的好处在于：在人面前你会不由自主地想做出一个好人的样子来，而当人们把你看作坏人时，你就会感到伤心。在上帝面前不会有这种事。他了解你，知道你是什么样的人，在他面前你既得不到任何夸奖，也不会遭到诋毁诽谤，所以说，在上帝面前不需要做样子，需要的只是做一个好人。

3

如果你想得到安宁，就要去满足上帝，而不要去迎合他人。不同的人所想的也不同：今天想的是这样，明天就成了另一样。你永远也无法使他人满足。存在于你身上的上帝所想的始终如一，而你也知道他想的是什么。

4

人所服务的对象只能二择其一：灵魂或者肉体。如果为灵魂服务，你就必须与罪孽做斗争。如果为肉体服务，无须与罪孽斗争，你需要做的只是去做人们常做的事就行了。

5

想完全不信奉上帝只有一种方法，这就是永远把别人的想法视为正确的，而不承认自己内心的声音有任何意义。（约翰·罗斯金）

6

当我们坐在一艘航行的船上，看着船上的某个东西，我们就注意不到自己在航行；如果我们向外去看那相对于我们不运动的东西，比如向岸上看，马上就会发现我们是在移动。生活中的情形也是如此。当所有的人都不按照应有的样子生活时，我们是注意不到这一点的；而一旦有一个人醒悟过来，开始按照上帝的法则生活，他立刻就会看得很清楚，其他人的生活是何等龌龊不堪。而其他人呢，为此总是要把那不像他们那样生活的人排挤出去。（帕斯卡）

7

应当使自己习惯于这样生活：不去考虑世人的想法，甚至不去希望得到世人的爱，而只是遵循着自己生活的法则，为完成上帝的意志而生活。的确；在这种只与上帝同在的孤独的生活中，已经失去了为世俗的荣耀而做善举的动机，然而却在灵魂中确立了自由、安宁、忠贞和走正确道路的坚定觉悟，而这些是那为世俗荣耀而生活的人永远也不会了解的。

实际上每一个人都可以使自己习惯于这样生活。

第十七章
国家迷信

一 国家学说的虚伪和欺骗性在哪里

1

国家的伪学说在于只承认它与一个民族、一个国家的这部分人保持团结一致，而与其他民族、其他国家的其他人却是分隔开来的。由于这种可怕的伪学说，人类自相折磨、残杀、掠夺。而要摆脱它，人只有承认在他身上生命的灵魂本源与所有人身上的都是同一的。承认了这一点，人就不会再去相信那些人为的组织机构，是它们把由上帝结合起来的又割裂开来。

2

我们理应热爱美德，敬重英雄行为，认同善（不管这善是从哪里得来的），甚至为了我们所爱的人的荣誉和利益（这是他们应得的），我们会放弃自己的舒适生活。由此可见，如果一个国家的居民发现了一个人物，他们觉得他具有大智大勇来保护他们，具有伟大的胸怀来管理他们，如果因为这个原因他们习惯于服从他，并且为他提供了种种利益,如果是这样的话,我不认为这是不符合理性的。

但是,我的上帝啊!对下面这种现象我们怎么理解呢?大多数人在某一个人或某些少数人面前,不仅是服从,而且是奉献,不仅俯首听命,而且甘愿为奴。他们甘愿为奴,以至于丧失了自己的一切——财产、子女甚至生命等他们本就认为属于自己的东西,并且容忍着种种掠夺和暴行。这些行径并不是出自军人,也不是出自野蛮人,而只是出自某种人,这种人既不是赫拉克勒斯,也不是参孙[①],而是那些大多道德败坏的人。对此我们怎么来看呢?我们是否会说,这占大多数的人都是胆小鬼?假如三四个人抵挡不住一个人的进犯,这一定会令人诧异,但这毕竟是可能的,可以说这是由于他们缺少勇气。但是假如成千上万的人,成千上万个村镇,以至上百万的人,对那给他们所有人造成痛苦的少数人,却不加攻击,而甘愿做他们的奴隶,那么这是一种什么样的怪现象呢?

然而这种现象每一天都在所有的国家和所有人身上出现,这种现象就是,某几个人统治着成千上万的村镇,并且剥夺了他们的自由;如果只是有所耳闻,而不是亲眼所见,恐怕没人会相信这个。而假如这种现象只能在异邦遥远的土地上看到,那么人人都会想,这不是真的,很可能是人们的杜撰!要知道,对那些压迫人民大众的少数人用不着去征服,也用不着防御他们,只要人

[①] 赫拉克勒斯是古希腊神话中的英雄,参孙是古以色列士师。二人均以勇力著称。

民拒绝做奴隶，这少数人就永远是失败者。不需要去褫夺他们什么，只需要什么也不给他们，人民就将获得自由。所以说，是人民自愿去受压迫者统治的，是他们自己割断了自己的喉咙。那本可拥有自由的民族，却自行交出了他们的自由，自己在脖子上套上重轭，他们不仅赞同压迫他们的人，而且还在寻找这样的人。如果为了讨回自由需要付出代价，他们宁可不去争取这对于人来说最为宝贵的、将人与动物区分开来的天赋权利，由此我明白，他们所能做的就是宁可选择生活的安全和舒适，而放弃为自由去斗争。假如为了获得自由，人们只需要保持对自由的希望即可，也就是说，既然自由只凭一种希望即可赢得，那为什么世上还有民族认为只有付出高昂的代价才能换取自由呢？

贫穷、不幸、无理性的民族啊，对于恶你们坚守不懈，对于善你们冥顽不化，你们任凭他人夺走你们大部分的收获，劫掠你们的土地和家园。你们就这样生活着，仿佛这一切都不是属于你们的，你们对那些杀人凶手随声附和，任凭他人剥夺你们的良知。这一切灾难、破败和堕落并不是由敌人造成的，而是由你们自己创造出来的敌人造成的。假如不是你们自己把权力交给这个敌人，他怎能在你们头上作威作福？假如你们不做那劫掠你们的盗贼的窝赃者，不做那残害你们的凶手的帮凶，假如不是你们自己背叛自己，他怎能对你们为所欲为？你们播下种子，为的是让他毁坏你们的禾田，你们装满谷仓，收拾好房屋，为的是让他前来劫掠；你们把儿女养育成人，为的是让他把他们投入他所发动的战争，投入杀人的屠场，为的是让他把他们改造成他的淫欲、他的复仇欲望的执行者。即使你们不想得到自由，但只要对自由抱有希望，你们就可能摆脱这些连动物也无法忍受的惨剧。

只要你们毅然决然不再供他驱使,你们就可以靠这对自由的向往而获得自由。我不是希望你们去攻打这个敌人,只是希望你们不再去维护他,你们将会看到,他就将像一个被铲除了根基的泥足巨人,沉重地崩塌倒地,粉身碎骨。(拉·波埃西[①])

3

只要你仔细看一下人们做的都是些什么事,你就不能不感到惊讶,他们耗费了大量的生命,为的是在地球上使罪恶的王国继续存在下去,而维护这罪恶的最主要因素,就是彼此分离的国家和政府。

而这一切本不必要,人们坦然自若地对自己做下这一切罪恶,其根源只是他们的愚蠢,只是因为他们竟允许某些狡诈而堕落的人在他们头上作威作福。——当你想到这些的时候,你将感到更加惊讶和忧伤。(帕特里斯·拉洛克[②])

4

我们享有着文化和文明的幸福,而不是道德的幸福。就人们的现实生活状况来看,可以说,国家的幸运是与人民的不幸同步增长的。这样一来,你就会不由得对自己提出一个问题,当我们

[①] 艾蒂安·德·拉·波埃西(1530—1563),法国诗人、政论家。该引文出自其著作《论自愿为奴》。

[②] 帕特里斯·拉洛克(1801—1879),法国哲学家。

的文化和文明还未曾出现的时候,我们处在原始的生活状况中,是否比处在如今的状况之中更为不幸呢?

不使人成为道德的人,就无法使他们成为幸福的人。(康德)

5

"非常抱歉,我必须发布命令,没收劳动产品,实行监禁、流放、苦役、死刑、战争(即群体性屠杀),但我有责任这样做,因为那赋予我政权的人所要求于我的正是这个。"统治者们说。"如果我剥夺人们的财产,把他们从家里抓出来,关押、流放、处决,如果我杀害异族的人,摧毁他们,在城市里射杀妇女儿童,那么不是因为我想这样做,我不过是在完成政权的意志而已,我已允诺为了共同的幸福而服从这个政权。"被统治者们这样说。这就是国家伪学说的欺骗性。就是这种根深蒂固的伪学说使得数百人拥有了疯狂而不容辩驳的政权,凌驾于数百万人之上,并剥夺了这数百万人真正的自由。生活在加拿大或者堪萨斯、波希米亚、小俄罗斯、诺曼底的人,只要他认为自己(人们常常为此而自豪)是不列颠、北美洲、奥地利、俄国、法兰西公民,他就不会是自由的。一个政府的使命就是使那个不可能也没有意义的统一保持统一,如俄国、不列颠、德国、法国,但它不可能赋予其公民以真正的自由,也不是类似自由的东西,像在那些精心设计的宪法(无论是君主制、共和制还是民主制的)中规定的那样。自由缺失的最主要也几乎是唯一的原因,就是关于国家必要性的伪学说。没有国家,人们也许会被夺去自由,但当人们归属于一个国家时,就不可能有自由。

6

主人亲自给雇工分派了活。忽然来了一个陌生人对这雇工说,要他丢开主人的活,而照主人吩咐的完全相反的去做,甚至要他毁掉已经开始做的主人的事。不是吗,必须把这个雇工的头脑彻底打乱,好让他知道,他完全受制于他的主人,主人随时都可以对他呼来唤去。让他知道了这一切,他就会同意照那个陌生人嘱咐的,去做任何对抗主人意志的事。

当一个基督徒按照警察、省长、大臣和皇帝的命令,去做违背自己良知和上帝法则的事:抢夺穷人的东西,执行审判和死刑,参加战争。其情形正如那雇工一样。

他为什么会这样做呢?就是因为他所信奉的是国家伪学说。

7

可以理解,为什么沙皇、大臣和富人们都力求使自己和别人相信,人不可离开国家生存。但那些从国家那里一无所得而只是受到它折磨的穷人,为什么也要维护国家呢?其原因就是他们信奉国家伪学说。

8

国家伪学说的危害之一是它把谎言充作真理,但更为有害的是,它使善良的人们去做违背其良知和上帝法则的事——抢劫穷人、执行审判和死刑、参加战争,而想不到这些事都是恶劣的行径。

9

"专制,死刑,全欧洲的军备,劳动者的被压迫处境,战争——所有这些都是极大的不幸,那些谴责政府所作所为的人是对的。但是生活中没有政府怎么行呢?"人们这样说,"我们这些知识和智力都有限的人,有什么权利仅仅因为这样对我们更好便要消灭现存的这种体制呢?正是靠着这种体制,我们的祖先创造了高度的文明和由此带来的所有幸福。如果取消了国家,我们也必须重新建立某种机构。否则我们怎么敢冒发生可怕灾难的风险,而假如国家被消灭,这些灾难也就在所难免了。"

对这种伪学说,基督教学说就其真正的性质给予了回答。基督教学说在回答这种伪学说的时候,把问题转向了一个对所有人的生活来说都是完全不同的,更有本质意义的、更为重要的领域。基督教学说不主张破坏任何东西,包括任何取代旧制度的现行制度。基督教学说区别于其他所有社会学说之处是,它讲述的不是哪一种生活制度,它讲述的是每一个人,也就是说所有人,在他们的生活中什么是恶,什么是真正的幸福。那获取这种幸福的道路是如此地鲜明,如此地令人确信不疑,人一旦熟悉了它,并因此而体会到什么是恶,什么是生活的幸福,他就绝不会有意识地去做他认为是恶的事,也绝不会不去做他认为是生活中真正幸福的事,就像水绝不会不往低处流,树木绝不会不向空中长一样。

基督教学说的全部意义就在于说明人的幸福就是完成那个差他来到这个世界的意志,而恶就是违背这个意志。这个意志的要求是如此简单明了,它既不可能不被理解,也不可能被歪曲。这些要求就是：不要对他人去做你不想别人对你做的事。你不愿意别人强迫你在工厂里或矿井下连续工作十个小时，你也不愿意别人对你施加暴力或杀死你，那么你也就不要对别人这样做，也不要参与这一类的事。这一切是如此简单明了，毋庸置疑，就连小孩子都不会不明白，任何诡辩家都不可能推翻它。

然而问题在于，由人类这种行为所确立的生活形态，在基督徒看来尚不存在。

10

国家通过赋税、法庭、死刑等对人做下了许多的恶，对此所有人都看得到。所有人都看到，为了摆脱这种恶，应当做的只是不去维护这作恶多端的国家。人们为什么不能摆脱国家罪恶，摆脱国家伪学说呢？把人从这种伪学说中拯救出来的方法只有一个，那就是真理。

二 国家迷信将执政者区分为与群众不同的特殊人物

1

今天人们已习惯于这样的现象，即在所有事中有一些是被禁止做的，还有一些是被命令做的，不管这些事对他们来说有多难。另外，如果他们做了禁止做的事，而没有去做被命令的事，就会有人来惩罚他们，他们的日子也就将因此而难过了。人们对此已习以为常，便不去探究，那禁止他们做某些事的是些什么人，是谁因他们不执行命令而实施惩罚，而只是恭顺地完成要求他们做的事。

人们觉得，对他们提出这些要求的不是人，而是某种特殊的存在，他们把它称作上司、政府、国家。不过一旦他们问自己，这个上司、政府、国家是谁，就会明白，这些人不过是像大家一样的普通人而已，那迫使他人执行其全部命令的不是别人，而正是与身受暴力的那些人同等的人。

2

那些首领们说，如果没有国家政权，罪恶更大的人就将统治罪恶较小的人。但问题在于，可怕的事情已经存在了——罪恶更大的人如今正在统治着罪恶较小的人，这就是国家政权的存在。对于失去国家政权将会产生的后果，我们不能不来加以评判。就所有可能性来说，应该得出这样的结论：如果行使暴力的人停止他们的所作所为，大家的生活无论如何不会因此而变坏，而只能变好。

3

只要仔细考虑一下政府利用其权力所作所为的实质，就会明白，那统治人民的人必然都是些残忍的、寡廉鲜耻的人，其道德水平肯定低于同时代、同社会一般的人。别说道德完美，就是没有完全到寡廉鲜耻地步的人，也不可能爬到宝座上去，要么成为大臣，要么成为决定全体人民命运的立法者。既是道德完美的人,又是治理国家的人——这种说法有一个内在的矛盾,就如同说一个妓女保持着童贞,一个醉鬼头脑清醒,一个强盗性情温顺一样。

4

马基雅维利[①]是这样教给君王们如何履行其职责的:"君王完全不必具有良好的品质,但是每一个君王都必须显示出他们拥有这样的品质。我还要说,实际上这种品质对统治者来说也许只会有害,所以,你没有良好的品质而装出有的样子就不会有害,而是非常有益的了。因此,对于君王来说,表现得宽厚仁慈,言出九鼎,爱民如子,信仰虔诚和开诚布公,是非常重要的;而真的成为这样则是有害的,除非是一个具有这些品质的君王善于在必要的时候压抑住它们,而表现出完全相反的样子。

"任何一个人都看得出,对于君王来说,特别是那些刚刚取得政权或者执掌重新崛起的君主制国家的君王,他们的行为方式往往与其道德要求不相符合;极为常见的是,为了维护国家秩序,他们必须违背良知、仁慈和博爱的法则,甚至违背宗教信仰。君王必须具备顺应时势而改变信念的多变能力,正像我上面所说的,如果可能,便不要逃避诚实的做法,然而在不可避免的情况下,就要采取不诚实的手段。

---

① 尼可罗·马基雅维利(1469—1527),意大利政治思想家,主张不择手段地建立强大的国家政权。

"对于君王们尤其重要的是，要装扮成信仰虔诚的样子；人们评判一个人在大多数情况下都是凭借其外在表现，因为具有高深分析才能的人只是少数，所以在你加了伪装的情况下，人们很容易被欺骗。假面具对于君王来说是必须要有的，因为大多数人只是凭着他们表现出来的样子对其加以评判，只有极少数人有能力区分外在表现和实际情形；但即使这少数人洞悉了君王的真正品质，他们也不敢说出与大多数人相反的个人想法，他们害怕有损于以君王为代表的最高政权的尊严。除此之外，因为君王的行为是不受司法制约的，即使受到谴责也只是他们行为的后果，而不是行为本身。只要一个君王善于保护自己的生命和政权，那么为此无论他使用什么手段，都应当被认为是正当的，是值得赞扬的。"

5

强盗抢劫的是富人的财产，而政府抢劫的是穷人的财产，帮助政府犯罪的富人会受到保护。强盗要冒着生命危险去做他的事，而政府几乎不会冒任何风险。强盗不会把任何人强行拉入自己的团伙，而政府在大多数情况下都是强行征募军队。强盗在大多数情况下都是平均分配猎获物，而政府在分配其收入时是采用多重标准的：谁更多地参与其有组织的欺骗活动，谁得到的奖赏就更多。强盗不会蓄意引诱人们堕落，而政府为了达到自己的目的，以其伪宗教和爱国主义学说败坏了一代又一代的儿童和成人。而最主要的是，无论哪一个最为残忍的强盗，斯坚卡·拉辛也好，卡尔图什也好①，就残忍、暴虐和使用精巧的酷刑方面来说，他们不仅比不上那些以残忍著称的罪恶君王——恐怖的伊凡、路易十一、伊丽莎白们等人②，甚至也比不上今天的那些推行死刑、单人监禁、军事感化营、流放、镇压反抗和战争屠杀的立宪政府和自由主义政府。

6

令人吃惊的是，国王们如此轻易地相信自己就是一切，而人民是如此坚定地相信自己一钱不值。（孟德斯鸠）

7

世上的那些强者，只有对他们跪拜的人才觉得他们是伟大的，一旦人们挺身站立起来，就会发现，他们过去心目中的伟大人物与他们别无二致。

8

国家体制的主要罪恶不在于扼杀生命，而在于扼杀爱，唆使人们离心离德。

---

① 斯坚卡·拉辛（斯捷潘·拉辛的昵称，约1630—1671），俄国农民起义领袖，1671年起义失败被绞死。卡尔图什（1693—1791），法国著名的大盗。

② 恐怖的伊凡，即伊凡四世（又译伊凡雷帝，1530—1584），俄国第一位沙皇。路易十一（1423—1483），法国国王，以推行中央集权著称。伊丽莎白们，或指英国女王伊丽莎白一世（1533—1603）和俄国女皇伊丽莎白·彼得罗芙娜（1709—1761）。

三 国家是建立在暴力之上的

1

每一个政府的本质特性就是,它要求公民信奉,构成政府基石的就是那种权力。这样,在一个国家内的所有公民就都成了自我压迫者。因为政府要求公民的就是行使暴力和维护暴力。

2

每一个政府的存在,靠的就是那些准备全力实现政权意志的武装人员,和那些接受了如何完成上司杀人指令的人。这些人就是警察,而主要的是军队。军队不是别的,而是一个严守纪律的凶杀组织。它的训练课就是如何杀人,它的胜利就是屠杀。军队历来都是作为政权的基础而存在的。政权永远掌握在那些指挥军队的人手里,有史以来,所有的执政者,从罗马大帝到俄国和德国的君主,他们最为热心的就是军队。军队首先支撑的是一个政府表面上的威势。它不允许其他政府从它的政府手中夺走权力。战争不是别的,它就是若干政府间针对臣民的统治权而发生的争吵。鉴于军队的这种作用,每一个政府都把扩建军队视为必不可少的事务;而正如一百五十年前孟德斯鸠所说的,扩建军队是有传染性的。但当人们认为政府豢养军队是为了抵御外来入侵时,他们忘了,政府对军队的需要首先是为了防范国内的被压迫者和陷于被奴役状态的臣民。

3

地球上的居民仍然处在荒谬、无理性和愚蛮的境地之中,每天你都会在报纸上读到人民的统治者们的议论,例如应当与谁及如何与之结成同盟,进而与其他民族开战。而人民在这种情况下竟允许那些指挥者对他们任意摆布,把他们像牲畜一样送上屠宰场,似乎他们的生命并不是属于自己的。

我们这个星球上的居民都是在这样的观念中接受教育的,即存在着不同的民族、疆界、国旗,这一切比起人性的意识来都重要得多。的确,假如那些有头脑的人们能够提出不同意见的话,这种状况就可能改变,因为就个人来说,没有人希望发生战争。但问题是,在每个国家中都存在着成千上万不劳而食的人,他们需要战争,没有战争他们就不能再继续那种不劳而食的生活。正是这些不劳而食者阻挠着那些有头脑的人提出停止参与相互残杀的意见。(弗拉马里昂[①])

4

欧洲国家累计债务已达1300亿法郎。在这1300亿中有约1100亿是近一个世纪以来欠下的。这些庞大的债务都用在了战争开支上。欧洲国家在和平时期的军队人数保持在四百万以上,而到了战争期间这个数目会达到1900万。所有国家都把其收入的三分之二用于支付债务利息和维持陆海两军的运作。这整个问题的

---

① 卡米尔·弗拉马里昂(1842—1925),法国天文学家、科普作家。

始作俑者就是国家。不存在国家，这一切现象都不会出现。（莫利纳里[①]）

5

请看，一个人有权杀死我，只是因为他生活在河的另一边，而他的国王与我的国王发生了争吵，尽管我并不想与这个人争吵。——世上还有比这更荒唐的事吗？（帕斯卡）

6

你会常常见到这样的人，他们谴责战争、监狱及各种暴力行为，但与此同时却间接地参与了他们所谴责的这些活动。

在今天，如果一个人不想做有违道德的事，他就必须对那些他奉命参与的、看似合于道德的事加以认真思考。正如一个人在吃肉饼的时候应当知道，这个肉饼出自一只被宰杀的羊，同样，当一个人因在军火工厂工作或者在军队服役、当税收官而拿到薪水时，他也必须知道，他之所以拿到这薪水，是因为他参与了筹备凶杀或者掠夺穷人劳动产品的活动。

当今规模最大且最为有害的犯罪活动，不是那些时有发生的犯罪，而是那些不断地进行着，并且不被认为是犯罪的犯罪活动。

[①] 古斯塔夫·德·莫利纳里（1819—1912），比利时经济学家。《俄罗斯导报》《莫斯科通报》的撰稿人。

四　国家是人们共同生活的一种临时形式

1

在人们以前的生活状态下，国家制度的存在也许是必要的；就是在今天，它对某些人来说也许是必要的，但人们无法预见到未来的生活状态，那时暴力只会打乱人们的和平生活。看到或者预见到这一点的人，不能不努力去创造新的秩序，以使暴力成为不必要且不可能发生的事。而实现这种秩序的途径就是人内在的完善，抵制参与暴力。

2

正像人的个体生命不断随年龄长大一样，整个人类的生命也是如此。人的个体生命分为不同的阶段，从儿童长到青年后，他便不能再照过去的样子生活，而从青年长到成年，从成年到老年，都是如此。同样，整个人类也要经历各个不同的年龄阶段。一切都表明，今天我们正经历着从人类的一个年龄段向另一个年龄段的过渡时期。儿童和青年的阶段即将过去，必须要像成年人所应有的样子来生活了。

3

如今人类所面临的一个转变就是，从动物状态向人的状态过

渡。这个过渡只有随着国家的消亡才会实现。(巴枯宁[①])

4

国家是一种临时机构,它必然消亡。

大刀、长矛,当今的各种武器,随着时间的推移将会陈列到博物馆里,正如今天已很少看到刑具一样。(据克罗斯比[②])

5

今天人们已经开始明白,国家时代已经过去了,它之所以存在只是凭借着固定不变的伪学说,人们不能从中摆脱出来,是因为所有人都不同程度地在国家中处于迷失状态。

6

如果说国家曾经在某种情况下是必要的话,那么这个时代早已过去了。国家,尤其是当今的国家,只能起到有害的作用。如今拥有军队的国家令人想起那个哨兵的故事:他从前在一条长凳旁站岗,因为女皇散步的时候习惯坐在那里休息;如今女皇早已死去,而那个哨兵还要在那儿久久地站下去。

---

① 米哈伊尔·亚历山大罗维奇·巴枯宁(1814—1876),俄国革命家、无政府主义理论家。

② 欧内斯特·霍华德·克罗斯比(1856—1907),美国作家、社会活动家,思想观点与托氏相近。

五 法律不能使人变好，而只能使人败坏

1

国家创造罪犯的速度，比起对他们加以惩罚的速度要快。我们的监狱挤满了罪犯，他们都是国家以其不公正的法律、专制和种种机构所引诱堕落的。我们先制定酿成犯罪的法律，而后再来制定更多的法律，以对这些犯罪加以惩罚。（塔克[①]）

2

国家针对人们之间的关系制定了相应的法律，人口的数目应当是有限的。但因为这些关系是无以计数的，所以立法行为就必须是连续不断的。各种法律、法规、政令、指示、决议必然像炸弹一般散落在不幸的人民头上。实际情形确是如此。法国的议会在三年一个月零四天的时间里制定了11600条法律和法令；立宪和立法会议也造出了同样多的条文；帝制时期和后来的政府也同样在这方面保持了很高的效率。今天的法律总集，如人们所说的，包括了50000条以上的法律；假如我们的立法者恪尽职守的话，恐怕这个庞大的数字很快还会增加一倍。你们是否会这样想，人民和政府本身在这种可怕的混乱状况下，能够保持健康的

[①] 本杰明·塔克（1854—1939），美国无政府主义理论家。

思维吗？（蒲鲁东[①]）

3

人们尽力把自己束缚起来，以便让某一个或某一些人来推动他们，随后把紧紧捆缚这一群人的绳子随便交给一个人完事。他们还感到困惑，为什么他们的日子这么糟糕。

4

一旦你放弃人们习以为常的对伪学说的信仰，并且看一看一个生活在国家体制之中的人的状况——无论这人所属的是最为专制的还是最为民主的国家——你就会对其被奴役的程度感到震惊。如今人们生活在这种奴隶制度中，却想象着自己是自由的。

每一个人，无论他出生在哪里，在他的头上都存在着一个团体，这个团体里的人是他根本不熟悉的，而他们却为他的生活制定了种种法律条文：他该做什么，不该做什么。国家制度越完善，这个法律的网就越严密。一切都已规定好，他应该对谁效忠并怎样去做，也就是怎样允诺遵守将来编撰和颁布的所有法律条文。一切都已规定好，他什么时候并且怎样才能结婚（他只能有一个妻子，但可以享受妓院的服务）。一切都已规定好，他怎样才能与妻子离婚，怎样抚养自己的孩子，哪些孩子是合法的，哪些是不合法的，怎样继承遗产及应把财产转交给谁。一切都已规定

[①] 皮埃尔·约瑟夫·蒲鲁东（1809—1865），法国小资产阶级社会主义者、无政府主义理论家，主张"消灭国家"。

好，什么样的违法行为会受到怎样的审判和惩罚。一切都已规定好，什么时候他必须亲自出庭担任陪审员或证人。一切都已规定好，他在什么年龄才可以享用帮工的劳动，甚至帮工们每天应该工作几个小时，应当给他们提供什么食物。一切都已规定好，他必须在什么时候及怎样给自己的孩子做预防接种。一切都已规定好，当他或他的家人、家畜感染某种病疫时，应当采用什么样的方式及必须忍受什么样的境遇。一切都已规定好，他必须把孩子送到什么学校去读书。一切都已规定好，他可以建造的房子规模和强度是多大。一切都已规定好，他应当豢养什么样的动物——马、狗，他应当怎样利用水源，在哪些没有路的地方可以散步。一切都已规定好，当他不遵守这些以及其他许多法律条文时应当受到什么样的惩罚。所有这些法律套法律、规定套规定的东西无以数计，他必须服从它们，一个人不能借口不知道这些（尽管人们不可能都知道这些）而否定一个最自由的国家。

在上述情形下一个人就被置于这样的境地：当他每一次购买其生活必需品，如盐、啤酒、呢料、铁器、煤油、茶叶、糖和其他许多东西时，他必须要为某些他一无所知的事务，为了偿还在他的祖父、曾祖父时代某些人欠下的债务利息，付出大部分的劳动所得。同样，当他从一个地方搬迁到另一个地方时，在他接受遗产或与他人签订一项交易时，他也必须付出自己的一部分劳动所得。除此之外，为了建造房舍或耕种庄稼而占用的那块土地，他会被要求付出更为可观的一部分劳动所得。由此可见，他的大部分劳动所得——如果他是以自己的劳动而不是靠他人的劳动谋生的话——就将不是用于保障和改善自己的生活状况，而是花费在这些赋税和经营权上。

这还不够，在大多数国家里，一个人只要到了年龄，他就会被指派到最为冷酷的军事奴隶制之下服役数年，或者走上战场；而在另一些国家，如英国、美国，他可以雇用别人来替他做这件事。

然而这些被置于这种境地的人，不仅看不到自己被奴役的处境，相反却为此感到骄傲，因为他认为自己是伟大的不列颠王国、法国、德国、俄国的自由公民，这种情形正如仆人因他所侍奉的主人是个大人物而感到骄傲一样。

5

我想，我们首先必须是人，而后才是国民。不应该像培养自己对善的敬重那样来培养对法律的敬重。法律从来也没有使人变得更具有正义感，相反，因为对法律的敬重而使那些好人变成了奉行邪恶原则的人。

6

显然，是人照管着奶牛、马匹和羊群的。人知道，牲畜需要什么以及怎样才能把它们饲养好。但是马、牛和羊不能自己饲养自己，因为它们都是同样的种类。而人彼此也都是同样的种类。那么为什么某些人可以命令别人，强使别人按照他们觉得正当的方式去生活呢？所有人同样是有理性的生命，支配他们的只能是高于他们的生命。而高于他们的只有一个，那就是存在于所有人身上的灵魂，就是我们所说的良知。因此，人们必须服从的只是自己的良知，而不是那自称为帝王、国会、议院及法庭的。

7

美洲印第安人曾经过着没有任何政权、任何法律、任何国家的日子。他们听从的只是大家遵守的习俗和自己的良知。那些违背习俗和良知的人，就从群体中被驱赶出去，或者当发生某种重大事件时，如凶杀，那么就由在这个事件中受牵累的人对凶手实行惩罚。在美洲印第安人中间，比起在我们拥有政权、监狱和法庭的国家来说，其犯罪现象要少得多。到底哪里的罪恶多些呢：是在没有任何法律，像未开化的美洲印第安人那里呢，还是在拥有大量法律条文的地方呢？我想，可以肯定地说，是在那拥有大量法律条文的地方。如果羊群自己来关照自己，而不是投靠狼去寻求保护，它们无疑会幸福得多。(据杰弗逊①)

8

很自然，人们向往那种由理性的、有利于人民的、被所有人认可的法规来引导的社会，而不是向往如今人们生活的这种社会，他们服从国家法律，但却不知道它是由谁来制定的。

六 对国家制度必要性的辩护

1

不要以这种想法来安慰自己：如果你没有亲眼看到那些由你

---

① 托马斯·杰弗逊（1743—1826），美国启蒙思想家，《独立宣言》的起草人，第三任美国总统。

造成痛苦或被你杀死的人，如果你有许多做同样事情的伙伴，那么你就不是欺压者，不是凶手。在你不知道那些落到你手里的钱是从何而来的时候，你可能不是欺压者或凶手，但是如果你知道了，那么在你面对良知的时候（不是面对人，面对人无论什么样的事总会有辩白的理由），你将无可辩白。

2

人们说，国家制度是合理的，因为它是由大多数人赞同而确立的。但首先说，这是不对的，国家制度不是由大多数人赞同而是由强权所确立的。其次，即使它曾经被大多数人所赞同过，也不能说明它就是合理的。

不仅某个人没有权力支配多数人，就是多数人也没有权力支配某个人。

3

"100个人中由一个人来统治99个人——这是不公正的，这就是专制；如果由10个人来统治90个人——这同样不公正，这是寡头政治；而如果51个人来统治49个人（这只能是想象，实际上还是由这51个人中的10个或11个人来统治）那么这就彻底公正了，这就是自由。"

还有比这更可笑的理论吗？然而就是这种理论构成了所有国家制度改革者的行动出发点。

4

国家的目的就是在人们中间建立这样一种秩序，即所有人都在正义感的引导下行事。但即使国家达到了它的目的，在它获得的表面正义与渴求正义者的实际生活情形之间，仍然存在着不仅是分歧，而且是根本性的矛盾。在一个渴求正义的社会里，没有谁想"创造"非正义；而在一个最完美的国家制度中，却可能是没有谁想"蒙受"非正义。由此可见，达到同一个目的可以通过两种完全不同的途径。这就好比食草动物没有危害，而给猛兽戴上笼头也就没有危害了。但超过这个界限国家就寸步难行：国家甚至不能让我们明白，人们在彼此抱有美好愿望的情况下，他们的生活会是什么光景。（据叔本华）

人们说，自古以来就有国家，所以没有国家就无法生活。首先，国家不是自古以来就有的，其次，即使有过国家，现在也有，但这并不表明它永远是必不可少的。

七 基督徒不应参与国家事务

1

对国家，像对教会一样，不外乎两种态度，不是衷心敬仰，便是极度厌恶。当一个人还不明白什么是国家，正像不明白什么是教会的时候，他就不能不对这些机构保持敬仰。在他服从于这些机构时，出于自尊他一定会想，他所服从的一定是某种独具风采的、伟大而神圣的东西。但只要他明白了，他所服从的并不是什么独具风采的神圣之物,而不过是那些心怀恶意的人所搞的骗局,他们打着领袖的旗号,利用他人来达到私人的目的,那么他就不能不立刻对这些人心生憎厌。

2

每个真正的基督徒在国家对他提出违背其觉悟的要求时,可以也应该做出声明:我既不能证明国家的必要性,也不能证明其危害性;我所知道的只是,首先,我不需要国家,其次,我也不能去做对于国家存在必须要做的任何一件事。

3

我活着,我至今还活着;但明天很可能我就不复存在,我将永远归于那所来之处。我还活着,我知道,如果我身处于与他人的互爱之中,我便感到美好、安宁、快乐,因此只要我活着,我便希望爱他人并被人所爱。可是有人突然来到我的面前说:跟我们一起去抢劫,去执行死刑,去杀人,去打仗吧,你将因此觉得更为美好,如果你感觉不到,国家会感觉得到的。"什么意思?这个国家是什么样的?你要说的是什么?"任何一个没有失去理智、有理性的人都会这样回答,"别来打搅我吧。不要说这些卑鄙的蠢话了。"

4

是听从上帝的吩咐,还是听从政权的吩咐?当一个人不得不做出选择时,如果他按照政权的吩咐去做,那么他的所作所为就好比一个人不是听从与他一起生活的主人的话，而是听从他在街上遇到的第一个人所说的话。

5

有人对我说："给那个叫作政府的机构多少多少钱吧。"但是这个机构却命令我去当兵并承诺杀死它所指定的人。我问道："这个机构是什么？"回答是："就是政府。""那么政府是什么？""就是一些人。""那么这是些什么样的人，有什么特别的地方？""没有，像所有人一样。""那为什么我要按他们所指示的去做呢？假如他们指示的都是好事还好，否则的话他们便是直接叫我去作恶了。我不想这么做。还是别来打搅我吧。"这就是每一个尚未被国家迷信冲昏头脑的人必须要说的话。

6

基督的学说永远与世俗的学说相对立。按照世俗的学说，统治者管理人民，就是指挥和迫使一些人去残杀、处决和惩罚另一些人，就是迫使他们在所有情况下都要完成上司的旨意，就是迫使他们与其他的民族去作战。而按照基督的学说，不论哪一个人，别说杀害别人，就是对别人行使暴力，甚至靠强力与别人对抗也是不可能的，不仅不能对亲近的人，就是对自己的敌人也不可作恶。世俗的学说与基督的学说过去是，也将永远是彼此对立的。基督懂得这一点，便以自己的学说预言道，人们将因为奉行他的学说而受到折磨或杀害，世人就像曾憎恨基督一样会憎恨他们，因为他们将不再是尘世的奴隶，而是天父的仆人。

所发生的一切都像耶稣所预言的那样,并且只要基督的弟子们奉行他的学说,这样的事就还将发生。

7

"假如我的士兵开始思考的话,军中将空无一人。"弗里德里希二世国王①曾这样说。

8

无政府主义者们在许多方面都是对的,如否定现存秩序,证明在现存的习俗中不可能有比政权暴力更恶劣的东西;但他们犯了一个重大的错误,他们认为无政府主义可以通过革命来确立。无政府主义只能通过这样的方式来确立,即让越来越多的人不再需要政权的保护,让越来越多的人为借重这个政权而感到可耻。

9

无政府主义并不意味着取消组织机构,而只是取消那些以暴力迫使人们屈服的机构。否则就不可能,也没必要建立一个天赋理性的生命社会了。

10

不能设想一个人,一个基督徒,会成为一个有着军队和军事

---

① 弗里德里希二世(又译腓特烈二世,1712—1786),霍亨索伦王朝的第三位普鲁士国王。

机构的社会里的成员。

难道他可以赞同他所承认的政府首脑去指挥陆军和海军，让他的兄弟去残杀异族的兄弟吗？

一个基督徒不会承认这种达官显贵并参与他的选择，也不会以上帝的名义发誓来肩负起施行残杀和暴力的责任。

那些支持参与世俗事务的辩解实际上是何等荒诞不经，经过检验，那种乍看上去像是健康思维的临终嘱托的东西是何等的毫无意义。

是国会来授权宣战的。代表着我的人们打着我的名号，却凭着自己的臆想来授权发动这种恶行。他们拥有权力，使整个民族变成肆无忌惮的凶手和强盗，他们拥有权力，把这些惨剧鼓吹成正义与合理的举动，他们有权容许罪恶横行，而这一切都是在我的授权之下进行的。

基于这种原因，一个基督徒将不接受任何公职，任何时候也不试图成为选举者和被选举者，只要教会和国家仍旧坚持他们的信仰，只要他们不停止把基督钉上十字架的行径，真正的基督徒将决不会与他们同流合污。（阿丁·巴卢）

11

光来到世间，世人因自己的行为是恶的，不爱光倒爱黑暗，定他们的罪就是在此。

凡作恶的便恨光，并不来就光，恐怕暴露他的行为，因为这些行为是恶的。但行真理的必来就光，要显明他所行的是靠神而行。（《约翰福音》3∶19—21）

第十八章
伪信仰

伪信仰就是指这样的信仰：人们持有它不是出于灵魂的需要，而只是因为他们相信那宣扬这类信仰的人。

一 伪信仰的欺骗性在哪里？

1

人们常常以为他们信仰的是上帝的法则，但实际上他们相信的不过是大家都相信的东西而已。而大家所相信的并非上帝的法则，只是某种被称为上帝法则的、与他们的生活相近，并且不妨碍他们如此生活的东西。

2

从大公会议[①]的第一批成员说"让我们以圣灵的名义"那一刻

[①] 大公会议，又称普世公会议或公会议，基督教的世界性主教会议，第一次会议于325年在尼西亚（今土耳其伊兹尼克）举行，并形成《尼西亚信经》。

开始，人们就已承认，大公会议成员的意见比人的理性和良知更重要、更神圣，从那一刻起谎言就开始了，这种谎言葬送了成千上万人的生命，并且至今仍在继续制造着可怕的惨剧。

3

教会的神职人员必须要让人民处在愚昧无知的状态之中；否则的话，福音书写得那么简明，每一个人都会对传教的牧师说："不用你们，这一切我们也都知道得很清楚。"（孟德斯鸠）

4

真正的信仰不需要教会。

5

教会的信仰就是奴隶制。

6

"你的国就将降临。"这正是所有人的希望。基督使天国走近我们，但人们在天国应在的地方建起了一个由神职人员把持的王国，因而天国便无法走近。（康德）

7

如果人们生活在罪孽与邪念之中，他们就无法得到安宁。良知会揭穿他们。因此这些人必须从下面两者之中做出选择：要么承认自己在众人和上帝面前是有罪的，停止作孽；要么继续生活在罪孽之中，做坏事，把自己的恶行称为善行。正是为了这些人，人们杜撰出了伪信仰的教义，按照这种教义，人可以过着败坏的生活，而自认为正义在手。

8

对他人撒谎是一件坏事，而更糟的是对自己撒谎。这样的谎话尤其有害，因为对他人撒谎人们会揭穿你，而对自己撒谎却没有人去揭穿你。因此要谨防对自己撒谎，特别是在事关信仰的时候。

9

"要有信仰，否则罪该万死。"这就是恶的主要原因。如果一个人不加分析便接受了他本来一定能以理智分辨清的东西，那么最终就会失去分析的能力，堕入十恶不赦的地步，并把周围的人也带入罪孽之中。拯救人们的途径就是让每一个人都学会用自己的头脑思考。（爱默生）

10

伪信仰曾经造成和正在造成的危害，是无法用重量和尺度来衡量的。

信仰乃是人对上帝、对世界的关系的确立，以及基于这种关系对自我使命的确认。如果这种关系及在此基础上对自我使命的确认是虚假的，那么人的生活将会成为什么样子呢？

11

也许伪信仰有三种形式。第一种伪信仰是相信通过经验可以认识就经验规律来说无法体验到的东西（相信奇迹）。第二种伪信仰是为了我们的道德完善而容许以我们的理智无法得出任何概念的东西存在（相信宗教仪式）。第三种伪信仰是承认可以通过超自然途径产生神秘效力，神灵用这种效力来影响我们的道德（相信天赐）。（康德）

二 伪信仰不是与人类灵魂的最高要求相符，而只符合其最低要求

1

真正的共同宗教所包含的除了那些法则，即道德的基本准则之外没有别的，我们都能自行认识并研究这些法则无可辩驳的必要性，而认识这些法则靠的是我们的理性。只有就教会的目的而言（这些目的也许是形形色色的），可能存在着对于道德生活并不必要的规定。这些信仰的规定是在某一个民族内确立的，不能成为世界性的宗教，如果把这些规定看作侍奉上帝必须遵守的法则，那么这就是一种宗教谬误。遵守这样的规定乃是假意侍奉上帝，这种行为扼杀了真正侍奉上帝的可能性。（康德）

2

人只有用美好的生活来满足上帝。因此，所有那些人们想用

来满足上帝的东西，除了美好、纯洁、善良的生活之外，都是拙劣而有害的欺骗。（据康德）

3

一个人有忏悔之心，但如果他不是在这种意愿的基础上尽快改变自己的生活状况，而是以自我虐待来表示忏悔，这是徒劳无益的。除此之外，这种忏悔还会造成恶劣的后果，即认为他只要用这些行为（忏悔）就可将自己的孽债一笔勾销，也就不再关心自我道德完善。而唯一必要的正是道德的自我完善。（康德）

4

人们不知道上帝，这不好，但更糟的是把并非上帝的认作上帝。（拉克坦提乌斯[①]）

5

人们说，上帝照着自己的样子创造了人；不如说是人照着自己的样子创造了上帝。（利希滕贝格）

6

当人们在谈论天堂，即那些圣徒所在的地方时，他们常常把这个地方想象成在广阔无垠的宇宙空间里某个高高在上的场所。

[①] 拉克坦提乌斯（约250—325/330），古罗马基督教护教士、作家，著有《神圣教规》等。

但这时他们忘了，从这个广阔无垠的宇宙空间里仔细观察我们的地球，它也是天上众多星球中的一个，这个宇宙中的居民同样有权指着地球说："看到那颗星星了吗——那就是永恒的幸福所在地，是为我们准备好的天堂归宿，总有一天我们将要到那里去。"问题是，由于我们头脑中莫名其妙的错误，我们想入非非的信仰总是与对上升的理解联系在一起，同时却不去想，无论我们升得多高，我们还是得落下来，以便稳稳地站在那另一个世界上。（康德）

7

耶稣的使徒和最初的基督徒们从一开始就没有明白基督教义的实质，他们教导那些接受基督教的人首先要相信基督的复活，相信受洗的神奇作用，相信圣灵会降临人间等等，但对基督有关道德的教诲却只字不提或很少提及，这从使徒行传所记载的使徒谈话中可以看得出来。

按他们的说法，奇迹证明着宗教的真理含义，相信奇迹是最主要的，而相信基督的教义本身却成了次要的，往往被完全忘却或者不加理解。比如，在使徒行传中，从亚拿尼亚[①]奉基督之名，奉爱和宽恕的导师之名而行惩罚这件事中，就可以看得出来。

8

人们对奇迹的过度痴迷源于我们的骄傲，骄傲使得我们认为，

[①] 亚拿尼亚，耶稣的门徒。《新约·使徒行传》中载，使徒保罗早期因迫害基督徒，主用异象令其目盲，复令亚拿尼亚奉主之名使保罗瞬间复明，保罗因而受洗称义。托氏显然认为使徒行传只宣扬奇迹的记载缺少说服力。

我们是尊贵的生命,因而那最高生命一定会为了我们打破整个世界的常规。(蒙田[①])

9

教会的信仰不仅教导人们说,身陷罪孽的人可以忏悔洗清他的罪孽,还教导说,别人为你的祈祷可以有助于你在此生和来世获得幸福。一个小孩子上床睡觉的时候,还要保姆继续陪他玩布娃娃的游戏,直到睡着为止。教会中的人们对上帝的态度正如这小孩子一样。人们将要过坏日子,将要睡觉,但为此还要祈祷,还要继续玩游戏。

10

宗教没什么东西可以给人的,给的只是一张张死后的生命期票。

11

向上帝祈求物质的东西,祈雨,祈求康复,祈求逃避敌人等等,这是不可能的,因为在你祈祷的同一个时间里,别的人可能会祈求完全相反的东西,而最主要的是因为在物质世界中我们已被赋予所需的一切。应该祈祷的是,让上帝帮助我们过灵魂的生活,在这样的生活中出现的一切都使我们感受到幸福。对物的祈祷只不过是想象的自我安慰而已。

[①] 米歇尔·德·蒙田(1533—1592),法国思想家、作家,反对经院哲学和教条主义。

12

真正的祈祷就是摒弃一切世俗杂念和一切会扰乱我们情感的因素（伊斯兰教徒做得非常好，他们在进入清真寺或开始祈祷时，会用手将眼睛和耳朵捂上），而在内心呼唤那个神圣的本源。为此最好是照基督所教导的：一个人身处斗室，闭门而居。也就是说最好在完全离群索居的状态下，不管是在斗室，还是在树林、荒野中。真正的祈祷就是摒弃一切世俗的、外在的杂念，审视自己的灵魂、自己的行为，看自己的欲望是否符合我们在灵魂深处感受到的神圣本源的要求，而抵制了尘世外在条件的要求。

这样的祈祷不是那种公众性的祈祷，那样又是唱歌，又是画像，又是烛光，又是讲道，引起的是人们肤浅的感动，这种祈祷是请求灵魂的帮助，是加强和提升灵魂，是忏悔，是对过去的反省和为未来指出行动的方向。

三 教会所奉行的表面仪式

1

一种机构越是背离理性，越是有害，它就越需要以表面的声势来加以炫耀，否则它就一个人也笼络不住。教会就是这样。

教会仪式的隆重和表面上的辉煌，就是它背离理性、危害人民的主要标志。

2

在通古斯萨满①和欧洲掌管教会的主教之间，或者以普通人为例，在完全未开化而感情强烈的沃古尔人②（他们每天早晨把熊皮的脚掌部分放在自己头上，祷告说："不要杀我。"）和康涅狄格的清教徒及独立派教徒之间，尽管在行为方式上存在着差别，但在他们信仰的基础上却毫无差别，因为他们彼此都属于同一类型的人：不是把侍奉上帝理解为追求完善，而是理解为信奉并遵守那些众所周知的杜撰出来的规定。只有那些相信侍奉上帝乃是追求美好生活的人才不同于上述那些人——他们承认的是另一个至高无上的本源，这种本源把一切富有理性的人结合成一个无形的教会，只有这个教会才可能是具有普遍意义的。（康德）

3

一个人做了些本无任何道德意义的事，然后便希望获得上帝的厚赐，并以此为手段实现自己的各种愿望。这种人的谬误在于，他们认为可以用自然手段取得超自然的效果。这种意图被称为巫术，而巫术是与恶的神灵密切相关的，尽管这种意图是因蒙昧而产生的，但它总是含有良好的愿望，我们姑且把它称为拜物教。人把超自然的影响力加之于上帝的这种行为，只能存在于思维之中，它的非理性之处在于，你无法知道上帝对这些行为是否满意。而如果一个人，除了他为获得上帝的厚赐所直接做的事

---

① 萨满，跳神作法的巫师。
② 沃古尔人，曼西人的古称，居于鄂毕河流域（今俄国秋明地区）。

之外，也就是说除了他的良好愿望之外，他还力图利用那些众所周知的繁文缛节和超自然力量的帮助，使自己成为一个备受尊敬的人，出于这个目的，通过举行那些没有任何直接意义的宗教仪式，试图使自己更易于感受道德情感，更易于获得良好愿望的满足。——他这样做，也就是把弥补自己自然缺陷的希望寄托在了某种超自然的东西上面。这样的人认为，那些不具有任何道德意义、有悖于上帝愿望的行为，可以成为直接从上帝获取愿望满足的途径和条件，但这种人的谬误在于，尽管他对那种与道德没有任何共同之处、即使是下流痞也可接受的自然手段，无论从肉体上，还是从精神上，都没有任何兴趣，但他却可以利用它，通过建立某种信仰和参与各种教会的仪式，来以这种巫术的形式获取超自然的、上帝的帮助。（康德）

4

当我们从内心里想和另一个人谈一件重要的事时，我们总是想法和他单独相处，以免有人打扰我们。那么在大庭广众之中做祈祷怎么能与上帝交流呢？在大庭广众之中很难避免闲谈，心神涣散，顾虑别人怎么看你，在节日期间的聚会祈祷尤其是这样。因此福音书中说道：

"你祷告的时候，不可像那假冒为善的人，他们喜欢站在会堂里和十字路口上祷告，故意叫人看见。我实在告诉你们，他们已经得了他们的赏赐。你祷告的时候，要走进你的内屋，关上你的门，祷告你在暗中的父，你父在暗中察看，必然报答你。"（《马太福音》6：5—6）

5

"你们要防备文士。他们好穿长衣游行,喜爱人在聚会时问他们安,又喜爱会堂里的高位,筵席上的首座;他们侵吞寡妇的家产,假意作很长的祷告。"(《路加福音》20:46—47)

哪里有伪信仰,哪里就将永远有这样的文士,永远有像福音书中所说的这种现象。

四 教会教义的多重性及真正的共同宗教

1

只要有人说,他们是教会的人,因此他们是唯一绝对没有罪孽的,那么立刻就会有别的人也说出同样的话来。只要看到这两种类型的人,当他们每一方都说对方是在骗人,那么最可靠的说法就是,他们双方都是没有道理的。

2

人们说,教会是由真正的信徒组成的。这种真正的信徒是否存在,我们不得而知。我们每个人都希望成为真正的信徒,并且每个人都在努力去做;但任何一个人,无论是谈起自己,还是谈起与他抱有同样信仰的人时,都不应该说只有他们才具有真正的信仰,因为如果他们能说只有他们才具有真正信仰,那么别人也同样能这样说。

3

在不考虑信仰的人看来，真正的信仰只有一个——这就是他生于其中的信仰。但你只要问一下自己，假如你生在另一种信仰中，基督徒生在伊斯兰教中，佛教徒生在基督教中，基督徒生在婆罗门教中，那结果会怎样呢？难道只有我们生在自己的信仰中，生在真理之中，而其他所有人都生在谎言之中吗？信仰，并非因为你使自己和他人相信它是唯一符合真理的，它才成为真理。

4

天主教的教义问答手册上说：

"教会是信仰者的团体，由我主耶稣基督所建立，遍布全世界，服从于合法的牧师和我们神圣的父亲——教皇的权力。"这里所谓合法的牧师就是指一个人为的机构，它把教皇作为其首脑，由一些著名的、在一个众所周知的组织内彼此关联的人物组成。

东正教的教义问答手册上说：

"教会是由耶稣基督在世上所建立的团体，它以唯一的神圣教义和仪轨，在上帝所规定的各级教士的领导之下，结合成唯一的整体。"这里所谓上帝规定的各级教士，就是指希腊正教会[①]的各级教士，他们是由某些处在某种地位的著名人物充任的。

[①] 希腊正教会，指1453年拜占庭帝国灭亡后，继续使用拜占庭礼仪和希腊语的正教会系统。与俄罗斯正教会并立为东正教两大支系。

路德宗[①]的教义问答手册上说：

"教会即神圣基督教，或所有信奉其首领基督者的大会，其中圣灵通过福音和礼仪提出、传授和掌握上帝的拯救。"路德宗的教义问答手册所说的含义是，天主教会已误入歧途，不合时宜，真正的传统保存在路德宗里。

在天主教徒们看来，神圣教会即等同于罗马的各级教士和教皇。在东正教徒看来，神圣教会即等同于东方正教和俄罗斯正教各级教士的机构。在路德宗教徒看来，神圣教会即等同于承认路德的圣经和教理问答的人组成的大会。而在思维健全的人看来，这种、那种或第三种教会都只不过是人为的假机构。

无论第一种、第二种，还是第三种，都没有，也不可能有真理可言，这不是很清楚吗？

5

统一教会的观念是由基督所创立的，只有那不知道前人如何生活，并且根本不知有其他宗教信徒的人才会保持这种观念。然而只要这人了解到，还有许多否定单一教会的机构存在，了解到这些宗教机构是如何形成的，那种统一教会的观念就会立刻不攻自破。由此可见，教士们所说的那种由基督所创立的、统一的教会机构是不存在的，而且从来也没有存在过。

每一个教会都可以像别的教会一样，提出唯我正统的证据，

[①] 路德宗，又称信义宗，基督教新教宗派之一，由16世纪德国宗教改革家马丁·路德创立，他还以将圣经翻译为德文而著名。

甚至展示能说明真理在我的奇迹。所以说，证明教会（不是某种我们所幻想的，而是实际存在的教会）之存在，其严格而精确的界定只有一个：教会就是那些坚信唯有他们完全掌握着真理的人的大会。

对唯一教会的信念是彻底荒谬的。统一教会不仅从不曾存在过，也不可能存在。教会只能出现在信仰的群体发生分裂的时候。对教会始终统一的观念只是靠这样的行为支撑着：每一个教会都把其他所有教会称为异端，而称自己是真理在握，自古至今永远正确。

五　信奉伪信仰的后果

1

我们的生活每况愈下，甚至比异教徒们还要糟糕，其原因就是我们失去了真正的信仰，而只信奉伪信仰，只相信那信仰的骗局。

2

所有不同教派教会中的奴仆们，尤其是在近来的时期内，都极力把自己说成是基督教内部运动的支持者。他们做出种种让步，希望消除教会中滋长的舞弊行为，并且说不能因为这些舞弊行为就否定基督教会的根本原则，只有这个教会能够统一所有教众并充任民众与上帝之间的媒介。但这些显然都是毫无道理的。教会不但从来没有统一过民众，而且它始终都是造成人们分裂、互相仇恨、战争、屠杀、宗教酷刑、圣巴托罗缪之夜[①]等灾祸的主要原因之一。教会也从来不是民众与上帝之间的媒介，这个媒介完全不必要，也是基督所明确禁止的。基督把他的教义直接昭示给每个人，而教会用一些僵死的形式来代替上帝，不仅不把上帝昭示给民众，反而掩盖起上帝的真实面目。教会乃是由于愚昧而产生的，并以其惰性来维持这种愚昧，所以，它们就不能不压制和排斥任何对基督教义的实质性理解。他们极力掩盖这种实质，但这是做不到的，因为在基督指引的路上每前进一步，教会就会进一步走向土崩瓦解。

3

1682年在英国，莱顿大夫，一个可敬的人，因为写了一本反对主教们的书而受到审判，并被处以下列刑罚：他被施以残酷的笞刑，然后被割去一只耳朵，割开一侧鼻翼，再用烧热的烙铁在一侧面颊上打上字母"SS"——骚乱煽动者。七天之后，尽管他背上的伤口还没有愈合，但他再一次受到鞭笞，并被割开另一侧鼻翼，割去另一只耳朵，在另一侧面颊上再次打上烙印。而这一切都是以基督教的名义做下的。（莫里森·戴维森[②]）

[①] 圣巴托罗缪之夜，又称圣巴托罗缪惨案，1572年巴黎天主教徒在圣巴托罗缪节（8月24日）前夜大规模屠杀胡格诺派教徒达3000人。

[②] 莫里森·戴维森（1843—1906），英国律师、作家，曾与托氏有书信往来。

4

1415年,扬·胡斯①因为揭露天主教徒们的伪信仰和教皇的恶行,被认定为邪教徒,而受到审判,并被处以不流血的死刑,也就是火刑。

死刑是在城门外的花园中执行的。胡斯被带到行刑地点,他便跪在地上开始祈祷。当刽子手让他站到柴堆上去时,胡斯站起身来高声说道:

"耶稣基督啊!我为传布你的话而赴死,我就将驯服。"

刽子手们给胡斯脱掉衣服,把他的手反绑在背后,让他站到木凳上。他的周围堆起了柴草。柴草一直堆到了胡斯的下颌。这时,帝国的一个头领走到胡斯跟前说,如果他放弃他所说的一切,他就可以被宽恕。

"不,"胡斯说,"我不知我有何罪。"

于是刽子手们点着了火堆。胡斯便高唱着祷告:"基督啊,有生命的上帝的儿子啊,饶恕我吧!"

火焰燃烧起来,胡斯的声音很快就沉寂了下去。

那些自称为基督徒的人就是这样来证明他们的信仰的。

难道还不清楚吗?他们那不是信仰,而是最为野蛮的迷信。

5

在所有传播伪信仰的手段中,最残酷的是把伪信仰传授给儿

---

① 扬·胡斯(1369—1415),捷克宗教改革家,曾任布拉格大学校长,因呼吁人民反对教会被处以火刑。

童。其做法就是，当孩子问那些先他出生并有可能懂得前人智慧的成年人，这个世界及其生命究竟是什么，人与人之间是什么样的关系时，他得到的回答不是这些成年人所想和所知的，而是生活在几千年之前的人们有过的想法，是已经没有一个成年人相信，也不可能相信的那些东西。孩子得到的不是他所需求的和必要的精神食粮，而是毁坏他精神健康的毒药，而要逃避这种毒药的危害，他必须付出巨大的努力，经受巨大的痛苦。

6

无论什么时候，人们也不会像在凭借伪信仰而做恶事的时候，那样泰然自若，那样坚信自己正确无误。（帕斯卡）

7

人们对于信经就像祈祷文一样在教堂里学习和诵读，而对于登山宝训①则规定每年一度借着诵读福音书顺便念一遍，而且还是在非礼拜日。结果只能是这样：他们信奉不顾利害、诅咒人类、把自己的儿子作为牺牲、让一部分人陷于永恒痛苦的恶的上帝，就不会再去信奉爱的上帝；他们信奉将再度降临、来审判并惩罚生者和死者的上帝——基督，就不会再去信奉让人把脸送上去给人打、不审判而只是宽恕并爱仇敌的基督；他们相信旧约的上帝

---

① 登山宝训指《新约·马太福音》第五至七章里，耶稣在山上所说的话。据《新约·马太福音》和《新约·路加福音》载，耶稣受洗后在迦百农附近登山传道，其许多观点与《旧约》的果报观不同，基督教的伦理观主要出自登山宝训。

启示和大卫王的神性——大卫在临终之际嘱托要杀死那个侮辱过他而他自己已无力去杀的老头，因为他曾发下誓言（《列王记》第三卷2：8[①]）——相信充斥在旧约中的种种不堪入目的事件，就不会再去相信基督的道德法则；他们相信教会有关基督教与刑罚及战争并行不悖的学说，就不会再去相信四海之内皆弟兄的道理。

最主要的是，他们相信通过赎罪和信奉仪轨可以获得拯救，却不能在生活中尽全部力量来遵守基督的道德教诲。

教会的学说认为，人不能靠自我的力量获得拯救，拯救靠的是另外的手段。人一旦接受了这种亵渎的学说，他就不可避免地要采用这种手段，而不是靠自我的力量，因为教会的学说使他相信，寄希望于自己的力量是一种罪孽。任何一种宣扬靠赎罪和仪轨获得拯救的教会学说，都与真正意义上的基督教义是格格不入的。

8

窄门[②]和小路是引到永生的——这就是善的生命之路。宽门和大路是许多人行进着的——这就是教会。

这并不是说，教会本身及其宗旨包含着某种害人的东西，而是因为人们把进入教会、承认它的宗旨或遵守它的礼仪视为摆脱自己的基本道德使命的手段。（康德）

[①] 东正教圣经的《列王记》为四卷，分别对应于天主教及新教圣经（目前国内多见的为新教和合本圣经）的《撒母耳记》上、下和《列王记》上、下。

[②] 参见《新约·马太福音》7：13—14。耶稣说："你们要进窄门。因为引到灭亡，那门是宽的，路是大的，进去的人也多；引到永生，那门是窄的，路是小的，找到的人也少。"

六 什么是真正的宗教?

1

"你们不要受夫子的称呼,因为只有一位是你们的夫子——基督,你们都是弟兄;也不要称呼地上的任何人为父,因为只有一位是你们的父,就是在天上的父;也不要受师尊的称呼,因为只有一位是你们的师尊,就是基督。"(《马太福音》23∶8—10)

基督就是这样教导的。而他之所以这样教导,是因为他知道,在他的时代有一些教给人们伪上帝法则的人,同样将来也会有这样的人。他知道这些,所以教导人们说,不应当听那些自称为师尊的人的话,因为他们的学说模糊了那已昭示给众人并已植根于每个人心中的、原本简单明了的学说。

这种学说让人们爱上帝就像爱至高无上的善和真理,爱他人就像爱自己,对他人只做你想要他人对你做的事。

2

信仰不在于知道曾经有的和将要有的,甚至是现在有的,信仰只在于一点,即知道每个人都应该怎样做。

3

"所以,你在祭坛上献礼物的时候,若想起弟兄向你怀怨,就把礼物留在坛前,先去同弟兄和好,然后来献你的礼物。"(《马太

福音》5：23—24）

这就是真正的信仰：它不在于礼仪，不在于牺牲，而在于与众人相结合。

4

基督的教义是如此简明，连小孩子也能明白它的真正含义。不明白它的只有那些不想照基督的教导生活的人。

为了明白真正的基督教，首先应该抛开伪基督教。

5

真正信奉上帝是与迷信毫不相干的；如果在信仰中掺进了迷信，信仰本身就会受到破坏。基督给我们指明了什么是真正的信奉上帝。他教导说，在我们此生所做的所有事中，只有一种属于人类的光明和幸福——这就是我们彼此的爱；他教导说，我们的幸福，只有当我们为他人服务，而不是为自己服务的时候，才可能获得。（帕斯卡）

6

如果以上帝法则的面目出现的东西并不提出爱的要求，那么这一切都是人为的杜撰，而不是上帝的法则。（据斯科沃罗达）

7

如果你只相信人们对你讲述的那些有关上帝的话，你将永远无法了解上帝。

8

不能靠有关上帝的传说来了解他。了解上帝只能遵守他的法则,而这种法则是每一个人的心灵都熟知的。

9

基督教义的实质就在于,它给人们指明了什么是神圣的完善,人们在生活中必须要接近这种完善。而那些不愿意遵守基督教义的人,有时是自觉的,有时是不自觉的,并不按照基督所传授的去理解:不是理解为不断接近完善,而是将其理解为一种法则,似乎是基督根据这个法则要求人们达到神圣的完善。如果这样曲解基督教义,则这些不愿遵守它的人,就必须在下面两种做法中做出选择:要么承认完善是不可达到的(这完全正确),从而抛弃作为一种不可实现的幻想(这正是尘世的人们所做的)的教义,要么选择大多数自封基督徒的人过去和现在所采取的最为普遍而有害的方式——一方面承认完善是不可达到的,一方面就去改造,也就是说去歪曲教义,排斥主张永远追求神圣完善的基督教义,而去奉行号称基督教义但实质上大部分内容与基督教义背道而驰的那种法则。这种现象过去和现在都体现在教会的所有行为中,他们从歪曲福音书的原文开始,如在谈到怒的诗句中加上"徒劳"的字眼等许多类似行为,直到规定各种形式的毫无根据的奉祀礼仪、祭拜祈祷,而最主要的是,规定了种种教条:三位一体、赎罪、教会的永恒正确性等等。

10

真正的教会,即由具有真正的信仰,也即具有统一信仰的人们联合起来的教会,永远是一种内在的教会。神的国就在你们心里。因时空阻隔而无由相识、天各一方的人们,却因他们信奉着同一的真理而不断联合起来。而那种外在的教会,它在将人们结合起来的时候却是受时空限制的,它破坏了真正的内在统一,而代之以表面上的统一。

有形的教会只是类似于真正统一体的赝品。

如果说存在着一个教会,那么这是一个由生活在过去年代和今天的,散居于印度、澳大利亚、格陵兰及其整个地球上的互不相识的人们所组成的教会。把教会理解成一种被选举出来的优秀人物组成的组织,这不是基督教的观念,而是一种傲慢的、虚伪的观念。谁是优秀的,谁是恶劣的?彼得做好人做到天亮,强盗做坏人做到天黑。[①] 难道我们不知道,我们有时是天使,有时是魔鬼吗?这两者在我们的生活中混杂在一起,没有哪个人将天使从自己身上彻底赶跑,也没有那种身为天使而从不曾做一会儿魔鬼的事。那么我们这些五花八门的人,又怎么能组成一个道德虔诚、精英荟萃的组织呢?

真理之光是存在的,那从四面八方向这光明走来的人是存在的,他们从不同的方向走来,一个圆有多少条半径,他们就从多少个方向走来,就是说,他们正通过无数条不同的途径走向这真

---

① 彼得,耶稣的十二使徒之一。该谚语的意思是好人也有做坏事的时候,坏人也有做好事的时候。

理之光。我们将尽全力奔向这将所有人聚拢来的真理之光，至于我们距它还有多远，我们是否已联合起来，为此将无须我们评说。

七　真正的共同信仰将使人们结合得越来越紧

1

教会对基督教的歪曲使我们远离了天国的实现，但基督教的真谛，就像柴堆上的火焰一样，曾因一时添多了湿柴而被压抑，但这火焰已烘干了那些湿树枝，开始点燃它们，腾空而起。基督教真正的意义如今已被所有人看清，它的影响力已超过那掩盖着它的骗局。

2

仔细听一听人们对如今基督教形态的深深的不满，这种不满已在社会中普遍蔓延开来，有时表现为抱怨，有时是痛恨、悲伤。所有人都渴望着上帝之国的降临。而它正在走近。

更为纯洁的基督教尽管缓慢地，然而却越来越多地占据了那以这个名号自居的地盘。（钱宁）

3

从摩西到耶稣，在分裂的个人及民族中间完成了一个伟大的智慧和宗教的发展过程。从耶稣时代起直到今天，这个运动不仅对个人富有意义，而且对各民族来说具有更重要的意义。旧的谬误被抛弃，新的真理已走进人类的意识之中。单个的人无法与人类的伟大相比。如果以前是一个伟大的人超越他的弟兄们很远，以至于他们无法理解他，那么这样的时代正在到来：他们首先追上他，然后超过他，远远走到前面，于是反过来，他们就开始不被从前那个站在伟人位置的人所理解了。任何一个伟大的宗教天才都会越来越明确地阐释宗教的真理，并以此推动人们越来越紧密地结合在一起。（帕克）

4

无论是作为单独的个人，还是作为一个整体的全人类，都同样需要改变面貌，从低级形态走向高级形态，而不是局限于自己最原始的发展形态。每一种形态都是前一种形态的发展结果。发展的过程是不间断的、潜移默化的，类似于一个胚胎的生长，在其过程中，任何东西也不能打断这个不间断发展过程的连续形态链。但如果一个人和整个人类都注定要加以改造的话，那么对于个人和全人类来说，这个改造过程必然是在劳动和痛苦之中完成。

在渐渐膨大之前，在出世之前，必须要在黑暗中蠕动，忍受压迫，付出肉体的代价，以拯救灵魂；必须要以死来换取生命的复活，使生命更加强大，更加完美。在经过了十八个世纪之后，人类完成了一个发展周期，又再度追求另一次蜕变。旧的体系、旧的社会、构成旧世界的一切，都已开始崩溃，各民族的人民如今正生活在灾难和痛苦的废墟之上。因此，不必面对这废墟，为这已经死去和正在死去的而悲伤，相反，我们应该振奋精神。人民团结起来的日子已为时不远。（拉梅内）

第十九章
伪科学

科学迷信，就是相信对于所有人的生活来说，唯一真正而不可或缺的知识，就是那些从无边无际的知识领域偶然收集起来的知识，这些知识在相当长的时期内只令少数人感兴趣。——这少数人，就是那些从必要的劳动生活中逃脱出来，因此过着非道德、非理性的人。

一 什么是科学迷信？

1

如果人们不用自己的头脑加以检验，便对别人当作毋庸置疑的真理而传授给他们的东西信以为真，于是便落入迷信的窠臼。我们今天的科学迷信就是这样，即把那些教授、院士——总之那些自称为学者的人——传授的东西，都当作毋庸置疑的真理。

2

正像存在关于信仰的伪学说一样，也存在关于科学的伪学说。

这种伪学说就在于，有些人在相当长的时期内执掌着判定科学真伪的权力，而被他们认定为唯一真正的科学，也就被众人承认为唯一真正的科学。而一旦科学的成立不取决于所有人的需要，而取决于那些长时期握有决定权的人，这时候科学就不可避免要成为伪科学。当今世界上的情形正是如此。

3

如今科学完全站在了教会在两三百年前所占据的位子上。

那同样博得公认的祭司就是教授，而同样，学士院、大学、代表大会就是科学中的教堂和宗教大公会议。

同样在信徒中拥有信赖而缺少批评，同样在信徒中存在颇多分歧，而这并不能使他们感到尴尬。同样含糊不清的语言，同样以过于自信的高傲来取代思想：

"没法和他交谈，他否认神启和教会。"

"没法和他交谈，他否认科学。"

4

一个埃及人看待祭司们作为真理给他提出的规则，不像我们今天只把这些规则看作宗教信仰，而是看作对他可以接受的高级知识的启迪，即看作科学。正像我们今天有些天真的不懂科学的人，他们对如今那些科学祭司作为毋庸置疑的真理推出的东西，都信以为真。

5

对于真正的知识来说，危害最大的就是使用含糊不清的概念和字眼。而这正是那些冒牌学者们所做的事，他们杜撰出种种词语，把本不明确的概念用这些无中生有的含糊词语表达出来。

6

伪科学和伪宗教总是用华丽的词藻来表述它们的教条，这在那些不明真相的人们看来就显得颇有些神秘和了不起。学者们的言论常常是这样难以理解，就像那些专职布道师的说辞一样，不仅对别人来说不知所云，对他们自己来说也是如此。一个学究使用拉丁术语和新造词，往往会把一个简单的问题搞成某种莫名其妙的东西，正像牧师们的拉丁文祷词对于那些目不识丁的教民来说一样。神秘并不是智慧的标志。越是真正智慧的人，用来表述思想的语言就越简洁。

二 伪科学用作共同生活制度的辩词

1

为了承认那种被称为科学的工作的重要性，显然必须要证明这种工作是有益的。而那些科学家们往往信誓旦旦地说：因为我们研究的是重要的问题，所以这种工作总有一天必会派上用场。

2

科学的合法目的是认识造福于人类的真理，而其非法目的是为把恶引入人类生活这样的骗局加以辩解。法学、政治经济学，尤其是哲学和神学，其目的都是如此。

3

就像在信仰中存在着欺骗一样，在科学中也是如此，这些骗局的起因是试图掩盖自己的虚弱本质，因此，科学的骗局像宗教的骗局一样具有危害性。人们误入歧途，生活恶劣。人们真正应该做的是，认识自己恶劣的生活，然后力求去改变它，开始美好的生活。而就在这种情况下，出现了各种科学——有关国家的、金融的、教会的、诉讼的、警察的，还出现了政治经济学、历史学以及最时髦的社会学。这些科学都是有关人们是在按照什么法则生活，而又应当按照什么法则生活的科学，仿佛人们恶劣的生活不是由他们自身造成的，而是法则使然，仿佛无须使人们放弃恶劣的生活，使生活由坏变好，而只要让他们照老样子生活，保持他们的虚弱本质，只去想所有不幸的根源不是他们自身，而是由学者们发现并指出的那些法则。这种骗局是荒谬的，有悖于人的良知，假如不是这种骗局姑息了人们恶劣的生活，人们是绝不会接受它的。

4

我们为自己创造了一种有违人的精神和肉体本性的生活，并且深信（仅仅因为所有人都这样想）这就是真正的生活。我们隐约觉得，我们称之为我们的国家制度、我们的宗教、我们的文化、我们的科学和艺术的东西，这一切都名不副实，它们不仅没能使我们摆脱不幸，反而使不幸越发多了起来。但我们还是不能坚定地以理智去对这一切加以检验，因为我们想的是，人类有史以来就承认国家、宗教、科学是必不可少的，所以他们的生活中不能没有这些东西。

假如一只雏鸡在卵中时就具有人的智慧，而它又不大会运用这种智慧的话，就像如今的人一样，那么它就永远也不会冲破蛋壳，永远也不会享有生活。

5

今天，科学已成为一个给坐享他人劳动成果者发放毕业证的人。

6

高等学校里那些头头是道的废话往往只是一种共同逃避解决难题的协定，以辞令来加强令人捉摸不定的思想，因为在那些学院里，没人愿意听到"不知道"这句方便而在大多数情况下更合理的话。（康德）

7

没有哪两种东西比起知识与利益、科学与金钱来更不谐调的了。如果为了更有学问而必须靠金钱，如果学问可以用金钱来买卖，那么买卖双方都是错误的。基督把商人逐出了神殿。同样也必须把商人们逐出科学的神殿。

8

不要把学问看作桂冠,用它来炫耀自己,也不要把学问看作奶牛,靠它来喂饱肚子。

9

"科学"这个词往往不仅掩盖着最无聊的事,而且还有最卑鄙的事,对此最为鲜明的证据就是有关刑罚科学的存在,也就是说,存在着有关如何完成最愚昧行径的科学,而这种愚昧行径只是在人性发展的最低级阶段——孩子及未开化阶段才会有的。

三 科学迷信的恶劣后果

1

再没有人像那些科学家们一样,对宗教、道德、生命抱有如此混乱的观念;而更令人吃惊的是,当现代科学在物质世界的研究领域中确实取得大量成就的时候,它在人类的生活中却显得不仅一无是处,而且还造成了极为恶劣的后果。

2

在人们中间普遍存在着这样的观念,即我们的生命是物质力量的产物,并且处在这些物质力量的制约之下。这种观念是颇为有害的。然而当这些错误的观念被称为科学,被看作人类的神圣智慧时,这些学说所产生的危害就更加骇人听闻了。

3

科学的发展并未促进民风的纯洁。在我们所知的所有民族的生活中,科学的发展只是导致了民风的败坏。如今被我们认为有害的那些东西,其根源是,我们总是把骗人的无聊知识与真正的高尚知识混为一谈。科学,总体上就其抽象意义来看,它不会不被人敬重,但是当代的科学,就是被那些狂人们称为科学的东西,只配成为人们嘲笑和蔑视的对象。(卢梭)

4

如今的人们过着一种与各时代杰出人物的意识相违背的生活,对此唯一的解释就是,年轻的一代学习了无数高难度的知识——天体的状态、地球数百万年来的状态、生命的起源等等,但他们却唯独没有学习那些每个人和每个时代都需要的知识,如人生的意义是什么,人应当怎样度过自己的一生,前辈哲人们对这个问题是如何考虑并加以解决的。年轻的一代不仅没有学习这些知识,相反,他们却学习了打着上帝法则的幌子、就连那些传播者也不相信的极为空洞无聊的知识。在我们的生活大厦之下,代之以基石的却是空虚的气泡。那么这座大厦怎能不倾倒呢?

5

被我们称之为科学的,几乎都是那些富人们的臆想,他们需要这些东西,不过是为了打发他们无聊的时光而已。

6

我们生活在哲学、科学和理性的时代。似乎所有科学都统一了起来,为的是给我们在人类生活的迷宫中照亮前进的道路。各大图书馆都对所有人开放,遍布各地的中学、小学、大学,使我们有可能从小就享用前人数千年以来的智慧。这一切看起来都有助于培养我们的智慧,坚定我们的理性。那么,这一切是否使我们生活得更好,变得更聪明了呢?我们是否更好地懂得了我们的使命和前进的道路呢?我们是否更好地懂得了我们的责任是什么,更重要的是,我们是否更好地懂得了我们的幸福是什么呢?由这些徒劳无益的知识,我们所获得的除了仇恨、无知和猜疑还有什么呢?每一种教义和每一个宗派都证明说,只有它才找到了真理。一种人向我们证明,肉体是不存在的;另一种人却证明,灵魂是不存在的;第三种人说,在灵魂和肉体之间不存在任何联系;第四种人说,人就是动物;第五种人说,上帝不过是一个镜像。(卢梭)

7

当今科学的主要罪恶是,它不仅没有能力研究一切,也不知道,不借助宗教还应当研究什么,它所研究的只是那些在谬误中生活的科学家本人感到开心的东西。

而令科学家们感到最开心的,是对他们有利的现行制度,以及既能满足他们的闲情逸致,又无须在智力上付出巨大努力的活动。

四 研究对象是无数的,而人的认知能力却是有限的

1

一个波斯哲人说:"当我年轻的时候,我对自己说:我要通晓所有学问。于是我几乎掌握了人们所懂得的一切知识,但当我步入晚年,仔细审视我所掌握的一切时,我发现,我的生命即将逝去,而我却一无所知。"

2

天文学家们的观察和计算教给了我们许多值得惊讶的东西,但他们这些研究的最重要结果,也许就是向我们揭示了人类无以计数的无知之处:人类智慧如果缺少了这些知识,将永远也无法想象我们这个无知的黑洞到底有多大,而对这个问题加以思考,将在很大程度上改变我们对人类理性活动终极目的的判断。(康德)

3

"大地上生长着青草:我们可以看到这些;而在月光之下也许就看不到。在这些青草上面有着纤维,在这些纤维之中有些微生物,但再之后就没有什么了。"何等的自信啊!

"复杂的机体是由各种元素组成的,而元素是不可分的。"何等的自信啊!(帕斯卡)

4

我们所具备的知识甚至不足以认识人的肉体生命。请看,为此需要懂得哪些知识:肉体存在需要地点、时间、运动、热能、光、食物、水、空气等许多因素。大自然中的一切事物都是紧密相关的,不能只认识一种而不研究另一种。不能只认识部分而不认识整体。而要认识我们的肉体生命,只有研究它所需要的一切才能做到,也就是说为此必须要研究整个宇宙。但对于人来说,宇宙是无边无际的,是不可知的。因此,我们无法完全解释清楚,我们的肉体生命是什么。(帕斯卡)

5

人们只是就实验科学来研究实验科学,要想搞清这些,而又没有哲学思想加以指导,这时的实验科学就像一张没有眼睛的脸。它就成了一种适合于中等才能的工作,一种无须杰出天才的工作,或许杰出的天才只能妨碍这种细致入微的钻研。具有这种中等才能的人会把全部精力和才干都集中于一个科学的分支领域,因此他们能够在这个领域里,在对其他所有领域一无所知的情况下,获得最完满的知识。这些人可以和钟表作坊里的工人相比,一些人只做齿轮,另一些人只做发条,第三种人只做表链。(叔本华)

6

重要的不是知识的数量,而是知识的实质。也许一个人懂得许多,但却不懂得最需要的东西。

在德国，对于自然历史的研究竟然到了疯狂的地步。尽管在上帝看来昆虫和人类都是同等重要，然而我们的理性却不这样认为。一个人要想了解鸟类和飞蛾，需要付出多少努力才能窥其门径啊！去研究自己的灵魂吧，使自己的头脑学会谨慎地判断，使心灵学会热爱和平。要学会认识人，以为了他人幸福而敢于讲真话的勇气来武装自己。要用数学来磨炼自己的头脑，如果为此你找不到其他更好的方法的话；但要避免接触那些瓢虫分类法这样毫无用处的表面知识，这类知识是无边无际的。

你会说："但上帝在昆虫的身上，就像在太阳中一样，也是无边无际的。"我很愿意承认这一点。上帝即使是在一粒海沙中也是不可估量的，他的丰富性是没有人能够分析清楚的。如果你并没有觉得自己负有在这颗沙粒所在区域捞取珍珠的使命，那就留在原地，耕耘你自己的田地吧：这块田地需要你付出全部的辛劳；不要忘记，你大脑的容量是有限的。在其中存放某种蝴蝶发展史的地方，也许可以腾出些空间，来容纳能够启迪你灵感的哲人们的思想。（利希滕贝格）

7

苏格拉底没有这样的习惯和嗜好，即在谈话中对所有事物都加以评述，或者探讨被诡辩家们称作大自然起源的问题，或者追究天体产生的根本原因。他说："如果人们学习的是很少涉及人自身的知识，难道他们还会认为，他们已经懂得了对人来说所有最重要的东西吗？"

尤其令他感到吃惊的是那些冒牌学者的荒谬，他们意识不到人的头脑是不可能通晓所有奥秘的。"因为,"他说,"所有这些自认为敢于解释一切奥秘的人,还远没有在最根本的问题上达成一致,当你听这些人在一起谈话时,就会觉得你处在一群疯子中间。实际上,这些被疯狂所控制的不幸的人有什么特别的标志呢?他们害怕的是毫不可怕的东西,而他们不害怕的是实际上十分危险的东西。"(色诺芬①)

8

智慧是一种伟大而宽广的东西,它要求人付出所有能献给它的空余时间。无论你有能力解决多少难题,你仍旧被大量有待研究和解决的问题所困扰。这些问题涉及如此广泛,难以计数,这就需要从头脑中去除所有多余的东西,以便为大脑的工作提供充分的空间。我是否把生命都耗费在了说话上面?那些学者往往都是注重空谈多于注重生活。要注意,是什么样的恶酿成了过分的卖弄,它又是如何危及人们对真理的认识的。(塞内加)

9

科学是思想的食粮。但这种食粮对思想也许是有害的,正如物质的食粮如果不干净,过分甜腻,或者饮食无度,都会有害一样。所以说,思想食粮也会因食用过量而引起疾病。为了避免这种情况,应当像只有在饥饿时才食用物质食粮一样,只有当你感受到必须要懂得对灵魂来说必要的知识时,才去接受这种思想食粮。

---

① 色诺芬(约公元前430—约前355),古希腊作家、历史学家,著有《希腊史》。

五　知识是无数的。真正的科学事业就在于选择最重要和最需要的知识

1

不知者不为耻，也不为害，无人能全知全能，可耻而有害的是强不知以为知。

2

大脑接受知识的能力并不是无限的。因此不要以为懂得越多越好。大量琐碎无用的知识对于接受真正必要的知识来说是一个难以破除的障碍。

3

学习人所必需且重要的东西可以加强智力，学习无用而琐碎的东西会减弱智力，这是可以肯定的，因为空气或食品的新鲜或腐烂，会决定体力的加强或削弱。（约翰·罗斯金）

4

当今人类积累了大量值得研究的知识。即使在这些知识中只掌握一个最为有益的方面，我们的能力也显得过于微弱，而生命也过于短暂。正如有大量财富供我们使用，而当我们接受了这些财富之后，必然会像抛弃垃圾一样把相当多的部分抛弃掉。所以最好永远不给自己增添过多的负担。（康德）

5

知识是无穷无尽的。因此不能说知识渊博的人就比常识有限的人懂得更多。

6

如今一个最普遍的现象是,你会看到,那些自认为学者、有教养、有文化的人,他们懂得大量无用的东西,但却停滞在最野蛮的愚昧阶段,他们不仅不懂得自己生活的意义,还为这种无知感到骄傲。与此相对,另一种并非不常见的现象是,在那些读书不多,目不识丁,丝毫也不懂什么化学元素表、天体视差和镭的特性的人们中间,你会见到真正有文化、懂得自己生活的意义而并不为此骄矜自负的人。

7

人不可能知道并理解世上出现的一切,因此他们对许多事物的议论是错误的。人的无知有两种含义:一种是纯粹的、天生的无知,即人所降生时的状态;另一种可以说是真正的智者的无知。当一个人研究了所有学问,懂得了过去和现在人们所知道的一切时,他会发现,把这些知识都汇总起来也是毫无用处的,凭借这些知识无法从实际意义上懂得上帝的世界,他会深切感受到,有学识的人们,就其实质来说,仍然是一无所知,和普通的没有学识的人们并无两样。但有一些浅薄的人,学会了一点东西,掌握了各种学问的一些入门知识,就自以为是起来。他们已脱离了天生无知的状态，但是又无法企及那些获悉了人类知识之渺小和缺陷的学者们的真正智慧。世界就是被这些自作聪明的人搞乱的。他们自信而又轻率地对一切加以评判，当然，这些评判常常都是错误的。他们善于自吹自擂，也往往会获得一些人的尊敬。但普通民众看得出他们是一无是处的，对他们报以蔑视；而他们也蔑视民众，认为他们不学无术。（帕斯卡）

8

人们常常以为懂得越多越好。这是错误的。问题不在于懂得多少，而在于要从可以学会的知识中懂得你最需要的东西。

9

不要怕无知，怕的是所知过滥，特别是当这种知识只是为了获利或者自我炫耀。

懂的少于所能，胜于懂的超出所需。那些无所不知的人常常对自己很满意，充满自信，因此也就更愚蠢，还不如一无所知的好。

10

聪明的人没有学问，有学问的人不聪明。[①]（老子）

11

猫头鹰能在黑暗中看到东西，但在阳光下却一无所见。那些

---

① 原文参见《道德经》第八十一章："知者不博，博者不知。"

有学问的人也往往如此。他们懂得很多琐碎而无用的科学知识，但丝毫不懂，也无法懂得生活中最需要的知识，即人在世上应该怎样生活。

12

哲人苏格拉底说过，愚昧不是指懂得少，而是指既不懂得自我，又自以为懂得本来不懂的东西。他把这才叫作愚昧和无知。

13

如果一个人懂得了所有的学问，能用所有的语言讲话，但却不懂得他本身是什么、他应当做什么，那么他的文化程度就远远低于一个不识字的老太太。这老太太相信老天爷就是大救星，也就是说她相信上帝，并且凭着上帝的意志认识到自己是有生命的，她懂得，这个上帝要求她唯德是从。她比那个学者更有文化，因为她得到了一个主要问题的答案，即她生活的意义是什么，她应当怎样生活；而那个学者，对生活中最为繁杂也无足轻重的问题都能做出最巧妙的回答，但却回答不了每一个有理性的人提出的这个主要问题：我为什么生活，我应当怎样去做？

14

那些认为生活中的主要问题在于知识的人，就好像在烛火上飞来飞去的蛾子，它们自己送了命，把火光也扑灭了。

六 真正的科学的实质和使命是什么

1

人们所说的科学，要么是指那种世上最重要、人们借以认识应当如何生活的科学，要么是指那些人们以懂得它为荣、有时对自己有用、有时没用的东西。前一种知识是伟大的，后一种则大部分毫无意义。

2

真正的科学有两个毋庸置疑的标志：第一个是内在的标志，即科学的奉献者不是为了获利，而是以自我牺牲的精神完成自己的使命；第二个是外在的标志，即他的成果能够为所有人所理解。

3

如今所有人的生活都是这样的：全体人民中千分之九百九十九的人长期从事体力劳动，既没有时间，也没有可能去搞科学和艺术。而那千分之一摆脱了体力劳动的人，根据他们自己的要求，便成了适合于搞科学和艺术的人。那么请问，在这种状况之下产生的科学和艺术，必然会具有什么样的性质呢？

4

每个人生活中的任务就是使生活不断得到改善。因此只有那些有助于改善生活的学问才是有益的。

5

学者就是从所有书本中获得丰富知识的人；有教养的人就是懂得如今流行的所有知识的人；有文化的人就是懂得他为什么生活、应当如何去做的人。不要努力去成为学者或者有教养的人，而要努力去做有文化的人。

6

如果在现实生活中，幻觉只能在瞬间歪曲现实的话，那么在抽象领域中，谬误可能会主宰长达数千年的时间，会把它的枷锁套在各民族的头上，扑灭人类最高贵的激情，并且靠着它的奴隶，靠着那些受骗者的帮助，把它所无法欺骗的人束缚起来。这种谬误是我们的敌人，各个时代充满智慧的思想都与它进行着力量悬殊的斗争，而只有从它那里争夺过来的，才能成为人类的财富。如果有人说，就真理而言，即使在没有预见到它能产生益处的地方也能找到它，因为益处会在人们不期而然的时候出现和被发现，如果是这样，那么还可以说，以这样的热情，对于任何一种谬误，即使在没有预见到它会产生危害的地方也能发现它，并将它彻底清除，原因是，谬误的危害很容易显露出来，并且总会在它不期而然的时候被发现，因为每一种谬误自身都包含着毒素。没有哪一种谬误是无害的，当然也没有哪一种谬误是神圣而受人敬重的。值得慰藉的是，还是有人把自己的毕生精力都献给了与各种谬误进行高尚而艰难的斗争，可以肯定地说，尽管在真理出现之前，谬误还将继续流传，正如暗夜中的猫头鹰和蝙蝠一样，但我们宁可让猫头鹰和蝙蝠恐吓要将太阳驱赶回它升起的地方，也不愿让往日的谬误再来代替我们所认清的、已大白于天下的真理，不愿让它毫无阻碍地占据真理空白的地方。真理的力量是这样的：它的胜利是艰难的，然而，一旦它胜券在握，你将无法让它退缩回去。(叔本华)

7

从世界上有人生活开始，各民族中间便不断有哲人辈出，他们教给了人们最需要懂得的事——每个人或者全人类的使命是什么，也就是说，他们真正的幸福是什么。只有那懂得这门学问的人，才能够评价所有其他事物的意义。

科学的研究对象是无穷无尽的，如果不具备有关全人类使命和幸福的知识，就不可能在这些无穷无尽的研究对象中加以选择。因此，如果没有这种知识，其他所有的知识，就像我们曾遇到过的情形一样，都成了无用而有害的把戏。

8

对那些从事当代科学研究的人来说，如果他们并不为满足无聊的好奇心，不为在科学中扮演某种角色而写作、辩论、教书，也不为靠科学养家糊口，只是为了解决直接又普通的生活问题，那么，他们常常会遇到这样的情形，科学可以解答成千上万形形色色极为复杂而艰深的问题，但唯独对一个所有智者都在寻求答案的问题无法解答，这个问题就是：我是什么以及我如何生活。

9

研究对精神生活毫无用处的科学，比如天文学、数学、物理学等等，就像进行各种娱乐、游戏、旅游、散步的活动一样，应当在不妨碍必须要做的事时去做；但研究那些毫无意义的科学并不是什么好事，正像进行娱乐而妨碍了生活中的正事一样。

10

苏格拉底对自己的门徒们指出，在合理地安排学习每一门学问时，以达到那个不应超过的恰当限度为好。比如几何学，他说，在必要的时候能够正确丈量一块你要出售或买下的土地，或者能够把遗产分成若干部分，或者能够给工人们分派活计，知道这些就足够了。"学这些很容易，"他说，"用不着付出很大的努力，你就会毫不困难地进行各种测量，就算是让你丈量整个地球也不在话下。"但他并不赞同人们热衷于这门学问中的那些大的难题，尽管他本人深通此道，他却说，这些问题会占去一个人全部的生命，使他丢弃了其他有益的学问，那么这些知识也就毫无用处了。在天文学方面，他认为，最好能懂得根据一些不起眼的迹象来判断夜晚的钟点，判断日期和季节，能够不迷路，在海上能找准方向，让守夜人准时换班。"这种学问十分简单，"他又补充说，"每一个猎人，所有的航海者，总之是每一个想多少掌握一点这种知识的人都能学会的。"但是在这方面如果要做到去研究各种天体运行的轨迹，计算行星和恒星的体积，以及它们与地球之间的距离，测量它们的运动和变化，这是他极力要否定的，因为他不认为这些事有什么益处。他对这些事持贬低的意见，不是因为无知，实际上他本人就从事这些学问的研究，而是因为他不希望多余的研究工作占去人们的时间和精力，而这些本可以用在对人来说最需要的事情上，即用于人的道德完善。（色诺芬）

七　论读书

1

要注意，不要因阅读许多作家的作品及各式各样的书籍而造成认识上的模糊和混乱。应当以那些无可置疑的杰出作家来培养自己的智慧。多余的阅读会分散脑力，使人放弃独立的工作。因此只能去读古书，读肯定有益的书。如果你心血来潮想暂时换一个阅读的种类，千万不要忘了再回到原先读的书上来。（塞内加）

2

读书首先要读好书，不过你们根本来不及读完这些书。（梭罗）

3

即使一本书也不读，也胜过读很多书并相信里面所写的一切。一本书不读也可以成为聪明人；而相信书里所写的一切，就无法不成为傻瓜。

4

作品里不过是重复生活中的事。大多数人并不聪明，常犯错误。因此才会用好的种子繁殖出许多坏书、许多文字垃圾。这些书籍只是用来浪费人们的时间、金钱和精力而已。

坏书不仅无用，而且有害。要知道十分之九的书只是为了从人们的口袋里掏出钱来才出版的。

因此最好对那一类被人们大谈特谈、大写特写的书完全不加理睬。人们首先应该阅读和了解各时代、各民族最优秀的作家。这些作家的作品是首先要读的。然而你却根本来不及读完它们。只有这些作家才能给我们以启迪和教诲。

我们很难不去读那些坏书，而往往来不及读那些好书。坏书是精神毒药，只能麻痹人民。（据叔本华）

5

迷信和欺骗困扰着人们。逃脱的方法只有一个——真理。而对真理，我们既可以自己认识，也可以通过前辈的哲人和圣者来获得。因此为了善与美的生活，我们既需要靠自己，也可以利用以往的哲人和圣者流传至今的真理指南，去寻找真理。

6

要认识剔除了迷信的真理的最有力手段之一，就是了解过去人类为了认识永恒的共同真理以及彰显真理而做的一切。

八　论独立思考

1

每个人都可以，也应该利用人类的共同智慧所创造出来的一切，但同时也应该靠自己的智慧来检验由全人类创造出来并传承下来的东西。

2

知识，只有在靠努力思考而不是靠努力记忆而获得的时候，它才可以被称为知识。

3

我们只有完全忘掉所学过的东西，才会开始真正地拥有知识。当我还在按照别人教给的方法去看待事物的时候，我丝毫也不能接近对事物的真正认识。为了认识一个事物，我必须走近它，就像走近某个完全陌生的事物一样。（梭罗）

4

我们寄希望于老师的是，他能从听课者中间培养出的首先是有理智的人，其次是有智慧的人，最后是学者。

这样的排列是有道理的，如果学生达不到最高的层次（现实中也往往如此），他还是会从学习中得到好处的，他会成为更有经验和更聪明的人,即使在学校里不是,在生活中总是的。

而如果把这种排列方式反过来,那就是在学生们培养起理智之前,先掌握某种类似智慧的东西,并从学习中获得某种外来的学问,这种学问只能像黏合上去的,而没有与他们生长为一体。与此同时,他们的精神能力不仅依然像从前一样没有任何长进,而且还被这种臆想的学问大大败坏了。我们常常遇见一些学者(确切地说是上过学的人)却表现得缺少理智,在现实生活中,从学院里出来的脑筋怪诞的人比从任何一个阶层出来的都多,原因就在于此。(康德)

5

科学不属于学校。学校里充斥着无知者古板的愚钝。科学属于书籍,属于个人致力于从书籍、生活,而不是从学校获得知识的劳动,从印刷术发明以来学校没有保留下属于科学的任何东西,除了霉菌。

学校的教学性质就是枯燥无味的生搬硬套。就其本质来说这几乎是不可避免的。在十到二十年的时间里年复一年地谈论同一个东西,谁能不生厌呢?教师、教授们几乎是永远带着厌恶的情绪从事同一件工作,为了减轻自己的烦闷,他们便用简单的程式化替代了科学。此外,由于自己的手艺愚蠢而无聊,他们往往也变得越来越蠢。(尼·加·车尔尼雪夫斯基[①])

---

① 尼古拉·加夫里诺维奇·车尔尼雪夫斯基(1828—1889),俄国民主主义作家、批评家,著有《怎么办?》。

6

人们在各个阶层中都会遇见智力优越的人,尽管他们常常没有任何学问。天生的智慧几乎可以代替任何一个层次的教育,而不论什么样的教育也无法代替天生的智慧。尽管对于这样的人来说,你在知道众多事件(历史知识)和推断因果关系(自然科学)方面具有优越性——对一切都能轻易做出正确的评述;但你却无法用这些知识掌握更正确和深刻的方法,来观察那些事件、问题和因果关系。没有学问的人,不用这些知识财富,而靠着自己敏锐的观察力也能应付一切。他所经验的某件事情使他学到的东西,比起一个学者从数千个只是知道,但却不能好好理解的事件中学到的还要多,因为这没有学问的人拥有的少量知识都是活的知识。

相反,一般学者的大量知识都是僵死的,因为这些知识要么是些彻头彻尾的空话,要么往往只停留在抽象的概念上,这些概念只有靠评论者的智力和理解力的程度来决定它们的意义。如果评论者的理解力十分低下,那他对这知识的评价也自然很低。正如一家银行,印刷纸币可以十倍地提高其现金总额,但它最终还是要破产的。(叔本华)

7

我喜欢农夫:他们没有足够的学问去歪曲事物。(孟德斯鸠)

8

如果独立进行思考,我们可以避免多少无谓的阅读啊!

难道读书和学习是一回事吗？有人不无根据地证实，如果说印刷术促进了知识的广泛传播，那么它也损害了知识的性质和内容。过多地读书有害于思考。在我所研究过的学者中间堪称最伟大的思想家，恰恰是那些并不博览群书的人。

假如有人教会大家应当怎样思考，而不仅仅是应当思考什么——就可以避免陷入愚昧。（利希滕贝格）

第二十章
努 力

罪孽、邪念和迷信扼制并遮蔽了人的灵魂。为了使灵魂在人自身彰显出来，人必须在意念中做出努力；因此可以说，人生的主要任务就在这意念的努力之中。

一 摆脱罪孽、邪念和迷信要靠努力

1

舍己为人可使人摆脱罪孽，谦恭自省可使人摆脱邪念，坚持真理可使人摆脱迷信。但为了使人能做到弃绝淫欲，面对自傲这种邪念而保持谦恭，并以理性检验蛊惑人心的迷信，他必须做出努力。只有意念的努力才能使人摆脱剥夺他幸福的罪孽、邪念和迷信。

2

神的国要靠努力争取。神的国就在你们心里。(《路加福音》16：16；17：21）福音书中这两个诗句的意思是：人只有靠意念的努力才能战胜自身的罪孽、邪念和迷信，而这些东西阻碍着天国临近的脚步。

3

在这里，在地球上，没有也不可能静止，因为生活就是向那个永远也不能完全到达的目标不断接近。静止是不合理的。我说不出来这个目标是什么；但无论它是什么，它都是存在的，而且我们知道，我们正在向它走近。失去了这个进程，生活就成了一场毫无意义的骗局。我们要走近这个目标，只有靠自己的努力。（朱塞佩·马志尼）

4

让一切越来越美好——生活的全部任务就在于此，而让一切变好只能靠努力。

每个人都懂得，如果不努力，你将在物质劳动中一事无成。应当明白，在生活的主要任务上，在灵魂生命上，不努力也将一无所获。

5

人的力量不在于他能把铁条拧成结，也不在于他能拥有上十亿或上万亿卢布，也不在于他能用自己的军队征服一个民族。比这些能力重要十倍的是，人能够衷心宽恕欺侮他的人，当他知道自己产生邪恶的欲望时能够克制它，能够时时刻刻想到在他的身上存在着上帝之灵。

6

在遇到善事的时候不要说:"这不值得去卖力,这太难了,绝对做不到。"也不要说:"这太容易了,只要想就能做到。"不要这样想,也不要这样说:任何努力,尽管努力的目标未必能达到,或者这个目标并不重要,但任何努力都会使灵魂更强大。

7

人们常常想,为了成为一个真正的基督徒,必须要做些不同寻常的事业。这种想法是不对的。对于一个基督徒来说,需要做的不是非凡的事业,而是始终如一的意念的努力,这种努力会使自己摆脱罪孽、邪念和迷信。

8

做坏事很容易,这些坏事就是造成我们不幸的根源;而那些对我们有益的事,只有靠努力才能做到。(佛教哲理)

9

如果一个人把他本来愿意做的事当作常规来做,那么时间长了他就不再想做这些事了。真正的事业只能是这样的:为了完成这个事业必须付出艰苦的努力。

10

在领悟善的道路上,绝不会铺满嫩草和鲜花;人要走这条路,只有穿越崎岖的峭岩。

11

寻找真理的过程没有欢乐，只有激动和不安；但无论如何必须寻找，因为不找到真理，不爱真理，你将葬送生命。但你会说，若是真理想让我找到它，爱上它，它会自动显现在我的面前。它是在你面前显现着，但你并没有注意到这一点。去寻找真理吧，这是它所期待的。(帕斯卡)

二 要做到以灵魂为生，必须努力

1

我是上帝劳作的工具。我的真正幸福就在于参与他的劳作。而我只能以意念的努力来参与他的劳作，我做出意念的努力，是为了使上帝授予我的工具——我和我的灵魂——保持纯净、锋利、规范。

2

对于人来说最宝贵的莫过于自由，按照自己的意志，而不是按照别人的意志生活。为了过上这样的生活，人必须要为灵魂而生。而要做到为灵魂而生，必须克制自己的肉欲。

3

人类全部真正的生活不是别的，只在于从低级的动物本性阶段，向着越来越高的灵魂生命的觉悟逐渐过渡。

4

当我们被噩梦所惊吓而无力承受时，我们会努力醒来，回到清醒的现实之中。同样，当生活变得无法忍受的时候，也应当这样做。在这种时刻，必须要以意念的努力走向新的、更高的灵魂生活。

5

为抵制罪孽、邪念和迷信而做出努力是必要的，因为只要你停止与这些东西斗争，肉体就会将你制服。

6

我们觉得，真正的劳动只是为了那些有形的东西——建造房屋、耕地、喂牲口，而劳动对于自己的灵魂，对于某些无形的东西来说是无足轻重的，是可做可不做的事，而实际上，任何一种别的劳动——除了为灵魂，为了使自己的精神变得越来越高尚、越来越富有爱心的劳动之外——都是微不足道的。只有这种主要劳动才是真正的劳动，只有在生活中从事这种劳动的时候，其他所有的劳动才有意义。

7

那认识到自己的生活不好并试图加以改善的人，不要以为只要改变了生活条件，就可以使生活得到改善。为了调整生活，他应该，也能够做到的，不是改变外部条件，而是改变内在的自我和灵魂。而这是随时随地都能做到的。并且这种工作对每个人来说都足够了。只有当你的灵魂发生变化，以至于你再也不能继续从前的生活，这时再来改变你的生活，而不是当你以为只要改变了生活，就可以轻易地使自己焕然一新的时候，再去改变生活。

8

对于每个人来说，生活中只有一件重要的事。这就是改善自己的灵魂。唯有这件事是人人与生俱来的。其他的一切与这件事比较起来，都微不足道。这个道理是很明显的，因为只有在这件事上人不会遇到阻碍，人唯有做这件事才会永远快乐。

9

要以桑蚕为榜样：它不停地劳作，直到能飞为止。而你是附着在地上的。为自己的灵魂劳作，你就将生出翅膀。（据西里西亚的安杰勒斯）

三 只有靠意念的努力才可达到自我完善

1

"所以你们要完全，像你们的天父完全一样。"[1]福音书中这样说。这话的意思并不是说，基督要人达到像上帝一样的完善，而是说，伟大的人必须做出意念的努力，以走近完善。至高至

---

[1]《新约·马太福音》5∶48。

善——这是上帝;人的任务就是走近这种完善,而人的生活也就在于这个走近的过程。

2

任何生命都不是一下子,而是一点一点生长起来的。不可能一下子掌握所有的学问,同样也不可能一下子就战胜罪孽。为了使生活更加美好,只有一种方法——智慧的思考和坚持不懈的努力。(钱宁)

3

莱辛说过,给人以快乐的并不是真理本身,而是人为获得真理所付出的努力。同样,在谈到美德时也可以这样说:由美德带来的快乐,就在于追求美德的努力之中。

4

在国王成汤的浴盆上刻着这样的话:"每日都使自己重新完善;这样从头做起,再从头做起。"[①](中国哲理)

5

如果人们没有从事研究,或者从事研究而没有成就,但愿他们不会绝望,不会放弃;如果人们没有把他不懂的可疑问题拿来

---

① 原文参见《礼记·大学》:"汤之《盘铭》曰:'苟日新,日日新,又日新。'"成汤即商汤,商朝开国君主。

问有学识的人，或者问了但没有因此而增添学识，但愿他们不会绝望；如果人们没有思考，或者思考了但仍没明白善的实质是什么，但愿他们不会绝望；如果人们不能区分善恶，或者能够区分但对此没有明确的观念，但愿他们不会绝望；如果人们没做善事，或者做了但没有尽自己全部的力量，但愿他们不会绝望。别人能一次做成的事，他们可以做十次；别人一百次能做成的事，他们可以做一千次。

那实实在在按照这努力不懈的原则行事的人，无论他怎样学识浅陋，他一定会成为学识渊博的人，无论他怎样弱小，他一定会强壮起来，无论他怎样德行败坏，他一定会成为品德高尚的人。①（中国哲理）

6

如果一个人做善事，仅仅是因为他已习惯于这样做，那么这还不是善的生活。只有当人为了成为有善德的人而做出努力的时候，善的生活才会开始。

7

你说："不值得做什么努力：无论你怎样努力，都无法达到完善。"但是要知道，你的使命不在于达到完善，而只在于越来越近地走向完善。

---

① 原文参见《礼记·中庸》："有弗学，学之弗能，弗措也；有弗问，问之弗知，弗措也；有弗思，思之弗得，弗措也；有弗辨，辨之弗明，弗措也；有弗行，行之弗笃，弗措也。人一能之己百之，人十能之己千之。果能此道矣，虽愚必明，虽柔必强。"

8

人不可随意地看待恶,不可在心中说:"我如此远离恶,它沾染不上我。"滴水可以满缸,一点一点地作恶,人便会成为恶贯满盈的疯子。

人不可轻率地看待善,不可在心中说:"我无力行善。"正如滴水可以满缸,一点一点地行善,人便可成为奔向幸福的功德圆满的人。(佛教哲理)

9

为了让生活没有悲伤,充满欢乐,应当永远善待所有生命——不仅人类,还有动物。要想永远为善,就必须学会这样做。而要学会这样做,必须杜绝一切不良行为,而不是因这不良行为责备自己。

只要你这样做,很快就能学会善待所有的人和动物。而学会做善事,你的心中就将永远充满欢乐。

10

衡量一个人的美德,不是看他是否做出过惊天动地的伟业,而是看他是否做出过日常的努力。(帕斯卡)

四 为了走近完善,人只能寄希望于自己的力量

1

请求上帝或他人,让他们来使你摆脱恶劣的处境,这是何等

荒谬啊！人不需要帮助，不需要摆脱他所处的困境，人需要的只有一点：靠自己意念的努力，以摆脱罪孽、邪念与迷信。只有做到摆脱了罪孽、邪念与迷信的程度，他的处境才会得到改善。

2

把获得拯救和幸福的希望寄托在并非个人努力的某种东西上——没有比这更使人意志松懈的了。

3

必须要摆脱这样的想法，即上天会纠正我的错误。假如你们做了一顿糟糕的饭菜，你不会认为，天道会使它变得美味可口；同样，如果你们多年以来在丧失理性的状况下过着荒谬的日子，那就不要指望神灵的帮助会安排和引导一切走向美好。（约翰·罗斯金）

4

在你的心中有着对尽善尽美的认识。但在你心中也有着达到尽善尽美的障碍。鉴于这种处境，你就需要努力工作，以走近完善。（卡莱尔）

5

你自己作孽，自己为恶，自己逃脱孽海，自己清除邪念，自己成为龌龊的或洁净的。别人无法拯救你。（《法句经》）

6

如果说，我无法克制自己不做坏事，这就等于说，我不是人，是动物。人们常常是这样说的。但无论他们怎样说，他们在自己的灵魂深处都知道，只要他们活着，他们就可以停止做坏事，开始做好事。

7

不存在任何道德原则，如果我不能遵守它的话。人们说：我们生来就是自私的、吝啬的、淫荡的，我们无法改头换面。不，我们有办法。首先，让我们的心灵觉悟到，我们是什么，我们应当成为什么；其次，做出努力，以接近那我们应当成为的样子。（索尔特[①]）

8

人必须要发展自己向善的禀赋。天命并没有把这种禀赋以完美的形式植入人的心中；那还仅仅是一种禀赋。改造自我，使自我更加美好——这就是人生的主要任务。（康德）

[①] 塞缪尔·索尔特（？—1778），英国宗教作家。

五 改善共同的生活只有一条途径——每个人都为达到善的和道德的生活而努力

1

人们要走近天国,即走向善的和幸福的生活,只有靠每个人为过上善的生活而努力。

2

如果你看到社会制度是坏的,又想改造它,那么你得知道,为此只有一种办法,即让所有人都做得更好。而为了让所有人都做得好,你力所能及的只有一点:自己做好。

3

常听到人们议论:为了改善生活,为了根除邪恶和建立合理的生活,你所做出的所有努力都是徒劳的,因为一切都会自然而然地发生。人们坐在一艘船上,但水手们到岸后都离船而去,剩下的游客们又不去拿桨,因为他们想,船会像刚才一样航行的,于是那只船就这样航行至今。

4

"是呀,假如人们当时都明白这是坏事而不该去做的话,事情本来不致如此。"人们在谈起生活中的恶时常常这样说,"设想一下，一个人放弃了作恶，拒绝参与恶行，这对于共同的事业，对于大家的生活能产生什么影响？人们生活的改变要靠全社会来做，只靠单个人是不行的。"

不错，一只燕子带不来春天。但难道因为一只燕子带不来春天，这只已感受到春天即将来临的燕子，就不再飞翔，而只是坐等吗？如果每一颗花蕾和小草都这样等待，那么春天将永远不会到来。对于我们建立天国来说也是如此，不应该只考虑我是第一只还是第一千只燕子，哪怕只有你一个，只要此刻你已感受到天国的临近，就应该为了实现天国去做那必须做的事。

"你们祈求，就给你们；寻找，就寻见；叩门，就给你们开门。因为凡祈求的，就得着；寻找的，就寻见；叩门的，就给他开门。"(《马太福音》7：7—8)

5

"我来要把火丢在地上，倘若已经着起来，不也是我所愿意的吗？"(《路加福音》12：49)

但为什么这束火迟迟燃烧不起来呢？如果说，许多世纪都已经过去了，基督教也没有改变社会生活体制，那么我们有什么权力认为，它今天可以改变这一切呢？大多数被迫承认基督教为真理的人，还是没有把这种真理作为自己的行为准则。这是为什么？只是因为，人们等待的只是外在条件的改变，而不想弄明白，要达到这一点必须靠每个人在灵魂上的努力，而不是靠什么外在条件的变化。

6

我们的生活是坏的。为什么?

因为人们不好好生活。而人们之所以不好好生活，是因为他们本身就是坏的。所以，为了终止这种坏的生活，必须要让人们从坏人变成好人。怎么才能做到这一点呢？任何人也做不到改变所有人，但改变自己是人人都能做到的。开始会觉得，即使能做到也于事无补，因为一个人变了，所有人不变，那又能说明什么呢？但问题在于，人人都在抱怨恶劣的生活。因此，如果所有人都明白，坏的生活起因于坏的人，并且所有人都明白，任何一个人也无法改造别人，但可以改造自己，就是说可以使自己由坏的成为好的，于是大家都来自我改造的话，那么整个生活立刻就会得到改善。

所以说，坏的生活起因在我们，使生活变好也在于我们。

六　为达到完善而做的努力给人以真正的幸福

1

道德的努力和生命觉悟的喜悦是交替出现的，正像体力劳动之于休息的喜悦一样。不经过体力劳动就得不到休息的喜悦，没有道德的努力也就得不到生命觉悟的喜悦。

2

对善德的奖赏就在行善的努力之中。(西塞罗[①])

3

人在不劳动的时候,如果感到肌肉疼痛,会叫喊起来,而在劳动的时候也体验到这种疼痛的话,便不会在意。同样,一个不在自己的内心世界进行灵魂劳动的人,会因为苦难而感受到难以忍受的痛楚,而对于把为摆脱罪孽、邪念和迷信,即为了达到道德完善而做出努力,视为人生主要任务的人来说,他们也经受了这些苦难,但却并不在意。

4

不要指望你为向善而做的努力会迅速获得成功,也许你永远也看不到这种成功。你将看不到自己努力的成果,因为你所趋向的完善,在你移动的同时,它也移动了同样的距离。意念的努力不是获得幸福的手段,意念的努力本身就赋予了你幸福。

5

神会给予动物所需的一切,但不会给人。人应当靠自己去获取所需的一切。人的高等智慧并非与生俱来;他必须靠劳动来获得智慧,劳动越多,所得的奖赏就越多。(巴布教[②]教规表)

[①] 马尔库斯·图利乌斯·西塞罗(公元前106—前43),古罗马政治家、哲学家。

[②] 巴布教为伊朗的一种宗教。赛义德·阿里·穆罕默德于1844年自称巴布(阿拉伯语中的"门"),即通向救世主的媒介,据此创立巴布教。

6

天国要靠努力争取。这就是说，为了摆脱邪恶，成为有善德的人，必须经过努力。为了戒除恶欲，也需要努力。只要戒除恶欲，你就会做善事，因为人的灵魂是喜爱善的，要做善事，只有使灵魂摆脱邪恶。

7

你们是行动自由的人，这你们感受得到。那些有关命运和自然法则主宰一切的形形色色的言论，将永远无法迫使人类自由的两个坚贞不屈的见证者缄默不语——这就是良知的谴责和殉难的伟大。从苏格拉底到基督，从基督到世世代代为了真理而死的人们，所有信仰的殉难者都证明了这种奴隶学说的荒谬。他们对我们高声说道："我们也爱生命和所有的人，我们的生命因他们而美好，他们祈求我们去制止争斗。我们心脏的每一次跳动都向我们发出呐喊：活下去！但为了尊奉生命的法则，我们宁可去死。"

此外，从该隐直到当今最卑劣的人，所有选择了邪恶之路的人，都会在灵魂深处听到令他们不得安宁的谴责、痛斥、呼喊，这些声音无休止地向他们反复质问：你们为什么背离真理之路？你们过去，现在，都可以做出努力。你们是行动自由的人，是沉迷于罪孽，还是摆脱罪孽，无论过去还是现在，都由你们自己掌握。（马志尼）

第二十一章
现在的生活

人们觉得,他们的生活是在时间中度过的——在过去,在未来。但这只是一种感觉。人真正的生活并不是在时间中度过的,而是始终存在于一个非时间的点上,过去与未来在这个点上相交会,我们错误地把它称为现在时。在这个现在时的非时间的点上,也只有在这个点上,人才是自由的。因此,人真正的生活是存在于现在之中,也只存在于现在之中。

一 真正的生活不存在于时间

1

过去的已不存在,未来的尚未出现。存在的是什么呢?只有那个未来与过去相交会的点。这个点看起来是虚无的,但实际上我们的全部生活只存在于这个点上。

2

我们只是觉得时间是存在的。其实它不存在。时间只是一种器具，借助于它我们逐渐地看到那真实存在和始终如一的东西。眼睛并不是一下子就看到一个球的，为了使眼睛看到这个球，必须使球在注视着它的眼睛前面转动。世界就是这样展现开来的，或者说，世界好像是在时间中在人的眼前展现开来。对于高等智慧来说，时间是不存在的：将有的即是存在的。时间与空间就是把无限的事物打碎，以便为有限的生命所利用。（阿米尔）

3

既无"以前"，也无"以后"：那明天将发生的，已经在永恒中实存。（西里西亚的安杰勒斯）

4

时间和空间是不存在的，我们把这两者看得必不可少，是为了有利于理解事物。因此，说存在着某些星球，它们的星光尚未到达地球，把这种论断以及有关太阳数百万年前的状态等论断看得意义重大的想法是极为错误的。在这些论断中不仅没有任何重大之处，而且没有任何严肃之处。这一切都是无聊的智力游戏。

5

时间是没有的，有的只是瞬间。而我们的全部生活就在于此，在这瞬间之中。因此，在这绝无仅有的瞬间之中，我们应当全力以赴。

6

如果生活超乎时间之外，那么它为什么会显现在时间和空间中呢？这是因为运动，即对广大、澄澈和完美境界的追求，只会存在于时间和空间之中。假如没有时间和空间，就没有了运动，没有了生命。

二 人的灵魂生命是超乎时间和空间之外的

1

时间只是为肉体生命而存在。但人的灵魂生命永远超乎时间之外。灵魂生命超乎时间之外的原因是：人的灵魂生命的活动仅仅体现在意念的努力之中。而意念的努力是永远超乎时间之外的，因为它永远只存在于现在之中，而现在并不存在于时间。

2

我们无法想象死后的生活，也不能忆起降生前的生活，因为我们无法想象任何超乎时间之外的东西。然而我们却比对任何东西都更清楚超乎时间而存在于现在之中的我们的生活。

3

我们的灵魂被投入到肉体，它在肉体中找到数量、时间、维度。它对这些做出评判，称之为自然和必然，而不会有其他的考虑。（帕斯卡）

4

我们常说时光流逝。这并不对。流逝的不是时光，而是我们。

当我们在河上乘船的时候，我们感觉到是河岸，而不是我们所坐的船在走。时光也是如此。

5

应当经常提醒自己，我们真正的生活不是外在的、肉体的，即我们正在地球上度过的、在我们眼睛里显现的这种生活，其实，在我们心中与这种生活同时相伴的，还有另外一种内在的、灵魂的生活，它既无始，也无终。

三 真正的生活只存在于现在之中

1

我们生而具有记忆过去和设想未来的能力，这是为了从这两方面考虑，正确地决定现在的行为方式，而绝不是为了惋惜过去和筹备未来。

2

人只生活在现在的瞬间之中。其他的一切，要么已经过去，要么不知是否将会出现。（马可·奥勒留）

3

我们之所以会痛惜自己的过去，毁掉自己的未来，是因为很少为现在而操劳。过去的已经过去，未来的尚不存在，存在的只有现在。

4

我们未来的状态相对于我们今天的状态来说，永远都是一个幻想。

重要的不是生命的长度，而是生命的深度。问题不在于生命的延续，而在于使生命不依赖于时间而度过。而要使我们的生命不依赖于时间，只有靠善的努力来生活。当我们这样来生活的时候，我们就不会给自己提出时间的问题。（据爱默生）

5

"既可即夕而死，也可与世长存"就是说你要这样生活：就好像每一分钟都是生命的最后一刻，你只能来得及做最重要的事；从另一个角度来说，就是这样生活：就好像你要把你所做的事无限期地做下去。

6

时间在我们之后，时间在我们之前，在我们存在的时候不存在时间。一旦你更多地想到过去有过的和未来将有的，你便失去了最主要的——现在的真正的生活。

7

瞬间只是瞬间。人们觉得瞬间是不重要的，往往疏忽了它，然而人的全部生活就在于此；只有在这现在的瞬间之中，人们才可以做出努力，以争取天国在我们心中和我们身边降临。

8

与恶习斗争只有在今天,而不能等到明天。①(孔子)

9

除了我们此刻所做的事外,一切都无足轻重。

10

不考虑明天是对的;但为了不去考虑明天,只有一个办法,就是每时每刻都提醒自己,我是否完成了此日、此时、此刻应做的事。

11

在与他人交往的过程中,在沉湎于往事和未来的时候,你很难意识到你的生活就存在于现在的这一刻之中。但保持这样的意识是何等重要和珍贵啊!要努力使自己养成这个习惯。人如果能牢记不忘,生活中最重要的只有现在,也只有现在是存在的,那么他将会避免许多恶。除了现在的,其他一切都是幻想。

12

只要你走入过去和未来,你就会走出现在的生活,因此而立刻失去庇护和自由,变得孤苦伶仃。

---

① 出处不详,意相近者或为《论语·里仁》:"朝闻道,夕死可矣。"

13

"有多少精神上的痛苦啊——不过这一切都将在片刻之后消亡!所以,没有什么可忧虑的。"

不,这种说法是不对的。你的生命只在此刻。时间是没有的,如果你在此刻与上帝共存的话,此时一刻足以抵得百年。(据阿米尔)

14

人们说:人是不自由的,因为他所做的一切,在时间意义上都已由前因所预定。但是人的行为永远只存在于现在之中,而现在是超乎于时间之外的,它只是过去与未来的一个接触点。因此,人在现在的瞬间中永远是自由的。

15

生命神圣的自由力量只有在现在之中才能显现,因此现在的行为一定会具有神圣的本质,即一定是理性的和善的。

16

有人问一个哲人:什么事最重要?什么人最重要?生活中什么时间最重要?

哲人回答说:"最重要的事就是与所有人共同相爱,因为每个人生活的任务就在于此。

"最重要的人,就是你在此刻所交往的人,因为你任何时候都不可能知道,你将来是否还会同另外的那个人再次相见。

"最重要的时间唯有现在,因为只有在现在之中你才能把握自己。"

四　爱只显现于现在之中

1

生活中最主要的事就是爱。而爱既不能在过去，也不能在未来。爱只能显现于现在，此时，此刻。

2

只有当你的行为既不受过去，也不受未来所左右，而只听命于你现在的灵魂要求的时候，你才能完全以爱心去行事。

3

爱是神圣本质的体现，对它来说时间是不存在的，所以说爱只显现于现在，显现于此刻，显现于现在的每一个瞬间。

4

不必去考虑未来，而只应在现在为了自己和他人去努力，使生活变得充满快乐。"明天的事自有明天操心。"——这是一条伟大的真理。美的生活就在于，你根本不会知道明天需要什么。只有一点是必需的，也是永远适用的，那就是在此时此刻对他人的爱。

5

爱总的说来就是做善事。我们大家都是这样理解的，也不会把爱理解成别的。

爱不仅表现在口头上，更要表现在行动上，我们保持爱心以换得他人的幸福。

如果一个人决定，为了未来的更为博大的爱，他最好克制此刻最细小的爱心的需求，那么他不过是在自欺欺人，其实除了他自己，他谁也不爱。

未来的爱是不存在的：爱只存在于现在之中。如果一个人现在不以爱心待人，那么他就没有爱心。

6

你想得到善。而善只能存在于此时：善不可能存在于未来，因为未来是不存在的。有的只是现在。

7

任何时候都不要放弃做现在就能做的善事，因为死亡分不清你是否已做过该做的事。死亡不等待任何人和任何事。因此对于人来说，世上最为重要的就是他此刻所做的事。

8

假如我们能常常醒悟到，逝去的时光是一去不复返的，已作过的恶再也来不及改正，那我们就会更多地行善，更少地作恶。

9

我们将不再拖延，我们要做有正义感和同情心的人。我们将不再等待他人或我们的巨大痛苦。生命是短暂的，因此在这短短的路程中，让我们快来激起旅伴们心中的喜悦。让我们抓紧时间来做善良的人吧。（阿米尔）

10

要记住，如果你能够做好事，对某个人展示爱心，那么就应当在此刻去做，因为时机转瞬即逝，永不复返。

11

好人记不住他们做的好事；好人忙着做手里的事，顾不上去想做过的事。（中国谚语）

12

生活就在此刻，就在现在，这就是上帝在我们心中的那种状态。因此生活中现在的瞬间比一切都宝贵。要尽灵魂的全部力量，不让这个瞬间白白地流逝，不让那本可在你心中显现的上帝在你面前隐去。

五 准备生活是一种邪念，它代替了生活本身

1

"现在我可以暂时不去做该做的和良知所要求的事，因为我还没准备好，"人往往这样对自己说，"这下我准备好了，该是开始

完全按我的良知生活的时候了。"

这种论调的谬误就在于，人放弃了现在的、唯一有实际意义的生活，而把它寄托于未来，而那未来并不是属于他的。

为了不堕入这种邪念之中，人应当明白和记住，他没有时间去筹备，他必须在他存在的此刻以最佳的方式生活，他所需要的完善只是爱心的完善，而这种完善只在现在之中得以实现。因此，人不得放弃，而必须在每时每刻尽全力生活，以完成他降临世上所肩负的、唯一能赋予他真正幸福的使命。人在生活中必须要懂得，每时每刻他都可能会被剥夺完成这个使命的机会。

2

"等我长大了，我会做的。""等我上完学，等我结了婚，我会那样生活的。""等我有了孩子，等我给儿子成了家，或者等我发了财，或者等我搬了家，或者等我上了年纪，我会那样安排好的。"

无论孩子、成人，还是老人，都这么说，而谁也不知道，他是否能活过今天。当想到这些事的时候，我们无法知道，我们是否有机会来做，死亡是否会打断我们。

唯有一件事死亡无法打断，那就是在我们还活着的每时每刻，我们都在执行上帝的旨意——爱他人。

3

我们常常这样想，并对别人说："在我目前所处的情况下，我不能做所有该做的事。"这种想法是何等荒唐！那包含着全部生活意义的内心劳动，每时每刻都是可能的。不管你是在监狱里，还是生了病，不管你失去了什么外在的行动能力，还是受到了什么样的欺侮和折磨，你的内心生活都在你的掌握之中：你可以在思想中谴责、非议、妒忌、憎恨他人，你也可以在思想中克制这些情感，而代之以善良的意愿。由此可见，你生活中的每一分钟都是属于你的，任何人也无法把它们从你手中抢走。

4

当我说"这件事我做不成"的时候，这种表述是不对的。我只能说，以前我没做成这件事。同样可以说，在现在的每时每刻我都能自行完成任何我想做的事，这一点我确信不疑。人懂得这一点是有益的。

5

意识到自己不舒服，想方设法解除病痛，更主要的是认为自己现在不舒服，所以不能做事，等病好了，到时再做。——所有这些想法都是莫大的邪念。其实这就等于说：我不想要我已有的东西，而想要那没有的东西。你永远都可以为此刻所拥有的而高兴，永远都可以用已有的（即你所有的力量）去做一切可以做的事。

6

每一个现在的时刻都是紧急而关键的时刻。要在心中牢牢记住：每一天都是一年中最佳的一天，每一刻都是最佳的一刻，每一个瞬间都是最佳的瞬间。之所以说它是最佳的，因为只有它是属于你的。（据爱默生）

7

为了以最佳的方式度过一生,应当记住,人的一生只存在于现在之中,在现在的每时每刻都要以最佳的方式完成自己的一举一动。

8

你感觉不好,于是你以为,这是因为你没能按你所希望的那样生活,假如你的生活换一种方式,你也许就会很轻松地完成你认为应当做的事。这种想法是错误的。你拥有一切你所希望的东西。在生命中的每一刻,你都能做成你本来就能做成的最完美的事。

9

在生活中,在现在的生活中,最好的莫过于现有的。渴求现有以外的东西,即是亵渎。

10

那只有在将来才能完成的重要的、伟大的事,都不是现在的事,都不是为上帝而完成的事。如果你相信上帝,就会相信生活只属于现在,你就会去做那些只有现在能彻底完成的事。

11

最紧密地接近上帝——就是最大限度地着眼于现在;相反,越是被过去和未来所牵累,越是远离上帝。

12

"Memento mori，不忘死亡！"是一句至理名言。假如我们能够记住，我们将不可避免地很快死去，我们的生活或许会发生彻底的转变。如果一个人知道，他半个小时之后就会死去，那么在这半小时之内他绝不会去做无聊的事、蠢事，更不用说去做坏事。但如果是半个世纪呢，这也许是个离死亡很远的时间，难道它与半个小时有什么不同吗？

六 我们行为的结果不是我们的事，而是上帝的事

1

我们行为的一切结果是我们永远也无法把握的，因为在无限的世界和无限的时间之中，我们行为的结果也是无限的。

2

如果你能看到你的活动的所有结果，则你要知道，你这个活动就是微不足道的。

3

人们说："如果我们不知道生活中等待着我们的是什么，我们就没法生活。应当对未来的事做好准备。"这种说法是错误的。只有当你不去考虑我的肉体将会发生的事，而只考虑为了灵魂我此

刻必须做的事,才会有真正的好的生活。而为了灵魂需要做的只有一点:使我的灵魂与所有人和上帝结合在一起。

4

我们此时此刻的一举一动,这是我们的事,而这一举一动会有什么结果,则是上帝的事。(方济各)

5

人为灵魂生活而生,即与上帝合为一体,即使他无法知道自己行为的结果,也会确切地知道,这种结果必是善的。

6

完全不去想会有什么结果,只为了完成上帝的意志——这样的行为便是最好的行为,也是每一个人都能做到的。

7

一旦你去考虑你行为的结果,你就会感觉到自己的无能和渺小;而只要你想到,你所做的事就是为了在此刻完成那差你来者的意志,你就会感觉到自由、快乐和力量。

8

如果人考虑他所做的事会有什么结果,那么他做起事来就只会为自己着想。

9

对善的生活的奖赏绝不会在未来，只能在此刻，在现在。此刻你以好心做事，此刻你便舒畅。而你以好心做事，结果不可能是不好的。

七 对于明白现在生命意义的人来说，不存在对死后生命的疑虑

1

我们对于未来生命的想法是混乱的。我们常常问自己，死后将是什么样子？但其实这是无须考虑的，原因就是，生命与未来是一对矛盾，生命只存在于现在之中。我们觉得，生命是存在过和将会有的，实际上生命只是现存的。应当解决的不是有关未来的问题，而是现在、此刻该如何生活。

2

对于肉体的生命我们总是一无所知，因为肉体的生命都是在时间中度过的，而我们不可能预知未来。而在灵魂生命的领域里，我们是无所不知的，因为对于灵魂生命来说没有未来。因此，在我们的生命由肉体向灵魂过渡的过程中，在我们着眼于现在而生活的时候，我们对生命的疑问就会逐步减少。

3

不管我们是希望将来成为天使,还是相信我们过去曾是一群懦夫,无论如何,对于我们所肩负的劳动任务,我们都必须真诚地、无可挑剔地完成。(约翰·罗斯金)

4

我们生活中最主要的问题在于,是在注定短暂的生命时光中来做那赋予我们生命者希望我们做的事,还是做我们自己的事?

5

随着生活的延续,特别是随着善的生活的延续,时间的意义和对未来的兴趣就会逐渐减弱。年龄越大,时光流逝得就越快,有关"未来"的意义就越淡漠,而"现在"的意义就越来越明确。

6

假如你能把灵魂置于空间和时间之上,你就会在每一个瞬间获得永恒。(西里西亚的安杰勒斯)

第二十二章
无 为

人们败坏了自己的生活,原因是他们不仅不去做该做的事,还做了不该做的事。因此,人为了善的生活而必须在自身所做的主要努力是:不去做不该做的事。

一 善的生活最需要的是克制

1

对于所有人来说有一件最为重要的事。这件事就是过好的生活。而过好的生活就意味着不仅是尽我们所能做好事,还要不做我们本可不做的坏事。最主要的是不做坏事。

2

今天所有人都知道,我们的生活是恶劣的,人们一边谴责我们的生活制度,一边照他们的想法去做笃定会改善生活的事。但是生活并没有因此而得到改善,而是变得越来越坏。这是为什么呢?这是因为,人们为改善生活去做那些最繁杂、最沉重的事,但却没去做那些最简单、最容易的事,即没有克制自己不去参与那些让我们的生活变坏的事。

3

人只有明确地理解了他不应当做什么,才可能知道他应当做什么。只要他不去做不该做的事,他就必然会去做该做的事,尽管他不知道为什么去做那些事。

4

问题:当你时间紧迫的时候,最好做什么事?回答:什么也不做。

5

当你精神颓丧的时候,应当把自己当作病人来看待;最主要的是什么也别干。

6

如果你遇到不知所措的情况,那么请你先记住,保持克制总是好于有所行动。假如你无法保持克制,假如你大致知道那件事是好事,那么你最好不要问自己是做还是不做;而假如一定要问,那么首先,你知道你是可以保持克制的,其次,你要大致知道,那件事是否完全是好事。假如那件事完全是好事,你也就不会有什么疑问了。

7

如果你十分渴望一件事，甚至觉得你已无法克制了，那么你不要相信自己。如果说一个人什么事也不能克制，这不是真的。不能克制自己的，只有那种事先就让自己相信他不能保持克制的人。

8

每个人都应随时反省自己的生活，年轻人也不例外。如果你有一次因没有做该做的好事而懊悔，那么你就会千百次地因你做了不好的事和不该做的事而懊悔。

二　无节制的后果

1

不幸的不仅是没做该做的事，还有对不该做的事没有保持克制。

2

在一件事上不加节制，会削弱我们在其他事上节制的能力。无节制的习惯就是一座房子下面的暗河。这样的房子总是不免要倒塌的。

3

做了再改，比没有做更糟；仓促行事，比延误时间更糟。

因做过的事而产生良知的谴责，永远比因未做过的事而产生良知的谴责更痛切。

4

越觉得处境艰难，越不要轻举妄动。轻举妄动往往把本已开始改善的事搞坏了。

5

大多数被称作恶人的人之所以落到这个地步，是因为他们把自己恶劣的心态看作合情合理的事，便沉浸于这种心态之中，而不去努力对此加以克服。

6

如果你觉得无法克制肉体的欲望，其根源大概就在于，当你还能够克制的时候，你却没有加以克制，所以这些欲望对你来说就习以为常了。

三　并非所有行动都值得尊敬

1

这种想法是十分错误的：只要你有所作为，不考虑这个行为的性质如何，你所做的事都是值得尊敬的。问题在于，这个行为是什么性质的，人在什么情况下应当保持无为。一个人整天忙于诉讼事务，把人判处刑罚，或者教士兵们学射击，或者放高利贷，他在做这些事的时候，是在利用别人的劳动来满足自己的需求。

2

人们常常高傲地拒绝那些无害的娱乐,他们说没有时间,因为他们有事要做。实际上,善意而有趣的游戏比起许多事来都更必要,也更重要,而放开这一点不谈,那些大忙人们借以拒绝玩乐而做的事,往往是些最好什么时候也不要做的事。

3

对于真正改进生活来说,那些浮华的表面事务不仅是不必要的,而且是有害的。如果失去了靠他人劳动为自己换来的欢乐,而又不以内心的劳动来充实自己的话,无所事事就是一种沉重的状态;所以说,如果人脱离了以他人劳动换来的奢华条件而生活,这个人就将无法得到清闲。对人有害的主要不是清闲,而是做那些不必要而有害的事。

四 人只有意识到自己不是肉体的而是灵魂的生命时,他才会放弃恶劣的行为

1

为了学会克制,应当学会把自己分为肉体的人和灵魂的人,并制止肉体的人去做他想做的事,而让他去做灵魂的人想做的事。

2

当灵魂在沉睡而停止工作的时候,肉体会不可遏制地听从由

周围的人们所唤起的种种情感。别人打呵欠，他也打呵欠；别人悲伤，他也悲伤；别人发怒，他也发怒；别人感动、哭泣，他的眼里也会涌出泪水。

这种不由自主地对外部影响的服从，往往会成为违背良知的要求而做坏事的动因。所以要警惕这些外部影响，不一味地听从它们。

3

只要你从年轻的时候就习惯于让肉体的人服从于灵魂的人，你就会很轻易地克制自己的欲望。而习惯于克制个人欲望的人，在现世的生活中就会轻松而快乐。

五 与无节制行为斗争越多，斗争起来越轻松

1

在人自身进行着一场理智与情欲的战争。假如在一个人的身上只存在无情欲的理智，或者只存在无理智的情欲，人就可以得到某种安宁。但这两者在人身上是同时存在的，所以人无法逃避斗争，无法只与一方和平相处而不与另一方战斗。他永远在自身进行着斗争。这种斗争是必不可少的，生活就在于此。（帕斯卡）

2

为了像尊重自己一样尊重他人，为了像我们希望他人对待我

们一样对待他人——生活的主要任务也就在于此。我们必须要控制自己，而为了能够控制自己，必须要习惯于控制自己。

3

每当你非常想做一件事时，要冷静地想一想：你非常想做的这件事是不是好事。

4

为了不做恶事，除了要克制自己不做这样的事之外，还必须学会克制自己不说恶言恶语，而最主要的是克制自己不产生恶的念头。一旦你醒悟到，你的谈话有恶意——对别人嘲笑、指责、辱骂——那就立刻停止，闭上嘴巴，堵住耳朵。同样，当你脑子里出现不良的念头，即把别人往坏处想时，也应当这样做——不管那人是否该受指责都一样——应立刻停止，并尽力去想些别的事。只要你学会克制自己的恶言恶语和恶的念头，你就有足够的力量克制自己不做恶事。

5

如果你无法战胜自己的情欲，那么不管你失败了多少次，都不要灰心丧气。每一次斗争的努力都会削弱情欲的力量，而使你更轻易地战胜它。

6

车夫之所以不放开缰绳，是因为要想让马停下来，只拉一下缰绳是不行的,要持续地拉紧,马才会渐渐停住。人对待情欲也是如此:只节制一次是不行的,要持续不断地斗争,则最终胜利的就是你,而不是情欲。

7

人心中的任何一种情欲,在最初的时候都好像是个乞讨者,接着就成了客人,最后就成了房子的主人。要尽力拒绝这样的乞讨者,不对它打开自己的心灵之门。

六　节制对个人和整个人类的意义

1

你要想自由就要学会克制自己的欲望。

2

谁最智慧?是那以人人为师的人。谁最富有?是对自己所拥有的感到满足的人。谁最强大?是那善于克制自己的人。(《塔木德》)

3

有人说,基督教是一种弱者的学说,因为它规定的不是行动,而主要是克制行动。基督教就是弱者的学说!弱者的学说是好的,它的创始者殉难于十字架上,而并没有背叛自己,它的追随者们又有成千上万的人成为殉难者,但只有他们勇敢地面对邪恶,并与之奋起抗争。那些处死基督的犹太人，还有如今主张国家暴力的人，他们都知道，这是怎样一种弱者的学说，他们最怕的就是这种学说。他们凭着敏锐的嗅觉感受到，只有这种学说才无疑会将他们所维护的全部制度从根本上彻底摧毁。为了克制恶欲，比起做我们认为最困难的善事来，需要付出更大的努力。

4

我们在世上处境的差异，比起人把握自己的能力来说是不足挂齿的。比如一个人掉到海里，不论他掉到哪个海里——黑海也好，地中海也好，大西洋也好——都是一样的，重要的是这个人是否会游泳。关键不在于外部的条件，而在于人把握自己的能力。

5

真正的力量不在于战胜别人，而在于战胜自己，不让动物的一面压倒自己的灵魂。

6

凡沉湎于情欲的，凡寻求令情欲倍增的享乐的，必被情欲的锁链所束缚。

谁能够战胜情欲，谁就能打破这锁链。（佛教哲理）

7

年轻人啊，要克制自己对欲望的满足（在逸乐方面，在奢侈方面等）！如果不全心全意地戒除这些东西，那么在欲望的支配下，你就会看到无休止的享乐的可能。这种节制因为延迟了享乐，实际上将使你的生活情感变得更为丰富。

能够意识到享乐是由你来掌握的，比起靠着享乐而获得满足的情感来说，这种意识作为一种纯粹的理念，更富有成效，也更为博大，因为在获得满足的同时，也就把享乐本身这种情感消除掉了。(康德)

8

重要的不是努力去做善事，而是努力去做一个善人；重要的不是努力去照亮别人，而是努力去做一个洁净的人。人的灵魂就好像存在于一个玻璃器皿中，人既可以弄脏这个器皿，也可以使它保持洁净。这个器皿的玻璃有多洁净，真理之光透出的就有多少——它既可照亮人自身，也可照亮他人。因此，人的主要工作在于内心，在于存在于自己洁净器皿中的内容。只要你不去玷污自己，你就将是光明的，并将照亮他人。

9

只要你不做不该做的事，你必会做一切应该做的事。

10

为了做我们希望的事，常常只需要放下我们手里正做的事。

11

只要看一下如今人们过的日子，看一下芝加哥、巴黎、伦敦，看一下所有的城市，所有的工厂、铁路、机器、军队、大炮、军事堡垒、教堂、印刷厂、博物馆、三十层的高楼大厦等等，就会产生这样的问题，即：为了让人们过上好日子，首先应当做什么？答案大约只有一个：首先应当放弃今天人们正在做的这一切多余的事。而在我们整个欧洲，这样多余的事占据了人们活动的99％。

12

由我们的生活和我们的意识所产生的谎言，不管它已变得多么浅薄，多么透明，它还是会继续变薄、延展，但却不会绷裂。这种谎言不断地变薄、延展，便把事物间现存的秩序缠绕起来，并阻止新的秩序产生。

基督教世界的大多数人早已不再相信引导异教徒们生活的基本原则，而只相信他们在自己意识中承认的基督教原则，然而生活仍旧按老样子延续着。为了消除今天在肉体和精神上都折磨着人们的所有不幸和矛盾，为了实现在一千九百年前已对人类预言的天国，如今人们需要做的只有一点：精神上的努力。就像为了使低于冰点的冷凝液恢复到固有的晶体状态需要一定的动力一样，为了使人类转变到其固有的生活状态，需要的是精神上的努力，正是这种努力可以促使天国的降临。

这种努力不是行动的努力，而是在开启新世界观、新思维和完善独特的新举措方面的努力。这种为了进入天国或新的生活方式而需要做的努力，是一种反向的努力、逆流而上的努力，是一种放弃有违内心意识的行为的努力。

今天，严酷的生活以及基督教义的明确和普及，使人们已经意识到了这种努力的必要性。

13

一个最细微的物体运动对整个大自然来说都是至关重要的。一块石头也会使大海发生变化。同样，在灵魂生活中，最细微的运动也会产生无穷的后果。一切都至关重要。（帕斯卡）

第二十三章
语　言

语言是思想的表达，它既可使人团结，也可使人分裂；因此必须谨慎地对待。

一　语言事关重大

1

语言可以使人团结，语言可以使人分裂；语言可以铸成爱，语言也可以铸成仇恨与憎恶。要谨防语言使人分裂或者铸成仇恨与憎恶。

2

语言是思想的表达，思想是上帝力量的显现，因此，语言必须与它所表达的相符合。它可以没有任何倾向，但不可以，也不应该成为恶的表达。

3

人是上帝的载体。他可以将自己神圣品性的意识用语言表达出来。那么在说话的时候怎么能不小心谨慎呢？

4

时间在流逝，但说过的话却会保留下来。

5

如果在开口之前你还有时间考虑一下的话，那么就要想一想，是否值得，是否有必要开口，你想要说的话是否会伤害到别的人。在大多数情况下，如果你考虑片刻，你就不会开口了。

6

先想后说。但要在人们对你说"够了"之前停止。人因其语言能力而高于动物，但如果不管对什么都喋喋不休，人就低于动物。（萨迪）

7

在长时间的谈话之后，要尽力回想一下你所讲的一切，你会感到惊讶，所有谈话都是那么的空洞、无聊，并且往往有害无益。

8

要仔细听，但要少开口。

如果没人问你，无论何时也不要开口；但如果有人问你，就

要立刻回答，力求简短。如果你必须承认你不知道别人问你的问题，不必感到羞耻。（苏非派哲理）

9

如果你想做个聪明人，要学会理智地发问，仔细地倾听，平静地回答，在无话可说的时候闭上嘴巴。（拉瓦特尔[①]）

10

不自夸，不指责别人，不争论。

11

听有学问的人谈话要集中精力，尽管他做的事并不符合于他的学说。人必须要听取教诲，尽管这教诲就写在墙上。（萨迪）

12

有一句短短三个字的话非常好：不知道。
要让自己的舌头学会常常说这句话。（东方哲理）

13

有一句古老的格言"de mortuis aut bene, aut nihil"，意思是"对死者只说好话，要么只字不提"。这句话是何等的不合理！应

[①] 约翰·卡斯帕尔·拉瓦特尔（1741—1801），瑞士作家、新教牧师、观相术创立者，著有《展望永恒》等。

该反过来说:"对活着的人只说好话,要么只字不提。"这句话可以使人避免多少痛苦,而且做起来又是多么容易啊!为什么不能对死者说坏话呢?在当今世界形成了一种风习,在悼词里和纪念日期间对死者只是大谈溢美之词——可以想见不过是谎话而已。这种虚伪的夸饰是有害的,因为它在人的观念中抹杀了善与恶的区别。

14

把人嘴里的舌头比作什么呢?这是一把打开宝藏的钥匙;当大门关闭时,谁也不知道里面是些什么:是贵重的宝石还是没用的破烂。(萨迪)

15

尽管按照哲人们的教导,沉默是有益的,但灵活的话语也是需要的,不过要恰到好处。我们在说话上的罪孽是,本该说话的时候沉默,而本该沉默的时候却说话。(萨迪)

二 有怒气时要保持沉默

1

如果你知道人们应该怎样生活,并希望他们过上善的生活,你就会把这些想法表达出来。而在表达的时候你会尽力让人们相信你的话。为了让他们相信并理解你,你应当尽量避免激愤和怒气,而是以平静的善意来转述你的思想。

2

当你在与别人谈话的时候想表述某种真理,应当注意的主要是说话时不要激愤,不带一丝恶意,不说一句欺侮的话。(据爱比克泰德)

3

沉默是金。

4

不可对所要说的话不假思索脱口而出,除非那时你感受到自己内心充满了平静、善良和仁爱的情感。但如果你正在愤愤不平,就要谨防出口作孽。

5

如果你不能立刻平息怒气,那就先制服你的舌头。闭上嘴巴,你的怒气便会很快消散。(巴克斯特)

6

在争论中要使你的话尽量温和,但要言出有据。尽量不触痛对手,而是以理服人。(威尔金斯[①])

[①] 乔治·威尔金斯(1785—1865),英国宗教作家、新教牧师。

7

当我们在争论中感到怒气上升的时候,我们已是在为自己,而不是在为真理而争论。(卡莱尔)

三 不争论

1

已经引发起来的争吵就像冲破堤坝的洪水一样:一旦它冲决而出,你就对它再也无法遏止。而任何争吵都是由话语引起的,也是由话语平息的。(《塔木德》)

2

争论不能说服任何人,却能使人离心离德,彼此仇恨。争论之于人们的想法,正如锤头之于钉子。在人的想法还犹豫不决的时候,经过几番争论之后,这种想法就牢牢地嵌进头脑之中去了,就像一颗钉子深深地打进了木板。(据尤维纳利斯[①])

3

在争论之中往往忘记了真理。停止争论的是更有头脑的一方。

---

① 德奇姆斯·尤尼乌斯·尤维纳利斯(55/60—127),古罗马讽刺诗人。

4

仔细去听人们的争论，但不要参与争论。但愿你不要焦急暴躁，即使是最不起眼的一言一行也是如此。发怒在任何场合都不适宜，特别是在正当的事情上，发怒只会使事情变得混乱不清。（果戈理①）

5

对失去理智者最好的回答就是沉默。回答他的每一个词都会反过来落到你头上。以怨报怨就等于火上浇油。

四　不指责

1

你们不要论断人，免得你们被论断。因为你们怎样论断人，也必怎样被论断；你们用什么量器量给人，也必用什么量器量给你们。为什么看见你弟兄眼中有刺，却不想自己眼中有梁木呢？又或，你怎能对你弟兄说"容我去掉你眼中的刺"呢？你这假冒为善的人！先去掉你自己眼中的梁木，然后才能看得清楚，怎样去掉你弟兄眼中的刺。（《马太福音》7：1—6）

---

① 尼古拉·瓦西里耶维奇·果戈理（1809—1852），俄国批判主义作家，著有《死魂灵》等。

2

只要在自己身上找一下，几乎总是能找到我们指责别人的那种罪孽。而如果我们意识不到自己的这种罪孽，那就值得好好找一找，我们还会找到更大的罪孽。

3

当你要指责别人的时候，要记住，即使你确切地知道那人的过错，也不可谈论他的是非，更何况假如你不知道情况，那就是人云亦云了。

4

对别人横加指责永远是不对的，因为不管在什么时候，任何人也无法知道，你所指责的那个人在灵魂中曾发生过什么和正在发生什么。

5

应当与朋友约定，当你们其中一方要开口指责别人的时候，另一方就及时制止。如果你没有这样的朋友，那么就自己对自己做一个同样的约定。

6

当面指责别人是不好的，因为这会令人难堪，而在背后指责人是不诚实的，因为这就是欺骗那人。最好的方法是，不在别人身上寻找坏的东西，忘掉别人的坏处，而在自身寻找不良的东西，并牢牢记住。

7

含沙射影的指责就像是浇了汁的腐肉。在汤汁的掩盖下,你就注意不到你是怎样吃下了各种各样的爬虫。

8

对别人的坏事知道得越少,人对自己就越加严格。

9

有人说别人的坏话而说你们的好话时,千万不要去理睬他。

10

背后骂我的人怕我,当面夸我的人瞧不起我。(中国民谚)

11

人们是如此爱讲谤毁之词,他们很难克制自己,为了讨好谈话的对象而去指责不在场的人。如果你一定要款待别人的话,那么就款待点别的,而不要拿这种于己于人都有害的东西来让对方享受。

12

隐去别人的一桩过错,上帝会加倍宽恕你。

五　说话不克制的危害

1

我们知道，拿着装了弹药的武器要小心谨慎，但我们却不愿意知道，对说话也应当同样小心谨慎地对待。说话不仅能杀死人，而且还会造成比死亡更严重的罪恶。

2

我们对身体的犯罪感到愤恨，如贪婪、打斗、淫乱、凶杀，——但对语言的犯罪却看得很轻，如指责、侮辱他人、传播、印刷、撰写诲淫诲盗的有害言论。实际上语言犯罪比起身体犯罪的后果来，其危害要严重得多。两者之间的差别仅在于，身体犯罪的恶立刻就能看得出来，而对语言犯罪的恶我们却注意不到，因为这种恶显露出来时，就地点和时间来说都离我们更远一些。

3

曾经有一次，上千人聚集在一个大剧场里。在演出中间有一个蠢人心血来潮地开了个玩笑，他大喊一声："着火了！"人们纷纷朝门口涌去。大家挤成一团，互相推撞，当事件平息下来后，已经有二十人被踩死，五十多人受伤。

这桩大恶只是由一句蠢话所造成的。

在这个剧场里，这种由一句蠢话造成的恶是显而易见的，然而更常见的情况是，蠢话的恶不像剧场里发生的这样当时就看得出来，而是悄无声息地一点一点发展成大恶。

4

没有什么比空洞无聊的谈话更能怂恿人们游手好闲的习性了。假如人们保持沉默，不去讲那些他们借以排遣无聊苦闷的话，他们就无法忍受那种赋闲的境况，也就会去工作了。

5

说别人的坏话会同时使三方受害：一是这坏话所说的对象，二是听到这坏话的人，但最主要的，是那说别人坏话的人。（大巴西勒）

6

在背后指责别人尤其有害，因为这种对别人缺点的指责如果当面说出来，也许对人是有益的，但在背后说出来，就使那可能需要它的人无法听到，而只能激起谈话方对被指责者的恶感，使听到这话的人也受害。

7

很少有因不说话而后悔的，但却多有因说了话而后悔的，而更多的是因你知道了你所说的话的后果而后悔。

8

越想多说话，说坏话的危险就越大。

9

最有力量的人,是那虽正义在握却能保持沉默的人。(加图①)

六　沉默的好处

1

多让舌头闲着,少让手闲着。

2

沉默往往胜于回答。

3

开口说话之前,七次转动舌头。

4

要么就沉默不语,要么就讲比沉默更有用的话。

5

凡多说话的,必少做事。有智慧的人永远怕口头的允诺超过他实际能做的事,因此常沉默不语,即使说话,也只在别人需要而他自己不需要的时候才开口。

---

① 马尔库斯·波尔基乌斯·加图(公元前234—前149),古罗马政治家、作家。

6

我一辈子都在哲人中度过，没有找到比沉默更对人有益的东西。(《塔木德》)

7

如果一百次中仅有一次因为应当说话而没说感到遗憾，那么一百次中有九十九次你会因为本该沉默而说了话感到遗憾。

8

一个好的愿望仅仅因为被说了出来，就已减弱了人们去实现它的欲望。但年轻人怎么克制得住不把那些高尚而自得的激情表达出来呢？只有当事情过后回想那一切时，才会感到惋惜，正如惋惜一朵花，坚持不住，不待完全开放就从枝上挣脱下来，落到地下才发现已经枯萎，遭人践踏。

9

语言是打开心灵的钥匙。如果谈话没有任何意图，那么说一个字也是多余的。

10

人独处的时候多想自己的过错，与大家相处的时候要忘掉别人的过错。[①]（中国格言）

---

① 参见清·金缨《格言联璧》："静坐常思己过，闲谈莫论人非。"

11

如果你很想说话,就先问自己:为什么要说话?是为了自己,为了自己的利益,还是为了别人的利益和方便。如果是为了自己,那就努力保持沉默。

12

蠢人最好的办法是保持沉默。但假如他知道这一点,他也就不会成为蠢人了。(萨迪)

13

人们要学习怎样说话,而最主要的学问是知道怎样以及何时保持沉默。

14

当你要说话时,你的话必须要比沉默更有益。(阿拉伯俗语)

15

饶舌的人不免造孽。
如果说话值钱,那么沉默加倍值钱。
既然聪明人应当保持沉默,更何况蠢人呢。(《塔木德》)

七 保持说话克制的好处

1

说话越少,做事越多。

2

戒除了指责他人的习惯,你就会感到自己灵魂中爱的力量更加强大,你就会感受到更强大的生命力和更多的幸福。

3

有一次穆罕默德和阿里①遇到了一个人,对方认为阿里是欺负过他的某个人,就大骂起来。阿里一言不发忍耐了好长一段时间,但终于克制不住,与之对骂起来。这时穆罕默德离开他们转身走了。等阿里再追上穆罕默德后,对他说:"你为什么扔下我一个人,受这个粗人辱骂?""当这个人对你破口大骂,而你一言不发的时候,"穆罕默德说,"我看到你身边有十个天使,这些天使都在回击他。但当你开口反过来大骂他的时候,天使们就抛下了你,我也就走了。"(伊斯兰教传说)

---

① 阿里(约600—661),伊斯兰教创始人穆罕默德的女婿及忠诚的追随者,伊斯兰教第四任哈里发。

4

隐去别人的缺点不谈，只谈他们身上的善处，是爱心的标志和吸引别人爱你的最佳方法。(引自《虔诚的思想》[①])

5

人生的幸福就是彼此相爱。而恶意的话会破坏这种爱。

---

① 《虔诚的思想》，教父言论集，全名为《虔诚的思想及引导基督徒走上完善之路的训诫》，1879年在莫斯科出版。

第二十四章
思　想

人既然在认识到自己的行为不好时，可以克制这种行为；同样，在他认识到自己的思想不好时，也可以克制这种将他引入歧途的思想。人的主要力量就体现在思想的克制上，因为所有的行为都产生于思想。

一　思想的使命

1

靠肉体的努力无法逃避罪孽、邪念和迷信。要做到这一点只有靠思想的努力。只有靠思想使自己学会自我牺牲，学会谦逊和诚实。人只有在思想上追求忘我、谦逊和诚实，在与罪孽、邪念和迷信的斗争中，他才会充满力量。

2

尽管并不是思想在启迪我们应当爱他人——思想无法做到这一点，但思想的重要性在于，它给我们指出是什么在阻挠着爱。

正是思想的努力遏制着阻挠爱的力量，这种思想的努力比任何东西都更重要、更必要、更珍贵。

3

假如人失去了思想的能力，他就无法理解他为什么生活。而假如他不理解为什么生活，他也就无法知道什么是好什么是坏。因此，对于人来说，没有什么比能够好好地思想更可贵的了。

4

人们在谈论宗教道德学说和人的良知时，好像是在谈论人的两个互不相干的领导者。而在实际上，人只有一个领导者——良知，即对存在于我们身上的上帝的声音的感知。毫无疑问，这种声音决定着每一个人应当做什么，不应当做什么。而任何一个人随时都可以用思想的努力来唤起这种声音。

5

假如人不知道眼睛能看见东西，并且从来也不睁开眼睛，他的处境就非常可怜了。同样，如果人不明白，为了平静地忍受各种苦难，自己被赋予了思想的力量，那么他的处境就更加可怜了。如果人是富有理性的，他就能轻易忍受任何苦难：这首先是因为理性告诉他，任何苦难都将过去，而且苦难常常会转变成好事；其次，任何苦难对富有理性的人来说都是有益的。然而，人们不是坚定地面对苦难，而总是极力逃避苦难。

上帝赋予了我们力量，为的是让我们不因遇到违背我们意愿的事而悲伤，我们不该为此而感到高兴吗？上帝使我们的灵魂只服从于受我们所控制的——我们的理性，我们不该为此而感激上帝吗？要知道，他既不让我们的灵魂服从于我们的父母、兄弟，也不让它服从于财富和我们的肉体，甚至死亡。他以其慈悲之心，只让我们的灵魂服从于依赖于我们自身的——我们的思想。

为了我们的幸福，我们必须全力维护的正是这种思想和它的纯洁性。（据爱比克泰德）

6

当我们认识了一种新的思想，并承认它是正确的，就会觉得仿佛我们早就认识它，只不过刚刚回忆起来而已。任何一种真理早已贮存于每个人的灵魂之中。只要你不用谎言来压抑它，早晚它都会对你昭示出来。

7

常常有这样的情况：一种思想产生了，你既觉得它是正确的，同时又有点奇怪，你便不敢去相信它。但你只要经过仔细思考就会发现，这种令你感到奇怪的思想，乃是一种最为普通的真理，一旦你了解了它，你就无法不去信奉它。

8

任何一种伟大的真理要进入人类的意识中去，不可避免地要经过三个阶段。第一个阶段："这是如此荒谬，简直不值一驳。"第二个阶段:"这是不道德的,有违宗教。"第三个阶段:"啊!这个人人都知道,用不着再说了。"

9

与他人共同生活时,不要忘了你在独处时所悟出的道理。而在你独处时,要仔细思索你在与他人交往时所得出的道理。

10

我们有三条路可以通向智慧:第一是经验之路——这是最艰苦的一条路;第二是模仿之路——这是最容易的一条路;第三是思想之路——这是最高尚的一条路。[①](孔子)

二 人的生活取决于他的思想

1

人的命运不管是这样的,还是那样的,都取决于他在思想中怎样理解自己的生活。

2

一个人生活中——整个人类生活也是一样——所有重大转变

---

① 原文参见《论语·季氏》:"生而知之者,上也。学而知之者,次也。困而学之,又其次也。"

都开始于思想，也完结于思想。为了使感情和行为发生转变，首先必须使思想发生转变。

3

为了使坏的生活变成好的生活，首先应当尽力弄明白，生活是因为什么变坏的，为了使它变好应当做些什么。所以说，为了使生活得到改善，应当是先思考，后行动。

4

如果智慧能像水一样从一个罐子倒到另一个罐子，能从智慧多的人那儿匀到智慧少的人那儿，直到大家都平均了，这该有多好啊。然而一个人要接受别人的智慧，他首先需要的是独立思考。

5

人要想获得所有真正需要的东西，都不是一蹴而就的，而是要经过长期坚持不懈的劳动。获得技艺和知识是如此，获得世上最重要的东西——过善的生活的能力——也是如此。

而为了学会过善的生活，首先必须要学会运用善的思想。

6

当我们的生活由一种状态转入另一种状态，起决定作用的不是按我们的意志所做的显而易见的事——结婚、迁居或者各种活动，而是那些在茶余饭后、在散步、在夜晚所产生的思想，尤其是那些涵盖了我们全部历史的思想，它们对我们说："你是这样做

的，但最好是照另一种样子去做。"于是此后我们的行动，就像奴隶之于主人一样，完全服务于这种思想，去执行它的意志。（梭罗）

7

我们所习惯的思想往往把我们所接触到的一切都加上它本身所固有的色彩。如果这些思想是虚伪的，它们就会把最崇高的真理也变成谎言。我们所习惯的思想送给我们每人一个比我们住的房子更坚固的外壳。我们走到哪儿都随身着它，正像蜗牛随时随地都带着它的壳一样。（露西·马洛丽）

8

只要我们不改变思维的习惯，我们就无法产生美好的愿望。思维的习惯决定着我们的愿望。而思维的习惯是靠着采纳世上善良的人们的智慧结晶而形成的。（塞内加）

9

那泰然自若的能够保持平静。那未出现的容易预测。那脆弱的容易折断。那细小的容易散乱。

粗大的树木由细小的枝条长成。九层的塔楼从零星的砖块垒起。远行千里从第一步开始。要注意自己的思想，它是行为的基础。[①]（老子）

[①] 原文参见《道德经》第六十四章："其安易持，其未兆易谋。其脆易泮，其微易散。""合抱之木，生于毫末；九层之台，起于累土；千里之行，始于足下。"

10

我们的思想，不管它是好的还是坏的，不管它把我们送入天堂还是地狱，它都既不是在天上，也不是在地下，而是在现世的生活中。(露西·马洛丽)

11

只有其理性歪曲到不相信自己理性的人，才会说理性并不是生活的引导者。

12

作为个体的人，其生活与命运都取决于他的思想，而我们对思想很少像对行动那样给予更多的注意。同样，社会的、群体的、民族的生活也是如此，它不取决于在这个社会和民族中所发生的事件，而是取决于将这个社会和民族中大多数人团结起来的那些思想。

13

不要以为只有那些特殊的人物才能成为智者。人人都需要智慧，因此，人人都可以成为智者。智慧就是懂得生活的任务是什么和怎样去完成这个任务。而为了懂得这些，只需要做到一点，就是记住思想是一件伟大的事业，因此才需要思考。

14

我产生了一个想法，后来又把它忘了。嗨，这没什么，不过是个想法而已。假如这是金钱，我会把一切都翻个底朝天，直到找到它。但这又算什么呢？只是个想法而已。然而，要知道，一粒种子可以长成参天大树。要知道，一个想法可以导致一个人或千百万人采取这样或那样的行动，而我们却认为，一个想法，这没什么。

三 人们不幸的根源不在于事件，而在于他们的思想

1

当你遇到不幸的时候，要明白，这种不幸的发生不是起因于你的行动，而是起因于你的思想。

2

如果我们无法克制自己而做了一件本知道不好的事，那么这完全是因为，我们允许这件事先在脑子里发生，而没有在思想上去加以制止。

3

尽力不去想那些你认为不好的事。（爱比克泰德）

4

比坏的行为危害更大的，是酿成坏行为的思想。人可以不重复坏的行为，并为有过坏行为而后悔；但坏的思想却不断地产生

坏的行为。一个坏的行为只能踏出一条通往其他坏行为的路，但坏的思想却能把坏的行为拖满整条路。

5

果实是由种子长成的。同样，行动是由思想所诞生的。

正如坏的种子会结出坏的果实一样，坏的思想也会导致坏的行动。农夫要把莠草籽筛除，选出正宗的好种子，再从正宗的种子里选出优良品种，仔细地逐一挑拣。同样，有理性的人对待自己的思想也是如此：他若想把那些空洞的、恶劣的思想赶走，只保留下优秀的思想，也要仔细地逐一挑拣。

如果不赶走坏的思想，不珍惜善的思想，你就不可避免地要做出坏的举动。善的行为只会出于善的思想。要珍惜善的思想，在哲人们的书籍中，在智慧的言论中，最主要的是在自己的身上去寻找这善的思想。

6

要想让蜡烛散发出平稳的光来，必须要把它放到避风的地方。如果把它放在有风的地方，火苗就会抖动，由此便会投射出古怪而阴暗的影子。而那些未经检验的、琐碎的、五花八门的思想，也会把同样古怪而阴暗的影子投射到人的灵魂上。［婆罗门教哲理（引自《沉默的声音》[①]）］

[①]《沉默的声音》，全名为《沉默的声音。七重门。两条路。摘自印度秘籍。由叶莲娜·彼得罗夫娜·勃拉瓦茨卡雅颁行》，由英文译成俄文，1908年在卡卢加出版。

四　人能够制约自己的思想

1

我们的生活是好是坏，都取决于我们的思想如何。而思想是可以调整的。因此，要想生活得好，人就需要改造自己的思想，避免沉迷于坏的思想而不能自拔。

2

要为纯洁自己的思想而工作。如果你没有坏思想，也就不会去做坏事。[①]（孔子）

3

要谨慎对待自己的思想，谨慎对待自己的语言，谨防自己的行为受到坏的影响。保持这三条途径的纯洁，你就会走上哲人所指明的道路。（佛教哲理）

4

一切都在上天的掌握之下，除了我们为上帝和自己服务的愿望。我们不能阻止鸟儿从我们头上飞过，但我们有权利不让其在

[①]　出处不详，意相近者或为《论语·为政》："思无邪。""攻乎异端，斯害也已！"

我们头上做巢。同样，我们不能禁止坏的思想在我们的头脑中闪现，但我们有权利不让它们在这里搭成窝，孵化出坏的行为。（路德）

5

当坏的思想进入头脑，你却不能赶走它，这时你是能够意识到它是坏思想的。而只要你知道了它是坏的，你就不会沉湎于它。比如脑子里出现了有关某个人不好的念头。我没办法不去想这件事，但是如果我明白，这是个坏念头，我就能醒悟，对别人加以指责是不好的，我本身就是坏的，而想到了这些，我就能克制自己，即使是在思想里也不去指责别人。

6

如果你想叫你的思想对你有利，那就尽力去想那些与你的情感和处境完全无关的事，即不去扭曲你的思想来为你所体验到的感情、为你做过的或正在做的事寻找辩词。

五　为了拥有控制自己思想的力量，必须要以灵魂为生

1

我们常以为，世上最主要的力量就是物质的力量。我们之所以这样认为，是因为不管你自觉还是不自觉，你总是会感受到这种力量。而精神的力量，思想的力量，我们却觉得无关紧要，甚

至不把它们当成力量来看。实际上，能够改变我们及所有人生活的真正的力量，就是这种力量。

2

是灵魂引导肉体，而不是肉体引导灵魂。因此，人要想改变自己的境况，必须在灵魂领域——在思想领域中——对自己加以改造。

3

我们的生活是好还是坏，仅仅取决于我们是把自己看作肉体的生命还是灵魂的生命。如果我们认为自己是肉体的生命，我们就会败坏真正的生活，就会激发起更多的情欲、贪婪、争斗、仇恨和对死亡的恐惧。而如果我们认识到自己是灵魂的生命，我们就会激发和提高生命活力，摆脱情欲、争斗和仇恨，释放出爱心。而从肉体生命到灵魂生命这一觉悟的转变，靠的是思想的努力。

4

塞内加曾给自己的朋友写道："你做得好，亲爱的卢奇利乌斯，你尽全力使自己保持着美好而善良的精神。任何一个人随时都可以这样调整自己。为此不需要高举双手恳求神殿的守门人放我们进去走近神，为的是让他听清楚我们的喊声：'神永远在我们身边，他就在我们心中。'在我们自身就存在着神圣的灵魂，它是所有好事和坏事的见证人和守护者。我们怎样对待它，它就怎样对待我们。如果我们珍惜它，它也会珍惜我们。"

5

当我们反复思索而辨不清好坏时,应当远离尘世;因为对世人议论的担心会妨碍我们看清善恶。远离尘世,就是走进自己内心,消除一切疑虑。

6

只有在你尚未堕入邪念的时候,你才会轻松自如地与邪念做斗争。

在尘世的浮华之中,在邪念的激情之下,便无暇去寻找与我们的欲望相抗争的方法。趁着邪念尚未出现,在你孤身一人的时候,要确立自己的生活目的。(边沁[①])

六 能够与世上的生者和死者在思想上相结合是人的最美好的幸福之一

1

年轻人常常说:"我不想靠别人的头脑生活,我要独立思考。"这种说法是完全合理的,自己的思想重于所有其他人的思想。但对已被大家深思熟虑的问题,你何必还要思考呢?接受已准备好的,继续走下去。人类的力量就在于能利用他人的思想而继续前进。

[①] 杰里米·边沁(1748—1832),英国法理学家、哲学家、社会学家。

2

使人摆脱罪孽、邪念和迷信的努力,首先要在思想中进行。

在这个斗争中给人以最大帮助的,是他能够接续前辈哲人和圣者的智慧活动。这种与历代圣者和哲人们的思想联系就是一种祈祷,即对阐明有关内在灵魂、他人、世界及其本源的态度的言论,进行反复的陈述。

3

自古以来,人们就已承认,祈祷对人来说是必不可少的。

对于前人来说——如今对于大多数人来说仍是这样——祈祷就是在共同的条件、共同的地点、共同的行动和语言中,对某个或某些神灵进行求告,以获得恩赐。

基督教的教义却不认为这是祈祷。它教导人们,祈祷是必要的,但不是作为一种逃避尘世苦难、获得世俗幸福的手段,而是作为一种巩固人们善的思想的手段。

4

真正的祈祷之所以对于灵魂是十分重要和必要的,是因为在祈祷中,当你一个人与上帝相处的时候,你的思想就可以达到它所能达到的最高境界。

5

基督说过:你们祈祷的时候,要独自来做。(《马太福音》6:5—6)只有这样上帝才会听到你的声音。上帝在你心中,为了让他听到你的声音，你只需把所有遮蔽住他的东西从自己心中驱赶出去即可。

6

沮丧是这样一种心绪：人在沮丧的时候，既看不到自己生活的意义，也看不到整个世界生活的意义。要避免沮丧只有一种办法：唤醒自己的美好思想，或者你所领悟的、曾向你阐释过人生意义的他人的思想。而要唤醒这些思想，需要反复讲述那些你已了如指掌的最高真理，即进行祈祷。

7

每时每刻都要祈祷。最必要也是最困难的祈祷是在生命历程中时时刻刻记住自己面对上帝及上帝法则时的各种责任。遇到恐惧、愤怒、窘迫、沉醉的时候，要努力记住：你是谁，你应当怎样做。这就是祈祷。开始这样做的时候很难，但通过磨炼可以养成这样的习惯。

8

应当变换自己的祈祷，即变换你对上帝的态度。人是在不断成长、不断变化的，所以也应当不断改变和阐明对上帝的态度。即祈祷应当常常变化。

七　没有思想的努力，善的生活就无法实现

1

当你意识到自己和他人的善的思想，就要珍惜它们。为了完成你生命中真正的事业，没有什么能像善的思想那样可以给你更大的帮助。

2

如果你想达到自己的目的，就要掌握自己的思想。请把你灵魂的目光投向这脱离了情欲的、唯一纯洁的世界。［婆罗门教哲理（引自《沉默的声音》）］

3

沉思是通向不朽之路，轻浮是通向死亡之路。在沉思中保持清醒者永不会死去，轻浮而没有信仰者已是行尸走肉。

时时唤醒自己——你便会自我保护，自我关注，你就将永恒不变。（佛教哲理）

4

人的真正力量并不在于激情爆发，而在于对善的始终不渝的、泰然自若的追求，这种善在他的思想中得到确立，在语言中得到表达，在行动中得到实现。

5

当你回首往事的时候，如果发现你的生活变得更好更善了，更多地摆脱了罪孽、邪念和迷信，那么要知道，这些成就只能归功于你自己思想的努力。

6

思想活动是珍贵的，这不仅仅因为它矫正着你的生活，还因为它也帮助别人改善着生活。因此，思想的努力就显得格外重要。

7

中国的哲人孔子在谈到思想的意义时是这样说的：

"真正的学说教给人们最高的善——使人洗心革面，并达到至善的境界。为了获得至高无上的幸福，需要让全体人民得到妥善安置。为了妥善安置全体人民，需要让家庭得到妥善安置。为了妥善安置家庭，需要让自己得到妥善安置。为了妥善安置自己，需要端正自己的心。为了端正自己的心，需要鲜明而真诚的思想。"①

---

① 原文参见《礼记·大学》："大学之道，在明明德，在亲民，在止于至善。""古之欲明明德于天下者，先治其国；欲治其国者，先齐其家；欲齐其家者，先修其身；欲修其身者，先正其心；欲正其心者，先诚其意……"

八　唯有思维的能力将人与动物区分开来

1

人与动物的区别就在于人具有思维的能力。一部分人提高了自己的这种能力，另一部分人却对此漠不关心。这种人就等于是想放弃他们与牲畜相区别的东西。（东方哲理）

2

牛、马，任何一种牲畜，无论它们饿得多么厉害，如果向内开的门只是虚掩着，它们也跑不出院子去。如果门总是关着，没有人来打开的话，它们就会饿死，但却想不到闪开点把门往里拉开。只有人才懂得，要想获得你所期望的东西，应当忍耐，克服困难，而不是逞一时之快。人可以克制自己，可以不吃、不喝、不睡，仅仅是因为他们懂得，怎样做是好的且必要的，怎样做是坏的且不必要的。教会人这一点的，就是其思维的能力。

3

人与包围他的大千世界比起来不过是一棵脆弱的芦苇；这不错，但这是一棵被赋予了思想能力的芦苇。

要杀死一个人简直不费吹灰之力。然而人毕竟高于任何草木，高于地球上的一切，因为他在死去的时候，能够意识到他在死去。

人能够在大自然面前意识到自己肉体的渺小。而大自然却什么也意识不到。

我们的所有优越之处就在于我们思维的能力。我们的思想使我们高于世上的一切。让我们珍惜并保持我们思想的力量，它将照亮我们的全部生活，给我们指出什么是善、什么是恶。（帕斯卡）

4

人可以学会读和写，但识字并不能教会他该不该给朋友写信，或者该不该对欺负他的人写诉状。人可以学会音乐，但音乐并不能教会他什么时候可以唱歌或弹琴，以及什么时候不该做这些事。问题的关键就在这里。只有智慧会指示给我们，什么时候该做什么，以及什么时候不该做什么。

上帝把智慧赋予了我们，并使我们能够支配我们所需要的一切。他赐给我们智慧的时候，仿佛对我们说：为了让你们能够逃避恶和享受生活的幸福，我在你们身上植入了我自身的神圣成分。我给了你们智慧。如果你们能把它应用于你们所遇到的一切事件，那么在这个世界上，在通往我给你们指出的道路上，任何东西也不能成为你们的束缚和障碍，你们将永远不会抱怨自己的命运，不会抱怨别人，既不会去指责别人，也不会去对他们阿谀奉承。同样，你们也将不会因我没有给你们更多的东西而责备我。你们能够理智地、宁静而快乐地度过你们的一生，难道这对你们来说还不够吗？（据爱比克泰德）

5

一句富有哲理的谚语说："上帝进家，并不敲门。"这就是说，在我们与无限之间不存在挡板，在人（果）和上帝（因）之间不存在墙壁。墙壁虽已形成，我们却能被神圣本质的全部力量所开启。只有思想的劳动能保持我们借以与上帝交流的渠道畅通无阻。（据爱默生）

6

人被创造是为了思考，人的全部优点和全部功绩都在于此。人的职责只在于正确地思考。而思考的顺序应从自我、自我的造主和自我的目的开始。但实际上世俗的人们都在想些什么呢？对上述的问题丝毫也没想，他们想的只是怎样享乐、怎样发财、怎样出名、怎样成为国王，却不去想做一个国王的意义是什么，而做一个人的意义又是什么。（帕斯卡）

第二十五章
舍弃自我

人生的幸福就是通过爱与上帝和他人相结合。阻挠这种幸福的是罪孽。罪孽的根源在于,人把自己的幸福视为满足肉体的私欲,而不是爱上帝和爱他人。因此,人的幸福也就是摆脱罪孽。而摆脱罪孽靠的是为舍弃肉体生活而努力。

一 生活的法则就在于舍弃肉体

1

所有肉体的罪孽——淫荡、奢侈、不劳而食、贪图私利、阴险狡诈,这一切都出自一种观念,即把自己的我看成自己的肉体,进而使自己的灵魂屈服于肉体。要摆脱罪孽只有把自己的我看成自己的灵魂,使自己的肉体屈服于灵魂。

2

于是,耶稣对门徒们说:"若有人要跟随我,就当舍己,背起他的十字架来跟从我。因为凡要救自己生命的,必丧掉生命;凡为我丧掉生命的,必得着生命。人若赚得全世界,赔上自己的生命,有什么益处呢?人还能拿什么换生命呢?"(《马太福音》16:24—26)

3

我父爱我,因我将命舍去,好再取回来。

没有人夺我的命去,是我自己舍的;我有权柄舍了,也有权柄取回来。这是我从我父所受的命令。(《约翰福音》10:17—18)

4

人可以舍弃自己的肉体生活,这清楚地表明,在人的身上存在着一个他为之而舍弃肉体生活的对象。

5

没有牺牲就没有生活。人的一生——不论你是否愿意这样——就是为了灵魂而牺牲肉体。

6

沉湎于肉体的东西越多,失去的灵魂的东西越多。

献出的肉体的东西越多,得到的灵魂的东西越多。看一下,这两者哪个是你更需要的。

7

舍弃自我不是完全放弃自己,而不过是使自己的我由肉体生命转为灵魂生命。舍弃自我并不意味着舍弃生活。正相反，舍弃肉欲生活意味着加强自己真正的灵魂生活。

8

理智对人指出，肉体需求的满足不可能成为他的幸福，因此，理智坚定不移地将人引向其固有的，而其肉体生活所无法容纳的幸福。

人们常常想并且声称，舍弃肉体的生活是一种功绩；这是不对的。舍弃肉体的生活不是什么功绩，而是人生活的必要条件。对于动物来说，肉体生活的享乐和由此而实现的物种延续是生命的最高目的。而对于人来说，肉体的生活和物种的延续只是生存的一个阶段，从这个阶段起人的真正幸福才开始显现，而这种幸福并不等同于肉体生活的幸福。对于人来说，肉体生活不是全部的生活，它只是真正生活的一个必要条件，而真正的生活，就是越来越紧密地与世界的灵魂本源结合在一起。

二 死亡的必然性一定使人走向对不朽的灵魂生活的觉悟

1

婴儿刚出生的时候，觉得世界上存在的只有他一个。他无论对谁、对什么东西都不会退让，不想知道任何人，你只要给他所需的东西就行了。他甚至连母亲也不知道，知道的只是她的乳房。但随着一天天、一月月、一年年地长大，孩子开始懂得，世上还有着像他一样的许多人，懂得了他想要的东西别人也同样想要。年龄越大，他就越来越多地懂得，他并不是世上唯一的宠儿，如果他有力量，就必须为获得他想拥有的东西而与别人争斗，如果他没有力量，便屈从于既有的东西。除此之外，人生活得越久，他就知道得越来越清楚，他的一生只是暂时的，每一刻都可能因死亡而告终。他会看到，正像他今天亲眼目睹的，明天死亡仍将剥夺某个人的生命，于是他明白，这种事每一分钟都可能在他身上发生，并且或早或晚这一刻终将到来。人由此而不会不明白，在他的肉体中没有真正的生命，在一生之中无论他为肉体做了多少事，这一切都毫无用处。

当一个人清楚地懂得了这一点，他也就懂得了，那存在于他身上的灵魂，并不仅仅存在于他一个人，而是存在于所有人，存在于整个世界，这个灵魂就是上帝的灵魂。而当人明白了这些，他就不再认为自己的肉体生活有什么意义，而把自己的目的转向与上帝的灵魂，与那永恒的存在相结合。

2

死亡，死亡，死亡每一秒钟都在等待着我们。我们的生命是以死亡的形式来完成的。如果你们为了未来的肉体生活而操劳，那么你们自己会知道，未来对于你们来说只意味着一点：死亡。这个死亡将毁掉你们为之而操劳的一切。你们会说，你们是为了后代的幸福而操劳，但要知道，他们同样也将消亡，他们也不会留下任何东西。所以，以物质为目的的生活不会有任何意义。死亡会将这种生活全部毁坏。为了使生活具有某种意义，就必须这样生活，即让死亡无法破坏生活的事业。而基督已对人们昭示过这样的生活。他告诉人们，肉体的生活只是一个生活的幻影，与它同在的是另一种形式的真正的生活，它给予人以真正的幸福，每个人在自己的心中都懂得这种生活。基督的教诲告诉了我们，个人的生活是虚幻的，必须要舍弃这种生活，而应把生活的意义和目的转向上帝的生活，转向整个人类的生活，转向人子[①]的生活。

3

为了明白基督有关拯救生命的教义，应当清楚地理解所有先知们是怎样说的，所罗门是怎样说的，佛是怎样说的，世上所有的哲人在谈到个人生活时是怎样说的。按照帕斯卡的说法，我们可以不去想这些，也可以在自己面前竖起种种屏障，以遮住我们的视线，不去看那个我们大家都奔赴而去的死亡深渊；但应当想一想什么是个人的肉体生活，以便确信，人的一生，如果仅仅是肉体生活的话，那么它不仅没有任何意义，而且对人的心灵、人的理性、人身上美好的一切都是一种罪恶的嘲弄。因此，为了理解基督的教义，我们首先应该保持清醒的头脑，反省自己，应当按基督的先驱——施洗约翰——在传道时对像我们一样误入歧途的人们所说的那样去做。他说："你们首先要悔罪，就是要反省自己，否则你们都将毁灭。"基督在开始传道的时候也是这样说的："你们要反省自己，否则你们都将毁灭。"基督听说了被彼拉多所

[①] 人子指耶稣基督，因有肉身性而为人之子。

杀的加利利人的死讯后,他说:"你们以为,有些加利利人比众加利利人更有罪,所以受这害吗?我告诉你们,不是的;你们若不悔改,都要如此灭亡。死对我们大家来说都不可避免。我们想忘掉这个是徒劳的,这并不能使我们逃避它,相反,当它不期而来的时候,它将显得更加可怕。拯救的方法只有一个:舍弃那正在死去的生命,而以那不会死亡的生命为生。"①

4

只要你把习惯的生活抛开片刻,从各个角度看一看我们的生活,你就会发现,我们为了得到臆想的生命保障而做的一切,根本不是为了保障我们的生命,而仅仅是为了让这种想象中的生命保障占住我们的头脑,以忘掉我们的生命是无论如何也得不到保障的。我们欺骗着自己,为了臆想的生活而葬送实际的生活,这还不够,我们在这种对保障的追求中,最常毁掉的正是我们想使之得到保障的东西。一个富翁要保障自己的生命靠的是他有钱,而正是这些钱使一个强盗受到诱惑,他就来杀死这个富翁。一个总怀疑自己有病的人想保障自己的生命,就去不断地治病,而这个治病的过程就会慢慢地杀死他,即使不会杀死他,无疑他也已经失去了真正的生命。一个民族也是如此,他们武装起来,为的是保障自己的生活和自由,但实际上正是这种保障把他们引入战争,断送了成千上万人的生命和民族的自由。

---

① 参见《新约·路加福音》13:2—3。

基督的教义教导我们，生命是不可能得到保障的，必须要在每一分钟都准备着死亡，这种教导比起有关必须保障自己生命的世俗教导来，可以赋予人更大的幸福，其原因只有一点，无论世俗的教导也好，还是基督的教义也好，死亡的必然性和生命的无保障都是同样不可更改的，但根据基督的教义，生命本身不会一点不留地完全消耗在为幻想保障自己的生命而从事的无聊事务上，生命将是自由的，并且可以奉献于生命所固有的目的：完善自己的灵魂和弘扬对他人的爱。

5

凡不把正在死去的肉体看作自我的人，必懂得真理和生活。（佛教哲理）

6

所以我告诉你们：不要为生命忧虑吃什么，喝什么；为身体忧虑穿什么。生命不胜于饮食吗？身体不胜于衣裳吗？

你们看那天上的飞鸟，也不种，也不收，也不积蓄在仓里，你们的天父尚且养活它。你们不比飞鸟贵重得多吗？

你们哪一个能用思虑使身量多加一肘呢？

所以，不要忧虑说，"吃什么？喝什么？穿什么？"

你们要先求他的国和他的义，这些东西都要加给你们了。

所以，不要为明天忧虑，因为明天自有明天的忧虑；一天的难处一天当就够了。（《马太福音》6：25—27、31、33、34）

三 舍弃自己动物的我，将显出人灵魂中的上帝

1

人舍弃自己肉体的我越多，上帝在他身上显现得就越多。是肉体在遮蔽人身上的上帝。

2

如果你想洞悉包罗万象的我，首先需要了解你自身。为了了解你自身，你必须为了万物共有的我而牺牲自己的我。[婆罗门教哲理（引自《沉默的声音》）]

3

舍弃了一己之私的人便是强大的，因为个人私利遮蔽了人身上的上帝。一旦他抛开了一己之私，支配他的已不是他，而是上帝。

4

如果你藐视尘世，这只是个不大的功绩。对于生活在上帝之中的人来说，他自己和尘世永远都是微不足道的。（西里西亚的安杰勒斯）

5

只有当对肉体生活的舍弃成为一种信仰，即当一个人舍弃自

我，舍弃自己的肉体，是为了完成存在于他身上的上帝的意志时，这种行为才是宝贵的、必要的和充满欢乐的。但如果一个人舍弃肉体的生活不是为了完成上帝的意志，而是为了自己的意志或者像他一样的其他人的意志，那么这种自我舍弃就谈不上宝贵、必要和欢乐，而只能是有害于自己和他人。

6

如果你们努力迎合他人是为了让他们感激你们，那么这种努力将是徒劳无益的。而如果在为他人做善事的时候，并不考虑他们怎样，只是为了上帝，那么你们将给自己带来快乐，人们也将会感激你们。

那忘掉了自己的人，上帝必记得他，而那记得自己的人，上帝必忘掉他。

7

我们只有在肉体中死去，才能在上帝中复活。

8

如果你不期望，也不愿意从别人那里得到什么，那么别人对你来说就没有什么可怕的了，正像一只蜜蜂不害怕另一只蜜蜂，一匹马不害怕另一匹马一样。但如果你的幸福掌握在别人的手里，那么你对别人必会心存忌惮。

应当从这里开始：应当舍弃掉不属于我们的一切，舍弃掉它们，不让它们做我们的主人，舍弃掉肉体所需的一切，舍弃掉对财富、荣誉、官职、名望的热爱，舍弃掉自己的儿女、妻子、兄弟。应当对自己说，这一切都不是你的私有财产。

但怎样才能做到这一点呢？让自己的意志服从于上帝的意志：上帝想让我害上疟疾，那么我就愿害疟疾；上帝想让我做这，而不去做那，我就愿做这；上帝想让我遭遇我没料到的事，我就愿遇到这件事。（爱比克泰德）

9

个人意志是永不会满足的，哪怕它的要求都得到实现。但只要你拒绝了它——拒绝了个人意志，你立刻就会体验到极大的满足。为自己的意志而生，永不会得到满足；舍弃了它，就不能不获得极大的满足。唯一真正的美德就是憎恶自己，因为不管什么人，都因其淫欲而应当受到憎恶。人在憎恶自己的时候，也在寻求值得热爱的生命。但因为超出我们的东西我们无法去爱，所以我们不能不去爱那只是存在于我们，却不是我们自身的生命，这个生命只能是那万物共有的生命。神的国就在你们心里（《路加福音》17：21）；万物共有的幸福就在我们心里，但这种幸福不是我们自身。（帕斯卡）

四 对他人真正的爱只有舍弃自我才能实现

1

不灭的只有那不为自己而生者。但那不为自己而生者为了什

么而生呢？只有在你为所有人而生时，才可以说不为自己而生。人只有为所有人而生，才可以平安无事。[①]（老子）

2

假如你心中想到了，你就可以做到使自己的生活不脱离人类。你生活在人类之中，以人类为生，也为了人类而生。生活在众人之中，你不能不舍弃自我，因为我们生来都是相依为命的，如同双脚、双手、双眼，而与众人相依为命不舍弃自我是不行的。（马可·奥勒留）

3

强迫自己去爱别人不行。只有抛弃了阻挠爱的东西才行。而阻挠爱的正是对自己动物的我的爱。

4

"爱人如己"不是说你必须尽力去爱他人。不能强迫自己去爱他人。"爱他人"是说你必须不再先爱你自己。而只要你不再先爱自己，你就会不由自主地去爱他人，像爱自己一样。

5

要想不只停留在口头上，而是在行动上真正去爱他人，就不

[①] 原文参见《道德经》第七章："天地所以能长且久者，以其不自生，故能长生。是以圣人后其身而身先，外其身而身存。"托氏所据译文与之略有出入。

应当爱自己；不爱自己，同样也不要只停留在口头上，而要付诸行动。但一般的情形是这样：我们说爱他人，但只是在口头上；而爱自己却不是在口头上，而是在行动中。我们会忘记给别人穿衣、喂食、找住处，对自己却从来不会忘。因此，为了使爱他人实实在在地体现在行动上，应当学会忘掉给自己穿衣、喂食、找住处——就像我们忘了给别人做这些事一样。

6

当你与人交往的时候，应当习惯于在心里对自己说：我考虑的只是他，而不是我自己。

7

只要你在谈话中间想到了自我，你就会失去你思想的线索。只有当我们完全忘记自我，走出自我的时候，我们才会卓有成效地与他人交往，才能为他们服务，并对他们产生有益的影响。

8

一个人外在的财物越多，生活条件越完善，他离自我牺牲的快乐就越远，就越难得到这种快乐。富人们几乎完全丧失了这种快乐。对于穷人来说，任何一点有助于他人的劳动，任何一块送给乞讨者的面包，都是一种自我牺牲的快乐。

而富人呢，即使他从三百万家产中拿出两百万来给别人，他也体会不到自我牺牲的快乐。

9

很久很久以前，在地球上发生过一次大旱灾：所有的河流和水井都干涸了，草木丛林也都干枯了，许多人和动物都焦渴而死。

一天夜里，一个小姑娘拿着水罐走出家门，为她生病的母亲去找水。小姑娘哪儿也找不到水，累得倒在草地上睡着了。当她醒来的时候，拿起罐子一看，险些把里面的水洒出来。罐子里竟装满了洁净清新的水。小姑娘喜出望外，真想喝个够，但又一想，这些水给妈妈还不够呢，就赶紧抱着水罐跑回家去。她匆匆忙忙，没有注意到脚底下有一条小狗，一下子绊倒在它身上，水罐也掉在了地下。小狗哀哀地尖叫起来。小姑娘赶紧去捡水罐。

她以为水一定都洒了，但是没有，罐子端端正正地在地上放着，罐子里的水还满满的。小姑娘把水倒在手掌里一点，小狗把它都舔净了，变得欢喜起来。当小姑娘再拿水罐时，木头做的水罐竟变成了银的。小姑娘把水罐带回家，交给了母亲。母亲说："我反正都要死了，还是你自己喝吧。"又把水罐递回给小姑娘。就在这一瞬间，水罐又从银的变成了金的。这时，小姑娘再也忍不住，正想要凑上水罐去喝的时候，突然从门外走进来一个过路人，要讨水喝。小姑娘咽了一口唾液，把水罐递给了这过路人。这时突然从水罐里跳出了七颗很大的钻石，随之从里面涌出了一股巨大的洁净而清新的水流。

而这七颗钻石越升越高，升到天上，变成了七颗星星，这就是人们所说的大熊星座。

10

你所献出的,即是你的,你所保留的,却是别人的。

如果你割舍自己的一些东西献给别人,便是为自己造福,这种福永远是你的,任何人也不能把它从你身边夺走。

而如果你保留了别人也想拥有的,那么你保留它也只是暂时的,或者只能保留到你不得不交出它的时候。当死亡来临的时刻,你就不得不交出这一切了。

11

终有一天,人们会发现,为他人而生是如此容易,正如今天他们可以很容易地在不知原因的战争中去赴死一样——难道我们对这一天不能抱有希望吗?为此我们需要做的只是升起人们的灵魂,使它重放异彩。(布朗①)

五 把全部精力都用于满足某些动物需求的人会葬送自己真正的生活

1

如果人想的只是自己,并且处处都想得到好处的话,他就不可能获得幸福。你要想为自己的真正幸福而生,为自己而生,那就请为他人而生。(塞内加)

---

① 爱德华·布朗(1811—1891),英国主教、宗教作家。

2

为了弄明白,为什么必须要为了灵魂生活而舍弃肉体生活,只要想象一下就够了,如果人的生活全部沉湎于肉体的、动物的欲望之中,这种生活就将变得何等丑恶和可怕。人真正的生活只能开始于当他开始舍弃动物性的时候。

3

基督用葡萄园户的寓言故事(《马太福音》21∶33—42)来解释那些把生活的幻影——动物性的个人生活——看作真正生活的人们的谬误。

一伙人住在主人造好的园子里,就把自己当成这个园子的所有者。由这种虚假的想象引出了他们一系列疯狂而残忍的举动,最后以他们被除灭而告终。与此完全相同的是,我们也这样想象:我们每个人的生活都属于我们个人所有,我们有权随心所欲地利用它,无论对谁我们也不负有任何责任。对于我们这些抱有类似想法的人来说,也就不可避免地要做出一系列疯狂而残忍的举动,酿成种种的不幸,当然也就会从生活中被清除出去。正像葡萄园的霸占者们那样,他们忘了或者就是不愿知道,交给他们的园子已经松好了土,围好了篱笆,挖好了井,已经有人在这些事上付出了劳动,也就期望借此得到收获,而那些只以个人生活为生的人们呢,同样忘了或者就是要忘掉在他们出生之前别人为他们所做的一切,以及在他们一生中别人所做的一切,忘掉别人也因此而对他们有所期待。

按照基督的教义，那些住在并非他们开辟的园子里的葡萄园户，应当明白并感受到，他们对园子主人欠下了一笔难以偿还的债，同样，人们也应当明白并感受到，从出生直到死的那一天，他们始终欠着某些人，欠着那些前辈的人、同时代的人以及将要出世的人一笔难以偿还的债，也欠着那过去、现在及将来都作为万物本源的事物同样难以偿还的债。他们应当明白，他们生命中的每一刻都证明着这种责任的存在，因此，那只为自己生活而否认对自己的生命及生命本源负有责任的人，便自己剥夺了自己的生命。

4

有些人想，舍弃自我是对自由的破坏。这些人不懂得，只有舍弃自我才能给我们带来真正的自由，使我们摆脱我们自己，摆脱被我们的淫欲所奴役的地位。我们的欲望是最为残酷的暴君；只有遗弃它们，才能感受到自由。（费奈隆[①]）

5

如果一个人懂得了自己的使命，但是却不能舍弃自我，这就好比一个人只拿了里屋门的钥匙，而没有外屋门的。

6

个人使命就包含在舍弃自我的法则之中，这种意识与生活享

[①] 费朗索瓦·费奈隆（1651—1715），法国大主教、作家。

乐是格格不入的。假如我们想把这种使命意识与享乐混合在一起，并把这种混合物当作治疗病态灵魂的良药的话，那么这两种基本元素立刻就会自行分离开来。而假如结果不是这样，假如人的崇高使命意识不产生任何作用，而肉体生命从看似等同于人生使命的享乐追求中得到了某种力量，那么精神生命就将彻底消失，一去不复返。（康德）

六 只有舍弃自我才能摆脱罪孽

1

为了灵魂的幸福而舍弃动物性的幸福是一种觉悟转变的结果，就是说，一个曾经只认识到自己动物性的人，开始认识到自己是灵魂的生命。如果实现了这种觉悟的转变，那么从前被视为艰难与痛苦的，便已不再被视为艰难与痛苦，而是自然而然把这看作最好的事，而不是最坏的事。

2

有些人想并且声称，为了完成人生的使命，为了得到幸福，必须要有健康、财产和优越的外部条件——这是不对的：健康、财产和优越的条件对于完成人生使命和获得幸福来说是不需要的。我们已被赋予了获得灵魂幸福（这种幸福是无论如何不会遭到破坏的）、获得弘扬自身爱心的幸福的可能。我们应该做的只是相信这种灵魂生活，并把全副精力都投入到其中去。

你以肉体生活为生，为了它而劳作，然而一旦这种肉体生活出现了障碍，你就应从肉体生活转入灵魂生活。而灵魂生活永远是自由的。这就如同鸟儿长着翅膀。鸟儿可以用爪子走。但只要遇到不便或险情——鸟儿对自己的翅膀是充满信心的——它就会展开双翼，腾空而起。

3

在与上帝单独相处的时候，没有什么比内心的劳动更重要的了。这种劳动就是要使自己克制获取动物性幸福的欲望，提醒自己肉体生活的虚幻性。只有当你单独与上帝相处时，才能做到这一点。当你与他人相处时，则来不及做了。在你与他人相处的过程中，只有当你已准备好在独处中舍弃自我并与上帝合为一体时，你才能够妥善地做好一切。

4

任何一个人或迟或早、或清楚或模糊地总要体会到一种内在的矛盾：愿为自己而生，同时又愿成为有理性的人。但为自己而生是非理性的。这看上去是一个矛盾，那么这到底是不是矛盾呢？如果这算是矛盾的话，那就等于说在一颗腐烂的种子上出现了这样的矛盾：它腐烂了，却长出了芽。真正的矛盾只有出现在我不想听到理性的声音之时。理性指出了人的觉悟由个体生命向不断成长的灵魂生命转变的必要。它指出了个体生命的空虚和无聊，揭示了新生命的即将出现，正如一个樱桃核正在生根发芽。真正的矛盾只有出现在这样的时候：我们紧紧抓住这种外在的、腐朽的生活形式，不想与之决裂，好比一颗种子的外壳在种子冲破它的时候，它还在极力想证明自己的生存意义。那我们称之为矛盾的，只是在新生命之前诞生的痛苦。只要不把肉体生命的必然消亡与灵魂生命对立起来，并献身于这种灵魂生命，那真正的、美好的新生活就会展现在眼前。

5

生活中唯一真正快乐的事就是灵魂的成长，而灵魂的成长需要舍弃自我。舍弃自我要从小事做起。当你在小事上学会舍弃自我时，你就会有勇气在大事上舍弃自我。

6

当你的灵魂生命之光熄灭时，肉体欲望的阴影就会遮住你的路，要提防这个可怕的阴影：只要你不从自己的灵魂中赶走肉体的欲望，你的灵魂之光就无法驱散这种阴影。[婆罗门教哲理（引自《沉默的声音》）]

7

摆脱肉体私欲的主要困难是：肉体私欲是生活的一种必要条件。人在童年的时候它是必要的、自然而然的，但随着理性的显现，它就应逐渐减少，最终消失。

孩子不会为私欲而感到良知的谴责，但当理性显现出来的时候，私欲对人本身来说就成为一个负担；随着生活的进展，私欲就越来越淡薄，而当死期临近的时候，它就会完全消失。

8

彻底舍弃自我意味着自己成为上帝，只为自己而生意味着彻底成为牲畜。人的生活就是不断地远离牲畜的生活而靠近上帝的生活。

9

我的生活是与我对立的；我感到自己身处罪孽之中——只是从一个罪孽中爬出来，又跌进另一个罪孽中去。我怎样才能把自己的生活哪怕是稍加改善呢？最有效的方法只有一个：认清自己的生命在于灵魂而不是肉体，不要介入肉体生活的龌龊勾当。只要你全心全意地希望这样，你将看到，你的生活立刻就会自行改变。生活得不好，只是因为你让灵魂生命为肉体生命服务。

10

一个人如果不想舍弃自己的肉体，不抛开把肉体需求置于灵魂需求之上的做法，那么他为摆脱罪孽而做的努力都是徒劳的。

七　舍弃动物的自我将给人带来真正的、牢不可破的灵魂幸福

1

无论对每个人的生活来说，还是对大众的生活来说，都存在着一个同样的法则：为了改善生活，就要准备奉献生活。

2

人无法知道他为了别人而自我牺牲的结果是什么。然而但愿人们都去这样生活，哪怕只是稍稍体验一下当他忘掉自我、舍弃肉体私欲时的感觉，我相信，每一个诚实的人都会承认这样做对他的灵魂和肉体产生的良好影响，哪怕这种影响只是短暂的。（约翰·罗斯金）

3

人越是舍弃动物的我，他的生命就越自由，对别人越显得重要，而对他自己来说也越是充满喜悦。

4

福音书里说：凡舍了生命的，必得到它。这就是说，真正的生活只有那拒绝动物生活幸福的人才会得到。

人的实际生活，只是开始于人为了灵魂，而不是为了肉体寻找幸福的时候。

5

人在自己的生活中就像一片积雨云，把雨洒向草地、田野、森林、花园、池塘、河流。云中的雨洒完了，给了成千上万的花草、稻穗、丛林、树木生命和活力，于是它变得稀薄、透亮，很快就完全消失了。一个善良的人的肉体生命也是如此：他给了许多许多人帮助，使生活变得轻松，使它走上正路，使它得到安慰，最终这个人耗尽了全部肉体的生命，死去了，去往那唯一永恒的、无形的灵魂生命的归宿。

6

树木献出了自己的果实,甚至树皮、叶子和汁液,献给所有需要这些东西的人。人如果同样去做便是幸福的。然而能够理解这一点并实际去做的人却太少了。(克里希纳)

7

人不停止为自我考虑,就无法获得幸福。而要停止为自我考虑,不彻底是不行的。即使保留丝毫自私的杂念,也会败坏一切。我知道这很难,但我也知道,为了获得幸福我们别无选择。(艾·卡彭特)

8

许多人都觉得,生活中如果排除了个体性和对个体的爱,那就一无所有了。他们觉得,没有个体就没有生活。但持有这种想法的,只是那些未曾体验过自我牺牲的喜悦的人。剔除生活中的个体性,将它舍弃,那么剩下的就是构成生活本质的东西——能带来真正幸福的爱。

9

人越是认清灵魂的我,越是舍弃肉体的个性,就越能真实地理解自我。(婆罗门教哲理)

10

人越是把自己的生活从动物生活转向灵魂生活,他的生活就变得越自由，越快乐。为了使人能够把生活从动物生活转向灵魂生活，必须要使他觉悟到自己是灵魂的生命。而为了使人能够觉悟到自己是灵魂生命，他就要舍弃肉体的生活。信仰需要自我牺牲，而自我牺牲需要觉悟。这些都是相辅相成的。

11

从幸福的角度去理解生活，这是一个难以解决的问题，因为我们的最高追求妨碍着我们去享有幸福。从义务的角度去理解，同样是一个难题，因为义务的完成带来的是平和而不是幸福。

只有神圣的爱和与上帝的结合才会解开这个难题，因为那时自我牺牲就成了持续增长的、始终不渝的快乐。（阿米尔）

12

对于实际生活中的每个人而言，纯粹意义上的义务观念，比起由追求幸福或与幸福相关的事物而产生的动机（这需要不少矫揉造作的、花样翻新的想象）来，要远为简单明了，也远为真实自然，不仅如此，如果用普通的健康思维来评判，义务观念——如果它被健康的思维所掌握，并完全脱离了自私自利的动机的话——比起所有产生于自私自利的动机还要强大且坚定得多，并且更有希望获得成功。

我能够做到，所以必须去做——这种觉悟开启了人内心深处上帝所赐的天赋，这种天赋使人就像神圣的先知一样，感受到了他真正使命的伟大和崇高。假如人能够常常对此给予足够的注意，并习惯于把美德和所有完成义务的奖赏从根本上区别开来，假如把不断的美德训练作为个人和社会教育的主要课程,那么人们的道德状况就会很快得到改善。历史的经验至今还没有对美德的学说给予完满的答案,其罪恶的根源就在于这种荒谬的观念:由义务观念产生的动机是极为微弱的,可望而不可即,而更有力地影响人类心灵的、更切实的动机,则产生于对利益的考虑,这些利益因为遵守法则而定会一部分在现世得到,另一部分在来世得到。其实,唤醒人舍弃自我的、对自身灵魂本源的意识,比任何一种奖赏都更为有力地促使人去遵守善的法则。(康德)

第二十六章
谦 逊

人在现世的最高幸福就是与自己的同类结合在一起。骄傲的人在把自己与他人脱离开来的时候，也剥夺了自己的这种幸福。而谦逊的人已在自身清除了通向这种幸福之路上的障碍。因此，谦逊是真正幸福的必要条件。

一 人不可为自己所做的事骄傲，因为他做的一切好事并非他做的，而是存在于他身上的那个神圣本源所做的

1

能够保持谦逊的只有那懂得上帝活在他灵魂中的人。无论世人如何评判他，这样的人都泰然自若。

2

那自认为是自己生活的主人的人，不可能是谦逊的，因为他总是想，自己无论对谁也不负有任何责任。而那把侍奉上帝视为

使命的人，不可能是不谦逊的，因为他始终觉得，自己还远没有完成自己所有的责任。

3

我们常常为自己做了好事而骄傲，也为有些事是我们所做的而骄傲，但却忘了上帝活在我们每个人身上，当我们做好事时，我们只是工具，上帝利用它来做他的事。

上帝用我来做他需要做的事，而我却感到自己很了不起。这就好比一块挡在泉水出口的石头，因为泉水从它那儿流出来供人和野兽饮用，它便感到自己了不起。但有人会说，石头可以骄傲，因为它是干净的，没有污染了水。这种说法也同样不对。如果说石头是干净的，那仅仅是因为这股泉水把它冲洗干净了，并且还在不断地冲洗着它。没有任何东西是我们的，一切都属于上帝。

4

我们是上帝的工具。我们知道我们应当做的事，但为什么要做这些事我们不必知道。凡明白这一点的人，不会不是谦逊的人。

5

每个人生活中最主要的事就是让自己成为更善的人、更好的人。但你若是认为自己已是个完美的人，那还怎么能成为更好的呢？

6

一个劳动者只有明白了自己的位置，才能圆满地做好他的事。一个人只有清楚地理解到，他的生命不是他自己的，而是那赋予他生命者的，生命的目的不在于人，而在于那赋予他生命者的意志，人可以阻止上帝的力量在自己身上显现，但靠你自己却做不成任何美好的事。——人只有理解了这些，才能够理解基督的教义。

7

一旦你承认自己不是主人，而是仆人，你心中的彷徨、焦虑、不满就会立刻被明朗、安详、和平及喜悦所代替。

二 所有邪念都源于骄傲

1

如果一个人向往上帝，那么他就永远不会自我满足。无论他已前进了多少，他总是觉得自己距离完善始终是那样遥远，因为完善是没有尽头的。

2

自负是动物的本性，谦逊是人的本性。

3

那最能理解自己的人，必对自己最少敬意。

4

凡自我满足的，必常常对别人不满。

凡常常对自己不满的，必常常对别人感到满意。

5

一个哲人听说别人认为他是个坏人。他回答说："还好他们不完全了解我，否则他们连这种话也不会说了。"

6

对灵魂最有益的东西，莫过于永远铭记你是渺小的，无论就时间还是就空间来说，你都是个微不足道的小虫，你的力量仅仅在于你能够明白自己的渺小，并因此而保持谦逊。

7

虽说大多数人很少注意自己的缺点，但没有人了解别人的坏事比了解自己的坏事还多。

所以说，谦逊是每个人都可以轻易做到的。（沃尔斯利[①]）

8

只要稍加回想，我们总能在自己身上找到有悖于人类行为的过错（姑且把下面这种情况也仅视为过错，即由于民权的不平等，我们享有着一些众所周知的特权，而因为这些特权的存在，其他

[①] 查尔斯·沃尔斯利（约1630—1714），英国作家。

人就不可避免地被剥夺了更多的权利），能想到这些，就会制止我们借助于对个人功劳的自私自利的想象，而认为自己高于他人。（康德）

9

只有用别人的眼光才能看见自己的缺点。（中国谚语）

10

每个人都是我们的一面镜子，从中可以看到我们身上存在的恶习、缺点和所有坏的东西；但大多数情况下我们的做法就像狗那样对着镜子吠叫，心里想，它在镜子里看到的不是自己，而是另一条狗。（叔本华）

11

自负、蠢笨而道德败坏的人，常常想让谦虚、聪明而道德纯洁的人来尊敬自己，这是因为谦虚的人总是审视自己，而从不会想要一个坏人来尊敬自己。

12

只爱自己的人很少有情敌。（利希滕贝格）

13

往往是那些最普通的、没有学问、没受过教育的人能够最为明确、自觉而容易地接受真正的基督教义；与此同时，那些最有学识的人却仍旧沉溺于野蛮的异教观念之中。这种现象的原因是：大多数普通人都是谦逊的，而大多数学问家都是自负的。

14

为了从理性的高度理解生与死，并平静地等待死亡，必须要理解自我的渺小。

你只是某一个事物无限微小的一个部分，假如你没有肩负着一定的使命——事业，你就等同于无。只有事业赋予你的生命以意义。而你的事业就是，像所有的生物一样，利用你被赋予的工具，为完成既定的使命而耗尽自己的肉体。因此所有的事业都一样，你所做的事业不可能超出给你指定的范围。你能够做到只是，要么成为上帝的敌人，要么成为上帝事业的承担者。所以说，人不可能把任何重要的、伟大的事业归功于自己。只要你把某种伟大的、特殊的事业归功于自己，随之而来将是无休无止的争斗的失望、妒忌和种种的痛苦；只要你认为自己的意义大过能结出果实的植物，你的生命便完结了。能够在有生之年保持安宁、自由和喜悦，在死亡之时毫无畏惧的，只有那认识到自己的一生不为别的，只是为其主人而劳动的人。

三 谦逊凭借爱使人结合在一起

1

不为人所知道，不被人所理解，而不为此伤怀——这就是真正富有美德、爱他人的人的品质。（中国哲理）

2

正如水不能停在高处,善德与智慧不会被高傲者所拥有。两者都找低处安身。(波斯哲理)

3

善良的人就是那牢记自己的罪孽而忘掉自己的善举的人,而邪恶的人正相反,就是那牢记自己的善举而忘掉自己的罪孽的人。

不要宽恕自己,你就容易宽恕别人了。

4

善良而聪明的人的标志是,他们总认为别人既比自己心地好,也比自己聪明。

5

最受人喜爱的是那些认为自己罪孽深重而谨守教规的人。而最令人厌恶的是那些罪孽深重而自认为谨守教规人。(帕斯卡)

6

那些自以为是、高傲、自吹自擂的人很难让人去爱、去可怜他们。由此可见,谦逊不仅美好,而且可以受益。谦逊比起别的来,能够更强烈地唤起生命中最宝贵的东西:对他人的爱。

7

谦逊的人会得到所有人的爱。我们都希望被人所爱,那么为什么不努力去做一个谦逊的人呢?

8

人们要想生活得好，就必须做到彼此和平相处。而在那每个人都想凌驾于他人之上的地方，不可能存在和平。人们越谦逊，越容易过上和平的生活。

四　谦逊使人与上帝结合在一起

1

最强大的莫过于谦逊的人，因为谦逊的人在舍弃自己的时候，给上帝腾出了地方。

2

有句祷告词非常好："愿你来驻留在我们心中。"这句话中包含了一切。如果上帝来驻留在人的心中，人就拥有了他所需要的一切。而为了使上帝驻留在人的心中，要做的只有一点：降低自己，以给上帝腾出地方。人一旦降低了自己，上帝立刻就会来驻留在他的心中。因此，一个人要想拥有他所需要的一切，首先必须保持谦逊。

3

人在自己的心中走入得越深，人把自己想象得越渺小，他在通向神的路上就升得越高。（婆罗门教哲理）

4

凡崇拜高尚者的人，骄傲就会从他心中消失，正如火光会在阳光下黯然失色一样。凡心地纯洁、没有傲气的人，必性情温和、坚定而纯朴，他会把每一个生命都视为自己的伙伴，他爱每一颗灵魂都如同爱自己的一样，他对每一个人都抱有同样的温情和爱心，他渴望造善，抛弃虚荣。——生活的主宰就存在于这人的心中。

正如大地生长出了美丽的花草树木，并以此来装点自己，人的心中存在着生活的主宰，他也以此而使自己变得美丽。(《往世书·毗湿奴》)

五　怎样与骄傲做斗争

1

真正的谦逊是难以做到的。每当想到别人的蔑视和欺侮，我们的心就会愤愤不平；我们极力要掩盖所有会在别人眼里贬低自己的东西，同时也极力对自己掩盖这些东西；即使我们品行不好，我们也不想看到自己实际所有的样子。但无论真正的谦逊多么难以做到，但它都是可以做到的。让我们努力舍弃妨碍我们这样做的东西吧。(引自《虔诚的思想》)

2

同样的缺点，在别人身上就是严重的、令人难以忍受的，而在我们自己身上就是无关痛痒的、无足轻重的，连感觉也感觉不到。在谈起别人的时候，人们常常很严厉，大加指责，却没有注意到，他们所谈论的正可用在他们自己身上。

只要我们能够在别人身上看到我们自己，我们就能尽快地改正我们的缺点。在别人身上清楚地看到我们的缺点，我们就会痛恨自己的缺点，为它们的存在感到惊讶。（拉布吕耶尔）

3

对道德完善危害最大的莫过于自我满足。

幸运的是，如果我们是在改善的过程中，则这种改善是不易察觉的，不经过很长一段时间，我们就难以发现自己的成就。

而如果我们总去关注这些成就，那么这就意味着，我们不是根本没有进步，就是反而退步了。

4

要警惕这样的想法：你们好于其他人，你们有着别人所没有的美德。无论你们有什么美德，只要你们认为自己好于其他人，这些美德就一钱不值。

5

尽力不要去想自己做的好事。如果你意识不到自己做的坏事，那么要知道，你意识不到自己的坏事，这已是坏事。

6

任何拿自己与别人比较以证明自己正确的做法都是一种邪念，

是对善的生活及其主要事业——道德完善的阻碍。只能把自己与更高的完善相比较，而不能与或许比你还差的人相比较。

7

为了学会谦逊，必须靠自己的力量捉住自己种种骄傲的念头。

8

被人斥骂，被人指责——应该高兴；被人夸奖，被人赞赏——应该惧怕。

9

不要怕受屈辱：如果你能谦逊地接受它，这屈辱就会被与之相连的灵魂幸福加倍地抵偿。

10

要尽力不把有关自身罪孽的可耻记忆隐藏在黑暗的角落，正相反，要努力做到时刻不忘，以便在评判别人的罪孽时，想到自己也身负罪孽。

11

要永远把自己看作小学生。不要以为在学习方面你已经老了，你的灵魂已经定型了，不可能再有好转。对于富有理性的人来说，学习的功课是无止境的：直到走入坟墓他仍是学生。

12

真理只可用谦逊的心灵来领悟。谦逊不会激起妒忌之心。

大树被洪水冲走,芦苇却原地未动。

一个哲人说:"我的孩子,不要因你不受人看重而伤怀,因为谁也夺不走你所做下的,谁也不会把你没有做的归于你。有理性的人安于他所应受的尊敬。

"要做到善良、谦恭、友好、关心他人的利益,幸福自然就会来到你的身边,正如水从高处流向低处一样。"(印度《往世书·毗湿奴》)

六 骄傲的后果

1

没有谦逊之心的人永远在批评别人;他看到的只是别人的错误,于是其自身的种种欲望和恶习就会日益膨胀。(佛教哲理)

2

一个未皈依基督教的人,爱的只是自己。而那只爱自己的人,想要成为伟人,却看到自己是个小人物,想要成为大人物,却感到自己无足轻重,想要做个好人,但知道自己是个坏人。明白了这些,他就不再爱真理,而开始想出种种理由,根据这些理由得出的结论就是:他这种状况就是他理想的状况。而想出了这些理由之后,他在自己眼中就变得伟大、高贵和善良起来了。这是一

种很大的双重罪孽——骄傲和伪善。由骄傲生出伪善，由伪善再生出骄傲。（据帕斯卡）

3

自私之心使人把自己置于世间万物之上，谁不对自私之心深恶痛绝，谁便走入了迷途，因为与正义和真理相抵触的，莫过于从自私的角度去理解自己。自私之心是一种自我欺骗，因为你不可能站到世间万物之上，此外，自私之心是不公正的，因为每个人都有着同样的需求。（帕斯卡）

4

在我们洒满阳光的世界上，始终存在着一片黑暗：这就是由我们的自我推崇所投下的阴影。（卡莱尔）

5

人类的优点——力量、美丽、财富、身份、智慧、教养、学识甚至善良，这之中没有哪一种在缺少谦逊的时候而不会消失，不会由优点和良好品质转化成被厌弃的个性。最令人厌恶的莫过于因自己的财富、身份、智慧、教养、学识和善良而自命不凡的人。人们希望被他人所爱，他们知道，骄傲会拒人于千里之外，但他们仍旧无法做一个谦逊的人。这是为什么呢？因为拥有谦逊不是一件孤立的事。谦逊是人把自己的欲望从物质领域转向精神领域的结果。

七　在与邪念的斗争中，谦逊给人以精神幸福和力量

1

对灵魂最有益的，莫过于以高兴的心情接受屈辱。正如经受了酷热的"傲慢"太阳曝晒之后，下过一场温暖的细雨，谦逊地接受屈辱会给灵魂带来一片新的生机。

2

进入真理和幸福殿堂的门是一道矮门。能走进这殿堂的，只有那低下身来的人。而那走进这门的人是幸福的。这殿堂中广阔的空间是自由自在的，人们在里面彼此相爱，互相帮助，不知忧愁。

这个殿堂就是人们真正的生活。殿堂的门就是智慧的教诲。而智慧为谦逊的人所拥有，为那不是自升为高而是自降为卑的人所拥有。

3

按阿西西的方济各的话说，完美的快乐在于能够忍受本不应该的诘难，忍耐肉体的痛苦，而不对这诘难和痛苦的起因产生憎意。这种快乐是完美的，因为别人的任何指责、凌辱和攻击都无法破坏这种快乐。

4

凡自高的,必降为卑;凡自卑的,必升为高。(《路加福音》14:11)

5

世上最柔弱的能战胜最刚强的,卑微和谦恭的能战胜高大和骄傲的。世上只有少数人能理解谦逊的力量。①(老子)

6

人自视越高,他就越弱小;人自视越低,无论对人对己,他就越坚强。

7

世上没有比水更柔软和更随和的东西,然而攻击坚硬和牢固的东西,没有比水更强大的了。弱能胜强。柔能胜刚。谦逊的能胜骄傲的。世上所有的人都知道这一点,但谁也不想照着去做。②(老子)

---

① 出处不详,意相近者或为《道德经》第四十三章:"天下之至柔,驰骋天下之至坚。无有入无间,吾是以知无为之有益。不言之教,无为之益,天下希及之。"

② 原文参见《道德经》第七十八章:"天下莫柔弱于水,而攻坚强者莫之能胜,以其无以易之。弱之胜强,柔之胜刚,天下莫不知,莫能行。"

8

江河与海能够制服所有的谷溪川流,这是因为它们低的缘故。

因此圣人如果想高于人民,必须努力做到低于人民。如果他领导人民,则必须走在他们后面。

因此圣人即使处在人民之上,人民也感觉不到这个。他走在人民之前,而人民并不为此而痛苦。因此世人都不停地称赞他。圣人不与任何人争论,世上也没有任何人与他争论。[①](老子)

9

水是液态的,轻盈而随和,但如果它攻击那牢固、坚硬和顽固的东西,则没有能与之相匹敌的:它冲垮房屋,把巨大的船只像碎木片一样掀翻,冲毁土地。空气则比水更为柔弱,轻忽而随和,而当它攻击牢固、坚硬而顽固的东西时也更为强大。它连根拔起大树,同样能摧毁房屋,把水也掀起巨浪,甚至把水赶入乌云之中。柔弱的、轻盈的、随和的能战胜坚硬的、猛烈的、顽固的。

在人们的生活中也是这样。你想成为胜利者,就要柔弱、轻盈而随和。

---

① 原文参见《道德经》第六十六章:"江海所以能为百谷者,以其善下之,故能为百谷王。是以圣人欲上民,必以之言下之;欲先民,必以身后之。是以圣人处上而民不重,处前而民不害。是以天下乐推而不厌。以其不争,故天下莫能与之争。"

10

为了成为强大的,必须要像水那样:没有阻挡便流淌;遇到堤坝便停止;冲垮堤坝再继续流淌;在方的容器中它是方的;在圆的容器中它是圆的。正因为它是这样随和,所以它既是最柔弱的,又是最刚强的。

第二十七章
真

迷信妨碍善的生活。摆脱迷信只有靠真——不仅面对他人，面对自己的内心也是如此。

一 怎样对待根深蒂固的信仰和习俗

1

否定上帝存在的最常见的方法是：无条件地承认大家共同的观念就是合理的，而对我们灵魂中不断传出的上帝的声音却认为无足轻重。（约翰·罗斯金）

2

面对一种学说，哪怕全世界都把它视为真理，也不管它有多么古老，人也应当用理性去检验它，如果它与理性的要求相违背的话，也要勇敢地抛弃它。

3

你们必晓得真理，真理必叫你们得以自由。（《约翰福音》8：32）

4

那种有关永远服从现政权、视众人所信奉的一切为真理的学说，是不会被那把自身神圣天性视为真理之最高法官的人所接受的。

5

谁要想成为一个真正的人，就必须抛弃迎合世俗的那一套；谁要想过上真正的生活，就不要受人们公认为善的东西所左右，而要仔细地搜寻，真正的善是什么，在哪里。最神圣而富有成效的莫过于灵魂的独立探索精神。（爱默生）

6

如果是真理，就要让大家——穷人、富人、男人、女人和孩子——都去信奉它。而如果是歪理，我们就都不去相信它，不管富人、穷人，或某个群体，不管女人，还是孩子。真理应当异口同声地颂扬。

人们常常私下说，向大多数人讲明某些道理是危险的。有人说："我们知道这是虚伪的，但对人民来说却必须这样。信奉这些，对人民来说是有益的，因为动摇了他们的这点信心，会酿成许多罪恶。"

不。邪路永远都是邪路，尽管为了欺骗绝大多数人你把这条路指给他们走。虚伪的东西不论什么时候对谁都不会有益。因此，我们只承认一种普遍的法则：追随我们所知的真理，不管它把我们引向哪里。（克利福德[①]）

[①] 阿瑟·克利福德（1778—1830），英国古董商、作家。

7

人们乐于相信，我们的一切行为都是为了真理——这种想法既包含着善，也包含着恶。正是这种想法使社会得以前进，也正是这种想法使这种前进的步伐变得缓慢而痛苦：每一代人靠着它毫不费力就可接受到遗传给他们的、前人以艰苦劳动积累的知识，同样，每一代人都因为它而成为其先驱者们的谬误的奴隶。（亨利·乔治）

8

人生活得越久，就会越多地摆脱迷信。

9

一切迷信——上帝法则的、国家的、科学的——都不过是对思想的歪曲，因此，要想摆脱这些迷信，只有把理性所开启的真理提出的要求运用到这个过程中去。

10

信奉那些本身对我们有益、被我们乐于接受并视为真理的东西，这只是孩子，也是人类童年的一种自然本性。一个人或整个人类生活得越久，其理性越成熟和确定，他们就会更多地摆脱这种虚伪的观念，即凡是对人有利的就是符合真理的。因此，对每一个人来说也好，对整个人类来说也好，随着生活的进步，他们必须要做的事就是，运用自己理性的努力和前人的全部智慧，来检验作为信仰的有关真理的理论。

11

每一种诉诸语言的真理,都是一种具有无限影响的力量。

二 谎言及其前因后果

1

不要以为,只要在那些重大的事件中说真话、做真事就行。说真话、做真事,必须要坚持不懈,哪怕在最无关紧要的事情上也要这样。关键不在于因你虚伪而产生的恶是大是小,关键在于,永远也不要用虚伪来败坏自己。

2

即使生活不符合真理,但毕竟承认真理总好于掩盖真理:我们会根据真理来改变自己的生活;而我们无论如何都不能改变真理,它始终如一,并且不断地揭穿着我们。

3

我们每个人爱真理都胜于爱谎言,但在事关我们的生活时,我们却常常宁可信谎言而不信真理,因为谎言可以为我们龌龊的生活辩解,而真理则揭穿这种生活。

4

对每一种能被人们觉悟到的、替代以往谬误的真理来说,都有这样一个时期，即谬误明确存在，而注定要取代它的真理也已展现出来。但那些要么因为谬误对他们有利、要么对谬误已经习以为常的人们，总是尽全力要保留住它。在这个时期，勇敢地宣扬真理就显得格外重要。

5

如果有人对你们说，不必事事追求真理，因为完全的真理是永远也找不到的，这时不要相信他们，并且对这样的人要提高警惕。他们不仅是真理的，也是你们的最凶恶的敌人。

6

你要想认识真理，首先就要做到，即使在你寻找真理的时候，也要摆脱种种因将会解决这样或那样的问题而获益的想象。

7

当你意识到别人的虚伪并揭穿他，往往是令人高兴的，但加倍让人高兴的，是你能意识到自己的虚伪并揭穿了自己。要努力尽可能经常地为自己获得这种快乐。

8

无论谎言及其种种邪念具有何等的诱惑力，它都会有这一天：谎言已使人痛苦不堪，他已不是在寻求真理，而只是努力摆脱一切与谎言紧密纠缠在一起的东西，这些东西不断折磨着他，为此他转向真理，并只有在真理中才能获得拯救。

9

是什么样的乌云笼罩着世界？为什么如此天昏地暗？是什么玷污了这个世界？它面临的巨大危险在哪里？

它的危险在于，人们不是靠着每个人都被赋予的理性生活，而是靠着他们共同的被歪曲的理性生活，这种理性在他们中间确立起来，为他们的放纵情欲加以辩白。人们经受着痛苦，寻求拯救。什么能拯救他们呢？只有对自身理性的尊重和对真理的追随。（据东方文献）

10

痛苦的经验向我们表明，从前的生活条件是无法延续的，因此必须寻找新时代应有的新条件；但人们不是把自己的理性用于寻求创造这些新条件，而是用自己的理性去努力把生活保持在数百年以前它所存在的条件中。

11

谎言在我们自己心中，在他人心中，把上帝遮蔽起来，因此最为珍贵的，莫过于使我们回归真理——对上帝和他人的爱。

12

最大的不幸，莫过于人开始害怕真理，因为真理会彰显他的恶劣。（帕斯卡）

13

真理最明确的标志是简单明了。谎言总是繁复、精巧而连篇累牍。

14

人在有限的时间和范围里可能是孤独的，但我们的每一种思想、每一种情感，在全人类之中现在已经得到、过去也曾得到、将来还会得到回声。对于被大多数人公认为领袖、改革者和启蒙思想家的某些人来说，这种回声是巨大的，它传达出了一种特殊的力量；但没有哪个人的思想不会对他人产生影响，即使这种影响是微乎其微的。每一次灵魂的真诚表现，每一种个人见解的产生，都会对某些人或某些事产生益处，甚至当你们还不知道这一点，甚至当有人堵住你们的嘴巴，或者把绞索套在你们脖子上的时候，也是如此。一句对别人说出来的话，会保持不可磨灭的影响，就像任何一种行动一样，它可以转化为别的形式，但永远不会消亡。（阿米尔）

三 迷信所依靠的是什么

1

某些事物、习俗、法律所受到的敬仰越多，越是要认真地检验它们享有敬仰的权力。

2

我们把许多古老的真理视为想当然的东西，是因为我们从来也没有严肃地思考过它们。（罗德[①]）

[①] 爱德华·罗德（1857—1910），瑞士作家、批评家。

3

理性是世上最伟大的圣物，但也因此被利用来造成最大的罪孽，即把理性用于掩盖或者歪曲真理。

4

谎言与暴力的最高形式就是由某些人制定出一种规则，它不经其他人论证，而必须被接受为一种信仰。

人们为什么会需要这种东西呢？

5

每一种政权的基础都是暴力，基督教的基础是爱。国家靠的是压迫，基督教靠的是说服。（盖基·库宁汉姆[①]）

6

基督不曾创立过任何教会，不曾组建过任何国家，不曾制定过任何法律、任何政府和任何外在权威，但他却致力于在人们的心中写一部上帝的法律，使他们能够做到自我引导。（赫伯特·牛顿[②]）

7

纵观人类的历史，我们会不时注意到，最明显的谬误常被人

[①] 盖基·库宁汉姆（1824—1906），英国神学家。
[②] 赫伯特·牛顿（1840—1914），美国传教士、作家。

们当作不可置疑的真理。有些民族竟全部成为野蛮迷信的牺牲品，他们拜倒在与自己同类的、僵死的人面前，常常对那些被他们想象成代表神灵的白痴和好色之徒卑躬屈膝。我们看到，一些民族全都沦为奴隶，为了让那些靠他们养活的人能过上舒适而奢侈的生活，他们忍受着痛苦，饥饿而死。人类这种荒诞、痛苦的经历的根源永远只有一个：把那些连小孩子都无法不视为荒诞不经的东西尊奉为信仰。(据亨利·乔治)

8

我们的时代是真正的批判的时代。所有被接受为信仰的都要受批判的检验。

人们常常以为宗教和立法可以逃脱批判：首先是靠着它们的神圣性，其次是靠着它们的威势。

但在这种情形下，它们引来的是公正的猜疑，也无法再期望获得真诚的尊敬，因为理性给予尊重的是那能够经受住全体人民广泛考验的事物。(康德)

9

不必害怕人们已确立的传统习俗被理性所破坏。如果理性不被真理所替代，它无法毁坏任何东西。它的本质就是如此。

四　宗教的迷信

1

人们不知有上帝，这不好，但更糟的是人们把并非上帝的认作上帝。（拉克坦提乌斯）

2

真是咄咄怪事！有史以来所有的恶棍都极力把他们的卑鄙行径伪装成对宗教、道德和爱国主义利益的忠诚。（海涅①）

3

我们已再也没有宗教了。上帝的永恒法则及其永恒的天堂地狱，都转变成了建立在精确计算利益得失上的实用哲学规则，以及对因善举和美德所获乐趣的残余敬意。用我们祖辈的话说就是，我们"忘了上帝"，而用如今的表达方式，我们应当说，我们对尘世生活的理解是错误的。我们心安理得地闭上眼睛，不想看到事物的永恒本质，我们所看清的只是臆想中的事物的外表。

我们心安理得地把宇宙看作一个巨大而费解的偶然现象；凭着表面形状判断，它被明明白白地想象成一个庞大的畜牧场或厂房，或者是一排宽敞的摆好饭桌的厨房，只有那些明智的人才能

---

① 海因里希·海涅（1797—1856），德国诗人、散文家。

在桌前找到自己的座位。

是的，我们已没有上帝！上帝的法则已被尽量获利的原则所代替。（卡莱尔）

4

上帝给了人们灵魂和理性，以便人们侍奉他；而我们却利用这个灵魂侍奉自己。

5

你们要防备文士。他们好穿着长衣游行，喜爱人在聚会时问他们安，又喜爱教堂里的高位，筵席上的首座；他们侵吞寡妇的家产，假意作很长的祷告。这些人要受更重的刑罚。（《路加福音》20：46—47）

6

你们不要受夫子的称呼，因为只有一位是你们的夫子——基督，你们都是弟兄；也不要称呼地上的人为父，因为只有一位是你们的父，就是在天上的父；也不要受师尊的称呼，因为只有一位是你们的师尊，就是基督。（《马太福音》23：8—10）

不要让你的灵魂和上帝之间存有中介。谁也不会比你和上帝更亲近。

7

没有纯洁的灵魂何必要敬奉神？何必要说"我要去比纳勒

斯^①了"？那作恶的人怎么才能到达比纳勒斯呢？

神灵不在林中，不在天上，不在地下，也不在圣洁的河中。清洁你自身，你便会看到神。将你的肉体变为殿堂，抛弃不洁的念头，以你内心的目光来凝视神。当我们认识了他，也就认识了自己。没有亲身体验，只靠经书消除不了我们的恐惧，正如画在纸上的火光赶不走黑暗。无论你有什么样的信仰，无论你如何祈祷，只要你心中没有真理，你就不会走上幸福之路。凡认识到真理的人，必得到再生。

真正幸福的源泉是心灵；凡在别处寻求幸福的人是愚不可及的。这样的人就像那怀抱着羊羔找羊羔的牧人。

你们何必要堆起石头建造高大的殿堂呢？你们何必要这样折磨自己呢？神一直就驻在你们的心中。

一条护院的狗好于在屋里摆一个无生命的偶像，而世上一个伟大的神好于所有半神半人的东西。

那像启明星一样存在于每个人内心深处的光，就是我们的避难所。（《往世书·筏摩那》）

8

任何夸大某个人物或某句话的意义的做法都是对灵魂法则的破坏，都会使得大胆的读者放弃《新约》而拿起异教哲学家的著作。并不是因为爱比克泰德或马可·奥勒留^②更好，而是因为他

---

① 比纳勒斯，被印度人视为圣城的城市。——托尔斯泰原注
② 爱比克泰德，见第五章第五节第3条注；马可·奥勒留，见第二章第七节第2条注。二人均为非基督教派的哲学家，因而被称为异教哲学家。

们没有妨碍读者的自由：因为他们只是陈述自己的思想，然而它（《新约》）却以表面的形式在那不应有什么规定的地方做出规定。人类不应继续忍受福音书这种无益的状况。我们今天的任务就是，在人类智慧的起源和本质的同一水平上，把所有这些文献都统一起来。每一个富有灵感的作家，只有制止人们以偶像崇拜的态度来对待他，才能获得成功。（爱默生）

9

奇怪的是，世人所容忍并采纳为真理的最高启示，只是那些最古老且在今天已经不合时宜的东西，而他们对每一种简捷的启示、每一种独特的思想却都看得微不足道，有时甚至是恨之入骨！（梭罗）

10

在圣经中，在奥义书①中，在福音书中，在古兰经中，在佛祖和孔子的论述中，在斯多葛派的著作中，有许多有益的思想，但最需要、最简明、最亲切的，是离我们最近的宗教思想家们的思想。

11

人类的宗教意识并不是停滞不前的，而是不断变化的，越来越清晰，越来越纯洁。

---

① 奥义书，古代印度宗教哲学著作。

12

为了矫正生活中现存的罪恶，别无选择，只能从揭露宗教谎言和在每个作为个体的人心中确立宗教真理开始。

五　人身上的理性本源

1

什么是理性？无论我们判断什么事物，永远只能靠理性。既然如此，我们用什么来判断理性呢？

如果我们判断一切都要靠理性，那么根据这个说法，我们就无法来判断理性了。然而，我们每个人都不仅懂得理性，而且确切无疑地懂得的只有理性，并且大家的理解都是一样的。

2

人的优点就在于他的灵魂本源，它有时被称作理性，有时被称作良知。这个本源超出于受空间和时间所限的一切，涵盖着明确的真理和永恒的真实。在不完善之中它发现着完善。这个本源是共有的、不偏不倚的，并且永远与人类天性中的偏见和私心相对抗。这个本源庄严地告诉我们每一个人，与我们最近的，像我们自己一样，即是宝贵的，而它的权力，就像我们自己的一样，是神圣的。它吩咐我们接受真理，无论这真理与我们的骄傲是何等格格不入，它吩咐我们保持正义，无论这样做对我们如何不利。它，这个本源，呼唤我们对一切美好、神圣、幸福的事物抱有爱

心，无论我们在谁身上发现这类性质的事物，都为之欢欣鼓舞。这个本源就是人心中的神灵之光。（钱宁）

3

我们所知道的一切都是通过理性得知的，因此不要相信那些声称无须遵从理性的人。那些人这样说，就如同建议熄灭为我们在黑暗中引路的唯一灯光。

4

我们必须要相信自己的理性。这是一条真理，不应该也不必去掩盖它。由理性产生的信仰是其他任何一种信仰的基础。理性的能力使我们得以认识上帝，如果我们贬低这种能力的意义，我们就无法信奉上帝。理性就是这样一种才能，能够与之相通的只有神启。只有用理性才能洞悉神启。如果认真而合理地运用了我们杰出的才能，我们仍觉得一种广为人知的教义与我们深信不疑的某些重要原则是矛盾的，是无法调和的，那我们无疑就应放弃对这种教义的信仰。我更相信我来自于上帝的天赋理性，而不相信某些书本就是上帝意志的表述。（钱宁）

5

理性给人揭示了生活的内涵和意义。

6

人被赋予理性，不是为了让他学会爱上帝和他人。这种爱早已植入人的内心，而无须理性。理性赋予人是为了给人指明什么是谎言、什么是真理。而只要人摈弃了谎言，他就能学会他所需的一切。

7

人们在寻求和认识真理的问题上之所以会产生谬误与分歧，原因不是别的，只是他们不相信理性；由于这个原因，人类的生活，受到除理性之外的习俗、传统、时尚、迷信、偏见、暴力等随便什么东西的引导，便放任自流，而对理性也任其自行存在。情况往往是这样，如果说人的思维是习惯某些东西的话，那么它所习惯的不是寻找和推广真理，无论它如何辩解，它所习惯的都是维护习俗、传统、时尚、迷信和偏见。

人们在认识共同真理上出现谬误和分歧，不是因为人们的理性不统一或者它不能揭示共同的真理，而是因为人们不相信理性。

假如人们相信自己的理性，就会找到这样一种方法，即依照理性在他人身上的显示来检验其在自己身上如何显示。而找到了这种互相检验的方法之后，就可确信，理性在所有人身上都是同一的，人们也就会服从它的命令。（费·斯特拉霍夫[①]）

8

理性在所有人身上都是同一的。人们的交往，他们相互之间

[①] 费奥多尔·阿列克赛耶维奇·斯特拉霍夫（1861—1923），俄国哲学作家，托尔斯泰思想上的同路人。

的影响，都是建立在理性基础上的。每一个人都必须完成他们的共同理性所提出的要求。

9

人有多真诚，便有多神圣；人在接受神圣不可侵犯的品质和不朽的生命的同时，也接受了真诚。（爱默生）

10

要记住，你的理智具有独立的生命，同时它也使你得到自由，如果你不使它卑躬屈膝来侍奉肉体的话。人的灵魂，如果由理智所启迪，并摆脱了玷污这个世界的种种情欲，它就是一座坚强的堡垒，而不是人类罪恶的可靠的、坚不可摧的避难所。谁不懂得这一点，谁就是瞎子，而谁懂得了这一点，却不相信它，对这个人来说，这就是真正的不幸。（马可·奥勒留）

11

人的主要责任之一是全力以赴，让我们天赋理性的光明本源放射光芒。（中国哲理）

12

我颂扬基督教，因为它扩展、加强和提高了我的天赋理性。假如我无法保持理性，即使我是一个基督徒，我也可能拒绝基督教。我感觉到，为基督教而牺牲财产、名誉、生命，是我的责任，但无论为了哪种宗教，我也不会牺牲那使我高于动物而成为人的理性。我不知还有什么比放弃上帝所赐的最高能力而更为亵渎神圣的了。如果我们放弃理性，就是故意与活在我们心中的神圣本源作对。理性是我们思维本性的最高体现。它与上帝和宇宙的统一性相符合，并致力于使灵魂成为这个最高统一的映象和镜子。（钱宁）

13

不知道眼睛能看到东西且从来也没有睁开过眼睛的人，是非常可怜的。然而更为可怜的，是那不懂得他被赋予理性是为了平静地忍受各种苦难的人。我们靠着理性的帮助，能够顶得住所有的苦难。富有理性的人在生活中看不到不能忍受的苦难：对于他来说无所谓苦难。然而实际上，我们往往不是坚定地面对苦难，而是怯懦地尽量躲开它。上帝赋予了我们力量，使得我们不因出现了违背我们意愿的事而悲伤，我们不该为此而感到高兴吗？上帝使我们的灵魂只服从于依赖于我们自身的东西，我们不该为此而感激上帝吗？要知道，他既不让我们的灵魂服从于我们的父母、兄弟，也不让它服从于财富和我们的肉体，甚至死亡。他以其慈悲之心，只让我们的灵魂服从于依赖于我们的事物，即我们的理智。（爱比克泰德）

14

上帝赐予我们理性，以使我们献身于它。因此我们必须使理性保持纯洁，使它永远能够区分真理与谎言。

15

人只有置身于真理之中,才能获得自由。

而揭示真理的只有理性。

六　用理性来检验信仰的原则

1

当人运用理性来解决有关世界为什么存在及他本人为什么生在世上的问题时,总是会产生某种头晕脑涨的感觉。人的头脑是无法得出这些问题的答案的。这意味着什么呢?实际上人被赋予理性不是为了回答这些问题,而提出这些问题本身就意味着理性的谬误。理性解决的只是"怎样生活"的问题。回答是明确的:"要让我和所有人都生活得好。这是所有活着的人和我都需要的。这种可能性已赋予了所有活着的人,也通过我的天赋理性而赋予了我。"这个回答排除了所有的疑问:原因是什么?目的是什么?

2

"怎么,难道我们不对吗?必须要使人民保持愚昧:瞧一瞧吧,他们是何等的愚钝和野蛮!"

不,人民愚钝和野蛮,乃是因为他们受到野蛮的欺骗。

因此,首先你们要停止野蛮地欺骗人民。

3

上帝作为我们信仰的对象,超出于我们的理智之上,我们无法用理性来解释他,即便如此,也不能说我们就得把理性活动看作有害的东西而轻视它。

尽管信仰的对象毫无疑问处于我们的理智范围之外,高出于它,但理性在对信仰对象的关系上仍有着非常重要的意义,没有它我们就无所作为。它有如一个审查官在履行职责,它允许固定的,即形而上学的真理脱开信仰的领域而高于理性,同时又反对任何一种与理性相矛盾的臆想的真理。

但除了这种肯定性任务之外,理性所特有的否定性任务是使人摆脱罪孽、邪念(为罪孽辩解)和迷信。(费·斯特拉霍夫)

4

要成为一盏灯,为自己照明。要成为一个避难所,为自己而准备。要始终燃亮你的灯,不要寻找另外的栖身地。(佛教《经集》)

5

"你们应当趁着有光,信从这光,使你们成为光明之子。"(《约翰福音》12:36)

为了认识真正的宗教,不要像那些伪学说所教的那样压抑自己的理性,而应当使它保持纯洁和紧张,用它来检验人们给你的一切。

6

　　如果你想洞悉包罗万象的我，首先需要了解你自己本身。为了了解你自己本身，你必须为了万物共有的我而牺牲自己的我。如果你想在灵魂中生活，就要牺牲自己的生活。要使自己的思想摆脱表面的事物和所有显示在外面的东西。努力使自己摆脱那些不断出现的神像，不要让它们在你的灵魂上投下阴影。

　　你的影子活着，并逐渐消亡。那在你内心永恒不灭的，那运用着理性的，将不属于匆匆而逝的生活。这永恒的就在你的心中，请走进这永恒的事物之中，它将对你揭示一切虚假的、一切真实的和一切你应当知道的东西。[婆罗门教哲理（引自《沉默的声音》）]

第二十八章
恶[①]

我们把破坏我们肉体生活幸福的一切都称为恶。而实际上我们的全部生活只在于灵魂从构成肉体幸福的一切之中渐次解放。因此，对于按照真实存在去理解生活的人来说，并没有恶。

一 我们所说的痛苦乃是生活的必要条件

1

幸福对于人来说就是经受尘世的不幸，因为这会将人引入他心灵最圣洁的深处，在那里，他把自己视为一个被逐出家园的流放者，并负有委拒种种尘世快乐的责任。幸福在他看来就是当人们恶意地揣测他、议论他时，尽管他的意愿是纯洁的，行为是公正的，也要去面对反驳和责难，因为这样的行为方式既使他保持谦逊，也可作为对虚幻的荣耀的解毒剂。幸福即在于此，主要是因为，这样做我

[①] 在俄文中，"恶"这个词还包含"不幸、苦难"的意思，这里更多的是用这种含义，而不仅是与"善"相对的"恶"。

们可以与自己内心的见证者——上帝——交谈,在我们遭世人轻蔑、不被敬重并失去了爱时,与之交谈。(肯彭的托马斯[1])

2

当阿西西的方济各冒着凄风冷雨和自己的门徒从佩鲁萨返回波齐昂古尔时,他对自己的门徒谈起怎样理解完美的快乐。他说,完美的快乐不在于因自己的善举而受到赞扬,不在于有能力使病人痊愈、还失聪者以听力、还失明者以视力,不在于能预见并预告未来,不在于获知星辰的运转及一切动植物的特性,甚至也不在于把所有人引入真正的信仰。"那什么是完美的快乐呢?"门徒问。"而在于,"方济各说,"是这样,当我们走到修道院,湿漉漉的、脏兮兮的,又冷又饿,把看门人敲起来,他问:你们是谁?我们就说我们是他的兄弟,而他听了说:撒谎,你们是流浪汉。你们只是四处游荡,蛊惑人心,窃取人们的施舍。滚开这儿,我不会放你们进来的。就是在这种时候,我们浑身僵硬,又冷又饿,却以谦恭和爱心接受这些话,并对自己说,他是对的,看得出来,是上帝授意他这样对待我们的,只是在这种时候,我们才会领悟到完美的快乐。"[2]

只要接受各种劳作和各种委屈,并以爱心去对待那给你施以劳作和委屈的人,种种劳作和种种委屈就会变成快乐。这就是完美的快乐,因为任何一种其他的快乐都会消失,而这种快乐无论如何不会消失,因为它永远由我们所掌握。

---

[1] 肯彭的托马斯(1380—1471),奥古斯丁僧团僧人,神秘主义哲学家。
[2] 参见第十一章第七节第9条。

3

倘若某个神灵表示可为我们人类从生活中彻底解除各种忧伤以及造成忧伤的种种缘由，那么我们大概一下子就会堕入到接受这提议的巨大诱惑中去。当沉重的劳动和穷困压过来时，当病痛发作时，当焦虑挤压心胸时，我们会感到，没有劳动、无忧无虑、安宁、富足而和平的生活没有什么不好。但我想，一旦我们尝试到这样的生活，很快就会请求这个神灵还回我们往昔那伴有种种劳动、穷困、忧伤和不安的生活。完全没有忧伤和惊恐的生活很快就会让我们觉得不仅乏味，而且难以忍受。要知道与导致忧伤的因素一起从生活中消失的，还有一切危险、障碍和挫折，与此同时还有奋力的紧张、冒险的热望和亢奋，以及胜利的欢乐。剩下的仅仅是，一个想法毫无艰难就可实现，成功毫无阻碍就会到来。而我们对此很快就会厌倦，就如同玩一种我们事先早就知道次次会赢的游戏那样。（弗·包尔生[①]）

二 痛苦唤醒人的灵魂生活

1

人就是肉体内的上帝灵魂。

在生命之初人并不知道这一点，他以为他的生活就在于他的

[①] 弗里德里希·包尔生（1846—1908），德国哲学家、伦理学家、教育家。

肉体。但随着生活阅历的增长，他就越发认识到，他真正的生活在于他的灵魂，而非肉体。人的全部生活就在于越来越清楚地认识这一点。肉体的痛苦比任何事物都让我们更容易、更确切地获得知识。由此看来，正是肉体的痛苦使我们的生活成为它本应成为的样子：灵魂的生活。

2

肉体的生长对于灵魂的生长来说，这只是一个准备过程，它开始于肉体衰萎的时候。

3

人为了肉体而生活便会说：一切都很糟糕；人为了灵魂而生活则会说：不对，一切都很美好。那你称之为糟糕的正是一块磨石，没有它，那最为宝贵的，即我体内的灵魂，就会变钝、生锈。

4

一切灾难——属于全人类和个人的——都会把人类和个人（尽管道路曲折）一直引向那已为人们设定好的同一个目标：越来越鲜明的灵魂生活的起点。无论是每一个人心中的，还是属于全人类的。

5

"因为我从天上降下来，不是要按自己的意思行，乃是要按那差我来者的意思行。差我来者的意思就是：他所赐给我的，叫我一个也不失落。"(《约翰福音》6:38—39)中就是这样说的,意思是要把那所给予的、受托付的神性火花,像奶娘之于婴儿,在自己内心保存,使之生长,引导其达于最高的可能。怎样才能做到这一点呢?不是淫欲的满足,不是世俗的荣耀,不是安宁的生活,相反,是节制、谦逊、劳动、斗争——贫困、痛苦、屈辱、压抑,即在福音书中多次提到的那些。我们所需要的,正是这些以各种迥然不同的形式、程度、或大或小的,分派给我们的东西。只要我们善于以应有的方式接受这些,将其视为我们所必须的,因而也是令人快乐的劳作,而不是将其视为某种令人沮丧的、破坏我们肉体存在的东西,那我们就会认为,这就是生活,而强化这种生活则将被我们视为幸福!

6

"即使人能够不惧怕死亡,不去想它,但就他所遇到的那些可怕的、无缘由的苦难,那些莫名其妙的、无论何时都无法预知的苦难,也足以破坏任何一种所谓生命的理性意义。"人们说。

我正忙着做无疑是有益于他人的善事,而突然会被疾病所侵袭,我所做的事会中断,我便会受到毫无道理、毫无意义的折磨。铁轨上的螺钉被锈蚀坏了,就在它脱落的那一天,有一列火车通过,在一节车厢里坐着一位善良的母亲,她就亲眼目睹了她的孩子死于车祸。就在里斯本或韦尔内[①]所在的地方发生了地震,城市被毁坏,活生生的人被埋在废墟中,无辜的人们在难以言状的痛

[①] 韦尔内,哈萨克斯坦首都阿拉木图市的旧称。

苦中死去。除此之外，还有成千上万的类似突如其来的可怕事件，以及给人带来巨大伤害的灾难，都是因为什么而发生的呢？这些事件究竟有什么意义呢？

对此的回答就是，对于那些不承认灵魂生命的人来说，上述说法是完全合理的。在这些人看来，人的生活的确毫无意义。但问题在于，那些不承认灵魂生命的人的生活，无法不成为毫无意义的和灾难性的。要知道，只要那些不承认灵魂生命的人仅由肉体的世界观便得出这种必然的结论，则那些把自己的生命只理解为个人肉体存在的人，就一分钟也活不下去了。比如说，一个雇主在招募雇工时，每次都申明保留权力，只要他愿意，他就可以把雇工在慢火上活活地烤死，或者剥他们的皮，抽他们的筋，总之可以不加解释、毫无理由地当着雇工的面行使这些恐怖手段，捉弄这些雇工，那么，没有一个人肯和这个主人一起生活。假如人们确实完全像他们所说的那样去理解生活，就是说，把生活仅理解为肉体的存在，那么由于他们看到周围存在着痛苦的、无论如何也无法解释的灾难，而每时每刻这些灾难都可能落到他们头上，那么仅仅出于这种恐惧，他们一个也不会留在这世上生活。

然而人们还是活着，抱怨着，为苦难哭泣着，继续活下去。

对这种奇怪的矛盾现象只有一种解释：人们在灵魂深处都知道，他们的生活不在于肉体，而在于灵魂，所有的苦难对于灵魂生活的幸福来说，都是必不可少的。在人们看不到人生的意义、为苦难而愤怒的时候，他们仍然要活下去，这原因就是，他们脑子里相信生活是肉体的，而在灵魂深处却知道，生活是灵魂的，任何苦难都不能剥夺人的真正的幸福。

三　苦难教会人们理智地对待生活

1

所有我们称之为恶的东西，所有令人悲伤的事，只要我们认识到这些都是必不可少的，我们的灵魂就会因此而获益。生活的全部任务就在于这个获益的过程。

"我实实在在地告诉你们：你们将要痛哭、哀号，世人倒要喜乐；你们将要忧愁，然而你们的忧愁要变为喜乐。妇人生产的时候就要忍受苦楚，因为她的时候到了；既生了孩子，就高兴得不再记那苦楚，因为世上生了一个人。"（《约翰福音》16：20—21）

2

失去理性的生活中的苦难，使人意识到理性生活的必要。

3

正如只有夜幕才能显示出天上的星辰，只有苦难才能显示出生活的真正意义。（梭罗）

4

外在的阻碍对于具有强大灵魂的人构不成危害，因为危害是指所有造成变形和削弱的情况。如常常在动物身上发生的那样，阻碍要么使之变得凶恶，要么使之变得软弱；而对那靠着天赋灵

魂的强大力量面对阻碍的人来说，每一种阻碍只会增加其道德的完美和力量。（马可·奥勒留）

5

涉世未深的年轻人，不懂得老年人靠经验所得到的东西，不懂得所有令我们厌恶和痛苦的事，以及所有被称为忧伤的东西，而这些才是真正的善，只有这些才能检查和考验我们对自己所知道并信奉的事物是否信心坚定。如果我们的信心不坚定，那么为了使我们变得坚定起来，这些检查和考验就是必不可少的。

6

只有体验了痛苦，我才能深切地认识到人类灵魂的同一性。一旦自己饱经苦难，你就能理解那所有经受苦难的人了。此外，你的头脑会更加清醒：对此前你一无所知的人们的状况和活动，你就能清楚地了解，于是你就可以发现，是谁要求你这样做的。上帝是伟大的，他使我们变得聪明起来。他靠的是什么呢？就是忧伤，我们要逃避并试图掩盖的忧伤。痛苦和忧伤使我们可以获得从书本上得不到的那一部分智慧。（果戈理）

7

假如上帝派给了我们一些老师，我们也确切地知道，他们是上帝亲自派来的，那么我们自然就会很痛快地听从他们。

我们也确实有这样的老师：这就是贫困和生活中所有不幸的事件。（帕斯卡）

8

对任何一种创造来说，有益的不仅是被神明所赐给的一切，而且是赐给这一切的过程本身。（马可·奥勒留）

9

觉悟不到苦难的益处的人，还没有开始理性的生活，即真正的生活。

10

我向上帝祈祷，求他免除那些折磨着我的痛苦。而这痛苦是上帝派给我的，为的是使我摆脱恶。主人为了把牲畜赶出起火的棚子，为了救它，便用鞭子抽打它，而牲畜却祈祷别用鞭子抽打它。

11

那些我们从自己的观点出发认为是恶的东西，大多是我们还没有认清的善。

四 疾病不是妨碍，而是激励人真正的生命

1

生活仅在于把自己动物性的东西一步一步地转向灵魂。要做到这一点，那些被我们称之为恶的东西是必不可少的。只有从我们称之为恶的东西，从灾祸、疾病、痛苦中我们才能学会如何把

动物的我转变为灵魂的我。

我们大家都知道，那些在生活中总是一帆风顺、总是健康而富有、从未受到欺侮和屈辱的人是多么地脆弱，他们往往过得并不轻松，由此可见，各种考验对于人来说是不可或缺的。然而当我们必须要经受这些考验时，我们却总是牢骚满腹。

2

我们说，痛苦就是恶，而假如没有痛苦，人就不知道，他在哪里结束，而那个"非他"从哪里开始。

3

当我们感到肉体越来越衰弱的时候，我们的灵魂就会越来越强大。（露西·马洛丽）

4

没有哪种疾病会妨碍人履行他的义务。你不能以劳动为他人服务，但要以充满爱心的忍耐为他人树立榜样。

5

疾病会侵袭每一个人，人尽力要做的不是治愈疾病，而是如何在他所遭遇的情况下以最佳的方式生活。

6

有一个故事说，一个人因犯了许多罪孽而被惩罚，这个惩罚就是无法死去；可以肯定地说，假如人受到的惩罚是得不到痛苦，那么这种惩罚也是同样严厉的。

7

对病人隐瞒他可能因这种病而死去的真相，这样做是不好的。相反，应当提醒病人想到这一点。如果我们对他隐瞒了病情，就剥夺了他的一种幸福，这种幸福是疾病带给他的，因为疾病使他意识到死亡的临近，从而唤起他对灵魂生命的努力觉悟。

8

火既可毁坏东西，也可供人取暖。疾病也是这样。一个健康的人一心想过上好的生活，就会为这个目标而付出努力。而当你疾病缠身时，立刻就脱卸了种种世俗诱惑的重负，立刻就变得轻松了，甚至你会害怕去想，凭着经验你也知道，一旦病痛消失，这种重负又会再次沉重地压到你的肩上。

9

人肉体的境况越差，他灵魂的境况越好。由此看来人的生活是不可能变坏的。灵魂与肉体正像一个天平的两端：肉体的一端越沉重，灵魂的一端抬得越高，即灵魂的境况越好，反之亦然。

10

"年老体衰，脑筋糊涂，就是人的意识和生命的完结。"人们常这样说。

我想象着传说中使徒约翰老糊涂时的样子。据传说，他嘴上总挂着一句话：兄弟们，要彼此相爱呀！

一个步履蹒跚的百岁老人，睁着一双泪水模糊的老眼，嘴里翻来覆去只唠叨着几个字：要彼此相爱呀！在这样的人身上，动物的生命只露着些许的微光，它已被对世界的新的态度，被人的肉体生命中不存在的、充满活力的新生命所吞蚀掉了。

生活就在于它所实际存在的事物，对于理解了这一点的人来说，在患病和衰老时总是谈论自己生命的枯萎，并为此而哀伤，就等于说，一个走向光明的人因光明渐近、自己的身影渐小而哀伤。

五　我们所说的恶，就是我们所犯的错误

1

每当我们遇到令人不快的事时，我们在大多数情况下都是怪罪别人或者命运。而不去想，如果人或者命运能够使我们的处境变坏，这只是说明，在我们自身有某些方面出了问题。对那为灵魂而生的人来说，任何人，任何事，都不能给他以坏的影响：在这样的人看来，压制、屈辱、贫穷、疾病，都不是恶。（据爱比克泰德）

2

有些人与世上的生活隔绝，从而看不到自己给世人造成痛苦的罪孽，因此总认为自己是清白无辜的。这样的人每遇到苦难，便会感到格外的痛苦。

3

恶就在我们心中,即在那能够取出恶的地方。

4

思想浅薄的人常常为那些沉重压迫着人类的不幸而忧虑,便会丧失对改善生活的可能性的希望,并产生对制约着世界秩序的天命的不满。这是一个大错误。为了在艰难的生活中不失去勇气,更主要的,是为了不把一切都归罪于命运,不放过我们自己的过错(这种过错是一切恶的唯一根源),最大限度地对天命保持满意(尽管它已经为我们现在的尘世生活选定了一条最艰辛的道路),是十分重要的。(据康德)

5

有些人在时运不济的时候不是责备自己,而是抱怨命运,并以此来肯定自己的自负心理,这种人将是无可救药的。

"如果不是有人激怒了我们,我们会善良而温顺;如果不是这么忙,我们会保持虔诚信仰。如果我身体好的话,我会忍让;如果我有名望的话,我会做出惊天动地的事业。"

如果我们不能在目前所处的境况下做到善良和虔诚,那么也就无法在别的境况下做到善良和虔诚了。

我们之所以被赋予艰难的处境,是为了让我们以善心和毅力来克服和消除困难;我们之所以被赋予黑暗的处境,是为了让我们用内在灵魂的劳动点燃神圣之光,以照亮黑暗。苦难是为了让

我们坚韧不拔、充满信心地忍受它；艰险是为了让我们显示我们的勇气；诱惑是为了让我们以信仰来战胜它。(马蒂诺)

6

人可以摆脱上帝派给他的苦难，但对他用自己恶劣的生活造成的苦难，却无法拯救。

六 觉悟到苦难的益处，苦难便不再沉重

1

当一切都离我们而去：健康、喜悦、留恋、新奇的情感、记忆、劳动能力。当我们觉得太阳已变得凄冷，而生活仿佛已失去所有美感，到那时，我们该怎么办呢？当生活已毫无希望可言的时候，那是怎样的景象呢？是昏昏沉沉，还是麻木不仁？对此答案只有一个：以灵魂生命为生，不断地成长壮大。只要你感到良心的宁静，只要你感到，你所做的乃是你的灵魂生命所要求做的，一切便随它去吧。做你所应当做的，其他的都是上帝的事。甚至即使不存在神圣而善良的上帝，灵魂生命仍旧是解开奥秘的谜底，而对于不断前进的人类来说，它就是指路的北斗，因为只有它才能给人以真正的幸福。(阿米尔)

2

为了灵魂的成长，在苦难之中寻找苦难的意义，就会消除苦难带来的痛苦。

3

应该懂得并相信,在你身上所发生的一切,都会把你引向真正的灵魂的幸福,你会遇到疾病、穷困、屈辱——这一切被人们视为灾殃的东西,并不是灾殃,而是对幸福必不可少的东西,就像种田人被雨淋湿了,但他把雨水看作是种田所必需的,就像对病人来说是良药苦口一样。

4

要记住,理性生命最鲜明的特征是,自然地听凭命运的驱使,而不是动物所特有的无耻争斗。(马可·奥勒留)

5

那令我们痛苦、被我们认为妨碍完成生活任务的事,其本身就是我们生活的任务。穷困、疾病、谤毁、屈辱不断折磨着你。只要你对自己抱有怜惜之意,你就会觉得你是不幸者之中最不幸的了。然而一旦你明白,你在生活中肩负的使命就是,在穷困、病痛、屈辱中保持良好的生活状态,你的苦闷和失望立刻就会消失,你就会感到精神振奋,信心倍增。

6

每个人都背负着自己的十字架,这并不意味着他肩负着重担,而是意味着他肩负着人生的使命。如果我们不把这个十字架视为沉重的负担,而视为人生的使命,则我们背负着它就会轻松自如;当我们的心灵温顺、谦恭、平和的时候,我们背负着它就是轻松的。当我们舍弃自我的时候,就会感到更加轻松;而当我们像基督教导的那样,每时每刻都背负着这个十字架时,还会感到更加轻松;而更加更加轻松的,是当我们像世人在世俗的劳作中忘掉自己那样,在灵魂的劳作中忘却自我的时候。这个被派给我们的十字架,就是我们必须为之而劳作的事物。我们的一生都在于这种劳作。如果这个十字架就是病痛,那么就要驯服地背负着它;如果是别人的欺侮,就要做到以善报恶;如果是屈辱,就保持谦恭;如果是死亡,就以感激之情去接受它。

7

越想推掉肩上的十字架,它就变得越发沉重。(阿米尔)

8

不管命运实际上是什么样的,毫无疑问,更重要的是人如何看待它。(洪堡[①])

9

最大的苦难莫过于畏惧苦难。(乔克[②])

10

你把一匹劣马套上车,它不安地折腾自己,弄得疼痛不堪,

[①] 威廉·冯·洪堡(1767—1835),德国哲学家、语言学家、政治活动家。
[②] 约翰·海因里希·乔克(1771—1848),德裔瑞士作家、教育家。

被鞭子狠命地抽打,这时,你即使不让它走,它也会拉着车走的。当一个人不愿经受苦难的考验,把苦难视为多余的恶而加以抗拒时,那情形也是如此。

11

如果你有仇敌,而你却善于利用这件事学会如何爱仇敌,则被你视为恶的东西就会成为你最大的幸福。

12

疾病,肢体伤残,绝望,失去财产,失去朋友,乍看起来,这些都是无可挽回的损失。但岁月会揭示出深藏在这些损失之中的治愈伤痛的力量。(爱默生)

13

当你感到自己不幸的时候,要想一想别人的不幸,想一想你的处境也许还没到更糟的地步。还要想一想,你过去和现在都有哪些过错;而最重要的是,要记住,你所说的不幸之所以派给你,是为了使你接受考验,为了使你学会谦恭而满怀爱心地忍受不幸,为了使你仰赖这不幸而生活得更美好。而你生活的任务,正是为了使生活变得更美好。

14

在你沉疴未起的时候,比起其他任何时候都更需要某些损伤和磨难,也需要祈祷——但不是求告免除灾难,而是承认自己对最高意志的依赖。"那将存在的不是我的意志，而是你的，不是我所愿的，而是你所愿的，将是你所愿的样子，而不是我所愿的样子。我的任务就是在你给我设的条件下，完成你的意志。"在艰苦的时候首先要记住，如果感到困难，那么这个困难既是我注定要遭遇的，同时也是一个不可多得的机会，我可以借机表明，我确实想完成的不是我的意志，而是他的意志。

15

人类所有伟大的创举都是在艰难困苦的条件下完成的。耶稣知道，他所面临的必然是这种情况，他一切都预见到了：被他破除了权威的那些人的仇恨，他们的密谋，他们的暴力，被他医治好病痛并受到他以神圣教诲的食粮哺育的民众对他忘恩负义的背叛；他预见到了十字架、死亡，以及比死亡更令人痛心的自己人的背弃。这些想法一直伴随着他，但这一刻也没有阻止他。如果他肉体的天性推开了"这一杯苦酒"，那更为强大的意志就会毫不犹豫地把它接过去。正是这样，他为所有继续他的事业的人，为所有像他一样努力劳动以拯救他人、将其从谬误和邪恶的重负下解放出来的人，树立了一个值得永志不忘的榜样。如果人们想要达到基督引导他们奔赴的目的，就必须也要走这样的道路。为他人服务只能付出这样的代价。你们想要人们成为真正的弟兄，你们呼唤他们遵守其共同天性的法则，你们与每一种压迫、每一种违法行为、每一种伪善进行着斗争；你们呼唤正义、职责、真理和爱的王国降临人间，那些敌视你们的力量怎能不起来反对你们呢！难道他们会放弃斗争，任凭你们捣毁他们的神殿，来建造另外的，不是他们那样的，而是非人工所能的，建立在真理基石上的永恒的殿堂吗？

如果你们曾经是肤浅的，曾经怀抱着希望，那么请放弃这种希望吧。你们要把这杯苦酒的最后一滴饮尽。人们会像对待小偷一样抓你们；会寻找种种假证据来攻击你们，而当你们要为自己作证的时候，便会听到一片叫喊声：他在亵渎神明！那些法官们会说：应当处死他。当发生这种事情的时候，你们要感到高兴：这是最后的证明，证明你们所做的是真正必要的事业。（拉梅内）

七　苦难不会妨碍上帝意志的实现

1

人在任何时候也没有比处在灾难之时更接近上帝的了。要利用这种时机，不失去走近那赐予你永久幸福者的时机。

2

一句老话说得好，上帝把苦难派给他所爱的人！在那信奉这一点的人看来，苦难不是苦难，而是幸福。

3

一个已届垂暮之年的有理性的人会感受到，他如今在体力上所能做的，只是他在三十岁时做能做的百分之一，但他并不更多地为此感到悲哀，并不更多地牵挂于此，正如当他在三十岁的时候,并不因为他已不能做某些童年能做的事而牵挂和悲哀一样。他知道的只有一点,他的整个肉体,无论健康还是多病,是强壮还是勉强能动,无论是过去、现在还是以后,它的存在只为着侍奉上帝而存在。因为他知道,侍奉上帝在任何情况下都可以做得同样完美,无论你是能够一手举起十二普特①重的东西,还是仅剩下勉强能点头的力气。如今他懂得,只有侍奉肉体才需要更为健康的身体和力量,而侍奉上帝不仅不需要肉体的力量,正相反,肉体的衰弱只能激励人去侍奉上帝。

只要把自己生活的意义从获得外在的幸福转向侍奉我们的父,那么对于这样的人来说,在世俗生活中被称为幸福或不幸的东西之间就不存在差别。

4

只要你对自己说,你所遇到的一切都是上帝的意志,并且相信,上帝的意志永远是善的,那么你就将无所畏惧,对你而言,生活就将永远幸福。

---

① 普特,俄国重量单位,1普特等于16.38千克。

第二十九章
死

如果人认为生命就在于肉体,那么他的生命就将以肉体的死亡而告终。而如果人认为生命在于灵魂,那么他甚至无法想象自己生命的终结。

一 人的生命并不因肉体的死亡而终止

1

人的整个一生,从诞生到死亡,与生命中的一天从醒来到睡下很相像。

请想一下,当你早晨从沉沉的睡梦中醒来,一开始你没弄清自己待在哪儿,没明白是谁站在你身旁,是谁叫醒了你,你不想起床,觉得浑身无力。但渐渐地你就会清醒过来,开始明白了你是谁,你在哪儿,活动也自如了,脑子里开始想事情,起床,做起事来。人生也完全如此,或者十分相像,他诞生了,一步一步地走进生活,有了力气和智慧,便开始了工作。

这之间的不同只是,人睡着和醒来的过程只发生在短短一个早晨，而人的诞生和成长则是发生在许多岁月期间。

接下来生命中一天中的情形和人的整个一生的过程也是相像的。一个人醒来之后，便工作，操劳，越来越有精神，但工作到中午时便会感到不像上午那样劲头十足了。而到晚上的时候，就越发感到疲惫，想要休息了。人的整个一生也完全如此。

人在青年时代精神振奋，生活得很快活，但在人生的中途则没有这种劲头了，而到老年的时候已经感到了疲惫，越来越想休息了。正如过了白天就是黑夜，人躺下休息，他头脑里的思绪开始混乱起来，当他睡熟了，进入另一片天地，便对自己没有知觉了，人在死去的时候也正是如此。

由此看来，人从睡梦中醒来就是一次小型的诞生，从早晨到夜晚的一天就是一次小型的生命，而睡梦就是一次小型的死亡。

2

我们知道，当雷声传来的时候，闪电早已击发过去了，因此雷声不会伤害人，但我们仍然总是在雷声轰鸣的时候发出颤抖。人对死亡也是如此。在不理解人生意义的人看来，死亡便意味着一切的毁灭，他是那样惧怕它，躲避它，就像一个蠢人躲避雷声一样，其实那时这种轰鸣早已不能伤害到他了。

3

一个人慢慢地从我能看到的一个地方走到另一个地方，直到我再也看不到他，而另一个人在走过这个地方时步伐很快，但我并不因此而认为，那个走得慢的人比那个走得快的人活得更长久。我只知道一点，我知道，如果我看到一个人不论是走得快还是慢——反正都是从窗前走过，我知道，在我看到这两个人之前，他们都是存在的，而在此之后也同样都将存在。那些在死之前我认识的人，不管他们的生命是长还是短，他们的生命与上述这两个人的情形是同样的。

4

不可从某些人那里接受有关永生的信仰，不可迫使自己相信永生的想法。要想确立对永生的信仰，只有把自己的生命理解为它是可以永生的。

5

死亡不过是与我们的灵魂相连的那层外壳的转换。不应把这层外壳与外壳里所包含的内容混为一谈。

6

要记住，你不是静止的，而是运动的，你不是在屋子里，而是坐在一节把你载向死亡的列车上。要记住，你的肉体只能生活于一个过程，或者生活到一个终点，而只有灵魂在你身上是永生的。

7

尽管我不能肯定地证明，但我还是知道，存在于我身上的那个理性的、自由的、非肉体的本源，是不会死亡的。

8

如果我认为灵魂是不朽的,哪怕我是错的,我也会感到幸福,并对自己的错误感到满意;只要我还活着,任何一个人都无法夺走我的这个信念。这个信念给了我宁静和充分的满足。(西塞罗)

二 真正的生命是超乎于时间之外的,因此对于真正的生命来说无所谓未来

1

死亡就是与尘世紧密相连的那些器官的毁坏,是这些器官给了我们时间的概念。因此,在谈到死亡时所谓"未来"的问题是不存在的。

2

时间掩盖了死亡。只要你生活在时间之中,你就无法想象它的终止。

3

为什么死亡的概念没有形成它本可以形成的影响,其原因就在于,我们就天性来说,作为一种积极向上的生命,在现时中完全不必去考虑死亡。(康德)

4

死后的生命是否存在,这个问题就是说,时间是我们受肉体限制的思维能力的产物,还是所有存在物的必要条件?

时间不可能是所有存在物的必要条件,这种说法的根据是,我们在自身感觉到了某种不依赖于时间的东西:存在于现时的生命。因此,死后的生命是否存在的问题,其实就是说,在下面两者之中哪一个是合乎实际的:是我们的时间观念,还是对生命存在于现时之中的觉悟。

5

如果人认为自己的生命在于现时,则对于他来说,无所谓来生的问题。

三 在以灵魂生命为生的人看来,死亡并不可怕

1

死亡能如此轻易地使人摆脱所有的艰辛与苦难,那些不相信永生的人就应当盼望着死亡。而那些相信永生、期待着新生活的人,就更应当盼望死亡。可是为什么大多数人还是不希望死呢?因为大多数人过的是肉体的生活,而不是灵魂的生活。

2

只有当人把自己肉体的、动物的生存法则视为自己的生活法

则时，痛苦与死亡才会被他看作是不幸。只有当一个人把自己降格为动物的时候，痛苦与死亡对于他来说才变得十分可怕。痛苦与死亡，就像驱赶鸟雀的稻草人，在周围发出哄叫，把他赶入唯一敞开的、服从于理性法则的、在爱中展现出来的人生之路。痛苦与死亡只是人对自我生活法则的背离。假如一个人完全过着灵魂的生活，对于他来说就不存在什么痛苦，什么死亡。

3

有一群铁镣加身的人。他们都被判处了死刑，其中每天都有几个人被当众处死。那些留下来的人目睹了这些死刑场面，都知道要轮到自己了，心中惶悚不安。如果人们不理解自己生命意义的话，其生活就像这些死刑犯一样。而如果一个人理解到，上帝的灵魂就存在于他的身上，并能够与之合为一体，那么对于这个人来说，死亡不仅是不值得害怕的问题，而且根本就不存在死亡。

4

害怕死亡就等于害怕幻影，害怕一个根本不存在的东西。

5

我喜欢自己的花园，喜欢读书，喜欢爱抚孩子。当我要死去的时候，我将失去这一切，因此我不想死，我害怕死。

可能有这样的情况，即我的一生都是由这类世俗的欲望以及满足这些欲望所组成的。如果是这样，那么我就不能不害怕，这些欲望的满足所带来的快乐总有一天会终止。但如果我的这些欲望发生了变化，而代之以另一种欲望，即完成上帝的意志，以我现在的样子，并且以我所有可能有的样子献身于上帝，那么我的肉体的欲望被灵魂的欲望取代得越多，死亡对我来说就越不可怕。而如果我的世俗欲望完全被一种欲望所代替，即献身于上帝，则在我看来，除了生命之外，不存在任何别的东西，包括死亡。

以永恒的代替尘世的、暂时的，这就是生活之路、幸福之路。

6

对于为灵魂而生的人来说，肉体的毁灭只是一种解脱，而痛苦则是这种解脱的必要条件。但是，一个把自己的生命归于肉体的人，当他看到，他生活的唯一指靠——他的肉体即将毁灭，以及种种痛苦同时而来的时候，他的处境将是怎样的啊?!

7

动物将死的时候，不会预见到死亡，所以也不会因害怕死亡而感到痛苦。但为什么人却被赋予了预见到自己即将终结的能力，并因此而感到十分可怕，有时他的心灵经受着剧烈的痛苦，以致因对死亡的恐惧而导致自杀，这是为什么呢？我说不出原因是什么，但我知道这是为什么：是为了让有觉悟有理性的人把自己的生命由肉体转向灵魂。这种转变不仅会消除对死亡的恐惧，而且会使人产生一种对死亡的期待，类似于游子回家的感情。

8

生活与死亡没有任何共同之处。因此，在我们身上大概总会反复出现一种不合情理的希望,这种希望遮暗了人的理性,使人怀疑我们是否确切地知道死是不可避免的。肉体的生命总是极力要坚持存在下去。它就像寓言中的鹦鹉那样,直到断气的那一刻还在不停地说着:"这,这没什么!"(阿米尔)

9

肉体是限制着灵魂的围墙,它妨碍着灵魂的自由。灵魂不断地要冲出这道围墙,一个有理性的人一生就在于冲出这道围墙,将灵魂从肉体的束缚中解放出来。死亡是彻底的解放。因此死亡不仅并不可怕,而且对于过着真正生活的人来说,死亡是令人高兴的。

10

人像动物一样,是抗拒死亡的,但凭借着理性,人在任何时候都不仅能以顺从而且能以赞同的态度来代替这种抗拒情绪。

11

如果死是可怕的,那么原因不在于死,而在于我们自身。人生活得越好,越不怕死。

对于圣人来说,没有死亡。

12

你要是怕死的话,那么想一想,假如你必须永远像你现在这样生活下去的话,你会感觉怎么样?

13

不论盼望死亡，还是惧怕死亡，都是不合情理的。

14

一个人从一场致命的病患中痊愈，重新开始了生活，这就好比一辆重载车，必须要通过一片泥沼，但它不是向对岸走过去，而是向后拖回来。遇到泥沼是不可回避过去的。

15

理性的生活，就好像一个人在身前远远地打着一盏灯笼，来照亮道路。这个人永远也走不到那片被照亮的地方的尽头——被照亮的这片地方总是走在他的前面。理性的生活就是这样，只有在这样的生活中才不存在死亡，因为这盏灯笼将持续不断地闪亮到最后一刻，你跟随着它，泰然自若，并且在你整个的生命过程中都是如此。

16

死亡可以成为一种约定，因而可以说是道德的行为。动物的死是断气，而人则是献身于上帝。（阿米尔）

四　人必须要以存在于他身上的
　　那不朽的生命为生

1

儿子总是住在父亲的家里，而帮工只是暂时住的。所以儿子跟帮工的态度不一样，他要事事关心父亲的这个家，而不是像帮工那样，想的只是拿到自己的报酬。如果人相信他的生命不是以死亡而告结束，则他就会像住在父亲家里的儿子那样生活。但如果生活就像现在世上的这个样子，那么他就会像帮工那样做，加紧享受在这种生活中所能得到的一切。

每个人都必须首先解决一个问题，他是主人的儿子还是帮工，随着肉体的死亡他是彻底死去，还是不会彻底死去。当人一旦明白，在他的身上既存在着死亡的，也存在着永生的事物，那么无疑，他就会在这种生活中更多地关心那永生的，而冷淡那死亡的——也就将像主人的儿子，而不是像雇工那样地生活。

2

人只有在自己的意识中确立一种不受现世生活局限的新型世界观，才会坚定对未来生活的信念。

3

我们的生命是否以肉体的死亡而告结束，这个问题极为重要，不可不好好考虑。这要看我们是相信永生，还是不相信永生，要看我们的行为是富有理性的，还是毫无意义的。

因此我们主要关心的应该是解决这样一个问题，即当肉体死亡的时候，我们是否已彻底死去，如果不是，就是说在我们身上存在着永生。而当我们明白，在我们身上既存在着必死的，也存在着永生的事物，那么无疑，我们就会在这种生活中更多地关心那永生的，而冷淡那必死的事物。

有一个声音告诉我们，我们是永生的，这个声音就是活在我们心中的上帝的声音。（据帕斯卡）

4

经验告诉我们，有许多人，他们懂得有关死后生命的教义，坚信这种生命是存在的，然而他们仍旧沉湎于淫逸之中，做着各种卑鄙的勾当，并且狡猾地逃避因其行为导致的危及自身的后果。与此同时，在地球上未必有过哪一个道德完美的人，他能够容忍一切都以死亡而告终的思想，而他高尚的思想形态却达不到寄希望于未来生命的高度。因此，在我看来，把对未来生命的信仰重新确立在高尚的精神感觉之上，比起反过来把高尚的行为建立在对未来生命的希望上，更为符合于人的天性和道德的纯洁。（康德）

5

有一点我们确信无疑，这就是死亡在等待着我们。"人的生命就好像一只飞过屋顶的燕子。我们不知从何而来，也不知走向何处。凝重的黑暗已在身后，浓密的阴影还在前面。当那个时刻一旦到来，不论我们是否曾吃过种种美味的食物，是否穿过轻暖的衣服，不论是留下大宗财产，还是一文不名，不论是赢得过顶顶桂冠，还是曾被人歧视，是被誉为学者还是被贬为白痴，比起我们曾运用过主赋予我们的才能来说，这些都有什么意义呢？

当我们两眼昏花、双耳失聪的时候，这一切对于我们来说还有什么价值呢？要想在这样的时候保持平静的心态，我们只有继续珍惜我们被赋予的灵魂生命能力，并且使它发扬光大，靠着这种能力，肉体的死亡将不再可怕。（亨利·乔治）

6

在一个墨西哥皇帝的遗言中有这样的话：

"大地上的一切都有它的极限，而最强大和最快乐的就是在它的强大和快乐中衰败，归于尘土。整个地球只是一个巨大的坟墓，在它的表面之上一无所有，在坟墓的地下也无所隐藏。水、河流和山洪都奔向它们的目的地，却不能返回那幸福的源泉。它们都奔腾向前，为的是葬身于浩瀚无边的大洋深处。昨天有的，今天已不复存在；而今天有的，明天将不复存在。墓穴中已填满尸骸，这些尸骸曾经是活生生的生命，曾作为皇帝统治人民、主持大会、指挥军队、攻占新的领土，曾令人顶礼膜拜，曾为他们的虚荣、奢华和威势而傲视天下。

"但荣耀正如火山中喷出的一股青烟早已散去，除了在编年史家的纸上留下点点记忆之外，一无所余。

"那伟大的、智慧的、勇猛的、美丽的——呜呼！——他们如今安在哉？他们都已混入泥土，连同他们曾得到的、我们正得到的和我们之后的那些人将得到的。

"但要鼓起勇气啊,你们——声名显赫的首领,真诚的朋友,还有忠贞的臣民,让我们奔向那永恒的、既无腐朽也无灭亡的天堂吧。

"黑暗是阳光的摇篮,而繁星的闪光才需要夜幕的衬托。"[特斯科科的内萨瓦尔科约特尔(约公元前1460年[①])]

7

正如降生对于所有濒死者是必不可少的一样,死亡对于降生者也是不可避免的。因此,不必为那不可避免的事而悲伤。各种生命以前的情况已无人知晓,中期的情况显而易见,未来的情况则无从得知——那么有什么可关心和忧虑的呢?有些人把灵魂看作一种奇迹,而有些人在听到或谈到灵魂时则惊讶不已,但我们任何人都对它一无所知。

天界之门正如你所需要的那样,为你打开着。请你从忧虑和惶恐中解脱出来,使你的灵魂归于灵魂之所。让你的一举一动由你自己支配,而不是因事件的变化而变化。不要做这样的人,即把奖赏作为自己行事的目的。而要注意,履行自己的义务,但不考虑其结果如何,以便无论事情的结局是否如你所愿,你都坦然接受。(印度《薄伽梵歌》[②])

---

① 此处托氏标年有误。内萨瓦尔科约特尔(1402—1472),墨西哥古城特斯科科的首领、诗人。

② 《薄伽梵歌》,印度史诗《摩诃婆罗多》第六篇的一部分,包括七百多首诗偈。

8

你若想摆脱罪孽,生活就会通过削弱你的肉体及其种种欲望来帮助你。由于这个原因,人总是不自觉地想要前进——走出肉体,走出孤独。一旦把生活理解为摆脱罪孽,那么疾病、衰老、各种肉体的苦难以及死亡,就都将是福。

你的肉体衰弱,老朽,死去了;而你的灵魂就强壮,成长,诞生了。

9

我们现在的处境就像一艘巨轮上的乘客,在船长的手里有一张我们不了解的名单,上面列着谁在什么时候要下船登岸。在我们还没有离船的时候,我们只有按照船上制定的规矩,而不能按别的方式去做。同样,在这个世界上,我们也只能在为我们规定的时间内,尽力与同伴们保持和谐与友爱。

10

难道你害怕变革吗?要知道没有变革,什么也干不成。没有木柴发生的变化,水就不会烧开。没有食物的转化,人就不能得到营养。世上的全部生活就是变革,而不是别的。要明白,等待着你的变化也具有同样的意义,就事物的本质来说,变化是必不可少的。要关心的只有一样,即不要做违背人真正天性的事,而应当按照这天性所指示的时间和方式去做一切事。(马可·奥勒留)

11

这是个可怕的世界,如果世上的痛苦不能产生善。这是一种罪恶的制度,它只是为在精神和肉体上折磨众生而设。如果是这样的话,那么这个世界就不是为了未来的善,而是闲来无事、毫无目的地创造了恶,这个世界道德败坏的情景就将难以想象。它似乎是故意把人们诱来,只是为了使他们痛苦。它从我们出生起就鞭打着我们,它在每一杯幸福之酒中都掺进苦涩,使死亡成为一种永远的可怕的威胁。当然,如果没有上帝和永生,人们对生活表示厌恶就不难理解了:唤起这种厌恶情绪的根源就是现存的秩序,或者更准确地说,是无秩序,是可怕的道德混乱,这个说法更恰如其分。

但如果我们的头上有了上帝,我们的面前展现出永恒,则一切都会改变。我们就会在恶中看到善,在黑暗中看到光明,希望就会赶走颓丧。

这两种预设哪一种更可信呢?对于这些道德生命——人——来说,既然他们面前就摆着解决矛盾的出路,难道会对这个世界的现存秩序发出正义的诅咒吗?如果没有上帝和来生,他们应该诅咒的是这个世界和自己的生日。相反,如果上帝和来生都存在,生活本身就会变成一种幸福,而世界就会变成一个道德完善和幸福与神性无限增长的地方。(据伊拉斯谟[①])

[①] 伊拉斯谟(1469—1536),荷兰文艺复兴时期的人文主义作家、思想家、宗教改革家,著有《愚人颂》等。

12

帕斯卡说,假如我们总是梦见自己处于同一种境况之中,而在现实中看到的却是种种不同的境况,则我们就会把梦境当作现实,而把现实当作梦境。这还不完全正确。现实区别于梦境的是,在现实生活中,我们拥有按照我们的道德要求行事的能力;而在梦境中我们常常看到,我们表现出一些并非我们固有的丑恶而卑劣的行为,自己却无法控制。所以,也许应当说,假如我们不懂得,在生活中我们本可以比梦境中更多地拥有满足道德要求的权力,则我们就会把梦境完全当成生活,并且从不怀疑它并不是真正的生活。如今我们的一生,从生到死都充满着梦幻,这不就是个梦吗?我们把它当成现实,当成现实的生活,对它的现实性毫不怀疑,这只是因为我们不懂得生活,在这种生活中,我们遵循灵魂中道德要求的自由,本可以比起我们如今所拥有的更多。

13

如果这个不起眼的生命碎块就是你的一切,那么注意,你就应当用它来做一切你所能做的事。(赛义德·本·哈迈德[①])

14

"要是不知道以后是什么样,我们怎么生活呢?"人们说。然而当你在生活中并不去想以后你会怎样,而只是为了显示你的爱心时,这就是你真正的生活的开始。

---

① 人物不详。或为阿曼伊斯兰教长赛义德·本·艾哈迈德(?—1811)。

15

人们常常说:"我不必做什么事了,我就要死了。"因为要死而觉得不必再做的事,其实当初也不必去做。然而有一件事却总是需要做的,离死亡越近,就越需要去做——这就是灵魂的事。这件事就是要改善自己的灵魂。

16

爱不仅能消除死亡的恐惧,还能消除有关死的念头。

17

一个老农妇在临死前的几个小时对女儿说,她很高兴能死在夏天。女儿问她:为什么?这处在弥留之际的老人回答说,她之所以高兴是因为冬天挖掘墓穴很难,而夏天容易些。老妇人的死是轻松的,因为她在最后时刻想的不是自己,而是别人。

18

创造爱的事业,则对于你来说就将没有死亡。

19

不论你做什么事,都要准备永远抛弃它。那么你来试一试,看你能不能甩开这些事。那时你就会把你的事做得更好。

对死亡的期待会教你这样做。

20

当你来到世上的时候,你在哭,而周围的人都在欢笑;而你应当这样做:当你即将辞世的时候,要让所有的人都哭泣,而你自己在微笑。(印度格言)

五 铭记死亡有助于灵魂的生活

1

从人们开始思考的时候起,他们就认识到,对人的道德生活影响最大的,莫过于对肉体的死亡铭记不忘。而执着的医术却荒谬地确定了一个使人摆脱死亡的目标,它教会人们寄希望于摆脱肉体的死亡和逃避有关肉体死亡的想法,并以此取消人们向往道德生活的根本动机。

2

为了让自己做一个好人,要经常提醒自己,你注定将很快死去。只有真切地想象到你正处在死亡的前夜,你肯定就不会狡诈、不会欺骗、不会撒谎、不会指责、谩骂、仇视他人,不会抢夺他人的东西。在死亡的前夜所能做的只不过是最简单的善事:帮助和安慰别人,待之以爱。而这些永远都是亟待要做而极为快乐的事。因此想到死永远是好事,特别是当你误入歧途的时候。

3

当人们知道死亡即将来临的时候,他们会祷告、悔罪,为的是准备好带着纯洁的灵魂去见上帝。然而,实际上我们每一天都是在逐渐地走向死亡,每一分钟都可能完全死去。因此我们不要等到死亡来临时才做准备,而是在每一分钟都做好准备。

而做好死亡的准备,就是说要好好地生活。

正是因此,死亡一直停在人们的头顶,为的是让他们永远准备好死亡,而准备着死亡,就会好好地生活。

4

死亡是最无可怀疑的,它将会光顾我们所有的人。比起明天,比起白天之后的黑夜,比起夏天之后的冬天,死亡是更为可信地必将到来。那么为什么我们为明天、为黑夜、为冬天都做好了准备,却没有准备好死亡呢?应当为它做好准备。而对死亡的准备工作只有一样——善的生活。生活得越好,对死的恐惧越少,死得越轻松。对于圣人来说没有死亡。

5

你将不得不很快就面对死亡!然而你仍旧不能摆脱虚伪的面目和种种情欲,不能抛开尘世中外在事物对人有害的成见,不能与每一个人和睦相处。(马可·奥勒留)

6

如果你心存疑虑,不知如何行事,就想象一下你傍晚就要死去，那么你的疑虑就会立刻冰释：一切都会立刻明朗，什么是你的义务，什么是个人的欲望。

7

因为有了死，生命才变得庄严，变得有意义、有成效，充满喜悦。因为有了死，我们不能不做那在此生划定给我们的工作，因为考虑到死，便无法把心思用在任何其他的事情上。当你做这工作时，生活便会充满喜悦，没有了对死的恐惧，而这种恐惧会毒害那些活着却不考虑死亡的人们的生活。

8

要这样活着：仿佛你即刻就要与生活诀别，仿佛给你余下的时间是给你的意外赏赐。（马可·奥勒留）

9

既可永世长存，也可即夕而死。工作起来，仿佛你将永生不死，而与人相处，仿佛你即刻要死。

10

对死亡临近的意识告诉人们，要善于完成自己的事业。在所有的事业中只有一件是永远尽善尽美的——这就是在现时中爱的事业。

11

忘掉死亡和时时意识到死亡临近——这两种生活是两种根本不同的境界。一种近于动物，另一种近于神圣。

12

为了既生活又无痛苦，就应当寄希望于你以后的快乐。而当以后衰老和死亡相继而来的时候，能有什么快乐的希望呢？那将是什么样的情景呢？应是这样：不把自己的生活归于肉体的幸福，而归于灵魂的幸福，不为了更有学问、更富有、更荣耀，而为了越来越多地摆脱肉体。那时衰老和死亡就不会成为恐慌和痛苦，而是成为你所期望的东西。

六　死去

1

我们把生命的消失和死去的那几分钟或几小时称作死亡。首先，生命的消失并不取决于我们的意志；其次，死去的过程却可由我们掌握：我们可以卑劣地死去，也可以和善地死去。应当尽力和善地死去。这对那留下来的人是必要的。

2

在人死去的那一刻，点燃着一支蜡烛，在这烛光下他曾读过一本充满焦虑、欺骗、苦涩和罪恶的书，此刻这蜡烛爆发出比以往任何时候都明亮的光，把以前隐没在黑暗中的一切都照亮给他看，然后噼啪响过，闪动了一下，便归于永久的寂灭。

3

正在死去的人很难理解所有充满生机的东西，但在这种情况下他会觉得，他之所以不明白，不仅是因为他的智力已经衰弱，还因为他明白了某些别的东西，这些东西是活着的人所不明白也无法明白的，它们占据了他的整个心灵。

4

人们常常想，老年人的生活已无足轻重，他们不过是虚度残生而已。这种想法是不对的：人在垂暮之年却过着于人于己都极为珍贵、极为必要的生活。生命的价值与死亡的距离是成反比的。假如老年人和周围的人都能明白这一点，一切都会变得更好。人最为珍贵的乃是死去的最后时刻。

5

在老之将至的时候，我要努力好好生活；当老之已至的时候，我要努力好好死去；要想好好死去，必须情愿死去。（塞内加）

6

我怕死吗？似乎是不怕，但是当死亡临近或者想到死的时候，我无法不感到恐慌，仿佛一个旅行者乘坐火车即将从极高的地方向大海跌落，或者乘坐气球升上极高的空中时的感觉。人在死去的时候会懂得，在他身上所发生的事没什么了不起，成千上万的生命都会这样的，他只不过换了一种旅行方式而已，然而他在即将抵达这个转换地点的时候，却不能不感到恐慌。

7

　　生活中的一切看起来都非常简单；一切都连在一起，处于同一种秩序之中，互为阐释。而死亡却被看作一种完全特殊的，与生活中所有简单明了、易于理解的事物相背离的东西。因此，大多数人都尽量不去考虑死亡。这是一个大错误。应当反过来，把生命与死亡联系在一起，使生命具有死亡的一些庄严与神秘，使死亡具有一些生命的简单与明了。

第三十章
死　后

人们常问："死后将是什么样？"这个问题的答案只有一个：肉体会腐烂，化为泥土，我们对这一点确信无疑。而那我们称之为灵魂的将会怎样，我们什么也说不出，因为问题关乎到时间"将是怎样"。灵魂是超乎于时间之外的。灵魂不是过去，也不是将来。它只是现在的。没有灵魂，一切都不会存在。

一　肉体的死亡不是生命的终点，而只是一个转变

1

当我们死去的时候，我们遇到的不过是下面两种情况之一：要么认为自己过渡到另一种个体生命，要么认为我们将不再是个体的生命，而是与上帝融合在一起。无论是哪一种情况，都没什么可怕的。

2

死亡是我们的肉体所发生的一个变化，最大的和最后的变化。

我们过去和现在都经历着肉体的不断变化：我们曾经是一块光裸的肉团，后来变成吃奶的孩子，后来长出了头发、牙齿，后来掉牙再长出新的，后来开始长胡子，后来头发开始变得花白，秃顶。——所有这些变化我们都没有害怕过。

那我们为什么要害怕这最后一个变化呢？

因为谁也无法告诉我们，在这个变化之后将会发生什么事。但是，如果一个人到外地去，又不写信告诉我们他不在了，或者他在去的那个地方过得不好，那我们谁也说不清他的情况，只能说他杳无音讯。对于死者来说也是如此。我们知道，他们已不在我们中间了，但我们没有任何理由可以认为他们已消亡了，或者认为他们在离开我们之后情况很糟糕。我们既无法知道我们死后将会怎样，也无法知道我们出生之前是什么样，这就表明，我们没有被赋予知道这些事的能力，因为不必要知道。有一点我们是知道的，就是我们的生命不在于肉体的变化，而在于那活在这肉体中的事物——灵魂。而灵魂既无始也无终，因为它是唯一的存在。

3

"有两种说法可以选择：死亡就是意识的彻底毁灭和消失，或者按照传统的说法，死亡只是灵魂的一种变化，从一个地方迁移到另一个地方。如果死亡是意识的彻底毁灭，有如没有梦境的沉睡，那么死亡无疑是一种幸福，因为，请每个人回忆一下他们在没有梦境的沉睡中度过的夜晚，并把它和他们所经历的——无论是在现实中还是在梦中——那些充满了惊恐、焦虑、希望破灭的日日夜夜相比较，我相信，任何人都不会找到多少比没有梦境的夜晚更幸福的白天和黑夜。所以说，如果死亡就是这样一种沉睡状态的话，那么我至少会认为它是一种幸福。而如果说死亡是从一个世界向另一个世界的过渡，照这种说法，仿佛在我们之前那些已死去的哲人和圣人都待在那里，如果这种说法是真的，那么，难道还有比在那里与这些生灵共同相处更幸福的事吗？只要能到这样的地方去，我宁愿死一百次，而不是一次。

"所以说，法官们，你们大家都不必惧怕死亡，并且记住一点：对于善良的人来说，无论生还是死，都不是什么坏事。"（摘自苏格拉底在法庭上的演讲[①]）

4

谁把灵魂的完善视为生命的意义所在，谁就不会相信死亡，不会相信这个完善的过程会中断。那不断完善的，不会消亡；它只是在转变。

5

死就是我们现在拥有的生命意识的停止。这种生命意识的停止，我可以在处于弥留之际的人们身上看到。但在那经历这意识的人的身上会发生什么呢？我不知道，也无法知道。

6

人们害怕死亡，希望活得尽可能长久。但如果死是一种不幸，

[①] 苏格拉底被雅典法庭以"崇拜新神"和"毒害青年"的罪名判处死刑后，在法庭上发表了著名的演讲。

那么过三十年死还是过三百年死，难道不是一样吗？一个被判处死刑的人，会因为他的同伴三天后被处死，而他过三十天被处死，而感到更高兴吗？

终将以死而结束的生命，也可以说无异于死。（斯科沃罗达）

7

每个人都觉得，他们并不是虚无之物，只在一定的时刻才被某些其他事物唤起生命。由此他坚信，死亡可以是他生命的终点，但绝对不是他存在的终点。（叔本华）

8

老年人会失去有关近期经历的全部记忆。而记忆却能把不同时期发生在一己之我的事连缀起来。在一个衰老的人身上，这个我，此在之我，是旧我完结、新我正在开始的我。

9

你对自己的生命理解得越深刻，就越不会轻易地相信它会因死亡而毁灭。

10

我不相信任何一种现存的宗教，因此人们不会怀疑我盲目地服从某些惯例或教育的影响。但我在全部的生命历程之中，随时都在尽力地深入思考我们的生命法则。我在人类的历史中，在我个人的意识中，不断地探索它，我树立了一个不可动摇的信念，即：死是不存在的；生命不会是别的样子，它只能是永恒的；永无止境的完善就是生命的法则，我被赋予的任何一种才能、任何一种思想、任何一种追求，都应在实际中获得发展；我们拥有理想和追求，这些理想和追求远远超出了我们尘世生活的可能性；我们拥有这些，但却不能凭我们的感觉来透彻地了解它们的起因，这本身就证明，这些理想追求产生于尘世之外的领域，它们也只能在尘世之外得以实现；在尘世上，除了假象之外，无论什么都不会消亡，那种因为我们的肉体会死，就以为我们即将死去的想法，就等于说一个工人的死是因为他的工具用坏了。（朱塞佩·马志尼）

11

如果对永生的希望是一个骗局，那么很明显谁是受骗者。不是那些卑鄙而愚昧的灵魂，这种宏伟的思想对他们来说是永远不可企及的，也不是那些糊涂而轻浮的人，他们总是满足于对此生充满情欲的梦想和对未来朦胧的梦想，也不是那些自私自利者，他们萎缩了良知，淡漠了思想，尤其淡漠了爱。——这些人都不是。他们总是正确的，处在有利的一方。而受骗者就是所有那些过去和现在都受到众人敬重的伟大而神圣的人，就是那些为了某种比个人幸福更美好的事物而生活、把自己的一生都献给他人幸福的人。

受骗者就是这些人，甚至基督也白白地经受了苦难，要把自己的灵魂献给想象中的父，白白地以为父会以他的生命显示出来。各各他①的全部悲剧不过是个错误，正确的一方是那些在旁边嘲笑

---

① 各各他是耶稣被处死的地方，在耶路撒冷城外。

他、希望他死的人，如今正确的一方则是那些冷漠地看待与人类天性保持一致行为的人，这种行为被当成仿佛编造出来的故事一样。如果高级生命的精神行为只不过是巧妙杜撰出来的童话故事，那么有谁还会受到尊重，有谁还会得到信任呢？（帕克）

二 肉体死亡所生变化的本质是人的头脑所无法理解的

1

我们常常努力把死亡想象成迁移到某个地方，但这种想象最终还是使我们一无所得。死亡是无法想象的，正如上帝是无法想象的一样。我们所知道的有关死亡的一切，就是死亡——像源自上帝的其他一切一样——是一种善。

2

人们会问：人死之后灵魂会怎样？这我们不知道，也无法知道。有一点是肯定的，这就是，如果你去往一个地方，你一定是从某个地方来的。你从何而来或者从谁而来，也将去往你所来之处，或者归于所从来者。

3

我不记得我出生前的任何事，因此我想，在我死后也不会记得现在的生活。如果死后仍有生命的话，那么它也是我无法想象的。

4

人的一生就是一系列他所无法理解,但却应该加以审视的变化。但对降生时所发生的这些变化的起点和在死亡时所发生的这些变化的终点,却无法审视。

5

在我看来重要的只是一点:要懂得,上帝在期待着我。而这一点在所有宗教和我的良知中都得到了鲜明的体现,因此我的任务就是习惯于满足上帝的一切期望,为此而全力以赴,并坚定信念,如果为了完成主人的旨意我尽了自己的努力,他就不会丢弃我,我就将得到我所应得的有益于我的东西。

6

谁也不知道死是什么,然而所有人都怕它,把它看作莫大的不幸,尽管它也许是莫大的幸福。(柏拉图①)

7

如果我们相信,我们在生活中所遇到的一切,都是为我们的幸福而来的,那么我们就不能不相信,在我们死去时所发生的,也必定是我们的幸福。

---

① 柏拉图(公元前427—前347),古希腊哲学家,苏格拉底的学生。

8

任何人都不能以他知道存在着上帝和来生而自夸。我不能说,我确切无疑地知道上帝和我的永生是存在,但我应当说,我感觉到上帝是存在的,我的我是永生的。这就是说,我对上帝和另一世界的信仰是与我的天性紧密相关的,这种信仰不可能脱离我而独立存在。(据康德)

9

人们问:人死后会怎样?对这个问题应当这样回答:如果你能实实在在不是用口,而是用心说:"无论在尘世还是在天堂,即无论在此生有限的时光中,还是在超乎时间的生命中,都听凭你的意志。"那么你就会明白,他的意志就是爱,至于死后将会怎样,你就没什么可考虑的了。

10

基督在死的时候说:"父啊,我将我的灵魂交在你手里。"如果谁不只是用口,而是用全部的心灵来说这话,那么这人就再也无所需求了。如果我的灵魂返回到它所从来者,那么对我的灵魂来说,它就只有变得最美好,而不能是别的。

三 死亡就是解放

1

死亡就是那个存放我们灵魂的器皿的毁坏。不应当把这个器皿与盛在其中的东西混为一谈。

2

在我们降生时,我们的灵魂就已被置于我们肉体的灵柩之中。这个灵柩——我们的肉体——逐渐地朽败,而我们的灵魂就一步一步地解放出来。当肉体依照那联结灵魂与肉体之物的意志而死去时,灵魂就彻底解放了。(据赫拉克利特[①])

3

如同蜡烛因燃烧而熔化,肉体的生命因灵魂的生命而消亡。肉体在灵魂之火上燃烧,当死亡到来时,它就完全烧尽了。死亡毁灭了肉体,如同建筑师在房屋造成时用完木料一样。

房屋就是灵魂生命,木料就是肉体。那建造成灵魂大厦的人,当他死去的时候,会因他肉体生命的木料被使用而感到高兴。

---

① 赫拉克利特(约公元前535—前483),古希腊哲学家。

4

我们以为死亡就是生命的结束,这是因为我们把从出生到死亡的肉体生命当作了生命。这样理解生命,就等于说,池塘不是因水在池塘里形成的,池塘只是由岸边构成的,而假如水从池塘里漫溢出来,那原先在池塘里的水就不复存在了。

5

世上的一切都是生长,繁茂,再返回自己的根。返回自己的根,就意味着归于与天性相和谐的静寂。与天性和谐就意味着永恒,因此肉体的毁灭并无任何危险可言。①(老子)

6

我们确切地知道,当临死前最后的时刻灵魂本源离开肉体的时候,肉体将被那赋予它活力者所抛弃,并且不再与物质世界相分离,而是与之结合在一起。那么赋予肉体以生命的灵魂本源是转到另一个仍旧有限的生命形式中去,还是与那赋予它以生命的超乎时空的本源合为一体,我们一无所知,也无法得知。

7

一个人一生致力于克服自己的情欲,而他的肉体总是妨碍他这样做,那么他就不会不高兴从肉体中解放出来。死亡只能是一

---

① 原文参见《道德经》第十六章:"夫物芸芸,各复归其根。归根曰静,静曰复命。复命曰常,知常曰明。"此引文应是托氏的理解。

种解脱。其实，我们不止一次谈到的完善，就是指尽最大的可能使灵魂摆脱肉体，并习惯于使灵魂在肉体之外凝聚而自成一体；而死亡就促成了这种解放。那么一个人一生都试图这样生活，即尽可能摆脱肉体的控制，而当这种解放已接近完成时，他却对此抱有不满，这难道不是咄咄怪事吗？所以说，不管与你们分离我是多么遗憾，你们是多么伤心，我不能不欢迎死亡的到来，因为我在生命的历程中所努力追求的终于得以实现。（引自苏格拉底与门徒们诀别时的谈话）

8

不相信永生的只有那不切实际地理解生活的人。

如果人只是肉体的生命，那么死亡就是某个微不足道的东西的终结，不值得为它惋惜。而如果人是灵魂的生命，并且灵魂只是暂时存在于肉体的话，则死亡不过是一种转变。

9

我们害怕死亡，是因为我们把被分派劳动时所用的工具——肉体——当成了自我。而我们一旦学会把那使用工具者——灵魂——看作自我，就不会有恐惧之心了。把自己的肉体仅看作给你用来劳动的工具，则在死去的时刻只不过是体验到一种不方便而已，就像一个工人失去用惯了的工具，而新的工具还没拿到时所感受到的那样。

10

人可以看到植物和动物是怎样出生、成长、壮大、繁殖,又怎样衰弱、败落、老朽和死亡的。

人在别人身上也看到了同样的过程,他知道自己的肉体也是如此,他知道肉体是会衰老、朽败和死去的,像所有生长在世上的事物一样。

但除了他在其他生命和自己身上所看到的,每个人都知道自己身上还存在着某种东西,它不但不会朽败和衰老,相反,它生存得越久,就越健壮、越美好,即:每个人都知道自己还有着灵魂,而它不会遇到在肉体上所发生的情况。因此,只有对那不以灵魂为生,而只以肉体为生的人来说,死才是可怕的。

11

一个哲人谈到灵魂是不死的,有人问他:"那么,到世界末日来临的时候,会怎么样呢?"他回答:"为了使我的灵魂不死,不需要世界。"

12

灵魂并非像住在家里一样住在肉体里,而是像一个游子住在陌生人的栖身之所。(印度《古拉尔》)

13

可以这样理解人的生命,即:它是在一个狭窄的长廊或者管道中行进,开始是宽敞而容易的,后来,随着它自身不断地膨胀,行进便越来越显得压迫、艰难。在行进的过程中人越来越近地看清，那广大的空间就在前面，并且看到那些走在他前面的人不断地隐没消失在那个空间里。

当他感受着紧张和压迫时，怎么会不希望尽快地到达这个空间呢？又怎么会害怕接近这个空间呢？

14

我们的生命越是成为灵魂的，我们就越是相信永生。随着我们的本性远离开野蛮的动物性，我们的疑虑就将彻底消失。

未来神秘的面纱正在揭开，暗影正在消散，我们此刻已经感觉到我们的永生。（马蒂诺）

15

从假象理解生活的人，将永远从假象理解死亡。

16

知他人者——聪明，知自己者——开明。

战胜他人者——有力，战胜自己者——强大。

知道自己在死去时不会消亡者——永生。[①]（老子）

[①] 原文参见《道德经》第三十三章："知人者智，自知者明。胜人者有力，自胜者强。知足者富，强行者有志。不失其所者久，死而不亡者寿。"

四　生与死乃是生命在我们面前
　　显现与消隐的界线

1

死和生是两个界面。这两个界面的背后存在着某种同一的事物。

2

死也就是生。婴儿随着出生而进入一个新的世界，开始一种与在母腹中完全不同的生活。假如婴儿能够把他感受到的讲述出来的话，那么当他走出原来的生活时，他就会讲述出与一个人离开此生时同样的感受。

3

我无法摆脱这样的念头，即在我出生之前，我已经死了，死亡使我重新回到原来的状态中去。死去，然后带着对前世回忆的再生——对这一过程我们称之为昏迷；当我们以新的器官醒来时，这些器官必须重新组合，即降生。（利希滕贝格）

4

可以把生命看作一场梦，而把死亡则看作觉醒。

5

人死去的时候，他们会到什么地方去呢？一定是到那些降生的人们所来的地方去。人从上帝而来，从我们的生命之父而来，任何生命的过去、现在和未来都属于他。人们就是到他那里去的。就是说，人在死的时候只能是回到他所来的地方。

人离开家，工作，休息，吃饭，游玩，再工作，当他累了，就回家去了。

人的一生也是如此：人从上帝而来，劳动，吃苦，得到慰藉、喜悦，休息，当他经受了大量痛苦，便回到家去，回到他所来的地方。

6

难道我们不是从某种状态再生到现世的吗？我们处在那种状态中对现世生活所了解的，还不如处在现世的状态中对来世知道得更多。所以现世之于来世，也正如前世之于现世。（利希滕贝格）

7

你来到了今生，自己却不知其所以然，但是你知道，你就是以你现在所成为的与众不同的我来的；后来你走啊，走啊，走过了一半，突然一下，不知是高兴还是害怕，就停住了，不想再移动脚步往前走，因为你已看不清前面的情况。但是，当时你同样也没有看清你来到的这个世界，而你仍旧来了。你走进了入口的门，却不想走出那出口的门了。你的一生正是这样；你在肉体生命中不断地往前走啊，走啊。你走着，匆忙地往前走，突然，你开始为你一直做的事感到惋惜。当肉体死亡来临的时候，这个巨大的转变使你害怕。但你要知道，在你降生时也曾遇到过这样的巨大转变，而你并没有因此遇到什么坏事，相反，却遇到了至今你也不想与之分离的美好生活。

五　死亡使灵魂从个人的小圈子里解放出来

1

死亡就是对个人片面性的解脱。

看来，整个世界的表现和大多数死者脸上安详的表情都是因这一点而决定的。每一个善良的人在死去时通常都是安详而轻松的；但有准备的死，情愿而快乐的死——这就是那些舍弃自我、拒绝求生意愿并对它加以否定的人的优越之处。因为只有这样的人才不是表面上，而是真心地愿意死去，所以不需要，也不要求自己的个性继续存在。（叔本华）①

2

对万物的意识局限在单个人的肉体之中，因而它极力要拓宽这个界限。人生的前一半就在于此。人在自己的前半生中越来越喜爱其他事物和他人，即走出自己的界限，把自己的意识转到其

----

① 在校样上这段话旁边的空白处有托尔斯泰的加注：
"太好了！要让我改动也只能换掉几个字：把'拒绝求生意愿'换成'拒绝个体生命并对它加以否定'。

列夫·托尔斯泰"

他生命上去。但无论他喜爱得多么广泛，他也不可能离开自己的圈子，而只有在死亡中才能看到打破这些界限的可能。经历了这些之后，死还有什么可怕的呢？死不过是某种毛虫变成蝴蝶的过程而已。我们现在就是毛虫：先是生出来，然后在蛹中昏睡。只有到另一种生命中我们才能意识到自己成了蝴蝶。

3

我们的肉体限制住了那我们称之为灵魂的神圣精神本源。这种限制正像一个容器使其中的液体或气体有了形状一样，它也给了这神圣的本源一个形状。当容器打碎时，容器中的东西也不再具有原先的形状，而是四散开来。那么它是否会与其他东西合为一体呢？是否会获得另一种形状呢？我们对此一无所知。但我们确信，它失去了在原先限制中的形状，因为那限制它的东西破碎了。我们明白这个，但不可能知道那曾被限制的东西将会怎样。即我们只知道，灵魂在死后会成为某种另外的形态，但这种形态是我们此生所无法推想的。

4

人们说："唯有能维持我个体存在的，才是真正的永生。"而我的个体生命就是那折磨着我、让我在现世中深恶痛绝、我在自己一生中都极力要逃避的那个东西。

5

如果人生是一场梦，而死亡就是觉醒，那么，若是我把自己看成有别于其他生命的单独生命，这就是一种梦境，我希望在死去的时候会从这种梦境中醒来。

6

只有在这种时候，你才会愿意死去，即你因为与世人分离而疲惫，你感到了这种分离的可怕，感到了一种尽管不是因为与众人合为一体，而仅是因为走出现世孤独的牢狱的喜悦，在这个牢狱中你只是偶尔才跟那些迸发着爱的火花的人交往。那时你真想说："我受够这个牢笼的苦了。让我和这个世界建立另外一种更合于我灵魂的关系吧。"我知道，死亡会使我达到这个目的。而人们为了安慰我，却向我保证说，我在那里将是独自一人。

7

脚下是严寒的、坚硬的大地，周围是高耸的林木，头顶是阴沉的天空，当我脑子里产生种种想法时，感受到的总是自己的身体，但我知道，我是用全副身心来感受事物的。坚实而严寒的大地、林木、天空、我的身体、我的想法——都是偶然的，都不过是我的五种感官的产物、我的观念、由我所造的世界，所有这一切之所以成为这样，只是因为我就是世界的这样一个部分，而不是别的部分，即从这个世界分离出的我这一部分就是这样的。我知道，一旦我死去，这一切对我来说不会消失，但却会改变形状，正如舞台上所进行的转换那样：从树木、山石变成宫殿、塔楼等等。如果我不是完全消亡，而只是转换成另一种形式的生命，以区别于这个世界，则死亡在我身上造成的变化也是如此。那时整个世界对于那些仍然生存于其中的人来说，还是保留着原样，但对于我来说，它将改头换面。世界就是这样，而不是别的样子，只是因为我把自己看成这样的，而不是以其他生命形式来区别于这个世界。而生命区别于世界的形式是无穷无尽的。

六　死亡揭示了从前所无法理解的东西

1

不管什么人，他活得越久，生活对他揭示得就越多：过去所无法理解的渐渐变得清楚起来。这样直到死亡为止。而死亡则将人原来只是有望得知的一切都揭示了出来。

2

人在死去的时刻会得到某些启示。"啊，原来如此！"死者脸上的表情几乎总是这样告诉着人们。而我们留下来的人却无法看到他所得到启示的东西。对我们来说，这些启示将在以后，在我们的时刻到来时获悉。

3

在你活着的时候，所有知识都会逐渐对你揭示出来，就像在均匀的阶梯上一步一步匀速前进。但死亡一旦到来，突然之间，要么是这个逐渐揭示的过程被打断，要么是知识的接受者再也看不到从前对他所揭示出的东西，因为他看到了某种新的、完全不同的东西。

4

那正在死去的,已部分进入永恒。看起来,正在死去的人是在灵柩中与我们对话。他告诉我们的,在我们心目中像是一种命令。我们在想象中几乎把他当作先知。显然,对于感觉到生命渐渐离去、坟墓正在开启的人来说,那些意味深长的话中所谈到的时刻已经到来了。他天性的实质必将显现。那存在于他身上的神圣本性将不再隐藏。(阿米尔)

5

一切不幸都会把构成我们生活基础的神圣的、永生的、有独立意义的事物揭示出来。按照俗人的说法,最大的不幸是死亡,而正是死亡向我们彻底揭示出我们真正的我。

第三十一章
生活即幸福

人的灵魂因肉体而与其他灵魂、与上帝相分离,而人的生活与幸福就在于使灵魂与它所分离的逐渐结合起来。这种结合的效果就是,灵魂在显现爱的过程中,一步一步摆脱肉体。因此,如果一个人明白,生活及生活的幸福就在于灵魂从肉体中的这种解脱,那么无论出现什么样的不幸、苦难和病痛,他的生活都不可能成为其他的样子,而只能是一种牢不可破的幸福。

一 生活是人所能获得的至高之福

1

生活,无论是什么样的,都是一种至高无上的幸福。如果我们说生活就是苦难,这只是与想象中的另一种更好的生活相比较而言,然而其实我们并不知道还有什么别的更好的生活,也不可能知道,因此,无论生活是什么样的,它都是我们所能获得的至高之福。

2

我们常常忽视现世的幸福，而算计着在什么地方、什么时候能得到一种更大的幸福。但在任何地方、任何时候都不会有更大的幸福，因为我们在生活中被赋予的就是一种伟大的幸福——这就是生活，更高的幸福并不存在，也不可能存在。

3

这个世界不是一个玩笑，也不是一个经受考验、向另一个更好的永恒世界过渡的场所，这个世界就是我们现在所生活的地方，是永恒的世界之一，它美好、快乐，我们不仅能够，而且应该尽最大的努力，为了与我们同在的和在我们之后仍将生活于其中的人，把它改造得更加美好，更加快乐。

4

不管命运之手是怎样的，对我们有利还是不利，只要生活的任何一个瞬间落到我们头上，我们就使它变得尽可能更美好，这既是一种生活艺术，也是理性生命的真正优越之处。（利希滕贝格）

5

人是不幸的，因为他不知道他是幸福的。（陀思妥耶夫斯基[1]）

---

[1] 费奥多尔·米哈伊洛维奇·陀思妥耶夫斯基（1821—1881），俄国作家、思想家、哲学家。

6

不能说侍奉上帝就是生活的目的。人的生活目的,无论现在还是将来,永远都是得到幸福。但因为上帝愿意给人们幸福,所以,人们得到了幸福,便去做上帝想要他们做的事,去完成他的意志。

二 真正的幸福就在现在,而不在"死后"的生活

1

在伪教义看来,现世的生活是一种苦难,而获得幸福只能到来世。

在真正的基督教义看来,生活的目的就是幸福,而这种幸福是在现在得到的。

真正的幸福永远在我们的掌握之中。它一直如影随形地跟随着善的生活。

2

如果天堂没有在你心中,你将永远无法走进它。(西里西亚的安杰勒斯)

3

不要相信这种说法,即此生只是向另一个世界的过渡,我们只有在那里才能够过上好日子。这种说法是错误的。我们在此处,

在现世中过的必定是好日子。为了在此处，在现世过上好日子，我们只能按照那差我们来者的吩咐去做。不要说，为了让你生活得好，首先要让大家都好好生活，让大家照上帝的旨意生活。这是不对的。你自己要照上帝的旨意生活，你自己要做出努力，那么你就将生活得好，而别人也想必不会因此生活得更坏，只能生活得更好。

4

人最常见也最有害的一种谬误是认为他们不可能在现世得到他们所期望的所有幸福。

5

有人极力主张，现世是一个哭泣的受难场，是一个经受考验的地方等等，而另一个世界才是极乐世界。这种主张就仿佛是在证明，整个上帝的大千世界是美好的，或者说在整个上帝世界中的生活都是美好的，只是在某一段时间中的某一个地方除外，而这正是我们现在所生活的世界。奇异的偶然总是有的。这难道不是对自己生活的意义和使命的一种误解吗？

6

要过真正的生活，你将会有许多敌对者，但这些敌对者将会爱你的。生活会带给你许多不幸，但正因为这些不幸，你将是幸福的，你将感激生活，并让自己感激他人。（据陀思妥耶夫斯基）

7

祈求上帝的做法是多么奇怪和可笑啊！应该做的不是祈求，而是遵守上帝的律法，要成为上帝。对上帝的唯一理性态度就是对他感恩，因为他以自己的灵魂使我具有了神性，从而给我幸福。

主人把他的工人们置于这样一种境地，即他们按照主人所指示的去做，便可得到他们能想象出的最高幸福（精神快乐的幸福），但他们总是向主人有所请求。如果他们有所请求，这只能说明他们没有按照被指派的去做。

三 真正的幸福只能在自身找到

1

上帝进入我的体内并通过我寻找幸福。那么上帝的幸福会是什么样呢？只能是成为他自己。（西里西亚的安杰勒斯）

2

一个哲人说过：我为了寻求幸福，走遍了整个大地。我夜以继日不知疲倦地寻找这幸福。有一次，当我已完全丧失了找到它的希望时，我内心的一个声音对我说：这种幸福就在你自身。我听从了这个声音，于是找到了真正的、始终不渝的幸福。

3

当上帝和整个世界都在你心中时,你还想要什么样的幸福呢?(西里西亚的安杰勒斯)

4

如果人们除了其灵魂之外,不把任何东西称作自身之物的话,他们就是幸福的。如果他们生活在贪婪的、凶恶的、仇恨他们的人中间,他们是幸福的,任何人也无法抢走他们的幸福。(佛教教义)

5

人们生活得越好,他们对别人的怨言就越少。而一个人生活得越糟,那么他更多地不满的不是自己,而是别人。

6

哲人事事求己,而蠢人事事求人。[①](孔子)

四 真正的生活是灵魂的生活

1

我们动物的我的所谓幸福与不幸,不是我们的意志所能左右的;但我们灵魂的我的幸福却只取决于我们自己:取决于我们是否顺从上帝的意志。

---

① 原文参见《论语·卫灵公》:"君子求诸己,小人求诸人。"

2

所有被人们视为不幸的、苦难的东西都源于一个原因，即他们把自己的肉身——伊万、彼得、玛芙拉、纳塔利娅——视为真实的存在，于是肉身就成为全部永恒的真实存在显现的唯一范围。这是一种假象，就好比一幅画，其中的人物形象不过是由树枝间的留白所形成的。一个人既可以把由肉体所限定的东西视为自我，也可以把肉体所无法限定的一切视为自我。在前一种情况下，他就是奴隶，软弱无力，饱受各种苦难；在后一种情况下，他是自由而全能的，不知苦难为何物。

3

凡把灵魂之我从肉体解脱出来的过程视为自己生活的人，不会感到不满足，因为他所期望的总是能得以实现。

4

人的生活充满了肉体的痛苦，每一秒钟都可能被中断，为了使这种生活避免成为一种极为愚蠢的玩笑，必须使它具有这样的性质，即让生活的意义不因任何痛苦以及生命的长短而受到损害。

这种性质就存在于人的生活之中。这种性质就是越来越明确地觉悟到上帝在我心中。

5

"我的轭是容易负的。"[①]人们负起并不相称的重轭,被套上他们无力拉动的大车。不相称的轭和无力拉动的车,就自己的肉体幸福或者他人的肉体幸福而言,这就是生活。但幸福只在于越来越明确地觉悟到上帝在我心中。只有这种轭对于人们是恰如其分的,这也是耶稣所教导的。尝试一下,你们就会知道,它是怎样的轻便灵活。谁想知道我所说的是不是真话,就请按照我所说的——耶稣教导过的——去试着做一做。

6

肉体把灵魂生命分裂为个体,而人的生活就在于使灵魂与它意识到和自己相统一的事物不断重新结合起来。无论人对此理解还是不理解,愿意还是不愿意,这种重新结合都会借助于我们称之为人类生活的形态而实现。一些人不理解也不想完成自己的使命,另一些人能够理解并希望依照这使命而生活,这两种人的差别就在于,那不理解这使命的人,其生活就是连绵不断的痛苦,而那理解并完成着自己使命的人,其生活则是连绵不断的、持续增长的幸福。

前者就好像一只桀骜不驯的牲畜,被主人拴着脖子拉往那个它可以得到庇护和喂养的避难所。牲畜极力要抗拒主人,但只是徒劳

[①] 参见《马太福音》11:28—30。耶稣说:"凡劳苦担重担的人,可以到我这里来,我就使你们得安息。我心里柔和谦卑,你们当负我的轭,学我的样式,这样,你们心里就必得享安息。因为我的轭是容易的,我的担子是轻省的。"

地勒紧自己的脖子找罪受。它还是被拉到那所有同伴都去的地方。

而后者却好像明白主人意志的牲畜，自由而高兴地去往主人领去的地方，它知道，遵循主人的意志只能得到善，而不会是别的。

7

生活的任务就是追求完善，能够明确地证明这一点的，莫过于这种现象，即在自我完善之外，无论你有什么期望，或者尽管你的期望得到了充分的满足，或者很快就得到满足，你的这种期望的魅力立刻就会化为泡影。

只有一点不会失去令人喜悦的意义：对自己趋向完善的意识。

只有这种不断的完善才能带来真正的、不断增长的喜悦。在这条道路上每走一步你都会获得应分的奖赏，并且立刻就会得到。而任何东西也不会剥夺这种奖赏。

8

凡把自己的生活视为灵魂完善的人，不会感到不满足，因为他所期望的永远在他的掌握之中。（帕斯卡）

9

获得幸福，拥有永恒的生命，融入上帝之中，获得拯救——所有这些都归结为一点，就是完成生活的任务。这种幸福是不断增长的，人会越来越强烈和深刻地感受到拥有天堂的快乐。这种幸福是无边无际的，因为这种幸福就是自由、全能、一切愿望的充分满足。（阿米尔）

五 什么是真正的幸福

1

真正的幸福并不多。只有当幸福和善属于所有人，这才是真正的幸福和善。

因此，只能期望得到符合于共同幸福的东西。谁为了这个目的而努力，谁就将为自己赢得幸福。（马可·奥勒留）

2

人的处境会有恶与善的混合，但人的追求却不会发生这样的混淆：要么追求恶——遵循自己动物生命的意志，要么追求善——遵循上帝的意志。一个人只要热衷于前一种追求，就会成为不幸的人；而热衷于后一种追求，则对于这样的人来说就没有不幸，一切都是幸福。

3

一个人为另一个人所做的事不能称为真正的善。真正的善只能是自己为自己而做。即真正的善只存在于为灵魂的生活中，而不是为肉体的生活中。

4

所谓行善就是这样唯一的一件事：我们说到它时可以肯定地说，它肯定有益于我们。

5

人总是祈求别人或者上帝来帮助他；但除了他自己，任何外力都无法帮助他，因为能够帮助他的，只有他自己善的生活。而能够这样做的也只有他自己。

6

人们说，对于做善事的人来说，无须奖赏。如果你认为奖赏并不在你心中，而且不是在此刻，只是在未来，那么这种想法没错。但如果没有奖赏，如果善不给人带来快乐，那么人就不会去做善事。问题仅在于，要明白什么是真正的奖赏。真正的奖赏不是外在的，也不在未来，而是在内心和现在，即在于改善自己的灵魂。这既是奖赏，也是做善事的动机所在。

7

一个过着圣徒生活的人在为人们祈祷神时说："啊，神啊！给恶人仁慈吧，因为善人已得到你的仁慈：他们的日子是好的，因为他们是善的。"（萨迪）

六　幸福在爱中

1

为了实实在在做一个幸福的人，要做的只有一件事：爱，爱所有人——无论善良的还是邪恶的。爱无止境，则幸福也无止境。

2

我们不知道，也无法知道，我们为了什么而生活。因此，假如我们没有对幸福的期望，也就不必知道我们应该做什么和不应该做什么。只要我们明白自己的生活不在于动物性，而在于肉体中的灵魂，则这种期望就会确切地告诉我们应该怎样做。这就是我们的灵魂所期望的，并在爱中赋予我们的幸福。

3

无论是谁，为自己做善事从来都不知疲倦。然而最大的善乃是做灵魂想做的事，而只有一点是灵魂始终所期望的：付出爱和得到爱。只要把自己的生活看作弘扬爱心，你就会发现，你的幸福永远在你的掌握之中。

4

如果有一个善的上帝，并且是他创造了世界，那么他创造这世界的时候，一定会让所有的人——我们及他人——都生活得美好。

如果没有上帝，那就让我们自己来为过上好日子而努力。为了过上好日子，我们应当彼此相爱，应当使爱永存。而上帝就是爱，所以说，我们还是回到了上帝身边。

5

我的生命不是我的，因此生活的目的不可能只是我的幸福，它的目的只能是那赋予我生命的派遣者所期望的。而他所期望的是大家都彼此相爱，这也就是我的和众人共有的幸福之所在。

6

人由生到死都想为自己得到善,如果他能在善所存在的地方——对上帝和他人的爱——中去寻找的话,那么他所期望的,就是他已被赋予的。

7

人们说:"为什么还要去爱那些让我们厌恶的人?"因为这就是快乐。你亲身去体验一下,就会知道,这是不是真的。

8

除了以后的死亡,别无所有,除了现在完成应做的事,别无所有!这看起来是何等的乏味和可怕啊!然而只要把这个过程——在现世以爱心越来越紧密地与他人和上帝结合——看作你的生活,那么你原来感到可怕的东西,就会变成美好的、永不破灭的幸福。

七　人越是为肉体而生,他所失去的真正的幸福就越多

1

一些人在权势中寻找幸福,另一些人在求知、在学问中寻找幸福,还有些人在享乐中寻找幸福。这三种欲望的类型形成了三种不同的学派,所有哲学家都会遵从这三者中的某一种。而那些

比其他人更接近真正哲学的人明白，人类共同的幸福——作为所有人追求的对象——不应存在于任何一种只由部分人可以掌握的部分事物中，这些事物一旦被分割开来，则属于某人的那一部分不仅不会给他以享乐，反而会因缺少了其他部分而带来悲伤。他们明白，真正的幸福应该是能被所有人同时享有的，它不会减弱，不会引起嫉妒，任何人也不会不由自主地失去它。这种幸福是存在的，这种幸福就在爱之中。（帕斯卡）

2

不幸的人啊，你为什么惊恐不安？你寻找幸福，不知奔向哪里，而幸福就在你心中。在别人的家门口没什么可找的。如果幸福不在你心中，那么它就不会在任何地方。幸福就在你心中，你能爱所有人就是幸福。爱所有人，不是出于什么原因，也不为什么目的，为的是不以个人的生活为生，而是以所有人的生活为生。在尘世中寻找幸福，却不享用我们自己灵魂中的幸福，这就等于你身边就流淌着清澈的山泉，你却去远方一个污浊的泥潭去取水。（据西里西亚的安杰勒斯）

3

如果你期望真正的幸福，那么不要到遥远的地方，不要到财富和荣誉中去寻找，不要向别人去乞求。为了幸福，既不要卑躬屈膝，也不要与他人争斗。用这些方式只能捞到财物、官衔和各种不必要的东西，而人人需要的真正幸福，从别人那里是得不到的，既买不到，也讨不来，即使得到了也徒劳无益。你要知道，一切你自己无法获取的东西都不是你的，你也不需要。而你所需要的，你随时都能自己获取，只要用你善的生活。

是的，幸福既不靠天，也不靠地，只靠我们自己。

世界上只有一种幸福，我们所需要的也只是这种幸福。这种幸福是什么呢？就是爱的生活。得到这种幸福是很容易的。（据斯科沃罗达）

4

感谢上帝，他使人们所需的不难获得，而使那难以获得的不为人们所需。人最需要的是幸福，而成为幸福的人是最容易不过的事。感谢上帝！

天国就在我们身上。幸福就在我们心中，只要我们心中有爱。

假如是否能够获得人人所需的幸福取决于地点、时间、财力、健康、肉体的力量，那么将会出现怎样的情形？假如幸福只有在美国，或者只有在耶路撒冷，或者只有在所罗门时代，或者只有在皇宫里，或者只有在财富中，或者只有在官职中，或者只有在隐修中，或者只有在学问中，或者只有在健康中，或者只有在美丽的容颜中才有，那将会出现怎样的情形呢？

难道所有的人只能生活在美国或者耶路撒冷，或者只能生活在同一个时代吗？假如幸福只依赖于财富，或者健康的身体，或者美丽的容颜，这样一来，所有的穷人，所有的老人，所有的病人，所有长相丑陋的人就都成了不幸的人。难道说上帝剥夺了所有这些人的幸福吗？感谢上帝，不！他使那难以得到的不为人们所需，他既没有把幸福置于财富之中，也没有把它置于官职和身

体的美丽之中。幸福只存在于一个地方——善的生活,而这是每个人都可以自己把握的。(据斯科沃罗达)

5

人们祷告上帝帮助他们得到身外的东西,而上帝总是愿意用存在于他们本身的东西来帮助他们。实际上人们是希望上帝帮助他们得到他们想要的东西,而非上帝想要的东西。

6

祈求上帝,希望有人给我们此生带来幸福,这种做法就好比一个人坐在泉眼之上,却请求这个泉眼帮他解除焦渴。请弯下腰来自己饮吧。我们已被赋予充分的幸福。应该做的只是善于享用这幸福。

7

如果你把不为你所掌握的东西视为幸福,你就将永远不幸。要明白,幸福只存在于为你所掌握的事物之中,你的幸福是任何人也无法从你身上夺走的。

八 人感受不到生活的幸福,只是在他不遵循生活法则的时候

1

如果你问,为什么会有恶?我将以问作答:为什么会有生活?恶的存在是为了生活的存在。生活就体现在摆脱恶的过程之中。

2

如果生活在你看来不是一种巨大的、凭空得到的喜悦,这只是因为你的理性犯了目的性错误。

3

如果人们的生活并不快乐,其原因只有一个:他们没有完成为使生活成为一连串快乐而必须要做的事。

4

当我们说我们的生活不是幸福的时候,在这些话的背后一定是在暗示说,我们知道还有某种比生活更大的幸福。而实际上我们并不知道,也不可能知道任何比生活更大的幸福。因此,如果我们感到生活不是幸福,那么过错绝不在生活,而在我们自己。

5

如果有人说,他在做善事的时候并不感到幸福,那么这只能说明,被他当作善的东西,并不是善。

6

要懂得并记住,如果一个人是不幸的,过错只在于他自己。人只有在想要得到他无法得到的东西时才是不幸的;如果他希望拥有的是他能够拥有的,这时他就是幸福的。

那么什么是人希望拥有却无法永远拥有,什么又是人希望拥有也能够永远拥有的东西呢?

人无法永远拥有的，是不为他所掌握、不属于他的东西，是那些别人能够从他那里夺走的东西——这些都是人无法掌握的。人所能够掌握的，只有那不会被任何人、任何事物所损害的东西。

前者是指所有世俗的幸福：财富、名誉、健康。后者是指我们的灵魂，我们灵魂的完善过程。我们所能掌握的，恰好是那些对于我们的幸福来说必不可少的东西，因为任何东西、任何世俗幸福都不会带来真正的幸福，它们所带来的永远只是假象。能带来真正幸福的，只有我们在走向灵魂完善的路上所做出的努力，而这些努力随时都是由我们来掌握的。

我们所受到的对待正如一个慈祥的父亲对自己的孩子一样。没给我们的只是那些不能给我们带来幸福的东西。而所有我们需要的，都已给了我们。（爱比克泰德）

7

人弄坏了自己的胃，总是抱怨伙食。那对生活不满的人也是如此。

我们没有任何权利对现有生活不满。如果我们觉得生活让我们不满，这只能说明我们有了对自己不满的理由而已。

8

一个人偏离了道路，走到挡住去路的一条河边坐下来，心里说，那个差他来的人骗了他，他手足无措地待在河边，陷入了绝望，便纵身投进河里，咒骂了那差他来的人几声，便死去了，但他却不想知道，就在他迷失了的那条路上处处都有桥梁和为行人准备的休憩场所。那在唯一真正的生活之路上迷失方向的人也是如此。他们对生活不满，常常毁害自己，原因只是他们偏离了正路，又不想承认自己的错误。

9

不要把对人生意义的疑惑和费解看成某种高尚的事，也不要把它看成某种悲剧性的事。人对生活意义的疑惑，就好比一个人来到一个"好书阅读会"时产生的疑惑。这人既不仔细倾听，也不明白人们读的是什么，他无谓地待在全神贯注的人们中间，这时他所产生的疑惑既不高尚，也没什么悲剧性可言，而只是某种愚蠢、可笑而可怜的东西。

10

一个人本不习惯于奢华，但一个偶然的机会使他过上了奢华的生活，他出于在人们心目中提高自己身份的目的，而故意做出样子，表示他早已习惯奢华，不仅对此不表示惊奇，反而视若等闲。同样的情形也发生在那缺少理性的人身上，他们把对生命喜悦的藐视看作高尚世界观的标志，故意装出他们已厌倦了生活的样子，向别人显示他们可以设想出某种好得多的生活。

11

从前有一个好心人，想尽可能多地为人们做善事，便开始琢磨怎么做才能不使任何人受委屈，让每一个人都受益。要想人人有份地施舍你的善心，那就不要想该给谁和谁更应该得到，否则你就无法让所有人感到平等，那些得不到的就会说："为什么给了他们，而不给我们？"

后来这个好心人想出了一个主意，在人来人往的地方建了一座客栈，客栈里置办齐了所有能让人们感到舒适和高兴的设施。这个好心人在客栈里造好了暖和的客房、上好的炉灶，放好了木柴、灯烛，仓房里装满了各种粮食，地窖里储藏着蔬菜，还备有各种水果、饮料、床、被褥、里外的服装、靴子，把尽可能多的东西都准备好。好心人做完这一切之后就离开了，等着看结果怎么样。

于是陆续有些善良的人来借住，吃点东西，喝点水，住上一夜，要不就待上一两天，或者个把星期。有时谁需要就拿些衣服、靴子。完了就收拾好，保持来之前的样子，以便别的旅客接着再用，走的时候心里一直感激那个不知名的好心人。

但有一次来了一伙大胆而粗鲁的恶人。这一下，他们随心所欲地抢光了店里所有的东西，并为了这些财物起了纷争。开始是互相谩骂，接下来就是拳脚相见，直至互相争抢，故意毁坏财物，只要别人拿不到就好。一直闹到把所有东西都毁坏完，这时，他们才感到又冷又饿，又开始互相埋怨起来，接着就骂起这客栈的主人来，嫌他为什么搞得这么糟糕，连看门的人也不安排一个，准备的东西又这么少，为什么把形形色色的坏人都放了进来。而另一些人则说根本没什么主人，这客栈本身就造得不好。

这些人离开了客栈，又冷又饿，怒气冲冲，只是一味地彼此骂着这个客栈和建造它的主人。

当世上的人们不为灵魂而只为肉体而生的时候，他们也是这样做的，他们毁坏着自己和他人的生活，却不知自责，只知互相指责。如果他们承认上帝,就连上帝一起指责,如果不承认上帝,而认为世界是自行建造的,那么就指责这个世界。

九 只有遵循生活的法则才会给人带来幸福

1

应当做一个永远快乐的人。如果快乐不见了,就要找一找,看你错在哪里。

2

如果一个人对自己的处境不满,他可以用两种方法来改变它:要么改善自己的生活条件,要么改善自己灵魂的状况。前者不是随时都可做到的,后者则永远随他自己掌握。(爱默生)

3

在我看来,人应当把做一个幸福而知足的人确立为自己的第一原则。应当为自己的恶行和不满情绪感到羞愧,应当懂得,如果在我身上或心中有什么不对劲,我不必把这些告诉别人,不必抱怨,而应尽快地努力纠正那出了问题的部分。

4

遵循上帝的法则,即能够带来最高幸福的爱的法则,在任何处境中都可以做到。

5

我们所有人在此生之中都好像未被驯化的马,被套上笼头,戴上夹板,驾上车辕。一开始还在挣扎,想要为了自己、凭着自己的意愿生活,试图拉断车辕,挣脱套索,但是搞得筋疲力尽,却无法逃脱。而只有当你筋疲力尽、忘掉自己的意愿、服从那最高意志、开始拉车的时候,你才会找到安宁和幸福。

6

上帝的意志在任何情况下都可以实现,不管我是否去完成它;但我是做这种意志的敌对者,剥夺自己参与这个过程应得的幸福,还是做它的引导者,使它进入我的内心,让它以爱的形式尽量充满我的内心世界,以它为生并感受牢不可破的幸福——这些都取决于我自己。

7

"凡劳苦担重担的人,可以到我这里来,我就使你们得安息。……因为我的轭是容易的,我的担子是轻省的。"[①] 基督的教义中这样说。这些话的意思是,一个人无论感到多么艰难,无论有什么样的悲哀、什么样的不幸落到他的头上,只要他明白,并在心中接受这种教义,即生活和生活的幸福就在于让灵魂与那被肉体分离的东西——其他人的灵魂、上帝——相结合,那

[①] 《新约·马太福音》11:28、30。

么他所感受到的苦难转瞬间就会化为乌有。人只要把自己的生活看作以爱与所有生命、与上帝相结合,那么他的生活立刻就会由苦难变为幸福。

世俗生活哲学的宗教阐释
——译后记

如果说托尔斯泰是19世纪最伟大的文学家之一，那么，在进入20世纪之后，他已成为一个狂热的思想家和传道士了。在生命的最后若干年间，托尔斯泰撰写了大量的宗教哲学著作，这些著作既保持了在19世纪80年代已经生成的激进和尖锐，也体现了在经历了民粹运动、1905年革命后的思想复杂性。而《生活之路》是他一生中完成的最后一部著作，可以说，这部著作是对其全部思想的终结性陈述。面对新世纪的到来，托尔斯泰急切地渴望着能为俄国，甚至全人类寻找到一条通向美好未来的道路，在高声宣告"上帝已死"的现代主义无可奈何地到来之时，托尔斯泰对生命意义的探索堪称世纪绝响。

一

19世纪80年代，当托尔斯泰出版了他的《忏悔录》之后，即以对社会和人生的崭新思考引起世人瞩目。他在文学创作之余，试图进一步把自己对人生的思考以更直接的方式传达给民众。他弃绝了东正教会的种种学说，力求在恢复真正基督教义的旗帜下建立一套新的教义体系。正如许多思想家都努力使人相信其思想的深远渊源一样，托尔斯泰并不想表明这套体系是他创建的，而要让人们意识到，他的思想乃是历代哲人最优秀的思想的反映。因此，他开始通过各种途径阅读大量的文献资料，选取其中精辟的言论，来佐证他的宗教哲学理论。其次，他希望能找到一种比他此前所发表的论文更易为民众所接受的形式。在搜集文献的过程中，他读了中国的语录式哲学书籍，如俄文本的《论语》和德文本的《道德经》、古罗马的箴言录、法国启蒙思想家的劝谕性读物和古罗斯的一些文献。其中有一本俄罗斯正教会编纂的文选，叫作《阅读圈》，托尔斯泰由此得到启示，他在1884年3月15日的笔记中写道："应当为自己编纂一个《阅读圈》：爱比克泰德、马可·奥勒留、老子、帕斯卡、福音书。——这对于所有人来说都是必要的。"[①] 在这个想法确立之后的十几年间，托尔斯泰为了这个工作付出了巨大的努力。他先是在1903年出版了《哲人思想录——每日必读》，如著名作家布宁所说的："在这个集子里收进了最能打动他的、最符合于他的头脑和心灵的、出自不同国家、不同民族、不同时代的'哲人们的思想'，同时也包括了他本人的一些思想。"[②] 此后于1906年又出版了篇幅庞大的《阅读圈》。这两本书都采用了日志式的语录及文选体例，以一年为周期，每日表述一个主题，但在不同的日期，主题交替出现，显得较为凌乱，它

---

① 《托尔斯泰全集》第49卷，莫斯科，1956年，第68页。
② 《布宁文集》第9卷，莫斯科，1967年，第33页。

们更像是资料库式的著作。为此，在这个基础上，他又着手编纂一部新的《每日必读》，改进为不同月份同日主题相同的方式，而且越来越多地加入了自己的思想。这部著作仍由与托尔斯泰合作多次的媒介出版社出版。

就在《每日必读》不断交付、打样、校对的过程中，出版商戈尔布诺夫提议，在书中选出一些段落，分主题印成小册子出版，以更便于大众的接受。此时已是托尔斯泰生命的最后一年了。在戈尔布诺夫这个动议的启发下，他产生了写一本分主题详尽阐述其宗教哲学思想的书的想法。这本书仍采用每日一题的形式，但不是以一年为周期，而是以一月的三十一天为限，分成三十一章来写。这个工作开始于1910年1月底，在1月31日的日记中托尔斯泰写道："为了出《每日必读》的小册子，我开始了新的工作，已经完成了第一册：论信仰。"[①] 而在日记中最后一次谈到这个工作是10月15日，也就是他逝世的前二十二天。可以说，托尔斯泰把生命的最后时光都献给了这部著作。最初托尔斯泰曾想把这部著作命名为《关于生活的教义》，但又觉得有训诫的意味；他的秘书布尔加科夫建议叫作《关于生活的思考》，托尔斯泰仍感到不满意，想改为《如何生活？》，但最终在戈尔布诺夫的提议下，定名为《生活之路》。

文学评论家尼科留金认为，"如果说在《哲人思想录》中仅有为数不多的托尔斯泰思想的话，那么在《生活之路》中，在托尔斯泰这类形式创作的最后阶段，情形正好相反：其他作家的格言

[①] 《托尔斯泰文集》第20卷，莫斯科，1965年，第390页。

为数不多，除此之外的都属于托尔斯泰"[1]。也就是说，托尔斯泰在撰写这一系列文集的过程中，越来越倾向于用自己的话、用更清晰的语言来表达自己的思想。而《生活之路》也就在更大的程度上成为托尔斯泰自己的思想录。为了做到这一点，他不惜将所引用的其他作家的话加以改动，以适应他的思路。他在为《生活之路》单册版所写的序中也承认，"它们做了这些改动，使得我不便再注上作者的名字"[2]。其实这也是托尔斯泰从事这类创作以来一直坚持的对待原文的态度，早在1886年2月22日他在给出版商切尔特科夫的信中就说："应当尽可能大胆地对待原文：把上帝的真理置于作家的权威之上。"[3] 在1904年《阅读圈》序言的一个手稿中，托尔斯泰写道："如果有人愿意把这本书翻译别的语言，那么我建议他们不要用自己的语言去查对英国人柯勒律治、德国人康德、法国人卢梭的原文，就是说，如果他们想要译的话，就从我的书来译。"[4]

仅从上面这些材料也可以看出，《生活之路》绝不仅仅是一部"编纂"之作，或像他本人在单册版序中说的，"在这些未署名的思想中最优秀的部分并不是属于我的"，而应该说，这部著作正是托尔斯泰本人思想的全面总结，像他的所有其他作品一样，它是作者心灵的流露，并且书中所流露的心灵乃是一颗更为成熟的心

---

[1] 参见尼科留金《阅读圈·序》，莫斯科，1991年，第11—12页。
[2] 《托尔斯泰全集》第45卷，莫斯科，1956年，第17页。
[3] 参见尼科留金《阅读圈·序》，莫斯科，1991年，第15页。
[4] 《托尔斯泰全集》第42卷，莫斯科，1957年，第473页。

灵。凡是想从作者的角度去理解托尔斯泰的文学，都应当把这部作品视为打开托氏宝库的一把钥匙，而对于研究托尔斯泰思想的人来说，忽视了《生活之路》，就等于放弃了更简捷、更全面地认识一个"19世纪所有伟人中最复杂的人"（高尔基语）的机会。在本文中，让我们通过《生活之路》来看托尔斯泰是如何在宗教的旗帜下建立自己的世俗生活哲学的，或者说，他是如何对一种生活的哲学做宗教阐释的。

二

大家知道，俄国的文化具有深厚的宗教底蕴，在这样的文化背景之下，托尔斯泰的思想中也浸透着浓重的基督教精神，但是，托尔斯泰所宣扬的基督教学说与传统的教会神学有着深刻的差异，甚至应该说，托尔斯泰的学说并不是一种宗教。在《生活之路》中，托尔斯泰多次提到"伪教义"和"真正的基督教义"的概念，那么什么是"伪教义"，什么是"真正的基督教义"呢？他指出，传统的"伪教义"甚至就在耶稣身后就已出现，他对《新约》中对奇迹的渲染表示了不满，在"伪信仰"一章中他说："耶稣的使徒和最初的基督徒们从一开始就没有明白基督教义的实质，他们教导那些接受基督教的人首先要相信基督的复活，相信受洗的神奇作用，相信圣灵会降临人间等等，但对基督有关道德的教诲却只字不提或很少提及，这从使徒行传所记载的使徒谈话中可以看得出来。"（第十八章第二节第7条）这段话表明，托尔斯泰对基督教的理解是超越于一切既有的基督教规范的。无论是圣经，还是使徒们的行为，在托尔斯泰这里都要接受新的观念的检验。甚至有关耶稣奇异身世的记载也是被否定的。在《生活之路》的引文中，我们丝毫也看不到《新约》中大量有关耶稣以奇迹感化民众及来世救赎的记述，书中所涉及的主要是耶稣的"登山宝训"等所谓"有关道德的教诲"。俄国东正教思想家森科夫斯基也认为，"他否定了作为神祇的基督，否定了他的复活；他大胆地改动了福音书原文的许多地方，照他的观点，这是为了保持基督启迪世人的根本教义"①。在托尔斯泰看来，把基督教当作一种可以企盼奇迹的信仰，并通过种种烦琐的礼仪以促使奇迹降临——这些对宗教的一般理解，恰恰就是"伪教义"。而真正的基督教义不是使人们相信那些虚幻的超验的东西，真正的教义应当停留在道德完善的层面上，即应针对可以体验的"生活"——现世生命，教导人们在现世生命的历程中通过"爱"达到与上帝和所有人的同一化。

托尔斯泰早在其著名论文《天国就在我们心中》的题词中就提出："基督教不是神学，而是对生活的最新理解。"所谓最新理解，就是说，信仰只存在于自我完善的过程中。在《生活之路》中，作者强调了自我完善（也即是幸福）的"现世"性。大家知道，传统的基督教义是把现世视为"罪孽之渊薮"的，幸福只在赎完现世罪孽之后的来世才能实现，即在未来的天堂之中人才能找到幸福。托尔斯泰用了许多篇幅来否定幸福在来世的观念，他说："我们常常忽视现世的幸福，而算计着在什么地方、什

---

① 森科夫斯基《俄国哲学史》第1卷第2部，列宁格勒，1991年，第198页。

么时候能得到一种更大的幸福。但在任何地方、任何时候都不会有一种更大的幸福，因为我们在生活中被赋予的就是一种伟大的幸福——这就是生活，更高的幸福是不存在的，也不可能存在。"（第三十一章第一节第2条）不仅如此，托尔斯泰甚至否定了"未来"的存在，他专门以一章的篇幅来论述"现在的生活"，其主要观点就是："存在"只体现为现在的瞬间，或者说"存在"是超时间的，它只是一个个过去和未来的交会点所构成的，但正是这个点，体现着存在的意义，人也只有在这个点上才是自由的，人既不受"过去"的影响，也不受"未来"的制约，然而人一旦"走入过去和未来"，人便失去了自由。托尔斯泰通过这种抽象的哲学论述所要进一步说明的是，生与死这些存在于时间之中的东西是不重要的，重要的是人如何在现世中做出努力，如何在克服苦难、舍弃自我和道德完善中去感受幸福。也就是说，托尔斯泰所指出的"生活之路"不是通往来世的，而是铺展在现世生命的历程之中。由此可见，这种从形而上的角度探讨幸福的貌似宗教教义的论述，实际上是一种世俗的生活哲学。

三

托尔斯泰的晚年一直致力于恢复基督教的本来面目，证明真正的基督教义的存在，或者说，他是在试图用一套生活的法则来框架基督教义。在这个过程中，他必然面临着一个棘手的问题，即上帝是否存在、上帝是什么的问题。但他仍对传统的"上帝无须证明""上帝即爱"的观点做出了自己的解释。应当说,《生活之路》在这个问题上常常是矛盾的。托尔斯泰一方面认为世上最荒谬的事莫过于证明上帝的存在,另一方面又试图对上帝的存在加以阐释,并力求摆脱神学的影响,而在论证上帝存在的时候不免绕进抽象思辨的圈子,甚至陷于困惑。他说:"我知道我身上存在着独立于一切的灵魂生命。凭借这独立于一切之物我知道同样的灵魂生命也存在于其他人。但如果我知道这灵魂生命存在于我,也知道它存在于其他生命,那它就不可能不存在于自身。这个自我存在的生命,我们称之为上帝。"(第四章第一节第6条)与此同时,他又多次强调对这个"自我存在的生命"的认识是各有不同的,人们只有"在领会上帝想要他们做什么时"才是统一的(第四章第一节第17条)。1906年,他在自己的笔记中写道:"上帝是否存在?我不知道。我知道,存在着我的灵魂生命的法则。我把这个法则的本源和起因称为上帝。"[1] 在某些论述中,托尔斯泰所理解的上帝类似于德国唯心主义哲学的"先验主体",但从上面这些阐释中,我们又只能认为"上帝"并非"先验主体"或作为共同对象存在的"自我存在的生命",而是某种以个体感悟形式存在的赋予生命以意义的事物。书中记载了这样一个传说故事:

  摩西在荒原上游荡,听到一个牧羊人在祈祷上帝。牧羊人是这样祈祷的:"啊,主啊,我怎样才能碰到你,做你的奴隶啊!我多么愿意为你穿鞋,为你洗脚并亲吻它们,为你梳头,

---

[1]《托尔斯泰全集》第55卷,莫斯科,1937年,第580页。

为你穿衣,打扫你的住处,为你端上从我的牛羊身上挤出的奶!我真心地祝福你。"听到了这些话,摩西大怒,对着牧羊人说道:"你这个亵渎神灵的家伙。上帝没有肉体,他不需要什么衣服、什么住处、什么仆人。你真是大放厥词。"牧羊人感到很伤心。他无法想象,上帝会没有肉体,没有肉体的需要,他无法再为上帝祈祷和祭祀下去了,心中感到大失所望。这时,上帝对摩西说:"你为什么把我的忠实奴仆从我身边赶走?任何一个人都有自己的思想和自己的话语。在一个人看来是不好的,在另一个人看来就是好的;对你来说是毒药,而对另一个人来说则是甘甜的蜂蜜。话怎样说无所谓。我看的是那找我来的人的心。"(第四章第一节第19条)

这个故事所否定的恰是摩西所懂得的具体的上帝,而肯定的是牧羊人观念中的上帝,并说明,上帝以何种形式存在,只在于个人的理解。但无论怎样,总的来看,托尔斯泰是不承认传统基督教义中所认定的上帝的存在的,也就是说,他不是把上帝理解为万物的本源和世界的主宰,而是把上帝理解为赋予所有生命以"意义"的某种精神事物,或者说是人之所以成为"人"而共同遵守的一种法则。在《生活之路》中,托尔斯泰一般把这种精神事物或法则界定为"爱"。"上帝即爱"的概念是从《新约·约翰一书》中来的,但是,使徒约翰的理解显然是神学的理解,即:首先是上帝爱我们,所以我们也应当彼此相爱,"不是我们爱上帝,而是上帝爱我们,差他的儿子为我们的罪作了赎罪祭;这就是爱"(《约翰一书》4:10)。《生活之路》引用了多处《约翰一书》中关于爱的论述，但是放弃了原文中这关键的一句。应当说，这不是托尔斯泰的疏忽，而是他有意识地要剔除关于"上帝即爱"的阐释的神学内容，即避免在本体论的层面上触及超验的"上帝"概念，而把这一概念最终引入自己关于爱的学说。他强调了爱是生活的根本内容，也是人的本质属性，就像蜜蜂要飞、蛇要爬、鱼要游一样，"人就要爱"。（第五章第五节第2条）他以一个简单的推理来说明上帝与爱的关系：

> 如果没有上帝，那就让我们自己来为过上好日子而努力。为了过上好日子，我们应当彼此相爱，应当使爱永存。而上帝就是爱，所以说，我们还是回到了上帝身边来。（第三十一章第六节第4条）

这就是说，在自身对爱的体认，则是对上帝的体认，反过来也是一样，承认上帝的人不能不信守爱的原则。即由生活态度决定对上帝的信仰，而不是把恪守教义、信奉奇迹、遵从仪典作为证明信仰的基础。总之，当托尔斯泰觉得不可避免地要面对"上帝"这一概念的时候，他认为最好的方法就是把它解释为生活的法则或"生活的本质"，把它理解为尘世中"幸福的希望和希望的实现"（第四章第二节第1条）。但这并没有解决全部的问题，托尔斯泰尽管回避对"上帝即爱"的神学解释，但同时也意识到了这个说法中隐藏的逻辑转换，即以爱的属性来代指上帝。他写道："人们说，上帝就是爱，或者爱就是上帝。人们也说，上帝就是智慧，或者智慧就是上帝。这些说法都不完全可信。爱和智慧，都是我们在自身感受到的上帝的属性，但是他本身是什么，我们无从得知。"（第四章第一节第13条）这就是说，作为一种宗教的基础的"上帝"是什么的问题仍然存在。对此，托尔斯泰着重强调了"上帝不可凭理智认识"的观点，并以老子"道可道，非常道；名可名，非常名"的说法来加以佐证。这固然有托尔斯泰要回避这个问题的因素，但更重要的是，他在为人们指出一条"生活之路"时，使人们不要把意识关注在论证上帝的问题上，而只是借助这个概念以达到调整生活的目的。正如杜威所说的，把宗教"从神秘观念和随神秘观念产生的东西区别开来……以便人生经验中属于宗教的部分可以自由地发展"[①]。就是说，使人们在可经验的事物上确立信仰，"不要努力去认识上帝，而是要努力去实现他的意志，这样，你就会越来越生动地在自己身上感受到上帝"（第四章第四节第4条）。或者说，生活的原则问题解决了，"上帝"是什么的问题就成为次要的了。

四

继列宁之后，有越来越多的人注意到托尔斯泰思想中的最有力之处就是其批判性。可以说，托尔斯泰所开辟的"生活之路"就是铺展在破坏和否定的基础之上的。苏联学者阿斯穆斯在谈到

[①] 杜威《一个共同的信仰》，耶鲁大学出版社，1934年，第2页；转引自尹大贻《基督教哲学》，四川人民出版社，1988年，第337页。

这个问题时说："托尔斯泰的宗教观念首先体现为否定性……与其说托尔斯泰是试图揭示和重新确立对上帝的正面观念，不如说是要谴责和揭露当时社会的那种精神生活制度，在这种制度之下，社会的成员们正在丧失掉对生活的理性意义的每一种觉悟。"[①] 我们看到，《生活之路》在批判的力度上达到了一个新的高峰。

《生活之路》在最初准备出版的时候并不顺利，其原因是众所周知的，这就是书刊审查制度。如果托尔斯泰只是宣扬"有爱无类"或"不以暴力抗恶"的学说，未必会引来麻烦，问题正出在这本书的抨击性上。当时被审查机关删除最多的是"贪""不平等""暴力""惩罚""伪信仰"等几章的内容，但出版商戈尔布诺夫还是把被删后的印刷稿寄给托尔斯泰请他校对，并希望能使其主旨得以保留，而唯独"国家迷信"一章，出版商根本就没有提交审查机关，因为其中的每一行字都无法获得通过。因此，这一章在1911年所出的两种版本中都没有出现，一直到1917年，也就是在沙皇制度被推翻之后，才以单行本形式正式出版。这一章之所以无法获准出版，原因是托尔斯泰对国家政权做了彻底的否定。早在1900年，他就在《当代的奴隶制》一文中做出惊人的推论："人们的奴隶制产生于种种法令，而法令是由政府所制定的，因此，只有消灭政府，才能把人们从奴隶制下解放出来。"[②] 在《生活之路》中，作者仍保持了这种抨击的犀利色彩，并且更进一步。

---

① 《托尔斯泰的世界观》，见《瓦·费·阿斯穆斯哲学文集》第1卷，莫斯科，1969年，第62页。

② 《托尔斯泰文集》第16卷，莫斯科，1965年，第513页。

《当代的奴隶制》只是否定了暴力在消灭政府方面的作用，而在《生活之路》中，托尔斯泰把暴力的出现也同样归罪于政府："所有革命的残酷性都是统治者的残酷行为所导致的。革命者都是悟性很强的学生。""为什么会发生革命和革命中的残酷行为？因为当权者的暴力行为教会了人们迷信于用暴力建立新制度。"（第十四章第一节第12、13条）如果说，从国家形式的发展或从宗教理想的意义上去批判世俗政权或许还能为执政者所容许的话，那么，从道德伦理的层面上去攻击当权者则使这种思想注定不为政府所接受：

> 只要仔细考虑一下政府利用其权力所作所为的实质，就会明白，那统治人民的人必然都是些残忍的、寡廉鲜耻的人，其道德水平肯定低于同时代、同社会一般的人。别说道德完美的人，就是没有完全到寡廉鲜耻地步的人，也不可能爬到宝座上去，要么成为大臣，要么成为决定全体人民命运的立法者。既是道德完美的人，又是治理国家的人——这种说法有一个内在的矛盾，就如同说一个妓女保持着童贞，一个醉鬼头脑清醒，一个强盗性情温顺一样。（第十七章第二节第3条）

其实，《生活之路》中就批判性来说，最有意义的部分应在于对教会的否定。托尔斯泰在《忏悔录》中就已对教会通过宗教仪式来维护暴力、愚昧人民的行为进行了批判。他帮助受政府和国家教会迫害的"反仪式派"教徒逃离俄国，他对他们"反国教"和"拒服兵役"的立场深表赞同，并接受了他们"食荤"的戒条和"人人平等""上帝即在人们心中"的教义。正是这些言行导致1901年2月托尔斯泰被至圣宗教院开除教籍,其理由是:"狂妄地反对天主,反对基督,反对其神圣的财富,公然当众背弃哺育与教养他的母亲——正教教会,以其文学活动与上帝赐予他的才华在民间散布为基督与教会所憎恶的学说,剪除众人思想和心灵中父辈的信仰。"[①] 但这一事件更激发了托尔斯泰与教会决裂的信念。在晚年一系列的文章中,特别是《生活之路》中,他列举了基督教会历史上的种种暴行,如对莱顿和扬·胡斯的审判(第十八章第五节第3、4条),并彻底否定了教会存在的必要。"教会的信仰就是奴隶制。"(第十八章第一节第5条)而奴隶制是最终要被消灭的,如果说存在着一个教会的话,那么这就是那"内在的教会","由具有真正的信仰,也即具有统一信仰的人们联合起来的教会"。

> 真理之光是存在的,那从四面八方向这光明走来的人是存在的,他们从不同的方向走来,一个圆有多少条半径,他们就从多少个方向走来,就是说,他们正通过无数条不同的途径走向这真理之光。我们将尽全力奔向这所有人聚拢来的真理之光,至于我们距它还有多远,我们是否已联合起来,为此将无须我们评说。(第十八章第六节第10条)

托尔斯泰被革除了教籍,因为他以自己的宗教在建立着一种

[①] 梅拉赫《列宁和俄国文学问题》,臧仲伦等译,中国社会科学出版社,1982年,第315页。

崭新的文化。在西欧，从文艺复兴时期以后，教会在信仰过程中的作用就已受到大大的削弱，教义高于教会的观念被广泛接受。然而俄国却走了一条独特的历史发展道路，在它的文化中从不曾出现过真正的文艺复兴式的革命，教会直到20世纪仍在影响着俄国的政治生活和民众的精神生活。因此可以说，托尔斯泰从19世纪80年代以来对教会发起的冲击，是将曾在西欧发生过的宗教世俗化、个体化进程引入俄国的尝试，他的以"泛道德主义"生活原则来代替俄国的教会信仰，是具有革命意义的。

五

俄国流亡哲学家别尔嘉耶夫认为，托尔斯泰的学说实际上是不可能实现的，但是这并不妨碍这种学说的伟大意义。[①]当我们面对《生活之路》的时候也是如此。我们并不能因为其生活原则的不现实，就断定它是没有现实意义的。其实，《生活之路》中的许多主张都是基于俄国的独特现实而做出的理想选择。我们也必须从这个角度去理解托尔斯泰的宗教情结、不以暴力抗恶的原则和宗法式农民乌托邦理论。大家都知道法国启蒙思想家卢梭对托尔斯泰的影响，当少年时的托尔斯泰第一次读完卢梭的作品后，他身上便不再挂十字架，而挂一个小小的卢梭肖像。卢那察尔斯基

---

① 参见别尔嘉耶夫《俄罗斯思想》，见《论俄国及俄国哲学文化》，莫斯科，1990年，第177页。

认为:"这件事有极大的特征意义。卢梭的独特的革命思想主要是什么呢?是认为文明、科学、艺术、技术、国家形式的发展等等实际上不仅不算进步,反而只能伤风败俗,是认为古时候才有人的幸福,才有名副其实的、真正的公平的生活制度,因此最接近这种制度的是社会的落后部分,例如农民。"[1]《生活之路》中仍保留了卢梭"回归自然"思想的痕迹。卢梭肯定了"野蛮人"的生活方式,而托尔斯泰则认为,在保持人的天赋理性——对上帝和他人的爱——方面,做得最完善的正是远离文明的农民,他说:

> 如果一个人懂得了所有的学问,能用所有的语言讲话,但却不懂得他本身是什么、他应当做什么,那么他的文化程度就远远低于一个不识字的老太太。这老太太相信老天爷就是大救星,也就是说她相信上帝,并且凭着上帝的意志认识到自己是有生命的,她懂得,这个上帝要求她唯德是从。她比那个学者更有文化,因为她得到了对一个主要问题的答案,即她生活的意义是什么,她应当怎样生活(第十九章第五节第13条)。

他在《生活之路》中两次引用了法国启蒙思想家的孟德斯鸠的一句话:"我喜欢农夫:他们没有足够的学问去歪曲事物。"(第九章第三节第6条;第十九章第八节第7条)

然而,正像别尔嘉耶夫所说的:"托尔斯泰喜爱卢梭,但不应

---

[1] 卢那察尔斯基《论托尔斯泰的创作》,见《论俄罗斯古典作家》,蒋路译,人民文学出版社,1958年,第288页。

当夸大卢梭对他的影响。"① 托尔斯泰钟情于宗法式农民,并不仅是因为受了法国启蒙思想家们的影响,可以说,在更大的程度上,这是俄国现实的启示,是民粹主义运动的一种反拨。19世纪60年代末,无政府主义者巴枯宁发出"到民间去"的呼吁,鼓动知识青年去发动农民,调动农民的"社会主义本能"。但事实证明,他们的想法是不切实际的。他们并不了解农民,也不被农民所接受。于是他们终于放弃了初衷,转入秘密的恐怖斗争,幻想以个人暴力行为迫使政府投降。民意党的出现正是这种转变的标志。列宁认为,这是民粹派从实际行动转入了"愿望和空谈"②。从19世纪50年代写作《一个地主的早晨》以来,农民问题一直是托尔斯泰关注的焦点,显然,他对农民物质与精神的生活现状并不满意,但当民粹派抛开了农民的时候,托尔斯泰在他们两者之间选择了农民。在他看来,不是农民本身出了问题,而是包括他本人在内的"自认为有知识的人"有问题。他力图在农民身上寻找根本的生活原则,而不是民粹派想象的"社会主义本能"。许多人认为托尔斯泰的想法是复古主义,其实这是托尔斯泰主义"对简朴的喜爱和对纯洁的需求"③,或者说,这是一种建立在民粹主义失败的基础之上的乌托邦性质的宗法式农民理想。

像托尔斯泰的其他许多著作一样,《生活之路》对"不以暴力

---

① 别尔嘉耶夫《俄罗斯思想》,见《论俄国及俄国哲学文化》,莫斯科,1990年,第165页。
② 《列宁全集》第10卷,人民出版社,1958年,第252页。
③ 别尔嘉耶夫《俄罗斯思想》,见《论俄国及俄国哲学文化》,莫斯科,1990年,第166页。

抗恶"的原则进行了大量的阐述。在这个问题上，我们也必须从俄国独特的社会现实角度去理解。列宁在《列夫·托尔斯泰是俄国革命的镜子》一文中，说托尔斯泰的思想"反映了幻想的不成熟、政治修养的缺乏和革命意志的软弱"，而托尔斯泰式的"不抵抗邪恶"正是"第一次革命运动失败的极重要的原因"[①]。但如果考虑到俄国19世纪60年代以后的几次革命活动的理论和实践，我想我们应该把上述因果关系反过来看，即正是多次革命的失败使托尔斯泰坚定了其"不以暴力抗恶"的观念。在《生活之路》中他强调了他的观点与民粹派的区别：

> 无政府主义者们在许多方面都是对的，如否定现存秩序，证明在现存的习俗中不可能有比政权暴力更恶劣的东西；但他们犯了一个重大的错误，他们认为无政府主义可以通过革命来确立。（第十七章第七节第8条）

民意党人在19世纪80年代终于刺杀了亚历山大二世，但革命领导者的被镇压也同时宣告了民粹主义运动的结束。而1905年革命，即列宁说的"第一次革命"，仍以失败而告终。《托尔斯泰全集·生活之路》"编者的话"中说："托尔斯泰否定了革命活动作为社会冲突的解决方式，极力反对以暴力推翻国家制度。在1905年事件之后，托尔斯泰开始更为坚定地反对政治活动，反对深深打动了人民大众的革命主张。这就是为什么他的最后一部作品带

---

① 《列宁全集》第15卷，人民出版社，1959年，第182页。

有强烈的反对革命的色彩。"[1] 我们说,托尔斯泰是在看到一系列革命的失败之后,才更加坚信暴力的无效,也更加坚定地反对革命。但大家都知道,不以暴力抗恶并非不抗恶,因此,从某种意义上说,托尔斯泰是一个理想的革命者,别尔嘉耶夫甚至认为:"列夫·托尔斯泰的宗教无政府主义是无政府主义最彻底的激进形式,即对政权和暴力根源的否定。……真正的革命性要求的是生活本源的精神变革。……批评不以暴力抗恶的托尔斯泰学说是很容易的,指出这种学说让恶行与恶人得势也是容易的。但人们往往并不理解他所提出问题的真正深刻性所在。"[2] 那么这种深刻性在哪里呢?就在于托尔斯泰否定了现存的以"暴力"(不仅指武力,更多地指强权、邪恶等政治行为)为中心的尘世法则,更重要的是同时创制了建立在现实观照和世俗阐释基础上的"上帝法则",即爱的法则。

在对托尔斯泰的破坏性和创造性的理解上,森科夫斯基与阿斯穆斯有所不同,他认为,"托尔斯泰的强大不仅在批判上,在对种种世俗化倾向的否定上,更为重要且影响更大的是他对宗教文化思想的回归"[3]。《生活之路》"编者的话"也说道:"'为上帝的活动'的说教,对社会变革出路的解释和对宗教哲学的阐述,构成了这本书的基础。"[4] 我们说,托尔斯泰的宗教情结除了来自俄罗

---

[1] 《托尔斯泰全集》第45卷,莫斯科,1956年,第7—8页。
[2] 别尔嘉耶夫《俄罗斯思想》,见《论俄国及俄国哲学文化》,莫斯科,1990年,第176页。
[3] 森科夫斯基《俄国哲学史》第1卷第2部,列宁格勒,1991年,第208页。
[4] 《托尔斯泰全集》第45卷,莫斯科,1956年,第6页。

斯的民族文化渊源之外，像他的其他主张一样，是在民粹主义运动失败之后，为探索解除社会精神危机的出路的结果。民粹主义悲剧的原因之一，就是忽视了农民的宗教文化心态。巴枯宁认为，对上帝及灵魂的信仰使人民丧失了为争取权利而斗争的精力。这种论断也许是对的，但在如何鼓舞人民为争取权利而斗争的问题上，他并没有找到解决的办法。正如别尔嘉耶夫所说的，"人民很难接受与民众宗教信仰格格不入的知识分子对他们进行的教育"，而托尔斯泰正是要"在宗教冷漠或敌视基督教的社会中激发人们的宗教良知"[1]。现实启发着托尔斯泰，他在农民的身上发现了那根深蒂固的文化品性，从而希望借助于这种品性来贯彻其"上帝法则"，他归纳出，"我们的革命的危害在于它是受利己主义所引导的。改变现存制度只有靠为上帝的活动"[2]。为此，托尔斯泰在他生命的最后一年做出了最后的努力，来设计一条根本的"生活之路"：人人依照爱的原则来生活，于是他们将获得幸福，拥有自由、全能和永恒的生命，他们将融入上帝，获得拯救，并越来越强烈和深刻地感受到拥有天堂的快乐。（第三十一章第四节第9条）

人们会说，托尔斯泰的"生活之路"仍然是不切实际的。但是，我们不能从这样的角度去评判托尔斯泰，尤其是今天，我们已有充分的资格将其置于历史的背景下来审视。托尔斯泰是将一

---

[1] 别尔嘉耶夫《俄罗斯思想》，见《论俄国及俄国哲学文化》，莫斯科，1990年，第146、203页。

[2]《托尔斯泰全集》第58卷，莫斯科，1934年，第223页。

种世俗的理想主义推向了宗教的最高境界，而反过来又将这种教义的价值取向定位于世俗的生活。从这个意义上说，托尔斯泰既是一个革命者，又是一个俄罗斯传统文化的集中体现者。我想，重读《生活之路》，我们会得到全面的阐释。

王志耕

汉译文学名著

第一辑书目（30种）

伊索寓言	〔古希腊〕伊索著　王焕生译
一千零一夜	李唯中译
托尔梅斯河的拉撒路	〔西〕佚名著　盛力译
培根随笔全集	〔英〕弗朗西斯·培根著　李家真译注
伯爵家书	〔英〕切斯特菲尔德著　杨士虎译
弃儿汤姆·琼斯史	〔英〕亨利·菲尔丁著　张谷若译
少年维特的烦恼	〔德〕歌德著　杨武能译
傲慢与偏见	〔英〕简·奥斯丁著　张玲、张扬译
红与黑	〔法〕斯当达著　罗新璋译
欧也妮·葛朗台 高老头	〔法〕巴尔扎克著　傅雷译
普希金诗选	〔俄〕普希金著　刘文飞译
巴黎圣母院	〔法〕雨果著　潘丽珍译
大卫·考坡菲	〔英〕查尔斯·狄更斯著　张谷若译
双城记	〔英〕查尔斯·狄更斯著　张玲、张扬译
呼啸山庄	〔英〕爱米丽·勃朗特著　张玲、张扬译
猎人笔记	〔俄〕屠格涅夫著　力冈译
恶之花	〔法〕夏尔·波德莱尔著　郭宏安译
茶花女	〔法〕小仲马著　郑克鲁译
战争与和平	〔俄〕列夫·托尔斯泰著　张捷译
德伯家的苔丝	〔英〕托马斯·哈代著　张谷若译
伤心之家	〔爱尔兰〕萧伯纳著　张谷若译
尼尔斯骑鹅旅行记	〔瑞典〕塞尔玛·拉格洛夫著　石琴娥译
泰戈尔诗集：新月集·飞鸟集	〔印〕泰戈尔著　郑振铎译
生命与希望之歌	〔尼加拉瓜〕鲁文·达里奥著　赵振江译
孤寂深渊	〔英〕拉德克利夫·霍尔著　张玲、张扬译
泪与笑	〔黎巴嫩〕纪伯伦著　李唯中译
血的婚礼——加西亚·洛尔迦戏剧选	〔西〕费德里科·加西亚·洛尔迦著　赵振江译
小王子	〔法〕圣埃克苏佩里著　郑克鲁译
鼠疫	〔法〕阿尔贝·加缪著　李玉民译
局外人	〔法〕阿尔贝·加缪著　李玉民译

汉译文学名著

第二辑书目（30种）

枕草子	〔日〕清少纳言著	周作人译
尼伯龙人之歌	佚名著	安书祉译
萨迦选集		石琴娥等译
亚瑟王之死	〔英〕托马斯·马洛礼著	黄素封译
呆厮国志	〔英〕亚历山大·蒲柏著	李家真译注
波斯人信札	〔法〕孟德斯鸠著	梁守锵译
东方来信——蒙太古夫人书信集	〔英〕蒙太古夫人著	冯环译
忏悔录	〔法〕卢梭著	李平沤译
阴谋与爱情	〔德〕席勒著	杨武能译
雪莱抒情诗选	〔英〕雪莱著	杨熙龄译
幻灭	〔法〕巴尔扎克著	傅雷译
雨果诗选	〔法〕雨果著	程曾厚译
爱伦·坡短篇小说全集	〔美〕爱伦·坡著	曹明伦译
名利场	〔英〕萨克雷著	杨必译
游美札记	〔英〕查尔斯·狄更斯著	张谷若译
巴黎的忧郁	〔法〕夏尔·波德莱尔著	郭宏安译
卡拉马佐夫兄弟	〔俄〕陀思妥耶夫斯基著	徐振亚、冯增义译
安娜·卡列尼娜	〔俄〕列夫·托尔斯泰著	力冈译
还乡	〔英〕托马斯·哈代著	张谷若译
无名的裘德	〔英〕托马斯·哈代著	张谷若译
快乐王子——王尔德童话全集	〔英〕奥斯卡·王尔德著	李家真译
理想丈夫	〔英〕奥斯卡·王尔德著	许渊冲译
莎乐美 文德美夫人的扇子	〔英〕奥斯卡·王尔德著	许渊冲译
原来如此的故事	〔英〕吉卜林著	曹明伦译
缎子鞋	〔法〕保尔·克洛岱尔著	余中先译
昨日世界：一个欧洲人的回忆	〔奥〕斯蒂芬·茨威格著	史行果译
先知 沙与沫	〔黎巴嫩〕纪伯伦著	李唯中译
诉讼	〔奥〕弗兰茨·卡夫卡著	章国锋译
老人与海	〔美〕欧内斯特·海明威著	吴钧燮译
烦恼的冬天	〔美〕约翰·斯坦贝克著	吴钧燮译

汉译文学名著

第三辑书目（40种）

埃达	〔冰岛〕佚名著　石琴娥、斯文译
徒然草	〔日〕吉田兼好著　王以铸译
乌托邦	〔英〕托马斯·莫尔著　戴镏龄译
罗密欧与朱丽叶	〔英〕莎士比亚著　朱生豪译
李尔王	〔英〕莎士比亚著　朱生豪译
大洋国	〔英〕哈林顿著　何新译
论批评　云鬈劫	〔英〕亚历山大·蒲柏著　李家真译注
论人	〔英〕亚历山大·蒲柏著　李家真译注
亲和力	〔德〕歌德著　高中甫译
大尉的女儿	〔俄〕普希金著　刘文飞译
悲惨世界	〔法〕雨果著　潘丽珍译
安徒生童话与故事全集	〔丹麦〕安徒生著　石琴娥译
死魂灵	〔俄〕果戈理著　郑海凌译
瓦尔登湖	〔美〕亨利·大卫·梭罗著　李家真译注
罪与罚	〔俄〕陀思妥耶夫斯基著　力冈、袁亚楠译
生活之路	〔俄〕列夫·托尔斯泰著　王志耕译
小妇人	〔美〕路易莎·梅·奥尔科特著　贾辉丰译
生命之用	〔英〕约翰·卢伯克著　曹明伦译
哈代中短篇小说选	〔英〕托马斯·哈代著　张玲、张扬译
卡斯特桥市长	〔英〕托马斯·哈代著　张玲、张扬译
一生	〔法〕莫泊桑著　盛澄华译
莫泊桑短篇小说选	〔法〕莫泊桑著　柳鸣九译
多利安·格雷的画像	〔英〕奥斯卡·王尔德著　李家真译注
苹果车——政治狂想曲	〔英〕萧伯纳著　老舍译
伊坦·弗洛美	〔美〕伊迪斯·华尔顿著　吕叔湘译
施尼茨勒中短篇小说选	〔奥〕阿图尔·施尼茨勒著　高中甫译
约翰·克利斯朵夫	〔法〕罗曼·罗兰著　傅雷译
童年	〔苏联〕高尔基著　郭家申译
在人间	〔苏联〕高尔基著　郭家申译
我的大学	〔苏联〕高尔基著　郭家申译

地粮	〔法〕安德烈·纪德著	盛澄华译
在底层的人们	〔墨〕马里亚诺·阿苏埃拉著	吴广孝译
啊,拓荒者	〔美〕薇拉·凯瑟著	曹明伦译
云雀之歌	〔美〕薇拉·凯瑟著	曹明伦译
我的安东妮亚	〔美〕薇拉·凯瑟著	曹明伦译
绿山墙的安妮	〔加〕露西·莫德·蒙哥马利著	马爱农译
远方的花园——希梅内斯诗选	〔西〕胡安·拉蒙·希梅内斯著	赵振江译
城堡	〔奥〕弗兰茨·卡夫卡著	赵蓉恒译
飘	〔美〕玛格丽特·米切尔著	傅东华译
愤怒的葡萄	〔美〕约翰·斯坦贝克著	胡仲持译

图书在版编目（CIP）数据

生活之路/(俄罗斯)列夫·托尔斯泰著；王志耕译.—北京：
商务印书馆，2022
（汉译世界文学名著丛书）
ISBN 978-7-100-21357-8

Ⅰ.①生… Ⅱ.①列…②王… Ⅲ.①哲学—俄罗斯—近代—文集
②宗教—俄罗斯—近代—文集　Ⅳ.① B512.59-53 ② B920-53

中国版本图书馆 CIP 数据核字（2022）第 115585 号

权利保留，侵权必究。

汉译世界文学名著丛书
生活之路
〔俄〕列夫·托尔斯泰　著
王志耕　译

商 务 印 书 馆 出 版
（北京王府井大街36号　邮政编码100710）
商 务 印 书 馆 发 行
北京通州皇家印刷厂印刷
ISBN 978 - 7 - 100 - 21357 - 8

2022年9月第1版　　开本 850×1168　1/32
2022年9月北京第1次印刷　印张 20½

定价：98.00元